Elke Steinbacher

Bürgerschaftliches Engagement in Wohlfahrtsverbänden

D1640074

SOZIALWISSENSCHAFT

Elke Steinbacher

Bürgerschaftliches Engagement in Wohlfahrtsverbänden

Professionelle und organisationale Herausforderungen in der Sozialen Arbeit

Mit einem Geleitwort von Prof. Dr. Dr. h.c. Hans Thiersch

Deutscher Universitäts-Verlag

Die Deutsche Bibliothek – CIP-Einheitsaufnahme
Ein Titeldatensatz für diese Publikation ist bei
Der Deutschen Bibliothek erhältlich

Dissertation Universität Tübingen, 2003

1. Auflage Februar 2004

Alle Rechte vorbehalten
© Deutscher Universitäts-Verlag/GWV Fachverlage GmbH, Wiesbaden 2004

Lektorat: Ute Wrasmann / Britta Göhrisch-Radmacher

Der Deutsche Universitäts-Verlag ist ein Unternehmen von Springer Science+Business Media.
www.duv.de

Umschlaggestaltung: Regine Zimmer, Dipl.-Designerin, Frankfurt/Main
Druck und Buchbinder: Rosch-Buch, Scheßlitz
Gedruckt auf säurefreiem und chlorfrei gebleichtem Papier
Printed in Germany

ISBN 3-8244-4552-2

Geleitwort

Freiwilliges soziales Engagement ist in den vergangenen Jahren sehr in die Diskussion gekommen. Die einen beklagen den dramatischen Rückgang vor allem der traditionell eingespielten Formen des Ehrenamts, die anderen verweisen auf die Vielfältigkeit eines neuen, eher projektförmigen Engagements. Die einen plädieren für die überfällige Stärkung und den Ausbau ehrenamtlichen Engagements im Horizont einer neuen Bürgerlichkeit im aktiven Staat, die anderen wittern darin die neoliberale Ideologie – einhergehend mit Sparzwängen – zur Entlastung des Sozialstaats und zum Abbau qualifizierter professioneller Arbeitsstandards.

In dieser sozialpolitisch aufgeladenen kontroversen Situation bietet die Arbeit Elke Steinbachers Klärung, indem sie – gleichsam jenseits des Pulverdampfs aktueller, Interesse geleiteter Auseinandersetzungen – nach grundlegenden Voraussetzungen und Strukturen im Verhältnis von Sozialer Arbeit und bürgerschaftlichem Engagement fragt; sie konzentriert dazu ihre Überlegungen – sehr sinnvoll – auf Probleme der Verbandsarbeit, in der ja schon immer diese Kooperation ein zentrales Moment des Selbstverständnisses und der Arbeitsorganisation war. Sie rekonstruiert allgemeine Bedingungen und Chancen von institutioneller, organisierter und professioneller Sozialer Arbeit in den Wohlfahrtsverbänden und ebenso Entstehung, Wandel und Leistung von ehrenamtlicher Arbeit. In einer Fallstudie, in der sie die konkreten Ereignisse in den so entwickelten Kategorien analysiert, zeigt sie exemplarisch wie hilfreich und für die Praxis ergiebig eine solche theoretisch klärende Rekonstruktion der gegebenen Situation ist. – In der Durchführung ihres Programms setzt Elke Steinbacher in den einzelnen Kapiteln interessante und spannende Akzente.

Im ersten Kapitel wird vor dem Hintergrund der Geschichte der Wohlfahrtsverbände der Wandel ihrer Funktionen dargestellt. Elke Steinbacher fokussiert hier – systematisch überzeugend – die Unterschiedlichkeit der Außen- und der Binnenperspektive, also die unterschiedlichen Handlungslogiken, die in Verbänden als intermediären Organisationen miteinander vermittelt werden müssen, und die aus dieser Unterschiedlichkeit resultierenden verschiedenen Erwartungen an ehrenamtliche Tätigkeiten.

Im zweiten Kapitel verfolgt Elke Steinbacher neuere Ansätze der Organisationssoziologie die, – in dramatischer Umkehr zur eingespielten Diskussion – die bisherigen Konzepte als Rationalitätsmythos von Organisationen destruieren und dagegen hervorheben, dass und wie Organisationen als eigene lebensweltliche Kulturen verstanden werden müssen, die sich nach den Gesetzen von Entwicklung, Selektion und Lernstrukturen verstehen lassen. Straff rationale Ziel-Mittel-Relationen erscheinen in diesem Kontext dann nicht mehr als Vorgaben, sondern als Aufgaben einer möglichen Entwicklung. Dieser Ansatz erweist sich vor allem darin als ergiebig, dass er deutlich machen kann, wie verschiedene – z.b. harte oder weiche – Organisationsstrukturen entsprechende Potentiale und damit einhergehend unterschiedliche Barrieren für Veränderungen bieten, für Veränderungen eben auch in Bezug auf das Verständnis ehrenamtlicher Tätigkeiten und Kooperationsformen zwischen ihnen und den Professionellen.

Im dritten Kapitel verfolgt Elke Steinbacher die Diskussionen zum freiwilligen sozialen Engagement. Hier klärt sie zunächst die die derzeitigen öffentlichen Diskussionen so belastenden vielfältig unterschiedlichen Definitionen. Sie unterscheidet zwischen altem und neuem Ehrenamt, zwischen freiwilligem sozialem und bürgerschaftlichem Engagement und analysiert vor diesem Hintergrund die derzeitige Diskussion in Baden-Württemberg, die ja für die aktuelle deutsche Entwicklung in der Aktivierung von Ehrenamtlichkeit und der Entwicklung fördernder Strukturen besonders prominent ist (und in der auch die von Elke Steinbacher vorgestellte Fallstudie angesiedelt ist). Gestützt auf die kritische Darstellung und Erörterung vorliegender Studien arbeitet Elke Steinbacher die neue Verbindung von sozialem Engagement und subjektiven Gestaltungsinteressen im Ehrenamt heraus sowie die nach wie vor geltenden fatalen Zusammenhänge zwischen ehrenamtlichen Tätigkeiten und traditionellen geschlechtsspezifischen Erwartungen.

Im vierten Kapitel schließlich analysiert Elke Steinbacher Formen professionellen Handelns in ihren Ambivalenzen von unterschiedlichen externen und internen Erwartungen und Strukturvorgaben. Sie profiliert vor diesem Hintergrund vor allem die besonderen Probleme, die sich für die Professionellen in der Einschätzung der spezifischen Leistungen Ehrenamtlicher ergeben, im Verhältnis zwischen der Gefahr, Ehrenamtliche zu funktionalisieren, und der Notwendigkeit, sie in ihrer Eigensinnigkeit zu respektieren, also im Spiel von Kooperation und Konkurrenz.

Als Fallstudie beschreibt Elke Steinbacher ein Modellprojekt »Seniorenbüro« in einer, durch vielfältige Quellen gestützten, gedrungenen »dichten« Beschreibung. Die Projektentwicklung, die man zunächst auch als Geschichte eines kleinen, nicht besonders erfolgreichen Projektes lesen könnte, das stark durch Zufälle bestimmt, in immer neuen Ansätzen eine eher unübersichtliche Karriere macht, erscheint in Elke Steinbachers Darstellung als Exempel allgemeiner Probleme von Verbandsstrukturen und Ehrenamtlichkeit, von Tradition, Routine und Neuerung, von Kooperation zwischen Professionellen und Ehrenamtlichen. Ihre Darstellung ist besonders reizvoll darin, dass sie die allgemeinen Strukturen konkretisiert und transparent macht bis in Alltagsdetails hinein, z.B. in Probleme der Raumbeschaffung, der mangelnden Unterstützung der Arbeit vor Ort oder die Schwierigkeiten in der Kooperation mit dem Pfarrer. Im Zusammenspiel von allgemeinen theoretischen Kategorien und konkreter Rekonstruktion des Projektes scheint mir dies ein überzeugendes Muster für gelungene Falldarstellungen in diesem so komplexen und vielschichtigen Feld.

In der abschließenden Auswertung dieses Projekts ergeben sich schließlich wichtige Akzente und Akzentverschiebungen für die allgemeine Diskussion. Sie beziehen sich beispielsweise auf die Notwendigkeit einer planerischen Abstimmung zwischen neuen Vorhaben und vorhandenen regionalen Gegebenheiten, auf die Notwendigkeit einer klugen, konkret lebensweltlich orientierten Motivation zum freiwilligen sozialen Engagement, die gegebene traditionale und erwartungsbezogene Ressourcen respektiert, unterstützt und ausbaut. Die Akzentverschiebungen beziehen sich ebenso z.B. auf die Passung zwischen der besonderen Verbandsstruktur und ihren verbandlich geprägten Mustern für Erwartungen an Ehrenamtlichkeit und spezifische Formen sozialen Engagements (eher traditionell orientierte Ehrenamtliche attachieren sich eher einem traditionellen Verband wie dem der DRK), aber auch auf einen offenen, wertschätzenden und vor allem nicht moralisierenden Umgang mit den unterschiedlichen, traditionellen und neuen Formen von freiwilligem sozialem Engagement und schließlich auf die Legitimation der notwendigen hohen Investitionen, die der Aufbau eines funktionierenden Kooperationsnetzes verlangt.

In diesen weiter führenden Akzentsetzungen für die Diskussion – gestützt nicht nur durch die grundsätzlichen theoretischen Darstellungen, die klar strukturiert und pointiert sind, sondern auch durch die gelungene Falldarstellung – gibt die Arbeit Elke Steinbachers überfällige Kriterien dazu, dass die Diskussionen zur Entwicklung der Kooperation zwischen professioneller und ehrenamtlicher Arbeit differenziert, und das heißt bezogen auf reale strukturelle und mentale Unterschiedlichkeiten geführt werden können und sich so eine neue Kultur der Kooperation in der Anerkennung der verfügbaren unterschiedlichen Ressourcen in der Sozialen Arbeit ergibt.

Damit scheint mir Elke Steinbachers Arbeit ein wichtiger Baustein in der Diskussion zur Entwicklung der Sozialen Arbeit im Sozialstaat zu sein, die sicher in den nächsten Jahren noch an Bedeutung zunehmen wird.

Hans Thiersch

Vorwort

Die vorliegende Arbeit wurde im Frühjahr 2003 als Dissertation von der Fakultät für Sozial- und Verhaltenswissenschaften der Universität Tübingen angenommen.

Eine Dissertation entsteht meist über einen längeren Zeitraum und ich bin dankbar für die Unterstützung und Begleitung, die ich in dieser Zeit von verschiedenen Seiten erfahren habe.

Ausgangspunkt der Arbeit ist die von mir durchgeführte wissenschaftliche Begleitforschung im Seniorenbüro Burgstadt. Ich danke Prof. Dr. Ulrich Otto und Prof. Dr. Siegfried Müller, die mich mit dieser Aufgabe betraut haben sowie der Stiftung »Familie Josef Kreten«, die die finanziellen Mittel für die Begleitforschung zur Verfügung stellte. Ulrich Otto war mir in dieser Phase ein wichtiger Gesprächspartner, der mir mit seinen Ideen viele hilfreiche Anregungen gab. Danken möchte ich in diesem Zusammenhang aber auch den Expertinnen vom DRK-Kreisverband und dem Seniorenbüro Burgstadt für die vertrauensvolle Kooperation sowie den Ehrenamtlichen, die sich für Interviews zur Verfügung gestellt haben.

Dass die Begleitforschung nicht mit dem Projektbericht abgeschlossen wurde, sondern eine vertiefte wissenschaftliche Auseinandersetzung mit dem Themenbereich »Bürgerschaftliches Engagement in Wohlfahrtsverbänden« erfolgte, verdanke ich vor allem Prof. Dr. Dr. h.c. Hans Thiersch, der mich zu dieser Dissertation ermutigte und mich mit seinen Anregungen sehr unterstützte. Sein Engagement in der Förderung des wissenschaftlichen Nachwuchses ist beispielhaft. Prof. Dr. Siegfried Müller danke ich für die Übernahme den Zweitgutachtens.

Für ihre Unterstützung bei der Endredaktion der Druckfassung danke ich Dipl.-Päd. Ulrike Zipperer. Ihr scharfer Blick und ihr gutes Sprachgefühl waren sehr hilfreich.

Natürlich gab es auch im privaten Umfeld viele Menschen, die mich unterstützt und begleitet haben. Ihnen allen danke ich von Herzen. Ganz besonderer Dank gebührt meinem Mann, der mir nicht nur den Rücken freigehalten hat, sondern ein äußerst kompetenter Gesprächspartner und der wichtigste Kritiker war. Ihm widme ich diese Arbeit.

Elke Steinbacher

Inhalt

Einleitung

Freiwilliges soziales Engagement hat als Ehrenamt in Wohlfahrtsverbänden eine lange Tradition. Durch den gesellschaftlichen Wandel und damit verbundene Modernisierungsprozesse haben sich in den letzten Jahrzehnten sowohl für Wohlfahrtsverbände als auch für das Ehrenamt teilweise massive Veränderungen und Neuentwicklungen ergeben. Das Verhältnis zwischen Wohlfahrtsverbänden als dem größten Arbeitgeber im Bereich Sozialer Arbeit in der Bundesrepublik Deutschland und den sich seit den 70er Jahren vor allem außerhalb der Wohlfahrtsverbände neu entwickelnden Formen freiwilligen sozialen und bürgerschaftlichen Engagements ist jedoch nicht unproblematisch. Während Wohlfahrtsverbände einen Rückgang der Zahl der ehrenamtlich Tätigen beklagen, erfährt das freiwillige und bürgerschaftliche Engagement in der öffentlichen Diskussion der letzten Jahre unter den Aspekten eines Umbaus des Sozialstaats sowie einer Stärkung der Zivil- bzw. Bürgergesellschaft größte Beachtung. Das hat für die Verbände zur Folge, dass sie sich neben ihrer – von der Sozialpolitik vorangetriebenen – zunehmenden Orientierung an betriebswirtschaftlichen Marktlogiken auch der Auseinandersetzung mit neuen Formen freiwilligen sozialen und bürgerschaftlichen Engagements stellen müssen, wenn sie diese Ressource weiterhin nutzen wollen.

Seit Jahren werden vielfältige Ideen freiwilligen sozialen und bürgerschaftlichen Engagements von Initiativen und Projekten in unterschiedlicher – auch wohlfahrtsverbandlicher – Trägerschaft erprobt, die unter anderem in Form von Förderprogrammen und Modellprojekten von Bund und Ländern angeregt und finanziert werden. Eines dieser Förderprogramme war das vom damaligen Bundesministerium für Familie und Senioren Anfang der 90er Jahre ins Leben gerufene »Modellprogramm Seniorenbüro«. Ausgangspunkt der vorliegenden Arbeit ist die zwischen 1994 und 1999 von der Autorin durchgeführte wissenschaftliche Begleitung eines der geförderten Seniorenbüros, dem Seniorenbüro Burgstadt, dessen Träger der dortige Kreisverband des Deutschen Roten Kreuzes ist. Die Forschungsfrage für diese Arbeit wurde – im Sinne von Praxis- und Handlungsforschung – unmittelbar aus den Erfahrungen der Begleitforschung heraus entwickelt und differenziert (vgl. Abschnitte 5.3 und 5.4). Im Forschungsverlauf zeigte sich rasch, dass sich in diesem vom traditionellen Ehrenamt geprägten Wohlfahrtsverband neue Formen freiwilligen sozialen Engagements nicht einfach adaptieren lassen. Auf verschiedenen Ebenen waren Ambivalenzen und Spannungen zu beobachten: So hatten beispielsweise verschiedene Beteiligte ein sehr unterschiedliches Ehrenamtsverständnis, die Projektziele des Verbandes waren teilweise sehr verschwommen, zwischen den Traditionen des Verbandes und der neuen Idee eines Seniorenbüros gab es Reibungspunkte, Strukturen des Verbandes wurden von Freiwilligen und Professionellen teilweise als hemmend erlebt, zwischen Professionellen und Freiwilligen gab es Spannungen. Die verschiedenen Ebenen und Spannungsfelder werden in dieser Arbeit differenziert analysiert unter der zentralen

Forschungsfrage: Welche Dimensionen sind relevant für die Förderung freiwilligen sozialen bzw. bürgerschaftlichen Engagements durch Wohlfahrtsverbände? Vor dem Hintergrund verschiedener theoretischer Zugänge wird der Frage nachgegangen, in welchem Verhältnis Wohlfahrtsverbände und freiwilliges soziales bzw. bürgerschaftlichen Engagement zueinander stehen und welche Dimensionen für die Förderung von neuen Engagementformen in Wohlfahrtsverbänden eine Rolle spielen. Den Problemhorizont bildet dabei der gesellschaftliche Umbruch zur Moderne, der u.a. geprägt ist von Prozessen der Individualisierung, Pluralisierung und des Wertewandels, die für die Einzelnen zwar mit einer Steigerung an Lebensgestaltungsfreiheiten aber auch mit einer Zunahme von – teilweise überfordernden – Gestaltungsnotwendigkeiten und Entscheidungsaufgaben verbunden sind. Soziale Bezüge werden brüchig, damit erhöht sich zwar der individuelle Autonomiespielraum aber gleichzeitig gehen traditionelle Sicherheiten verloren. Diese gesellschaftlichen Prozesse beeinflussen auch die Entwicklungen im Bereich des freiwilligen sozialen und bürgerschaftlichen Engagements. Insofern findet die Auseinandersetzung mit der Frage der Förderung neuer Formen freiwilligen sozialen Engagements durch Wohlfahrtsverbände vor dieser Folie statt.

Im Entstehungsprozess der Arbeit erfolgte zunächst eine Auseinandersetzung mit Wohlfahrtsverbänden, ihrer Entstehungsgeschichte und ihrer in der Wohlfahrtsverbändeforschung diskutierten Rolle im Sozialstaat. Auch das freiwillige soziale Engagement wurde in seiner historischen Entwicklung vom Ehrenamt bis zu den heutigen Ausformungen als Freiwilligenarbeit und bürgerschaftliches Engagement unter Einbeziehung der biographischen und geschlechterdifferenzierenden Perspektive untersucht. Durch die Erfahrungen in der Begleitforschung wurde jedoch deutlich, dass sich das Beziehungsgefüge zwischen Verband und freiwilligem sozialem Engagement mit diesen theoretischen Zugängen noch nicht ausreichend analysieren lässt, sondern dass außerdem die Fragen nach Struktur und Organisiertheit von Wohlfahrtsverbänden sowie nach der Bedeutung professionellen sozialpädagogischen Handelns in Bezug zur Engagementförderung von großer Relevanz sind. Daraufhin erfolgte deshalb im weiteren Forschungsprozess die Beschäftigung mit der organisationssoziologischen Dimension von Wohlfahrtsverbänden auf der einen und eine Auseinandersetzung mit den Spezifika professionellen sozialen Handelns in Wohlfahrtsverbänden auf der anderen Seite.

Als Ausgangspunkt für die Diskussion der Forschungsfrage nach den relevanten Dimensionen der Förderung freiwilligen sozialen bzw. bürgerschaftlichen Engagements durch Wohlfahrtsverbände werden in *Teil A* zunächst die *Wohlfahrtsverbände* analysiert. Im *ersten Kapitel* werden Wohlfahrtsverbände als Akteure im Sozialstaat historisch betrachtet, um anhand der Geschichte der Wohlfahrtsverbände zu verdeutlichen, wie die Verbände ihre wichtige Funktion im Wohlfahrtsstaat erlangten. Hier werden die gemeinsamen Wurzeln von Wohlfahrtsverbänden und Ehrenamt bereits angedeutet. Aus verschiedenen Perspektiven der Wohlfahrtsverbändeforschung wird dann der spezifische Stellenwert der freien Wohlfahrtspflege im bundesdeutschen Sozialstaat diskutiert, um schließlich aufzuzeigen, dass Wohlfahrtsverbände – auch und gerade im Kontext ökonomischer und managerialer Herausforderungen – ihr bisheriges multifunktionales Profil schärfen müssen, wenn sie nicht an Bedeutung verlieren wollen. Das *zweite Kapitel* untersucht Wohlfahrtsverbände zunächst als Organisationen aus organisationssoziologischer Perspektive, weil die Art und Weise, wie Verbände organisiert sind, welche Kulturen sich in ihnen entwickeln, wie sie nach außen und innen Politik treiben und über welche Entwicklungsbereitschaft sie verfügen, zentrale Auswirkungen hat auf ihren Umgang mit neuen Formen freiwilligen sozialen Engagements. Dann wird anhand eines integrativen Entwicklungsphasenmodells aufgezeigt, welche Phasen Wohlfahrtsverbände in ihrer Entwicklung idealtypisch durchlaufen und welche Auswirkungen dies auf ihre Organisation hat. Betont wird, dass gerade unter heutigen gesellschaftlichen Bedingungen die Entwicklungslogik neben der Mitgliedschafts- und Einflusslogik besonderer Berücksichtigung bedarf. In einem Zwischenfazit werden schließlich die wichtigsten Aspekte des ersten Teils festgehalten.

Freiwilliges und professionelles soziales Handeln steht im Zentrum des Interesses von *Teil B*. Zunächst beschäftigt sich das *dritte Kapitel* mit freiwilligem sozialem Engagement. Der Zugang erfolgt über die Geschichte des Ehrenamts, um so die historische Verbindung mit den Wohlfahrtsverbänden aufzuzeigen, bevor die Entstehung des neuen Ehrenamts und die damit einhergehende Ausdifferenzierung des Ehrenamtsbegriffs beschrieben wird. Da der empirische Ausgangspunkt dieser Arbeit ein in Baden-Württemberg durchgeführtes Modellprojekt ist und im Projektverlauf immer wieder die Übereinstimmungen und Abgrenzungen zum baden-württembergischen Zuschnitt des freiwilligen sozialen Engagements als bürgerschaftliches Engagement thematisiert wurde, wird das bürgerschaftliche Engagement in einem weiteren Schritt in seiner ideengeschichtlichen Entwicklung und seiner spezifischen Ausprägung in Baden-Württemberg verhandelt. Schließlich wird der Bezug hergestellt zur biographischen und geschlechterdifferenzierenden Betrachtung von Ehrenamt und freiwilligem Engagement, da diese Forschungsperspektiven unerlässlich sind, um zu verstehen, welche Bedeutung das Engagement für die Freiwilligen selbst hat und welche Wünsche und Bedürfnisse sie an die Engagementförderung haben. Da die Förderung von freiwilligem sozialem Engagement in Wohlfahrtsverbänden in der Regel Aufgabe der dort tätigen Fachkräfte ist, setzt sich das *vierte Kapitel* mit dem professionellen sozialpädagogischen Handeln in Wohlfahrtsverbänden auseinander. Aufgezeigt werden zwei grundlegende Spannungsfelder, in denen Professionelle, die mit der Förderung freiwilligen Engagements in Wohlfahrtsverbänden beauftragt sind, agieren. Zum Ersten erfolgt professionelles sozialpädagogisches Handeln im Spannungsfeld von Organisations- und Adressatenorientierung. Professionelle sind in ihrem Handeln einerseits eingebunden in den Verband und dessen Erwartungen und andererseits müssen sie sich auf ihre AdressatInnen und deren Problemdeutungen einlassen, um ihnen gerecht zu werden. Das zweite Spannungsfeld ist das Verhältnis zwischen beruflich und freiwillig Tätigen. Dieses Spannungsfeld berührt in besonderer Weise die berufliche Identität der Professionellen. Als abschließendes Fazit wird die Kooperation von Professionellen mit Freiwilligen in Wohlfahrtsverbänden als zentrale professionelle Herausforderung diskutiert.

Nach dieser vielschichtigen theoretischen Analyse von Wohlfahrtsverbänden sowie freiwilligem und professionellem Handeln ist *Teil C* der *Fallstudie* gewidmet. In *Kapitel fünf* werden das Bundesmodellprojekt Seniorenbüros und die Spezifika des DRK-Seniorenbüros Burgstadt zunächst vorgestellt sowie Forschungsauftrag und -vorgehen in der wissenschaftlichen Begleitung des Seniorenbüros Burgstadt beschrieben und die Forschungsfrage ausdifferenziert. Es folgt in *Kapitel sechs* eine detaillierte, im Wesentlichen deskriptive Darstellung des Projektverlaufs, um die Vielfalt der Detailfragen und Problemfelder zu verdeutlichen, die sich in der Praxis der Förderung freiwilligen Engagements durch Wohlfahrtsverbände ergeben. Im *siebten Kapitel* wird der Projektverlauf vor dem Hintergrund der vorgestellten theoretischen Zugänge daraufhin ausgewertet, welche konkreten Herausforderungen sich für die Förderung neuer Engagementformen durch Wohlfahrtsverbände und deren Fachkräfte aus den Projekterfahrungen ableiten lassen.

In *Teil D* werden schließlich die Ergebnisse dieser Arbeit vorgestellt. In *Kapitel acht* fließen die Erkenntnisse der vorhergehenden Kapitel zusammen, indem das Beziehungsgeflecht zwischen Wohlfahrtsverbänden und freiwilligem Engagement in dreierlei Hinsicht theoretisch reflektiert und mit Beispielen aus der Fallstudie unterlegt wird. Das Verhältnis von Wohlfahrtsverbänden und freiwilligem sozialem Engagement wird sowohl aus Perspektive der Wohlfahrtsverbände als sozialstaatliche Akteure als auch unter organisationssoziologischen Gesichtspunkten reflektiert und schließlich unter dem Aspekt des Verhältnisses von Professionellen und Freiwilligen analysiert. Die Analyse dieses Beziehungsgeflechts erweist sich als sehr aufschlussreich, um die Spezifika freiwilligen Engagements in Wohlfahrtsverbänden und dessen Förderung durch diese zu erfassen. Sie dient somit der Erforschung der institutionellen und organisationalen Rahmenbedingungen sowie der Verhältnisse und Hemmnisse des freiwilligen Engagements in diesem wichtigen Teilbereich unseres Sozialstaats. Aus dieser Analyse werden dann konkrete Konsequenzen für die Förderung neuer Formen freiwilligen sozialen Engagements durch Wohlfahrtsverbände abgeleitet, um in einem weiteren Schritt auf die sozialpolitischen Implikationen der Engagementförderung hinzuweisen. Abschließend wird in einem Ausblick die Notwendigkeit der Vernetzung verschiedener gesellschaftlicher Akteure als eine zentrale Dimension der Förderung freiwilligen sozialen und bürgerschaftlichen Engagements verdeutlicht.

1 Wohlfahrtsverbände als sozialstaatliche Akteure

1.1 Die Spitzenverbände der freien Wohlfahrtspflege

In der Bundesrepublik Deutschland sind sechs Wohlfahrtsverbände als Spitzenverbände in der »Bundesarbeitsgemeinschaft der Freien Wohlfahrtspflege (BAG)« zusammengeschlossen. Zu diesen Verbänden gehören

- der Deutsche Caritasverband e.V. (DCV), rd. 463.000 Beschäftigte[1];
- das Diakonische Werk der Evangelischen Kirche in Deutschland e.V. (DW der EKD), rd. 400.000 Beschäftigte;
- der Deutsche Paritätische Wohlfahrtsverband e.V. (DPWV), rd. 150.000 Beschäftigte;
- die Arbeiterwohlfahrt e.V. (AWO), rd. 69.000 Beschäftigte;
- das Deutsche Rote Kreuz e.V. (DRK), rd. 42.000 Beschäftigte;
- die Zentralwohlfahrtsstelle der Juden in Deutschland e.V. (ZWST), rd. 1.000 Beschäftigte.

Die Wohlfahrtsverbände sind sowohl bezüglich ihres wertgebundenen Hintergrundes sehr unterschiedlich als auch im Blick auf ihre Größe, die an den Beschäftigungszahlen deutlich wird. Charakteristisch für die bundesdeutsche Wohlfahrtspflege ist zum einen die *Dualität* zwischen öffentlichen und freien Trägern mit einem bedingten Handlungsvorrang der freien Träger, der durch das Subsidiaritätsprinzip geregelt ist, sowie zum anderen die Vielschichtigkeit und Verschiedenheit – die *Pluralität* – der wohlfahrtsproduzierenden Organisationen.

Die Verbände vertreten in Form der Bundesarbeitsgemeinschaft die Gesamtinteressen der freien Wohlfahrtspflege gegenüber dem Staat und der Gesellschaft. So wirkt die Bundesarbeitsgemeinschaft beratend an der Sozialgesetzgebung mit und ist an der konzeptionellen und praktischen Ausgestaltung staatlicher Sozialpolitik beteiligt. Staat und Verbände sind korporatistisch miteinander verflochten, indem beispielsweise die Verbände einerseits die Sozialgesetzgebung beeinflussen können und der Staat ihnen andererseits die Ausführung öffentlicher Aufgaben überträgt. Der Staat braucht die Verbände zu seiner Entlastung und die Verbände sind von staatlichen Zuwendungen abhängig, um ihre Arbeit aufrechtzuerhalten. Auf diese Weise kann der Staat über die finanziellen Zuwendungen die Arbeit der Verbände beeinflussen. Die Wohlfahrtsverbände sind also zugleich Ausführungsorgane öffentlicher Aufgaben – und als solche politisch abhängig – *und* rechtlich selbständige Organisationen, die politisch unabhängig sind (vgl. Bauer 2002: 451).

Diese duale Struktur des deutschen Sozialstaats ist historisch gewachsen. Im Folgenden soll diese Entwicklung in groben Zügen aufgezeigt werden.

---

[1] Die Beschäftigungszahlen sind gerundete Werte und beziehen sich auf hauptberuflich Beschäftigte (vgl. Boeßenecker 1998: 34).

1.2 Die Geschichte der Wohlfahrtsverbände

1.2.1 Der Entstehungskontext der Verbändewohlfahrt

Die Entstehung der Wohlfahrtsverbände geht zurück auf die freien Vereinigungen
der Bürgerinnen und Bürger, deren Vereinskultur ab dem ausgehenden 18. Jahrhundert, vor allem aber im 19. Jahrhundert, alle Gebiete des bürgerlichen Lebens durch-
zog. Diese – teils konfessionellen, teils nichtkonfessionellen – Vereinigungen bildeten
auch den organisatorischen Rahmen für das private Engagement für Arme und Not-
leidende. Eine Vielzahl von Vereinen, Stiftungen und Einrichtungen, die sich der
Wohltätigkeit für verschiedene Zielgruppen verschrieben, existierten in einem unko-
ordinierten Nebeneinander (vgl. Sachße 1995: 125 f.).

Möglich wurden diese Vereinsgründungen durch die Auflösung der ständischen
Strukturen des Feudalstaates, innerhalb derer die Für- und Vorsorge noch im Rahmen
von Haus und Herrschaft sowie Gemeinde und Genossenschaft in naturaler Selbstverständlichkeit wahrgenommen wurde. Die Auflösung des Feudalstaats hatte ein
Auseinandertreten von Staat und bürgerlicher Gesellschaft zur Folge. Die staatliche
Armenpflege wurde für die sozialen Belange zuständig, wobei die staatliche Unterstützung der Armen eine hoheitliche Aufgabe des Polizeiwesens war und v.a. der
Aufrechterhaltung der öffentlichen Ordnung diente, sich ansonsten aber auf die notdürftige Grundversorgung der Armen – einhergehend mit diskriminierenden und re-
pressiven Elementen – beschränkte. Der Zerfall ständischer Bindungen und die Zurückhaltung des Staates in Bezug auf Eingriffe in die Sphäre der bürgerlichen Gesellschaft war die Voraussetzung für das Entstehen von freien Vereinigungen der Bürger.
Diese Möglichkeit wurde seit dem Ende des 18. Jahrhunderts zunächst von den reli-
giösen Bewegungen des Pietismus und der Erweckungsbewegung zu Vereins- und
Assoziationsgründungen genutzt (vgl. Heinze/Olk 1987).

Vereine und Assoziationen wurden in zunehmendem Maße die Organisationsform
des aufstrebenden Bürgertums und so auch zum Ausgangspunkt fürsorgerischen
Handelns. Sie widmeten sich der Aufgabe der »freien Liebestätigkeit«, deren Hintergrund die Vorstellung einer ständischen Fürsorgepflicht für in Not geratene Bevölkerungsgruppen war.

Die privaten Vereinigungen handelten unabhängig von staatlichen und kommunalen Institutionen, sie kooperierten nicht mit ihnen, stellten aber auch keine finanziellen oder rechtlichen Forderungen an den Staat. Kommunen und Staat hinderten
die privaten Vereine in keiner Weise an der Ausübung ihrer wachsenden Aktivitäten.
Es bestand eine Arbeitsteilung zwischen staatlicher und privater Fürsorge, indem sich
der Staat auf die notdürftige Grundversorgung der Notleidenden beschränkte und
individuelle Hilfe und Vorbeugung den Vereinen und Initiativen überließ, ohne sich
einzumischen.

Als erste Dachorganisation von an der Basis tätigen Vereinen, Initiativen und Einrichtungen wurde 1848 auf Anregung Johann Hinrich Wicherns (1808-1881) der »Zentralausschuß für die Innere Mission der evangelischen Kirche« gegründet (seit 1957 »Diakonisches Werk der Evangelischen Kirche in Deutschland e.V.«). Wichern ging es dabei nicht nur darum, materielle Not zu lindern, sondern hauptsächlich um eine religiöse und nationale Erneuerung, mit dem Ziel, eine christliche Volksgemeinschaft in Staat und Kirche zu schaffen. Insofern war der Zentralausschuss auch eine Kritik an der evangelischen Amtskirche. Seine Aufgabe war v.a. die Koordination der Aktivitäten bestehender Vereine, die Organisation des Informationsflusses zwischen ihnen und das Anregen neuer »Liebestätigkeiten«. In der Anfangszeit waren die Basisorganisationen allerdings nur sehr lose mit dem Zentralausschuss für Innere Mission verknüpft (vgl. Heinze/Olk 1987; Sachße 1995).

Ab dem letzten Drittel des 19. Jahrhunderts begann der Ausbau des Wohlfahrtsstaats. Die kommunale und öffentliche Fürsorge expandierte in Bereiche, die bislang ausschließlich von Vereinigungen privater Wohltätigkeit versorgt wurden. Die öffentliche Fürsorge verlor allmählich ihren armen- und sicherheitspolizeilichen Charakter durch die Einführung eines leistungsbezogenen Versorgungssystems.[2] Die klare Funktionsaufteilung zwischen öffentlicher und privater Wohlfahrtspflege löste sich durch diese Entwicklung zunehmend auf (vgl. Heinze/Olk 1981). Damit geriet zum einen das Verhältnis von öffentlicher und privater Fürsorge in die Diskussion, und zum Zweiten wurden die Binnenstrukturen der privaten Fürsorge problematisiert. Es ging darum, öffentliche und private Fürsorge voneinander abzugrenzen, aber auch zu koordinieren. Dies erfolgte zum einen durch Rationalisierungsmaßnahmen und zum anderen durch Zentralisierungsbemühungen. Die kommunalen Fürsorgeexperten des deutschen Kaiserreiches waren sich darin einig, dass die flexible und unbürokratischere Privatwohltätigkeit trotz sich ausweitender öffentlicher Fürsorge unentbehrlich sei. Das unkoordinierte Nebeneinander verschiedenster Vereinigungen wurde außerdem seitens der Privatwohltätigkeit als nicht mehr effektiv genug angesehen, so dass die Zentralisierung in Form von verbandlichen Zusammenschlüssen angestrebt wurde, um die öffentliche Fürsorge planmäßig zu ergänzen. So wurden auf reichszentraler Ebene Ansätze entwickelt zur Koordination öffentlicher und privater Anstrengungen in Fürsorge und Sozialpolitik, mit dem Ziel einer wissenschaftlichen Systematisierung sozialer Reformen. Auch diese Reformvereinigungen organisierten sich als bürgerliche Vereine, hoben sich allerdings von der traditionell-altruistischen Motivation der lokalen Vereinskultur ab, indem sie sich überregional professions- und allgemeinpolitischen Zielsetzungen widmeten. Einer dieser Vereine war der 1880 gegründete »Deutsche Verein für Armenpflege und Wohltätigkeit«, der 1919 in »Deutscher

---

[2] Die Zahl der Städte, in denen dieses leistungsbezogene Versorgungssystem – das so genannte »Elberfelder System« – praktiziert wurde, stieg an. Auch in der öffentlichen Fürsorge wurde mit diesem dezentralen und auf ehrenamtlicher Mitarbeit beruhenden System das Prinzip der Individualisierung durch Bedürftigkeitsprüfung und bedürfnisorientierte Leistungen eingeführt (vgl. Baron 1995).

Verein für öffentliche und private Fürsorge« umbenannt wurde. Der Deutsche Verein
wurde schnell zu einem bedeutenden Forum zur Diskussion von Innovationen und
Reformen im sozialpolitischen Verhältnis zwischen öffentlicher und privater Fürsorge
(vgl. Sachße 1995).

Außer dem Zentralausschuss für Innere Mission existierten die für die heutige freie
Wohlfahrtspflege typischen Verbände zu diesem Zeitpunkt noch nicht. Auch der
Zentralausschuss für Innere Mission spielte bei diesen Entwicklungen noch eine le-
diglich untergeordnete Rolle, da der Aufbau der verschiedenen Ebenen zwischen
Verbandsspitze und Basisvereinen nur zögernd vorangegangen war (vgl. Sachße
1995). Doch allmählich setzte ein Prozess der Durchorganisierung der verbandlichen
Wohlfahrtspflege ein. Nach mehreren Versuchen seitens der katholischen Kirche, die
Organisation der fürsorgerischen Aktivitäten zusammenzufassen, wurde schließlich
1897 durch Lorenz Werthmann (1858-1921) der »Caritasverband für das katholische
Deutschland« gegründet (seit 1921 »Deutscher Caritas-Verband«).

In der weiteren Entwicklung der Verbandsstrukturen im Fürsorgebereich war eine
Pluralisierung der Verbandszwecke und deren bürokratisch-hierarchische Bearbeitung zu beobachten sowie die Zusammenfassung regionaler Basisvereinigungen in
übergreifende Organisationen. Teilweise wurden Entscheidungsbefugnisse an die
»Spitzenverbände« delegiert und die Professionalisierung der Leitungsfunktionen
nahm zu (vgl. Heinze/Olk 1987). Durch die Magna Charta der Sozialversicherung
von 1881 und die spätere Einführung der Sozialversicherungen wurden die Aktivitäten der Wohlfahrtsverbände allmählich auf solche Notlagen eingegrenzt, die durch
die Sozialversicherungen nicht abgedeckt waren. Damit wurde zwar die gesellschaftliche Bedeutung ihres Handelns vermindert, dennoch konnten sie an Kompetenzen
gewinnen, da sich gleichzeitig eine schrittweise Ablösung der ehrenamtlichen Tätigkeiten durch die Berufsarbeit und eine Aktivierung der bürgerlichen Frauen für die
Wohlfahrtspflege vollzog.[3]

1.2.2 Die Weiterentwicklung der Wohlfahrtsverbände während und zwischen
         den beiden Weltkriegen

Das Zusammenwirken von öffentlicher und freier Armenfürsorge und Wohlfahrtspflege wurde in der Kriegsfürsorge des Ersten Weltkrieges strukturell grundlegend neu gestaltet. Öffentliche und freie Träger arbeiteten in dezentralen Hilfsstellen
eng zusammen. Die Aufgabenteilung zwischen öffentlichen und freien Trägern wurde
weitgehend einheitlich geregelt, gesetzliche Pflichtaufgaben wurden an freie Träger
delegiert und öffentlich subventioniert. Für die freien Verbände galten staatliche
Richtlinien, die sie auf bestimmte Leistungsstandards verpflichteten, sie unterzogen
sich über die Zentrale für private Fürsorge aber auch einer Art Selbstkontrolle. An

---

[3] Um die Jahrhundertwende entstanden »soziale Frauenschulen« zur Ausbildung der bürgerlichen Frauen (vgl.
     Salomon 1927; Zeller 1990).

den Entscheidungen der Kommissionen der Sozialverwaltung wurden Vertreter freier Träger beteiligt. Diese duale Organisation des Fürsorgesystems konnte nach dem Ersten Weltkrieg aufgrund der geschwächten Staatsgewalt und öffentlichen Finanzkraft zunächst nicht aufrechterhalten werden (vgl. Buck 1995; Landwehr 1995). Doch die durch den Krieg bewirkte Erweiterung der Handlungsfelder der Wohlfahrtsverbände und die von den Sozialdemokraten vorgebrachte Forderung nach Entkonfessionalisierung und Kommunalisierung der Fürsorge führten in der Zeit nach Kriegsende zur verstärkten organisatorischen Kooperation zwischen den Verbänden. Die Neugründung weiterer Wohlfahrtsverbände, die zu den heutigen Spitzenverbänden zählen, wurde ausgelöst (vgl. Heinze/Olk 1987). 1917 konstituierte sich die »Zentralwohlfahrtsstelle der Juden in Deutschland« als dritter konfessionell orientierter Wohlfahrtsverband, um die Belange der jüdischen Gemeindefürsorge einheitlich gegenüber den übrigen konfessionellen Verbänden und den Behörden zu vertreten.

Der »Hauptausschuß für Arbeiterwohlfahrt« wurde 1919 durch Marie Juchacz (1879-1956) als ein organisatorischer Teil der SPD gegründet. Die AWO zeigte sich von Beginn an konzeptionell und organisatorisch fest eingebunden in den Aktionsrahmen der sozialdemokratischen Arbeiterbewegung.

Das »Deutsche Rote Kreuz« bildete sich erst 1921 als Wohlfahrtsverband, seine Geschichte und Aktivitäten reichen aber weiter zurück: Die durch den Französisch-Österreichischen Krieg 1859 ausgelöste Idee Henry Dunants (1828-1910), eine Versorgung für die Verletzten und Verwundeten zu organisieren, führte mit der »Genfer Konvention« (1864) zur Gründung der Rot-Kreuz-Bewegung. »Weitsichtige« Militärs verbanden das humanitäre Anliegen der Rot-Kreuz-Bewegung mit dem militärischen Zweckinteresse, die Kampfkraft der Truppe zu stärken. Dies förderte die schnelle Entwicklung der örtlichen Rot-Kreuz-Gemeinschaften in Form von Männer- und Frauenvereinen. Erst nach 1919 begann das DRK mit wohlfahrtspflegerischen Aktivitäten, die jedoch eher marginal blieben. Die Besonderheit des DRK gegenüber anderen Wohlfahrtsverbänden ist seine doppelte Aufgabe: Es ist sowohl nationale Hilfsorganisation als auch als Wohlfahrtsverband in der sozialen Arbeit tätig (vgl. Boeßenecker 1995).

1920 entstand die Vereinigung der freien privaten, gemeinnützigen Kranken- und Pflegeanstalten Deutschlands, die sich 1924 als »Fünfter Wohlfahrtsverband« konstituierte und seit 1930 den Namen »Deutscher Paritätischer Wohlfahrtsverband e.V.« trägt.

Mit Ausnahme des Hauptausschusses für Arbeiterwohlfahrt schlossen sich die Wohlfahrtsverbände 1921 zur »Reichsarbeitsgemeinschaft der Hauptverbände der Freien Wohlfahrtspflege« zusammen. 1924 gab sich die Reichsarbeitsgemeinschaft den Namen »Liga der Spitzenverbände der Freien Wohlfahrtspflege«.

Die enger gewordene Zusammenarbeit der freien Verbände begründete sich u.a. durch den Rückgang der ehrenamtlichen MitarbeiterInnen und das geringer werden-

de Spendenaufkommen im Laufe der sozialökonomischen Veränderungen und als
Folge des Massenelends der Inflationszeit, so dass die Verbände zunehmend von
staatlichen Subventionen abhängig wurden. Zu Beginn der Weimarer Republik wurde der Fürsorgebereich sozialpolitisch umstrukturiert; statt repressiver Zwangsarmen-
pflege sollte nun die soziale Gestaltung der Fürsorgepolitik den Maßstab des Handelns bilden. Da die staatlichen Instanzen nicht über die nötigen Ressourcen zur Umsetzung der vorbeugenden und gestaltenden Aufgaben verfügten, wurden die Wohlfahrtsverbände immer stärker in die Gestaltung des Sozialen einbezogen. »Dementsprechend wirk[t]en staatliche Instanzen selbst an der Entfaltung wohlfahrtsverbandlicher Organisationsmacht in dieser Phase mit, indem sie Zusammenschlüsse zwischen
den Spitzenverbänden als zentrale Empfänger für staatliche Subventionen ausdrücklich förder[te]n und beschleunig[t]en« (Heinze/Olk 1987: 1270).

Die Beziehung zwischen den öffentlichen Trägern und der privaten Wohltätigkeit
kann als »ein in Schüben verlaufender Prozeß der ›Inkorporierung‹ der karitativen
Verbände in das System staatlicher Sozialpolitik« charakterisiert werden (Heinze/Olk
1987: 1268). Dies wird auch sichtbar in der Gesetzgebung. 1924 trat das bereits 1922
verkündete Reichsjugendwohlfahrtsgesetz (RJWG) in Kraft. An den Beratungen zu
diesem Gesetz waren die Wohlfahrtsverbände (ohne Arbeiterwohlfahrt) beteiligt und
meldeten ihre Befürchtungen gegenüber Kommunalisierungs- und Entkonfessionali-
sierungstendenzen an, die seitens der zeitweilig an der Weimarer Regierung beteiligten Sozialdemokraten befürwortet wurden. Auch in den Auseinandersetzungen um
ihre Vorrangstellung gegenüber öffentlichen Trägern machten sie sich stark. In der
ebenfalls 1924 in Kraft getretenen Reichsfürsorgepflichtverordnung wurden die Verbände und Einrichtungen der freien Wohlfahrtspflege zum ersten Mal explizit erwähnt, öffentliche Aufgaben den freien Trägern übertragen und die Nachrangigkeit
öffentlicher Fürsorge festgehalten. In der Weimarer Republik bezogen sich die Regelungen zum Vorrang der freien Verbände allerdings nur auf die Subventions- und
Unterstützungspflicht der öffentlichen Träger. »Die sozialpolitische Gestaltung erfolgt[e] weiter konkurrierend zwischen öffentlichen und freien Trägern« (Buck 1995:
169). Die klare Manifestierung des bedingten Vorranges der freien Träger gegenüber
den öffentlichen durch das Prinzip der Subsidiarität erfolgte später im BSHG und
JWG. Das Initiativrecht der öffentlichen Träger wurde dort eingeschränkt (vgl. Buck
1995: 169).

In der Weimarer Republik wurden die Beziehungen zwischen staatlicher Sozialpolitik und einer begrenzten Anzahl von Spitzenverbänden mit Monopolcharakter immer enger. Sie beruhten auf Kompromissen, die von beiden Seiten aus ideologischen
Macht- und Finanzgründen geschlossen wurden. Diese Form der Kooperation bezeichnen Heinze und Olk (vgl. 1981; 1987) als *neokorporatistisches Verhandlungssystem*. Sie konkretisiert sich in dem Vorgehen der Kooperationspartner, alle wichtigen Themen und Probleme unter dem Ausschluss Außenstehender (z.B. Vereine und

Initiativen, die keinem der Spitzenverbände angehören) im Vorfeld untereinander abzustimmen, so dass die Interessen aller Beteiligten möglichst umfassend berücksichtigt werden können und eine reibungslose Umsetzung der Vorhaben gewährleistet ist. »Die zentralen Wohlfahrtsverbände, die untereinander durchaus um den Zugriff auf direkte staatliche Zuwendung und auf bestimmte Adressatengruppen konkurrieren, gelten dabei dem Staat gemeinsam als legitime Interessenvertreter der an den Entscheidungen nicht beteiligten Adressaten der Maßnahmen« (Heinze/Olk 1987: 1271). Diese duale Struktur des (neo-)korporatistischen[4] Verhandlungssystems mit ihren Vorzügen und Problemen kennzeichnet die deutsche Wohlfahrtspflege noch heute.

Während des Nationalsozialismus gab es tief greifende Veränderungen in Fürsorge und Wohlfahrtspflege. Die Nationalsozialistische Volkswohlfahrt (NSV) trat im Fürsorgebereich neben die Kommunen und die freien Verbände. Die NSV beanspruchte das Monopol auf die Gestaltung der neuen, nationalsozialistischen Volkspflege. Sie duldete weder Kommunen noch freie Verbände als eigenständige Kräfte neben sich. Ab 1933 organisierte der nationalsozialistische Staat – mit Hilfe der Liga der Freien Wohlfahrtspflege, die mehrfach reorganisiert und dem NSV-Führungsanspruch unterstellt wurde – die Wohlfahrtspflege nach vereinheitlichten Gesichtspunkten. So erfolgte die Indienstnahme der freien Wohlfahrtsverbände durch den totalitären Staat, die auch als »Zwangsinkorporierung« beschrieben werden kann. Die Arbeiterwohlfahrt wurde nach der Machtergreifung aufgelöst. Die Zentralwohlfahrtsstelle der Juden verlor zunächst ihre Anerkennung als Spitzenverband und wurde 1939 von der durch die NS-Regierung geschaffenen »Reichsvertretung der deutschen Juden« einverleibt. Auch der DPWV verlor 1933 seinen Status als Spitzenverband und gliederte sich zunächst korporativ der NSV an, um sich im folgenden Jahr in ihr aufzulösen. Das DRK durchlief im Laufe der Kriegsvorbereitungen bis zum Kriegsbeginn 1939 eine Wandlung vom Wohlfahrtsverband zum Kriegssanitätsdienst der Wehrmacht. Zunächst wurden erste Hilfe und Katastrophenschutz ausgebaut und gleichzeitig die Aufgaben im sozialen Bereich sowie im Jugendbereich reduziert. Ab 1937 stand das DRK dann unter der Schirmherrschaft Adolf Hitlers, es erhielt eine neue Satzung und eine eigene gesetzliche Grundlage und gehörte somit auch nicht mehr zum Kreis der Spitzenverbände. Nur die großen konfessionellen Verbände Innere Mission und Caritasverband konnten sich bei aller Behinderung und Erschwernis ihrer Arbeit der vollständigen nationalsozialistischen Vereinheitlichung der Fürsorge entziehen (vgl. Bauer 1996; Boeßenecker 1995; 1998; Heinze/Olk 1987; Sachße 1995).

---

[4] In der Literatur wird nicht klar unterschieden zwischen korporatistisch (z.B. bei Sachße 1995) und neokorpora-
tistisch (bei Heinze/Olk 1981 und 1987). »Im Zentrum der neokorporatistischen Konzepte steht die Integration
und funktionale Repräsentation von Großverbänden in der staatlichen Politik in liberalen westlich-
demokratischen Gesellschaften, in denen die freie Vereinigungs- und Koalitionsbildung gewährleistet ist«
(Heinze/Olk 1981: 96).

1.2.3 Die Wohlfahrtsverbände nach dem Zweiten Weltkrieg

Nach dem Zweiten Weltkrieg erfolgte die Neuorientierung der Inneren Mission und
des Caritasverbandes, auch die ZWST begann 1945 mit der Betreuung von Juden, die
den Holocaust überlebt hatten. Die Neugründung der ZWST als Spitzenverband erfolgte 1951. Der Hauptausschuss für Arbeiterwohlfahrt konstituierte sich 1946 mit
Billigung und Unterstützung der westlichen Besatzungsmächte neu. Er verstand sich
als parteipolitisch unabhängiger Verband dem demokratischen Sozialismus verpflichtet. 1945/46 wurde neben der Inneren Mission das »Hilfswerk der Evangelischen Kirche« gebildet, dessen Arbeit v.a. von nordamerikanischen und skandinavischen pro-
testantischen Kirchen unterstützt wurde. 1957 kam es zur Zusammenlegung von Innerer Mission und Hilfswerk zum »Diakonischen Werk der EKD e.V.«. 1947 wurde
der DPWV auf Landesebene und 1948 auf Bundesebene neu konstituiert. Die Sie-
germächte bestanden nach Kriegsende auf der Auflösung des DRK, bevor eine Neugründung zunächst nur auf Länderebene zugelassen wurde. Erst 1950 erfolgte der
Zusammenschluss zum DRK e.V. Seit 1956 wirkt es neben seinen Aufgabenbereichen
als nationale Hilfsorganisation und Wohlfahrtsverband im ständigen Sanitätsdienst
der Bundeswehr mit. 1949 schloß sich die Liga der Spitzenverbände – erweitert um
die AWO – neu zusammen, 1961 erfolgte die Umbenennung in »Bundesarbeitsgemeinschaft der Freien Wohlfahrtspflege«, die 1966 die Form der losen Arbeitsgemeinschaft aufgab und zur Rechtsform des eingetragenen Vereins überging.

Die Gestaltung des Verhältnisses zwischen öffentlichen und freien Trägern erfolgte
in den Gesetzesnovellierungen von BSHG und JWG in Form einer weiteren Stärkung
der freien Träger. Die freien Verbände versuchten ihre Vorrangstellung gegenüber
den öffentlichen Trägern auszubauen, um der Gefahr einer Indienstnahme durch den
Staat, wie sie während des Zweiten Weltkrieges erfolgt war, entgegenzuwirken (vgl.
Heinze/Olk 1987). Vom Wortlaut her wurde das Verhältnis zwischen privaten und öffentlichen Trägern »im Sinne eines Vorrang/Nachrang-Verhältnisses und damit im Sinne des Subsidiaritätsprinzips geregelt« (Münder 1987: 1148). In § 5,3 JWG lautete die
Formulierung: »Soweit geeignete Einrichtungen und Veranstaltungen der Träger der
freien Jugendhilfe vorhanden sind, erweitert oder geschaffen werden, ist von eigenen
Einrichtungen und Veranstaltungen des Jugendamtes abzusehen«. Begründet wurde
diese Vorrangstellung auch durch die Notwendigkeit eines pluralen Angebotes im
Bereich Soziale Arbeit, die der Wahlfreiheit der Klientel gerecht wird und die nur
durch unterschiedliche freie Träger sichergestellt werden kann (vgl. Münder 1987).[5]
Durch ihre Vorrangstellung wurden die freien Verbände in größerem Maße in die

---

[5] Münder beschreibt jedoch auch, »dass die Wirklichkeit im Bereich der privaten Träger den Stichworten zur Begründung des Vorrangs (Pluralismus, Vielfalt von Erziehungszielen) vielfach nicht entspricht. Die Berufung
auf die genannten Stichworte hat somit häufig ideologischen Charakter; sie dient der Erhöhung und Absicherung von Machtpositionen.« (1987: 1156)

staatliche Sozialpolitik eingebunden:[6] »Mit der Übernahme öffentlicher Aufgaben durch die ›freien‹ Träger wächst nicht nur deren Einfluß auf die staatliche Politik, sondern umgekehrt auch die Kontrollmöglichkeit des Staates sowie die Abhängigkeit der Verbände von staatlicher Unterstützung« (Heinze/Olk 1987: 1272).

Die gesetzlich festgelegte – und gegenüber der Gesetzgebung der Weimarer Republik verstärkte – subsidiäre Aufgabenteilung zwischen Staat und Verbänden und die sich daraus ergebende korporatistische Verflochtenheit durch gegenseitige Abhängigkeiten führte zu einer Angleichung der Organisationsstrukturen beider Seiten. Die Wohlfahrtsverbände entwickelten sich seit den 70er Jahren zu hierarchisch strukturierten, bürokratischen Organisationen mit Arbeitsgemeinschaften auf kommunaler, Landes- und Bundesebene. Während die Basisorganisationen auf örtlicher Ebene vor allem soziale Dienstleistungen erbrachten und immer noch erbringen, befassen sich die übergeordneten Organe auch heute noch überwiegend mit Aufgaben der Koordination der Leistungserbringung, der Zuarbeit und Ressourcenbeschaffung für die nachgeordneten Instanzen sowie mit der politischen Interessenvertretung. Die zunehmende Bürokratisierung der Verbände, die mit einer wachsenden Professionalisierung ihrer Arbeit einherging, schwächte aber auch eine ihrer entscheidenden Ressourcen, das ehrenamtliche Engagement (vgl. Heinze/Olk 1987). Die mit der steigenden Professionalisierung verbundene zunehmende Hierarchisierung von bezahlter und unbezahlter Sozialarbeit wirkt sich bis heute negativ auf die Bereitschaft zu ehrenamtlichem Engagement aus. Daneben war und ist ehrenamtliche Arbeit dem Vorwurf ausgesetzt, ohne große Sachkenntnis, quasi dilettantisch, geleistet zu werden (vgl. von Balluseck 1984).

Ein Prozess der Verstaatlichung der Sozial- und Jugendhilfe setzte durch die Einbindung der freien Träger in einen umfassenden Planungsverbund partnerschaftlicher Zusammenarbeit zwischen Staat und Verbänden ein: »In dem Maße, in dem die Verantwortung wohlfahrtsstaatlicher Gestaltung in Jugend- und Sozialhilfe sich ausdehnt, gewinnen zwar die Tätigkeitsfelder und Einrichtungen der freien Wohlfahrtspflege an Wichtigkeit für die Träger der öffentlichen. Gerade dadurch aber verlieren die freien Träger ihren Charakter als freie, ungebundene Kräfte und werden faktisch zu abhängigen Bestandteilen eines Gesamtkomplexes öffentlicher Wohlfahrtspolitik, der ihre Gestaltungsspielräume notwendig einschränkt« (Sachße 1995: 137). Insofern kann heute kaum noch von einem Vorrang der freien Träger gesprochen werden, was durch die neuere Sozialgesetzgebung eindrücklich bestätigt wird.[7]

---

[6] Für das DRK gilt diese Einbindung in mehrerlei Hinsicht: Als Wohlfahrtsverband unterliegt es wie die anderen Spitzenverbände dem Subsidiaritätsprinzip; die Verknüpfung zwischen DRK und Staat wird jedoch verstärkt durch seine Aufgabe als nationale Hilfsorganisation sowie durch seine Mitwirkung im ständigen Sanitätsdienst der Bundeswehr.

[7] Das KJHG von 1990 beinhaltet zwar noch die Subsidiaritätsklausel des bedingten Vorrangs freier Träger (§ 4,2 KJHG), insgesamt liegt die Betonung aber auf einer kooperativen Planung und Koordination des Jugendhilfeangebots zwischen öffentlichen und freien Trägern (vgl. Sachße 1995). Im Pflegeversicherungsgesetz (§ 11) ist der Vorrang der privaten vor den öffentlichen Trägern auch ausdrücklich festgeschrieben, den Wohlfahrtsver-

Nach der Entstehungsgeschichte der Wohlfahrtsverbände geht es nun um verschiedene Perspektiven aus der Wohlfahrtsverbändeforschung, um die Verflechtung
zwischen Staat und Wohlfahrtsverbänden differenziert darstellen und analysieren zu
können. Ausgangspunkt für die verschiedenen Perspektiven der Wohlfahrtsverbändeforschung ist dabei die Betrachtung von Wohlfahrtsverbänden als intermediären
Organisationen.

1.3 Perspektiven aus der Wohlfahrtsverbändeforschung

1.3.1 Wohlfahrtsverbände als intermediäre Organisationen

Wohlfahrtsverbände erfüllen verschiedene Funktionen gleichzeitig. Sie sind

* politische Organisationen, die den Anspruch haben, in stellvertretender bzw. »an-
  waltschaftlicher« Form die Interessen derjenigen Personengruppen zu vertreten,
  »die zwar im Normalfall nicht Mitglieder von Wohlfahrtsverbänden werden, die
  aber von diesen durch soziale Angebote und Dienste betreut werden« (Olk/Rau-
  schenbach/Sachße 1995: 14);
* lokale Vereine, die als solche »die Funktionen der Geselligkeit, der Kommunikation
  und selbstbestimmten Handlungsmöglichkeiten organisieren und bereitstellen«
  (ebd.). Diese Funktionen haben vor allem in den lokalen und regionalen Vereinen
  ihren Raum, beispielsweise in den Vereinssitzungen, die durch ehrenamtliche Vorstandsarbeit geprägt sind und aus deren Engagement viele Aktivitäten weiterer ehrenamtlicher MitarbeiterInnen erwachsen;
* »›Weltanschauungsverbände‹, die bestimmten normativen Vorstellungen, Traditionen und Sozialmilieus verpflichtet sind« (ebd.: 15), d.h. ihre Wertbindung ist konstitutives Element und sie sind
* Dienstleistungsproduzenten, die ihren jeweiligen AdressatInnen vor Ort verschiedene soziale Angebote und Dienstleistungen zur Verfügung stellen (vgl. ebd.).

Die Anforderung, all diesen – sich teilweise auch widersprechenden – Funktionen gerecht zu werden, setzt die Wohlfahrtsverbände bestimmten Handlungs- und Organisa-
tionsproblemen aus. In der Organisationssoziologie werden die damit verbundenen
Fragestellungen unter dem Begriff »intermediäre Organisationen« verhandelt. Damit
ist gemeint, dass sich die Wohlfahrtsverbände in einem »Zwischenbereich« bewegen,
der weder dem Markt (gewerbliche Unternehmen), noch dem Staat (öffentliche Verwaltungen), noch den Familienhaushalten (informelle Gemeinschaften) zuzuordnen
ist. Neben dem Begriff »intermediäre Organisationen« oder »intermediärer Sektor«
wird dieser Bereich auch als »Dritter Sektor« (vgl. Strachwitz 1998) oder »Non-Profit-

---

bänden wird jedoch keine bevorzugte Position gegenüber den kommerziellen Anbietern eingeräumt. Im Vordergrund steht hier also das Interesse der öffentlichen Träger an möglichst kostengünstigen Angeboten (vgl.
Sachße 1998). Auf diese Weise werden die Gestaltungsspielräume der Verbände der freien Wohlfahrtspflege
eingeschränkt.

Sektor« bezeichnet.[8] Dem intermediären Sektor werden neben den Wohlfahrtsverbänden auch verschiedenste Organisationen von informellen, familiennahen Initiativen bis zu großen Interessenverbänden und genossenschaftlichen Großbetrieben zugeordnet. Diese Organisationen lassen sich in einer zweifachen Weise als intermediär bezeichnen.

Zum einen sind sie es – auf *horizontaler Ebene* – im Blick auf ihre *Handlungslogik:* Intermediäre Organisationen sind zwischen Markt, Staat und Familienhaushalten angesiedelt, die über eine je eigene Handlungslogik verfügen, durch die sie ein spezifisches Funktionsprinzip – unter Vernachlässigung der Prinzipien der anderen Sektoren – besonders effektiv verwirklichen. So herrscht auf dem Markt der Wettbewerb mit dem Ziel, größtmögliche Freiheit zu erreichen. Der Staat wird durch hierarchisch durchgesetzte Entscheidungen bestimmt, die ein möglichst hohes Maß an Gleichheit schaffen sollen. Die informellen (Familien-)Gemeinschaften bauen auf das Prinzip der Reziprozität, um den Wert der Solidarität zu optimieren. »Intermediäre Organisationen sind unterdessen dadurch gekennzeichnet, dass sie keine eigene, vierte Handlungslogik ausbilden, sondern vielmehr die bekannten drei ›reinen‹ Handlungslogiken in jeweils spezifischer Weise miteinander kombinieren. (…) Der Vorteil der intermediären Organisationen (…) besteht in der gleichzeitigen Erfüllung verschiedener Funktionen, was eine flexible Reaktion auf unterschiedliche, ja widersprüchliche Anforderungen ermöglicht« (Olk/Rauschenbach/Sachße 1995: 17). Die Organisationsform des intermediären Sektors birgt zugleich spezifische Chancen wie auch Gefahren in sich: So ist es auf der einen Seite denkbar, dass intermediäre Organisationen die jeweiligen Vorteile der anderen Sektoren in sich vereinigen und so z.B. »professionelle Qualität, sachliche Innovationsfähigkeit, zeitliche Flexibilität und soziale Gerechtigkeit produktiv miteinander verbinden« (ebd.: 18). Auf der anderen Seite ist es vorstellbar, dass sich die Nachteile von Staat, Markt und Gemeinschaft – »wie etwa soziale Ungleichheit, bürokratische Rigidität, Partikularismus und ökonomische Ineffizienz« (ebd.) – vereinigen und auf eine Weise potenzieren, dass die Organisation handlungsunfähig wird.[9]

Die zweite Form der Intermediarität verläuft auf *vertikaler Achse* und ist bestimmt durch die *Vermittlung zwischen »Einfluss-«* und *»Mitgliedschaftslogik«* (ebd.): Da intermediäre Organisationen sich in einem Zwischenbereich bewegen, müssen sie immer zwischen verschiedenen Ebenen vermitteln. Dabei folgen sie einer eher erfolgsorientierten »Einflusslogik«, wenn es um die Vermittlung »nach oben« oder nach außen geht in der Kooperation als formale Institution neben anderen formalen Institutionen. Die eher konsensorientierte »Mitgliedschaftslogik« kommt zum Zuge in der Kommunikation »nach unten« oder nach innen in der Zusammenarbeit mit Mitglie-

---

[8] Die Gleichsetzung dieser Begriffe weist Unschärfen auf, die jedoch auch in der Literatur häufig nicht eindeutig benannt werden.

[9] Ausführlich hierzu Seibel (1992).

dern oder im Umgang mit KlientInnen,»die ihre spezifischen Interessen, Werte und Dispositionen sowie ihr Engagement in die Organisation einbringen und von dieser im Gegenzug Unterstützung und Nutzen einerseits, persönliche Beteiligung und Akzeptanz andererseits sowie nicht zuletzt Identifikationsmöglichkeiten erwarten« (ebd.; vgl. auch Thränhardt 2001).

Im Folgenden werden die »Multifunktionaltität« der Wohlfahrtsverbände als intermediäre Organisationen und die sich daraus ergebenden Strukturspezifika aus dem Blickwinkel dreier Forschungsrichtungen betrachtet. Die Dritte Sektor-Forschung setzt sich mit der Handlungslogik der intermediären Organisationen auseinander (1.3.2). Das Verhältnis zwischen Einfluss- und Mitgliedschaftslogik wird in der Korporatismusforschung beleuchtet (1.3.3). Das Konzept des Wohlfahrtspluralismus schließlich verbindet diese beiden Forschungsstränge miteinander und fragt nach den jeweiligen Beiträgen der einzelnen Sektoren zur Wohlfahrtsproduktion und ihrer Optimierung (1.3.4).[10]

1.3.2 Dritte Sektor-Forschung

Die Dritte Sektor-Forschung betrachtet Wohlfahrtsverbände als intermediäre Organisationen in horizontaler Perspektive, also unter dem Aspekt ihrer Handlungslogik, die sich – so die These dieses Abschnitts – in ihrer Dienstleistungsfunktion konkretisieren lässt.[11] Da eine der wohlfahrtsverbandlichen Aufgaben die Dienstleistungsproduktion ist (vgl. 1.3.1) und sich diese Dienstleistungserbringung v.a. in Form von Sozialer Arbeit vollzieht,[12] soll an dieser Stelle zunächst – in vereinfachter, dennoch abstrakter Form – der Frage nachgegangen werden, was unter Sozialer Arbeit als Dienstleistungsarbeit verstanden wird (vgl. Olk 1985: 128 f.)

Dienstleistungsarbeit ist nötig in einer modernen Gesellschaft, die sich immer weiter *ausdifferenziert in verschiedene Teilbereiche*. Innerhalb des Gesamtsystems Gesellschaft bilden sich Subsysteme (z.B. Politik, Wirtschaft, Recht, Religion, Familie, öffentliche Erziehung usw.), die sich mit bestimmten begrenzten Aufgaben befassen. Dadurch erfolgt eine immer stärkere Ausdifferenzierung in den Teilsystemen mit dem Ziel der Leistungssteigerung durch Spezialisierung und Rationalisierung. Damit die Subsysteme ihre Leistungsfähigkeit aufrechterhalten können, brauchen sie eine funktionierende Umwelt, die ihnen einerseits die zur Leistungsproduktion erforderlichen Ressourcen zuführt und andererseits die produzierte Leistung abnimmt. Beispielsweise ist der Wohlfahrtsstaat darauf angewiesen, dass das Teilsystem Ökonomie genü-

---

[10] Es sind auch andere Einteilungen der Forschungsrichtungen möglich als die hier gewählte. Schmid beispielsweise fasst das Dritte Sektor-Konzept weiter und bezeichnet das Konzept des Wohlfahrtspluralismus als weitgehend äquivalentes Analysekonzept (vgl. 1996: 81). Zu den Entwicklungslinien der Wohlfahrtsverbändeforschung vgl. auch Heinze/Schmid/Strünck 1997: 248-255.

[11] Es wird hier der Versuch unternommen Grundlagen der Dienstleistungsdebatte in der Sozialen Arbeit aufzugreifen, ohne in die Details zu gehen, und mit der Dritte Sektor-Forschung zu kombinieren, die nach der spezifischen Handlungslogik intermediärer Organisationen fragt.

[12] Weitere Formen der Dienstleistungserbringung sind z.B. Tätigkeiten im Bereich Pflege und Rettungsdienst.

gend Überschüsse erwirtschaftet und in Form des Tauschmittels »Geld« bereitstellt, damit er seine sozialen Funktionen erfüllen kann.

Durch die Ausdifferenzierung in Subsysteme entsteht nun eine wechselseitige Abhängigkeit derselben. Damit das Gesamtsystem der Gesellschaft funktionieren kann, braucht es also eine *Vermittlungstätigkeit* zwischen den Subsystemen, d.h. es muss – durch Planungs- und Steuerungsprozesse sowie durch Kontrolle – eine Verknüpfung hergestellt werden zwischen den ausdifferenzierten Teilsystemen der Sozialstruktur. Diese Aufgabe erfüllt die *Dienstleistungsarbeit*. Sie hat dafür Sorge zu tragen, all diejenigen gesellschaftlichen Funktionen zu gewährleisten, die für die materielle Reproduktion der Gesellschaft notwendig sind. Somit kann Dienstleistungsarbeit als Normalisierungsarbeit beschrieben werden: Durch die Stabilisierung von Normalzuständen und Normalverläufen wird die Identität einer Gesellschaft gesichert. »Die Herausbildung und Expansion von *Sozialarbeit* als formal organisiertes und verberuflichtes Hilfesystem seit dem letzten Drittel des 19. Jahrhunderts ist genau im Kontext dieses Prozesses der Gewährleistung von Vermittlungsprozessen zwischen den ausdifferenzierten Teilen der Sozialstruktur zu sehen: Sozialarbeit hat es nämlich (...) mit der Bewachung von Normalitätsstandards (...) zu tun« (ebd.: 130; Hervorhebung E.S.). Weite Teile der gesellschaftlich anfallenden Sozialen Arbeit werden in der Trägerschaft von Wohlfahrtsverbänden erbracht. Als »Zwischenorganisationen« sind sie Dienstleistungsproduzenten.

Gegenstand der Dritte Sektor-Forschung nun »ist die Frage nach der spezifischen Handlungslogik, der Struktur und Funktion solcher Organisationen, die (...) weder als gewerbliche Unternehmen noch als öffentliche (Sozial-)Bürokratien gelten können« (Olk 1995: 99 f.). Dabei werden intermediäre Organisationen als *»komplexe Vermittlungsformen«* entworfen, wobei diese Vermittlungsaufgaben als Entsprechung zu der oben skizzierten Dienstleistungsfunktion gesehen werden können (ebd.; vgl. Anheier u.a. 1997; Frey 1998).[13] Als besonderes Merkmal dieses Organisationstypus wird sein Potential beschrieben, unterschiedlichen, heterogenen, teilweise scheinbar unvereinbaren Anforderungen gleichzeitig zu genügen. Danach besteht der Handlungsmodus dieser Organisationen aus einer aufgabenspezifisch wechselnden Mischung der Handlungsmerkmale der anderen gesellschaftlichen Bereiche Markt, Staat und Gemeinschaften. Im Idealfall gelingt es den intermediären Instanzen, die Merkmale und Handlungslogiken der anderen gesellschaftlichen Sektoren so zu verbinden, dass sie besonders leistungsstark agieren können. Im Negativfall kommt es zu einem Mischungsverhältnis, in dem sich die sektoralen Logiken von Markt, Staat und Gemeinschaften gegenseitig blockieren und Handlungsunfähigkeit erzeugen.[14] Es gilt jedoch

---

[13] Schmid (1996) spricht von »Zwitter- und Scharnierorganisationen« (S. 81) mit »Mediatisierungs- und Pufferfunktion« (S. 40).
[14] Für die Wohlfahrtsverbände wird derzeit vor allem die Handlungslogik des Marktes zur Herausforderung. Non-Profit-Organisationen müssen mit sich verändernden Bedingungen in ihrer Umwelt zurechtkommen. So sind sie z.B. einem zunehmenden Wettbewerbsdruck ausgesetzt mit Ökonomisierungs- und Verbetrieblichungs-

als eine Stärke der intermediären Organisationen, dass sie »besonders flexibel und
rasch auf Bedürfnisse und Probleme zu reagieren in der Lage sind, die weder der
Markt, noch der (Sozial-)Staat wahrnehmen bzw. mit ihren Koordinationsmechanis-
men angemessen bewältigen können« (Olk 1995: 101).

Wird die spezifische Handlungslogik von intermediären Organisationen als
Dienstleistungsarbeit entworfen, so heißt das, dass Dienstleistungsarbeit als Vermittlungstätigkeit zwischen gesellschaftlichen Teilsystemen Kompetenzen aus den verschiedenen Sektoren in sich vereinigt. Um leistungsstark zu sein, muß sie also betriebswirtschaftlich effizient, sozial gerecht und an den Bedürfnissen der AdressatInnen orientiert fachlich fundiert handeln. Was dienstleistungsorientierte Soziale Arbeit
perspektivisch meint, wird im 9. Jugendbericht am Beispiel der Jugendhilfe so beschrieben: In der Dienstleistungsarbeit »geht es um ein anderes Verhältnis von Organisation zu Adressaten und Adressatinnen«, das nach einer »Entsprechung zwischen
den Bedürfnislagen der jungen Menschen und den Angeboten bzw. Maßnahmen der
Sozialen Arbeit« zu streben hat (BMFSFJ 1994: 583).

Die Frage ist nun, wie Wohlfahrtsverbände als Dienstleistungserbringer sich ihren
charakteristischen Zwischenstatus erhalten können, um ein stabiles Gleichgewicht in
den spannungsreichen innerorganisatorischen Aushandlungsprozessen um das jeweils geeignete Mischungsverhältnis der drei »reinen Handlungslogiken« zu erreichen, ohne sich zu stark anzupassen und anzugleichen an betriebswirtschaftliche, bürokratische oder (familien-)gemeinschaftliche Strukturmerkmale. Hier tut sich eine
Kluft auf zwischen dem Anspruch der Verbände, »flexibel, individuell und innovativ
auf (neue) soziale Problemlagen und Hilfsbedürftigkeiten mit einem eigenständigen
Hilfeangebot reagieren zu können« und den realen verbandlichen Handlungsmöglichkeiten und -formen, die nicht selten von strukturellen Verkrustungen gekennzeichnet sind (Olk 1995: 107).

1.3.3 Korporatismusforschung

In der Korporatismusforschung werden intermediäre Organisationen in vertikaler Perspektive betrachtet, es steht die Vermittlung zwischen »oben« und »unten« im Vordergrund, also das Verhältnis zwischen Einflusslogik und Mitgliedschaftslogik. Untersucht werden dabei v.a. die Formen der Institutionalisierung und die Vermittlungs-
prozesse von gesellschaftlichen Interessen in das politisch-administrative System:
»Die vertikalen Beziehungen zwischen Bürgern und Staat bzw. zwischen gesellschaftlichen Organisationen und Vereinigungen einerseits und Staat andererseits
werden analysiert« (Olk 1995: 103).

---

zwängen. Als Dienstleistungsbetriebe dürfen sich Wohlfahrtsverbände einer betriebswirtschaftlichen (Markt-)
Logik nicht verschließen, sie dürfen sich aber auch nicht einseitig von ihr leiten lassen, weil sonst beispielsweise die viel beschworene KundInnenorientierung zu kurz käme.

Der Korporatismus-Ansatz hat in den 70er Jahren die *Theorien des klassischen Pluralismus und des Neo-Pluralismus* in der Verbändeforschung abgelöst, korporatistische Verflechtungen zwischen Staat und Verbänden reichen historisch jedoch weit zurück. »Ausgangspunkt dieses ›Paradigmenwechsels‹ in der Verbändeforschung ist die Entdeckung einer neuen Qualität in den Beziehungen von Staat und Verbänden« (ebd.). Durch die Pluralismustheorien war die Verbändepolitik geprägt von der Vorstellung, dass im pluralistischen Nebeneinander vielfältige Sonderinteressengruppen in vielschichtigen »punktuellen Einflußbeziehungen« ihre Kräfte miteinander messen (ebd.). Diese Pluralität war auch im Subsidiaritätsprinzip verankert, das der Wahlfreiheit der Klientel einen großen Stellenwert einräumte.

In der *Korporatismusforschung* nun geht es um die Verflechtungen zwischen nicht-staatlichen (intermediären) und staatlichen Organisationen. Es wird unterschieden zwischen Makro- und Meso-Korporatismus. Im *Makro-Korporatismus* geht es »um Probleme der interessenorganisatorischen Bewältigung gesamtgesellschaftlicher Konflikte« (Backhaus-Maul/Olk 1997: 25). Er hat sich historisch später entwickelt als der Meso-Korporatismus und ist weniger stabil als dieser. Ein Beispiel für makrokorporatistische Interessenregulierung ist die Einkommens- und Tarifpolitik zwischen Gewerkschaften und Unternehmerverbänden. Die Instabilität dieser Form der Interessenregulierung liegt darin, dass die beteiligten Verhandlungspartner im Prinzip jederzeit aus diesem Kooperationssystem aussteigen können, wenn sie dies aus verbandsstrategischen Gründen für angebracht erachten (vgl. Olk 1995: 104).

Im *Meso-Korporatismus* hingegen geht es hauptsächlich um »die ›Beleihung‹ organisierter Privatinteressen mit öffentlichen Regulierungsaufgaben und Verantwortlichkeiten zum Zwecke der Staatsentlastung« (Backhaus-Maul/Olk 1997: 26). Mesokorporatistische Verflechtungen reichen weit in die Geschichte zurück. Ein klassisches Beispiel dafür ist die traditionsreiche Verflechtung zwischen Staat und einer begrenzten Zahl von Spitzenverbänden der freien Wohlfahrtspflege, die in der bundesdeutschen Sozialpolitik die privilegierten Kooperationspartner sind. Die Stabilität dieses Verhandlungssystems ist in der wechselseitigen Abhängigkeit von dauerhaften Tauschverhältnissen begründet. Ein Ausstieg aus den Kooperationsbeziehungen würde für einen Wohlfahrtsverband die Gefährdung der eigenen Existenz bedeuten (vgl. Olk 1995:104). Im Folgenden werden die meso-korporatistischen Verflechtungen intermediärer Organisationen betrachtet.

Intermediäre Organisationen zeichnen sich u.a. dadurch aus, dass sie sowohl Mitglieder haben, als auch selbst Mitglieder sind im nationalstaatlichen Institutionensystem. Darum müssen sie »mit mindestens zwei gleich wichtigen Umwelten zur gleichen Zeit interagieren« (Streeck 1987: 473). Nach »unten« muss das Verhältnis zu den Mitgliedern und KlientInnen, der sozialen Basis, gestaltet und deren Interesse berücksichtigt werden, und nach »oben« müssen die Beziehungen als formale Institution unter anderen in einer institutionellen Umgebung gepflegt werden.

Die *Kooperation nach oben* erfolgt ganz im Sinne der *Einflusslogik.* »Korporatistische Systemintegration wird dadurch erreicht, dass private Organisationen einen Teil ihrer Privatautonomie und staatliche Organisationen einen Teil ihrer Hoheitlichkeit, also jede ihre jeweilige differentia spezifica, an die Gegenseite abtreten« (Streeck 1987: 488). Das Verhältnis zwischen öffentlichen und freien Trägern der bundesdeutschen Wohlfahrtspflege ist also gekennzeichnet durch Interdependenzen in einem komplexen Kooperationszusammenhang.[15]

In der *Kooperation nach unten* kommt die gänzlich anders geartete *Mitgliedschaftslogik* zum Zuge. Der Kontakt zu ihrer sozialen Basis macht Wohlfahrtsverbänden zunehmend Probleme, da ein »Aussterben des Stammkunden« beobachtet werden kann (Streeck 1987: 474). In sozialstrukturellen Analysen wird der »Verfall traditionaler Sozialmilieus« deutlich (ebd.: 475). Infolge einer zunehmenden Individualisierung der Lebensführung und Pluralisierung von Lebenslagen – die einhergehen mit einer steigenden Mobilität in beruflicher, räumlicher und kultureller Hinsicht – verliert sich die Selbstverständlichkeit der loyalen Anbindung an Organisationen, die kollektive Identität repräsentieren und erzeugen (vgl. ebd.). Somit steigen die Schwierigkeiten der Wohlfahrtsverbände, ehrenamtliche MitarbeiterInnen zu rekrutieren und an sich zu binden. Dies zeugt – jedenfalls in dieser spezifischen Bindungsform – von einer »nachlassenden Bindungsfähigkeit der Wohlfahrtsverbände gegenüber ihrer sozialen Basis« (Olk 1995: 108). Daneben müssen Wohlfahrtsverbände »heute mit heterogener gewordenen Mitgliedschaften auskommen, deren Ansprüche und Interessen spezifischer – und damit unterschiedlicher und weniger leicht auf einen Nenner zu bringen – sind und deren Agenden häufiger zu wechseln scheinen« (Streeck 1987: 477).

Der Korporatismus-Ansatz macht sichtbar, dass die Vermittlung zwischen Mitgliedschafts- und Einflusslogik die Wohlfahrtsverbände – wie andere intermediäre Organisationen auch – vor eine große organisationsstrategische Herausforderung stellt: Die Verbände müssen »sowohl ihre soziale Unterstützungsbasis verbreitern (...), also Mitglieder, freiwillige Helfer und Sympathisanten (...) werben (Mitgliedschaftslogik), als auch in politischen Tauschverhältnissen ihre Organisationsziele (...) verwirklichen (Einflußlogik)« (Olk 1995:106). Mitgliedschaftslogik und Einflusslogik sind grundsätzlich unvereinbar, so dass »verbandliche Strategien letztlich immer daran orientiert sein müssen, diese Spannungspole vorläufig und instabil zu versöhnen« (ebd.).

1.3.4 Wohlfahrtspluralismus

Das Konzept des Wohlfahrtspluralismus bzw. Wohlfahrtsmix betrachtet die vielfältigen Verknüpfungen und Wechselwirkungen zwischen den verschiedenen Sektoren

---

[15] Diese Interdependenzen werden von den Dritte Sektor-Organisationen zunehmend als Dependenzen erlebt, da die Finanzierung durch die öffentliche Hand nicht mehr ausreicht und/oder abnimmt, die Abhängigkeit von öffentlicher Finanzierung für die freien Träger aber bestehen bleibt (vgl. Priller/Zimmer 2001: 219).

der Gesellschaft – Markt, Staat, informelle Selbstversorgungsgemeinschaften und intermediärer Sektor[16] – unter dem Aspekt ihres jeweiligen Beitrags zur Wohlfahrtsproduktion. Dabei »zeichnet sich in sämtlichen westlichen Ländern eine grundsätzliche Neuordnung institutioneller Arrangements wohlfahrtsstaatlicher Systeme ab, die auf eine Pluralisierung von Institutionen und Akteuren der Wohlfahrtsproduktion jenseits von Markt und Staat sowie auf eine Stärkung von Gemeinsinn, bürgerschaftlicher Mitwirkung und Selbsthilfe hinauslaufen« (Evers/Olk 1996: 10).

In den letzten drei Jahrzehnten hat die Bedeutung der gesellschaftlichen Ressourcen »jenseits von Markt und Staat« – dazu gehören die Vielfalt der Non-Profit-Organisationen, Selbsthilfeinitiativen und auch die familien- und zwischenhaushaltlichen Unterstützungsnetzwerke – für die Wohlfahrtsproduktion[17] sowie für die Umsetzung von Gerechtigkeits- und Sicherheitserwartungen zugenommen. Dies lässt sich z.B. zurückführen auf die Entstehung und Ausdehnung von sozialen Bewegungen wie der Umweltschutz-, Selbsthilfe- und Frauenbewegung seit den 70er Jahren, auf den Zusammenbruch des realsozialistischen Systems der DDR Ende der 80er Jahre sowie auf die sichtbar werdenden strukturellen Grenzen von Markt *und* Staat bezüglich der Wohlfahrtsproduktion, verursacht durch ökonomische Stagnation und engere finanzielle Verteilungsspielräume in den öffentlichen Haushalten seit Anfang der 80er Jahre (vgl. ebd.: 11). Politische Strategien und Konzepte zur Bewältigung von Staats- und Marktversagen haben durch diese Entwicklungen ein verstärktes Interesse daran, die Leistungspotentiale und Ressourcen sowohl der intermediären Instanzen als auch der informellen Gemeinschaften zu nutzen, um »ökonomische bzw. sozialpolitische Versorgungslücken« zu schließen (ebd.).[18] Neben dieser *ordnungspolitischen Haltung* und im Gegensatz dazu spielt der Einfluss des aus den USA stammenden »*Kommunitarismus*« eine deutliche Rolle für das gesellschafts- und sozialpolitische Interesse an den Motiven und Organisationsformen zivilgesellschaftlichen Handelns:»Aus dieser Perspektive sind die gemeinschaftsbezogenen Aktivitäten und Formen der gegenseitigen Hilfe und Unterstützung und der Interessenartikulation von Bürgerinnen und Bürgern sowie die hier vorfindlichen Organisationsformen wie Bürgergruppen, Vereine und freiwillige Assoziationen Ausdruck und zentrale Grundlage sowohl einer demokratischen Kultur (...) als auch einer solidarischen Wohlfahrtsgesellschaft« (ebd.; vgl. auch 3.2).

---

[16] Die Institutionen des intermediären Bereichs sind dabei nicht als gesonderter Sektor mit eigener Handlungslogik zu verstehen, betont wird ihre Vermittlungstätigkeit zwischen formellem und informellem Sektor, d.h. die Vermittlungsfunktion ist charakteristischer für die intermediären Instanzen als die sektorale Abgrenzung (vgl. Heinze/Strünck 1996: 298).

[17] Wohlfahrtsproduktion bezieht sich auf den »Umwandlungsprozeß von Ressourcen (wie Güter, Dienste, Zeit) in Endprodukte, die hier als Beiträge zum individuellen Wohlbefinden verstanden werden. Der Begriff Wohlfahrtsproduktion verknüpft also die Angebots- mit der Nachfrageseite« (Evers/Olk 1996: 15).

[18] Aspekte des Umbaus des Sozialstaats und der Neubalancierung des Wohlfahrts-Mix, gerade auch unter dem Gesichtspunkt der Nutzung des informellen Sektors, diskutiert Ulrich Otto differenziert am Beispiel der Altenpolitik (vgl. Otto 1995).

Unter wohlfahrtspluralistischen Gesichtspunkten geht es nun nicht nur darum, die Produktivitätsreserven von informellen Netzwerken und zivilgesellschaftlichen Vereinigungen systematisch einzubeziehen, sondern es gilt, *neue Kombinationsformen* von den an der Wohlfahrtsproduktion beteiligten Institutionen mit ihren spezifischen Handlungslogiken zu entwickeln, damit das bisher erreichte Niveau der individuellen wie kollektiven Wohlfahrt trotz veränderter Rahmenbedingungen durch Synergieeffekte erhalten werden kann oder sogar Steigerungen der Wohlfahrt erreicht werden können (vgl. Evers/Olk 1996: 10 f.). Das erreichte Niveau individueller Wohlfahrt kommt jedoch nicht schon allein durch das Vorhandensein wohlfahrtsproduzierender Instanzen zustande, sondern es bedarf der *Eigenaktivität der Individuen*, indem sie sich durch entsprechende Handlungsstrategien (z.B. das Stellen von Anträgen) einen Zugang zu den Wohlfahrtsleistungen verschaffen.»Hieraus folgt, daß über die individuellen Wohlfahrtseffekte der Leistungen von Instanzen der Wohlfahrtsproduktion letztlich auf der interaktiven Ebene entschieden wird« (ebd.: 17). Evers und Olk sprechen in diesem Zusammenhang auch davon, dass zur Steigerung von Wohlfahrt und Wohlbefinden die»Passungsverhältnisse« auf zwei Ebenen stimmen müssen (vgl. 1996: 20): Aus Sicht der Individuen und Haushalte muss die Verbindung zwischen persönlichen Kompetenzen und Vorgehensweisen einerseits und den in Institutionen und Sektoren der Wohlfahrtsproduktion vorherrschenden Eigenlogiken andererseits gelingen (Mikro-Perspektive). Die andere Ebene ist damit befasst, durch möglichst optimale Mischungsverhältnisse der Beiträge der vier wohlfahrtsproduzierenden Sektoren die Chancen und Bedingungen zur selbstbestimmten Lebenslagengestaltung für alle Bürgerinnen und Bürger zu verbessern (Makro-Perspektive).

Das Konzept des Wohlfahrtspluralismus umfasst eine analytische und eine normativ-politische Dimension. Wohlfahrtspluralismus kann als ein Kategorienschema angesehen werden,»mit dem die Relationen zwischen den Sektoren der Wohlfahrtsproduktion beschrieben und normativ bewertet werden« (Heinze/Strünck 1996: 299). Die *analytische Dimension* beschreibt die spezifischen Beiträge, die von einzelnen Sektoren der Gesellschaft zur Wohlfahrtsproduktion geleistet werden, sowie die Pluralität der Mischungsverhältnisse zwischen verschiedenen Trägerformen und einer großen Zahl von Steuerungstypen[19], ohne einzelne Sektoren statisch voneinander zu trennen. Die *normative Dimension* hebt die Bedeutung der»Legitimation« und des »Wertberücksichtigungspotentials« von sozialpolitischen Trägerschaften und Arrangements hervor. Hierbei spielen die Kategorien Partizipation, Demokratie, Sicherheit und soziale Gerechtigkeit eine große Rolle. Wohlfahrtspluralistische Politikkonzepte versuchen also unter normativen Gesichtspunkten optimale Mischungsverhältnisse

---

[19] Verschiedene Steuerungstypen sind z.B. Korporatismus als spezifische Verflechtung zwischen Staat und Verbänden, Wettbewerb als Steuerungsform des Marktes, Selbstorganisation in informellen Gemeinschaften sowie staatliche Bereitstellung.

zur Produktion von Wohlfahrt zu entwickeln und umzusetzen (vgl. Evers/Olk 1996:11 f.; Heinze/Strünck 1996: 289 f.).

In der Diskussion um Wohlfahrtspluralismus gibt es verschiedene konzeptuelle Richtungen, die sich u.a. durch die Menschen- und Gesellschaftsbilder unterscheiden, die ihnen zugrunde liegen, durch den Stellenwert, der den Eigenlogiken einzelner Sektoren der Wohlfahrtsproduktion beigemessen wird oder durch die Rolle, die demokratische Überlegungen bei Fragen der Dienstleistungsproduktion (beispielsweise im Sinne von Bürgerbeteiligung) spielen. Evers und Olk unterscheiden vier »Idealtypen« von Wohlfahrtspluralismuskonzepten. Die einzelnen Typen beschreiben Wohlfahrtspluralismus unter folgenden Gesichtspunkten: 1. managerielle und konsumistische Orientierungen, 2. gesellschaftlicher Wettbewerb, 3. soziale Entwicklungspolitik und 4. Stärkung von Markt *und* Gemeinschaft (vgl. Evers/Olk 1996: 40 ff.). Für die Fragestellung dieser Arbeit – Förderung von neuen Formen freiwilligen sozialen Engagements im Kontext von Wohlfahrtsverbänden – ist vor allem der dritte Typus von Bedeutung: *Wohlfahrtspluralismus als »ein Konzept für eine Entwicklungspolitik zur Stärkung gesellschaftlicher Wohlfahrtsbeiträge«* (ebd.: 45; Hervorhebung E.S.).

Bei diesem Konzepttypus geht es darum, die Reform der Sozialpolitik und des Sozialstaats hinsichtlich eines effizienteren Managements öffentlicher Verwaltungen zu verbinden mit bürgergesellschaftlichen und kommunitaristischen Elementen. D.h., die Leistungsfähigkeit der öffentlichen Sozialverwaltung soll durch wettbewerbs- und marktorientierte sowie durch politisch-partizipative Strategien gesteigert und öffentliche Aufgaben sollen gesellschaftlichen Trägern jenseits von Staat und Markt übertragen werden. Daneben soll das Potential der informellen Gemeinschaften gestärkt und deren bürgerschaftliche Mitwirkung an der Gestaltung von Dienstleistungen unterstützt werden. Dies ist die normative Seite dieses Konzepttypus. Gemeinschaftliche Formen wie Familie und Nachbarschaft werden nicht als Restbestände einer schwindenden Tradition angesehen, sondern als erhaltungswürdige und bestandsfähige Lebensformen zukünftiger Gesellschaften diskutiert. In diesem Zusammenhang werden nicht nur die Beteiligungsrechte der Bürger eingeklagt, sondern auch Themen wie Verantwortlichkeiten, Bürgerpflichten, Bindungen und Gemeinsinn verhandelt. »Dementsprechend werden Wohlfahrtsverbände als Dienstleistungsanbieter, soziale Anwaltsorganisationen und Repräsentanten solidaristischer und gemeinwohlorientierter Werthaltungen (...) thematisiert und Sozialprojekte einerseits als Beiträge zu besseren und billigeren Angeboten, andererseits als Repräsentanten ›bürgerschaftlichen Engagements‹« (ebd.: 47). In zahlreichen Förderprogrammen (eines davon ist das Modellprogramm Seniorenbüro) werden unabhängig von den korporatistischen Vereinbarungen zwischen Staat und Verbänden v.a. in Form von Modellprojekten »Elemente einer derartigen sozialen Entwicklungspolitik« herausgearbeitet und erprobt (ebd.: 46).

In *bürgerschaftlichem und nachbarschaftlichem Engagement* zeigt sich eine Form sozialen Kapitals, dessen Entwertung nicht einfach als notwendige Folge sozialen Wandels akzeptiert werden darf. »Vielmehr gilt die Suche angemessenen Entwicklungspolitiken, die Investitionen in diesen spezifischen ›Kapitalstock‹ und eine pflegliche Erneuerung entsprechender Bestände als notwendige Voraussetzung des Wohlfahrtspluralismus und Komplement der Suche nach einer besseren Nutzbarmachung von Beiträgen der Familie oder des Bürgerengagements begreifen« (ebd.: 47).

Die Förderung und Stärkung dieses sozialen Kapitals kann – neben entsprechenden strategischen Konzepten für sozialstaatliche Politik – eine Aufgabe der Wohlfahrtsverbände sein, indem sie sich auf ihre soziale Anwaltschaft und ihre gemeinwohlorientierte Wertbindung berufen. Dabei ist es erforderlich, traditionelle Machthierarchien zu überwinden, sowohl in Bezug auf die Bildung von »Verhandlungssystemen im lokalen öffentlichen Raum als auch im Hinblick auf fachpolitisch verfestigte Hierarchiebeziehungen – z.B. zwischen Professionellen und Laien« (ebd.: 47 f.). Es geht also nicht nur um eine Modernisierung der hierarchischen Verknüpfungen zwischen Markt, Staat, intermediären und familiären Bereichen, sondern um eine Reform der Beziehungen zwischen den Sektoren, die eine Entwicklungsperspektive für den zivilgesellschaftlichen und gemeinschaftlichen Bereich bietet. In diesem Zusammenhang werden dann Fragen nach politischer Demokratie, sozialer Gerechtigkeit und den Voraussetzungen für ein verändertes Beziehungsgefüge zwischen den einzelnen Sektoren relevant.

Als Entwicklungstendenz lässt sich beobachten, dass die Grenzen zwischen den Sektoren durchlässiger werden. Diskutiert wird weniger die Abgrenzung zwischen den Sektoren als vielmehr Kooperations- und Vernetzungsstrategien, die zu *neuen wohlfahrtssteigernden, synergetischen »mixes« von unterschiedlichen Handlungsrationalitäten und Ressourcen* führen sollen. Für die hier interessierende freie Wohlfahrtspflege als Teil des intermediären Sektors heißt dies in Bezug auf die *Öffnung gegenüber dem Staat*, »dass immer weniger die Autonomie gegenüber staatlichen Instanzen und Ressourcen und immer mehr die ›guten‹ Kooperationsbeziehungen gepflegt und betont werden« (ebd.: 29 f.). Die *Öffnung zum Markt* zeigt sich zum einen in der Vorbildfunktion, die betriebswirtschaftliche Konzepte des Managements und der Organisationsentwicklung für die Modernisierung der wohlfahrtsverbandlichen Strukturen bekommen haben (vgl. dazu Grunwald 2001).[20] Zum andern wird dies ganz konkret in der zunehmenden »Ausgründung« von einzelnen Aufgabenbereichen als eigenständige Betriebe in Form einer GmbH, die so auch nicht mehr einem ehrenamtlichen Vorstand unterstellt sind, sondern gänzlich unter professionellen Gesichtspunkten geführt werden (vgl. hierzu Heinze/Strünck 1996: 305 f.; Merchel

---

[20] In der öffentlichen Verwaltung zeigt sich die Öffnung zu den Prinzipien des Marktes z.B. in der Einführung neuer Steuerungsmodelle, die die kommunalen Sozialverwaltungen – unter dem Stichwort »new public management« – durch die Einführung betriebswirtschaftlicher Effizienz- und Effektivitätskriterien in moderne Dienstleistungsbetriebe umwandeln sollen (vgl. beispielsweise Flösser/Otto 1996).

1990: 292). Auch *zum informellen Sektor hin* öffnen sich die Grenzen der Wohlfahrtsverbände. Die Entstehung von Selbsthilfeinitiativen und Sozialprojekten als
neue Formen freiwilligen sozialen und bürgerschaftlichen Engagements hat dazu geführt, dass ein Teil dieser Gruppen die Anbindung an die Wohlfahrtsverbände als
Dachorganisationen sucht, um deren Servicefunktionen zu nutzen. Dritte Sektor-
Organisationen sind häufig die Träger von Einrichtungen und Angeboten zur Unterstützung und Förderung von Selbsthilfe und freiwilligem sozialem Engagement, die
neue Elemente in der Infrastruktur sozialer Dienste darstellen. Daraus können sich
synergetische Effekte sowohl für die traditionellen Wohlfahrtsverbände ergeben, indem sie durch die neuen Engagement- und Gemeinschaftsformen zu neuen Sichtweisen und Ideen für die Erneuerung der eigenen Konzepte angeregt werden, als auch
für die Solidargemeinschaften der Initiativen, die von den wohlfahrtsverbandlichen
Ressourcen profitieren können »und zudem genötigt [werden], ihre Anliegen und
Konzepte im Rahmen einer verbandlichen (Fach-)Öffentlichkeit zu artikulieren und
zu verteidigen« (Evers/Olk 1996: 30).

Eine weitere Entwicklungstendenz wird durch die *Intensivierung der Beziehungen zwischen dem formellen und dem informellen, familiären Sektor* der Hilfeleis-
tungen deutlich. Es gibt inzwischen vorsichtige Ansätze, die Leistungen und Potentiale, die der informelle Sektor zur Wohlfahrtsproduktion beiträgt, systematisch zu berücksichtigen und anzuerkennen und nicht mehr stillschweigend als gegeben vor-
auszusetzen. Ein Beispiel für die Anerkennung informeller Wohlfahrtsproduktion
lässt sich im Bereich der Sozialversicherungssysteme finden, indem die von Frauen
geleisteten Pflege- und Erziehungszeiten auf die Rentenversicherung angerechnet
werden. Weitere Beispiele sind in einer familienfreundlicheren Gestaltung von Öff-
nungszeiten in Kindertagesstätten und Schulen sowie ambulanten Angeboten und
Diensten zur Entlastung informeller Netze zu suchen, die auf neue Formen der Arbeitsteilung zwischen formeller und informeller Wohlfahrtsproduktion hinweisen (vgl.
ebd.: 31).

Eine Folge der beschriebenen Entwicklungen ist die *»Pluralisierung und Frag-
mentierung der Anbieterlandschaft im sozialpolitischen Bereich«* (ebd.: 32). Dies
führt zu einer größeren Konkurrenz auf dem Markt der sozialen Angebote, die auch
vor den großen Wohlfahrtsverbänden nicht Halt macht. Dadurch sind die Verbände
gezwungen, sich mit den Handlungslogiken und Idealen der neuen Akteure auseinander zu setzen. Der durch das Subsidiaritätsprinzip privilegierte Status der Spitzenverbände der freien Wohlfahrtspflege wird ihnen im Kinder- und Jugendhilfegesetz,
v.a. aber im Pflegeversicherungsgesetz (PflegeVG), nicht mehr zuteil. Dort wird »der
Kreis der inkorporierten Akteure um privatgewerbliche Anbieter (PflegeVG) und ver-
bandsunabhängige Vereine und Initiativen erweitert (KJHG)« (Backhaus-Maul/Olk
1997: 28). Die partielle Öffnung des Dienstleistungsmarktes für andere Anbieter neben den Wohlfahrtsverbänden beschreibt Olk als *äußere Pluralisierung* (vgl. 1995:

118 f.).[21] Durch »outcontracting« sollen die Beziehungen zwischen den Sozialverwaltungen und den privaten Trägern als Vertragsbeziehungen gestaltet werden, d.h. öffentliche Aufgaben sollen in Form von klar umrissenen Leistungspaketen bei vorgegebenen Qualitätsstandards dem kostengünstigsten Anbieter übertragen werden. Auf diese Weise »treten Wirtschaftlichkeitsüberlegungen und Qualitätsstandards an die Stelle der historisch begründeten Sonderrechte« der Wohlfahrtsverbände (Backhaus-Maul/Olk 1997: 28; vgl. auch Backhaus-Maul/Olk 1994: 130).[22]

1.4 Die Multifunktionalität der Wohlfahrtsverbände

Im Zuge ihrer bisherigen Verbandsentwicklung haben die Spitzenverbände der freien Wohlfahrtspflege eine Ausdifferenzierung ihrer zentralen Aufgaben und Funktionen durchlaufen. Diese Entwicklung lässt sich als *innere Pluralisierung* beschreiben (vgl. Olk 1995; Backhaus-Maul/Olk 1997). Die unterschiedlichen Aufgabenbereiche der Wohlfahrtsverbände verselbständigen sich zunehmend gegeneinander. Sie lassen sich gliedern in

* den Bereich der *betriebswirtschaftlich gesteuerten Konzernstrukturen.* Dieser Bereich orientiert sich an der Dynamik von Dienstleistungsmärkten;
* den Bereich des *Mitgliederverbandes,* in dem sich Wohlfahrtsverbände als überregional auftretende korporative Akteure präsentieren. Dieser Bereich dient der Artikulation von sozialpolitischen Positionen und der sozialanwaltschaftlichen Interessenvertretung benachteiligter Bevölkerungsgruppen im politischen System der Bundesrepublik;

---

[21] Dennoch werden damit keine »echten« Marktbeziehungen eingeführt. Da Staat, Länder und Kommunen als öffentliche Träger einer Gewährleistungspflicht unterstellt sind, sind sie daran interessiert, den sozialen Dienstleistungsmarkt so zu regulieren, dass die Anzahl der Verhandlungspartner (z.B. für Pflegesatzverhandlungen) überschaubar bleibt. Auf diese Weise werden auch die Zentralisierungsbestrebungen der nicht-öffentlichen Träger gestärkt, da die überlokale verbandliche Organisierung der potentiellen Anbieter nötig ist, um an Pflegesatzverhandlungen teilzunehmen.

[22] Durch die Dynamik im Beziehungsgefüge zwischen den Sektoren der Wohlfahrtsproduktion und die durchlässigeren Grenzen bezüglich der sektoralen Handlungslogiken halten die Marktmechanismen des Wettbewerbs sowohl in den öffentlichen Sozialverwaltungen als auch bei den Wohlfahrtsverbänden Einzug. Problematisch erscheint in diesem Zusammenhang, dass die sich u.a. daraus ergebende Pluralisierung der Anbieterlandschaft nicht notwendig zu einer Steigerung der individuellen wie kollektiven Wohlfahrt führt. Die im Konzepttypus »Wohlfahrtspluralismus als soziale Entwicklungspolitik« aufgeworfenen Fragen nach sozialer Gerechtigkeit und politischer Demokratie sind noch nicht beantwortet, ebenso wenig, welche gesellschaftlichen Voraussetzungen nötig sind, damit Wohlfahrtspluralismus zur sozialen Entwicklungspolitik wird, die der Stärkung gesellschaftlicher Wohlfahrtsbeiträge dient. Beispielsweise darf unter dem Aspekt der sozialen Gerechtigkeit nicht übersehen werden, dass dezentralisierte soziale Wohlfahrt, die stärker auf von Familien, Initiativen und intermediären Organisationen getragene Verantwortung – und damit auf individuelle Hilfeleistung – setzt, herkömmliche Strukturmerkmale der Gleichheit, Standardisierung und rechtlichen Einklagbarkeit von Wohlfahrtsleistungen – und damit die Stärken staatlicher Leistungen – in Frage stellt (vgl. Evers/Olk 1996: 50). Durch die Förderung informeller und intermediärer, dezentralisierter Sozialleistungen können jedoch einerseits Ungleichheiten traditionalistischer Lebensweisen gestärkt werden, andererseits kann Ungleichheiten entgegengewirkt werden, die durch den liberalen Markt und bürokratischen Staat entstehen. Es muß also eine Balance gefunden werden zwischen dezentralisierten Sozialleistungen, die das soziale Kapital von Familien und Initiativen stärken, und einer Wohlfahrt, die individuelle Anspruchs- und Schutzrechte garantiert (vgl. ebd.: 51).

• den Bereich *lokaler Vereinigungen und assoziativer Strukturen*. Dieser Bereich dient der Befriedigung von Bedürfnissen nach sozialer Integration, Geselligkeit und Kommunikation (vgl. Olk 1996 a: 26).[23] Diese Multifunktionalität der Wohlfahrtsverbände macht ihre besondere gesellschaftspolitische Stärke aus. Die gleichzeitige Wahrnehmung einer Vielfalt unterschiedlicher Aufgaben macht die Wohlfahrtsverbände leistungsstark in der Konkurrenz mit gewerblichen Anbietern und staatlichen Sozialverwaltungen. Als intermediäre Organisationen müssen sie Formen finden, ihren charakteristischen Zwischenstatus zu erhalten. Denn die Multifunktionalität ist auch »die Quelle für viele [der] gegenwärtigen Orientierungsdilemmata und verbandspolitischen Probleme« (ebd.): Durch die Aufgabenvielfalt ist die Gefahr groß, dass sich einzelne Aufgabenfelder unter bestimmten historischen Bedingungen nicht nur besser entwickeln, sondern sich diese Entwicklung auch zu Lasten der anderen Aufgabenfelder vollzieht. Auf diese Weise entstehen Ungleichgewichte zwischen den einzelnen Aufgabenbereichen, die nicht nur das äußere Erscheinungsbild, sondern auch die innerverbandlichen Aktivitäten und Orientierungen in eine Schieflage bringen (vgl. ebd.: 27).

Im Folgenden werden die Entwicklungsoptionen der Wohlfahrtsverbände im Blick auf die drei oben genannten Bereiche unter Einbeziehung der beschriebenen Forschungsansätze abschließend kurz skizziert.

Die betriebswirtschaftlich gesteuerten Konzernstrukturen treiben die Entwicklung der *Wohlfahrtsverbände als Dienstleistungsunternehmen* voran: Da Wohlfahrtsverbände derzeit einem großen Ökonomisierungs- und Verbetrieblichungsdruck ausgesetzt sind, entwickeln sie ihre Dienstleistungsfunktion besonders engagiert weiter. Durch die Einführung moderner Managementstrategien und -konzepte, die Umgestaltung von Einrichtungen und Diensten nach betriebswirtschaftlichen Kriterien sowie die Ausgründung einzelner Dienstleistungsbereiche in privatgewerbliche Unternehmen suchen sie ihre Stellung im Preis- und Qualitätswettbewerb zu stabilisieren oder sogar zu verbessern.[24] Die »GmbH-isierung« bestimmter Dienstleistungsbereiche bedeutet für die Binnenstruktur der Verbände hauptsächlich, dass die hauptamtlichen MitarbeiterInnen (insbesondere GeschäftsführerInnen und hauptamtliches Leitungspersonal) versuchen, sich vom Führungsanspruch ehrenamtlicher Vorstände zu emanzipieren (vgl. hierzu auch 4.3). Organisationssoziologisch betrachtet sind solche Ausgründungen die logische Weiterführung der Professionalisierung des Hauptamts in der Verbändewohlfahrt in Form von flexibleren und eigenständigeren Organisationsstrukturen (vgl. Heinze/Strünck 1996: 306; Backhaus-Maul/Olk 1997: 29). Dieses Vorgehen ist gänzlich von der Einflusslogik geleitet, die auf »organisatorische Effizi-

---

[23] Quer zu den hier aufgezählten Aufgabenbereichen der Wohlfahrtsverbände liegt ihre Eigenschaft als Weltanschauungsverbände (vgl. 1.3.1). Es ist davon auszugehen, dass die jeweilige weltanschauliche Ausrichtung der einzelnen Verbände ihre multifunktionalen Aufgaben mehr oder weniger stark beeinflusst.

[24] Eine kritische Auseinandersetzung zu Managementstrategien in der Sozialen Arbeit ist beispielsweise bei Klaus Grunwald (1996) zu finden.

enzsteigerung« setzt (Backhaus-Maul/Olk 1997: 29). Die einseitige Betonung der
Einflusslogik bringt die Multifunktionalität der Verbände ins Ungleichgewicht, weil
eine Identitätsveränderung zum ausschließlich marktorientierten Dienstleistungsbe-
trieb herbeigeführt, das gemeinnützige Image untergraben wird und die Mitgliedschaftslogik auf der Strecke bleibt (vgl. dazu auch Zimmer/Priller 1997: 263). Die Bereitschaft und Motivation, sich in derartigen Dienstleistungsunternehmen ehrenamtlich zu engagieren, wird somit eher entmutigt als gefördert. Auch die Unterstützungs-
bereitschaft einer »diffusen Öffentlichkeit«, die sich sowohl in breiter Anerkennung
als auch in Spendenbereitschaft niederschlägt und das Verhalten der Zuwendungsgeber in den politischen Gremien und Verwaltungen positiv beeinflussen soll, wird
damit gefährdet (vgl. Backhaus-Maul/Olk 1997: 29 sowie Backhaus-Maul/Olk 1994:
114).

Der Bereich des Mitgliederverbandes weist auf die Ausdifferenzierung der politischen Funktion der *Wohlfahrtsverbände als Sozialanwälte:* Aufgrund der großen
Abhängigkeit von öffentlichen Mitteln und wegen enger politischer Verbindungen
zwischen Spitzenvertretern der Verbände und der christlich-liberalen Bundesregierung war die Bereitschaft der Wohlfahrtsverbände, die Interessen benachteiligter Bevölkerungsgruppen aktiv und konfliktbereit öffentlich zu artikulieren, eher gering.
Die sozialanwaltschaftliche Interessenvertretungsfunktion der Wohlfahrtsverbände
hat aber gerade in den letzten Jahren im Zuge aktueller Entwicklungen an Bedeutung gewonnen. Ein Beispiel hierfür ist die Skandalisierung des Themas »Armut«
durch den Paritätischen Wohlfahrtsverband und den Caritasverband. Da der bundesdeutsche Sozialstaat gegenwärtig grundlegend auf den Prüfstand gestellt wird –
»grundlegende Prinzipien, Ziele und Leistungen dieses sozialen Sicherungssystems
[stehen] zur Disposition« (Olk 1996 a: 28) –, lassen sich hier auch neue Handlungsan-
forderungen für die Wohlfahrtsverbände erkennen. Sie müssen klären, was sie künftig
unter sozialanwaltschaftlicher Interessenvertretung verstehen wollen und welche
Rolle der Bereich der sozialpolitischen Interessenvertretung künftig im Konzept der
Verbändewohlfahrt spielen soll. Geht es lediglich um eine Stellungnahme zu Problemen der Wohlfahrtspflege und zu fachpolitischen Fragen seitens der Verbände, oder
ist der Anspruch der sozialanwaltschaftlichen Interessenvertretungsfunktion nicht
viel genereller auf »sozialpolitische Fragen und auf die Weiterentwicklung der Gesellschaft zu einem sozial gerechten, die Entfaltung aller Menschen befördernden Gemeinwesen« (ebd.) gerichtet? Die besondere Bedeutung der Interessenvertretungsfunktion der Wohlfahrtsverbände besteht darin, dass sie den konkurrierenden Anbietern auf dem Markt sozialer Dienstleistungen nicht im selben Ausmaß zur Verfügung
steht. Privatgewerbliche Anbieter dürften diesbezüglich kaum über Handlungsspielräume verfügen und Initiativen und Projekte in Selbstorganisation sind höchstens auf
lokaler bis regionaler Ebene in der Lage, soziale Bedürfnislagen und Probleme öffentlich zu artikulieren.

Ihre Funktion als lokale Vereinigungen eröffnet den Wohlfahrtsverbänden die Option der *Förderung bürgerschaftlichen Engagements* – gleichzeitig geht bürgerschaftliches Engagement über den Bereich der lokalen Assoziationen hinaus: In den letzten Jahren wird verstärkt die Anfrage an die Wohlfahrtsverbände gerichtet, inwiefern sie als intermediäre Organisationen, die sich zwischen dem Sozialstaat auf der einen und der Lebenswelt der Bürgerinnen und Bürger auf der anderen Seite befinden, dazu in der Lage sind, – zumindest ergänzend zu staatlichen Leistungen – gesellschaftliche Solidarität, Gemeinsinn und soziale Anteilnahme zu wecken sowie freiwilliges Engagement anzuregen, zu organisieren und zu stabilisieren. Die Inkorporierung der Wohlfahrtsverbände in den Sozialstaat ist inzwischen jedoch so weit fortgeschritten, dass es jedenfalls den großen Wohlfahrtsverbänden immer weniger gelingt, »direkt freiwilliges Engagement und gesellschaftliche Solidarität in ihren Einrichtungen, Diensten und Vereinsgliederungen anzuregen« (Olk 1995: 117; Backhaus-Maul/Olk 1997: 30). Dennoch haben die Verbände die Möglichkeit, sich mit ihrer Infrastruktur als Dachorganisationen für selbsttätiges Bürgerengagement zur Verfügung zu stellen (vgl. ebd.). Die Unterstützung von neuen Formen freiwilligen sozialen Engagements kann insofern die adäquate Antwort der Verbände auf die nachlassende Mitgliederbindung – das »Aussterben des Stammkunden« (vgl. 1.3.3) – sein.

Abschließend soll nochmals darauf hingewiesen werden, dass alle drei Aufgabenbereiche – wenn auch teilweise unter Spannungen – weiterentwickelt werden müssen, sofern die Wohlfahrtsverbände ihre Leistungsfähigkeit erhalten und ihr spezifisches Profil stärken wollen. Olk, Rauschenbach und Sachße betonen, dass qualitativ hochwertige Dienstleistungen allein für die Zukunftsträchtigkeit der Wohlfahrtsverbände noch nicht ausreichen. Die Angebote und Leistungen der Verbände brauchen eine »glaubwürdige, normative und kulturell-ethische Fundierung«, d.h. sie müssen verankert sein »in den Lebenswelten der Betroffenen und Beteiligten«, so dass das »Ergebnis auf so etwas wie das Angebot ›wertgebundener Dienstleistungen‹ hinausläuft« (Olk/Rauschenbach/Sachße 1995: 32; vgl. Wohlfahrt 1999: 8). Auch Stefan Nährlich (1998 a) betont die große Bedeutung, die der Erhaltung der Weltanschaulichkeit und der damit verbundenen ideellen Zielsetzung der Verbände zukommt. Unter dieser Prämisse ermöglicht die von der Multifunktionalität geprägte institutionelle Struktur der Wohlfahrtsverbände die »differenzierte, individuelle Beteiligung an einer normativen Idee bzw. Weltanschauung auch unter wechselnden Umweltbedingungen« (Nährlich 1998 a: 244). Ein wettbewerbsorientierter Rahmen trägt somit sogar dazu bei, die Verfolgung ideeller Ziele zu stärken, indem die Verbände durch ihre Wertgebundenheit ihre Besonderheit »als stabile, eigenständige institutionelle Alternative gegenüber Markt und Staat« hervorheben (ebd.).

2 Wohlfahrtsverbände als Organisationen

Im vorigen Kapitel wurden Wohlfahrtsverbände zunächst historisch und dann vor allem aus der Perspektive der Wohlfahrtsverbändeforschung betrachtet. Dabei ging es um ihre multifunktionale *Rolle in der Gesellschaft* als intermediäre Organisationen des Dritten Sektors zwischen Markt und Staat, die korporatistisch eng mit dem Staat verflochten sind. In diesem Kapitel werden *Wohlfahrtsverbände* nun *als Organisationen* aus Perspektive der Organisationssoziologie wahrgenommen, um aufzuzeigen, dass die Art und Weise, wie ein Verband sich als Organisation versteht und organisiert, große Auswirkungen hat auf seine Möglichkeiten, freiwilliges Engagement zu fördern und gegebenenfalls auch an sich zu binden.

In einem ersten Schritt erfolgt zunächst eine Annäherung an den Begriff von Organisation, der im Folgenden zugrunde gelegt werden soll.

2.1 Zum Organisationsbegriff

Unter dem Begriff Organisation werden alltagssprachlich dreierlei Aspekte verstanden: Organisation kann erstens als »organisieren« aufgefasst werden, »als Prozess des Entwerfens einer Handlungsordnung« (Türk 1992: 1633). Zweitens kann Organisation die »Organisiertheit« bezeichnen »als ein Merkmal kollektiven Handelns«, z.B. im Unterschied zu chaotischen Zuständen oder spontaner, zufälliger Strukturbildung (ebd.). Diese beiden Aspekte umfassen einen *instrumentalen Organisationsbegriff*, der sich auf bestimmte Regelungen, die als Mittel der Zielerreichung von Organisationen zum Einsatz kommen, bezieht (vgl. Schanz 1992: 1460). Die dritte Variante versteht Organisation als »Organisat«, das das Sozialgebilde insgesamt bezeichnet. Durch die Bezeichnung von Unternehmen, Gewerkschaften, Verbänden etc. als Organisate »schafft man in der Kognition Einheiten, Systeme, die sich selbst (re)produzieren, anders wären sie von ihrer Umgebung ja auch nicht abgrenzbar, sie wären gar nicht identifizierbar und beschreibbar« (Türk 1992: 1634). Diesem Organisationsverständnis liegt ein *institutionaler Organisationsbegriff* [1] zugrunde, der sich in folgender Standarddefinition bündeln lässt: Eine Organisation ist ein soziales Gebilde, welches relativ dauerhaft einen bestimmten Zweck verfolgt und formale Regeln/Strukturen aufweist, mit deren Hilfe die Aktivitäten der Mitglieder auf das verfolgte Ziel ausgerichtet werden sollen (vgl. Schanz 1992: 1460; Puch 1994: 43).

Diese Grundbedeutungen des Organisationsbegriffs sind Ausgangspunkt für weitere konzeptionelle Differenzierungen. Bezüglich der Entstehung und Veränderung von *Organisiertheit* lassen sich »rationalistische von naturalistischen Konzeptionen« unterscheiden (Türk 1992: 1634). In der neueren Theoriediskussion der Organisationssoziologie stellt diese Differenzierung eines der Hauptthemen dar. Während rationalistische Konzeptionen davon ausgehen, dass eine bewusste, zielgerichtete und

---

[1] Zum instrumentalen und institutionalen Organisationsbegriff vgl. auch Schreyögg (1998: 4 f.)

zweckbezogene Planung und Implementation von Organisationsstrukturen möglich ist, setzen naturalistische Konzeptionen dem »die These von der sozialen Evolution jeweiliger Organisiertheit entgegen« (ebd.). Quer zu der Unterscheidung in rationalistische und naturalistische Konzeptionen verläuft eine Differenzierung, die nach den Ursachen der jeweiligen Organisiertheit fragt: Wird die Organisiertheit durch die Umwelt bestimmt (Umweltdeterminierung) oder sind alle strukturproduzierenden Potenzen in der Organisation selbst zu finden (Strukturdeterminierung) (vgl. ebd.)?

Bezüglich des Verständnisses von Organisation als *Organisat* lassen sich zum einen Konzeptionierungen unterscheiden, die Organisationen als »Personenkollektive« definieren, und zum anderen solche, die sie als »Sinnsysteme« auffassen. »Wenn Organisationen als Kollektive begriffen werden, meint man eine abgrenzbare Personenmehrheit konkreter Individuen. Organisationen dagegen als Sinnsysteme zu begreifen, heißt nicht den Zusammenhang konkreter ›ganzer‹ Individuen, sondern jeweils bestimmte, sozial definierte Handlungszusammenhänge zu betrachten« (ebd.). Das Problem dieser beiden Sichtweisen liegt jeweils in der Frage der relevanten Grenzziehung. Wer definiert wie, an welcher Stelle eine relevante personelle bzw. sinnbezogene Grenzziehung erfolgen soll?

2.2 Organisationssoziologische Perspektiven

Im Folgenden wird vor allem die Frage der Entstehung und Veränderung von Organisiertheit weiterverfolgt. In diesem Zusammenhang ist zunächst die Dichotomisierung von rationalistischen versus natürlichen Konzeptionen von Organisation zu konkretisieren. Dies ist möglich durch die Abgrenzung von der traditionellen Lehrbuchdefinition, die Organisationen als »zielorientierte, rational geplante Systeme mit einer auf Dauer gestellten objektiv-versachlichten Struktur« auffasst (Türk 1992: 1639). Solchen rationalistischen Bestimmungen von Organisation ist entgegenzusetzen, dass

• Organisationen nicht oder nur ansatzweise durch Rationalität gekennzeichnet sind. Es handelt sich »bei dieser Unterstellung um einen wohlgepflegten Mythos der Theorie wie auch der Praxis« (ebd.: 1640).

• Organisationen nicht oder nur ansatzweise sozialtechnologisch-abstrakte Systeme sind. Sie verfügen als »lebensweltlich konstituierte Handlungszusammenhänge« vielmehr über eigene – z.T. traditional orientierte, z.T. als gesellschaftliche Wertvorstellungen manifestierte – Kulturen und Subkulturen (ebd.: 1639). Insofern haben Organisationen nicht oder nur rudimentär eine objektiv-versachlichte Struktur, sondern weisen vielmehr »subjektiv differierende ›kognitive Landkarten‹ der eigenen Organisation« auf (ebd.).

• Organisationen nicht oder nur ansatzweise auf Dauer stabil, sondern dauernd in Bewegung sind. Durch Anpassungs- und Lernprozesse verändern sie sich permanent (vgl. ebd.: 1640).

• Organisationen schließlich nicht »zielorientierte, geplant-monolithische Blöcke, sondern ›naturalistische Systeme‹« sind, »in denen organisationale Regeln lediglich Ressourcen und Restriktionen für Machtspiele zur Verfügung stellen« (ebd.). So gesehen sind Organisationen als politische Ökonomien voller Widersprüche zu verstehen, in denen um die Kontrolle über Ressourcen gekämpft wird. Dies wirkt sich aus auf die Zielformulierungen, die vor allem der Selbstdarstellung der Organisation nach außen dienen. Damit werden Ziele nicht als Handlungsursachen verstanden, sondern als Handlungsprodukte, die im Kontext der Organisation entstehen: »Organisationales Handeln ist somit auch nicht aus vermeintlichen Zielen heraus erklärbar« (ebd.).

Mit den hier aufgeführten Kritikpunkten am herkömmlichen Organisationsverständnis ist zugleich ein Überblick gegeben über neuere Forschungsperspektiven der Organisationssoziologie: Rationalitätsmythos, Organisationskultur, Politik in und von Organisationen sowie Dynamisierung der Organisationstheorie. Diese vier Perspektiven werden im Folgenden einzeln erläutert (2.2.1 bis 2.2.4) als Grundlage für das in Kapitel 2.3 vorgestellte integrierte Entwicklungsphasenmodell für Wohlfahrtsverbände.

2.2.1 Entmythologisierung der Rationalitätsannahme

Die Kritik an der Rationalitätsannahme bildet den Ausgangspunkt der neueren organisationssoziologischen Forschungsperspektiven. In der Organisationsforschung treten drei zentrale Formen von Rationalitätsmodellen auf: das handlungstheoretische Modell der Zweckrationalität, das klassentheoretische Modell der Herrschaftsrationalität und das gesellschaftstheoretische Modell der Systemrationalität. Diese lassen sich wie folgt beschreiben (vgl. Türk 1989: 30 ff.; Türk 1992: 1640 f.):

Das *handlungstheoretische Modell der Zweckrationalität* geht davon aus, dass auf der Grundlage feststehender Ziele eine individuell berechenbare Mitteloptimierung möglich ist. D.h. die instrumentale Logik dieses Konzepts basiert auf der Zweck-Mittel-Hierarchie. Aus dem Organisationszweck lassen sich Strukturen und Prozesse der Organisation rational ableiten. Somit wird die Organisation als Mittel zur Zweckerreichung gesehen. In Korrelation zur Zweck-Mittel-Hierarchie besteht die Hierarchie zwischen Befehlenden und Gehorchenden. Der oberste Zweck der Organisation wird von der Spitze festgelegt und repräsentiert. So entsteht eine zweck- und befehlsgesteuerte homogene Maschinerie, die zielgerichtet einsetzbar ist.

Im *klassentheoretischen Modell der Herrschaftsrationalität* erscheint Rationalität in Gestalt von oktroyierter Ordnung. Organisationen werden hier als auf Klassendifferenz beruhende soziale Gebilde begriffen, in denen die herrschende Klasse die Mitglieder anderer Klassen »als Elemente von (Trivial-)Maschinen« verwendet; »Organisation ist danach herrschaftlich formierte Praxis real-konkreter Menschen, noch nicht abstraktes System« (Türk 1989: 31).

Im *gesellschaftstheoretischen Modell der Systemrationalität* ist der Ausgangspunkt der Rationalität abstraktifizierende technisch-sachliche Verselbständigung. Hier wird – anders als bei den beiden vorigen Modellen, bei denen Rationalität mit konkreten Menschen verbunden ist – Rationalität an vom Menschen unabhängigen Struktur- und Prozessmustern manifestiert.

Im Argumentationszusammenhang der Entmythologisierung der Rationalitätsannahme werden rationalistische Modelle stark kritisiert und durch die neuere Organisationssoziologie widerlegt (vgl. Türk 1989; Türk 1992; Becker/Küpper/Ortmann 1992). Rationalistische Modelle basieren auf der Annahme, dass Organisationen und die in ihnen tätigen Menschen ganz überwiegend auf der Grundlage rationaler, sachorientierter Überlegungen handeln. Sie erklären die Wirklichkeit jedoch weniger, als dass sie die wirklichen Funktionen von Organisationen verschleiern. Organisationen sind keine rationalen Instrumente für die Verfolgung erklärter Ziele, sie haben Wichtigeres zu tun. Erklärte Ziele dienen lediglich der Legitimation, denn tatsächlich sind Organisationen Orte,»an denen Machkämpfe ausgetragen werden«, und sie sind nur in ihren »gesamtgesellschaftlichen regulativen Funktionen zu verstehen und zu erklären« (Türk 1989: 34).[2]

Da das Rationalitätsparadigma ein Grundmuster unseres Denk- und Wissenssystems charakterisiert, lassen sich rationale Verfahren und Strukturen als Manifestationen des in unserer Gesellschaft herrschenden Rationalitätsglaubens erklären. Dieser unterstellt Richtigkeit und Effizienz und ist Teil des Sprach- und Kommunikationssystems der Gesellschaft. Denn »wenn etwas den Anschein hat, daß es rational konstruiert ist, braucht es nicht weiter befragt zu werden, es wird als gegeben, gerechtfertigt und effizient angesehen« (ebd.: 37). Rationalität dient also als »allgemein gesellschaftlich akzeptiertes und erwartetes Muster (...) der symbolischen Repräsentation organisational ›ordentlichen‹ Handelns« (ebd.: 38). Für Organisationen folgt daraus, dass ihnen Legitimationsentzug droht, wenn sie nicht nach innen und außen Rationalität

---

[2] D.h. also, dass Rationalität als basales Erklärungsmuster für Organisationen durch einen Paradigmenwechsel abgelöst wird. Zwei Argumente sind hierfür zu nennen, zum einen eine »funktionale Überbestimmtheit« von Organisationen und zum andern eine »genetische Nachrangigkeit von deklarierten Zielen und Motiven« (Türk 1989: 35):
»›Funktionale Überbestimmtheit‹ bedeutet, daß Organisationen nicht aus einem einzigen zweckhaften Leitprinzip heraus erklärbar sind, sondern daß sie sich in der Gesellschaft einer Vielzahl heterogener und z.T. widersprüchlicher Output-, Input- und Funktionserwartungen gegenübersehen. (...) Monokausalistisch-handlungsrationalistische Rekonstruktionen versagen« (ebd.). Organisationen können sich also nur situativ entsprechend der jeweiligen konkreten Konstellation von Erwartungen, Machtverhältnissen und Bündnissen »durchwursteln« (ebd.).
»Das zweite Argument, hier das der ›genetischen Nachrangigkeit von Zielen, Werten und Motiven‹ genannt, räumt zwar ein, daß in und über Organisationen mit Vokabeln wie ›Ziele‹, ›Zwecke‹, ›Werte‹, ›Motive‹ gesprochen wird, kehrt aber das genetische Verhältnis zwischen Ziel und Handlung (bzw. Organisationsmittel: Verfahren, Strukturen z.B.) um: dargelegte Ziele werden als Handlungsprodukte analysiert, d.h. daß sie nicht als vorgängige Orientierungs- und Bewertungsleitlinien dienen, sondern daß sie aus dem Kontext organisationalen Handelns heraus sich erst entwickeln, z.T. zur nachträglichen Rechtfertigung (›Rationalisierung‹ im psychologischen Sinne) vollzogener Aktionen, realisierter Strukturen und investierter Mittel. Sie sind damit intern wie extrovers sinnstiftend« (ebd.).

dokumentieren. Sie geben sich also rational, obwohl sie aufgrund der großen Komplexität gar nicht so verfahren können (vgl. Berger 1992: 116 ff.). Ganz konkret enthalten Rationalitätsvorstellungen in Organisationen beispielsweise Annahmen bezüglich ihrer Strukturen und Verfahren, also über Hierarchien, Arbeitsteilung, Personalbeurteilungsverfahren, Planungs- und Buchhaltungssysteme usw. Solche Verfahren werden als selbstverständliche Institutionen eingeführt und praktiziert, ob sie dann auch tatsächlich nützlich sind, wird nicht hinterfragt (vgl. Türk 1989: 37).

2.2.2 Organisationskultur

Der Begriff der Organisationskultur ist dem anthropologischen Kulturbegriff entliehen. Dort bezeichnet Kultur »die besonderen, historisch gewachsenen und zu einer komplexen Gestalt geronnenen Merkmale von Volksgruppen« (Schreyögg 1998: 441). Darunter sind vor allem »Wert- und Denkmuster einschließlich der sie vermittelnden Symbolsysteme« zu verstehen, die im Verlauf menschlicher Interaktion entstanden sind (Schreyögg 1992: 1525; vgl. auch Ebers 1995: 1665). Die Organisationskulturforschung entnimmt diesem anthropologischen Kulturbegriff Anleihen, weil sie davon ausgeht, dass jede Organisation eine eigenständige, spezifische Kultur entwickelt und somit eine Kulturgemeinschaft bildet »mit eigenen unverwechselbaren Vorstellungs- und Orientierungsmustern, die das Verhalten der Mitglieder nach innen und außen auf nachhaltige Weise prägen« (ebd.). Trotz vielfältiger heterogener Theorieströmungen, Bestimmungen und Systematisierungen im Feld der Organisationskulturforschung lässt sich ein gemeinsamer definitorischer Kern beschreiben. So ist Organisationskultur zu verstehen als »die Gesamtheit der in der Unternehmung bewußt oder unbewußt kultivierten, symbolisch oder sprachlich tradierten Wertüberzeugungen, Denkmuster und Verhaltensnormen, die sich (…) entwickelt und bewährt haben und die deshalb den Unternehmensangehörigen als gültige Formen des Wahrnehmens, Denkens, Urteilens, Sprechens und Verhaltens vermittelt werden« (Ulrich 1993: 4352). Organisationskultur kann aufgefasst werden als sinn- und orientierungstiftendes, selbstverständliches, sozial konstruiertes sowie implizites und kollektives Phänomen, das das Handeln der einzelnen Mitglieder einer Organisation prägt und bis zu einem gewissen Grad vereinheitlicht. Organisationskultur ist das Resultat eines Lernprozesses, bei dem sich bestimmte Handlungsformen als besonders erfolgreiche Problemlösungen herauskristallisieren, bis sie schließlich zu mehr oder weniger selbstverständlichen Orientierungsmustern des organisationalen Handelns werden. Organisationskultur wird nicht bewusst gelernt, sondern in einem Sozialisationsprozess vermittelt. Hierfür entwickeln Organisationen diverse Mechanismen, die einem neuen Mitglied die kulturellen Traditionen der Organisation vermitteln (vgl. Schreyögg 1992: 1526).

Ein Grund für den gegenwärtigen Boom in der Organisationskulturforschung ist der arationalistische, emergente Charakter dieses Forschungsbereichs und dessen Kri-

tik an den bisher dominierenden rationalistischen Organisationskonzepten. Das Orga-
nisationskulturkonzept betont die Bedeutung organisationaler Lebenswelten und der
Rehumanisierung der Organisationstheorie (vgl. Türk 1992: 1643). So lassen sich
Strukturen und Prozesse in und von Organisationen »nicht als jeweilige Produkte eines rational-instrumentellen Kalküls begreifen, sondern als geschichtliche, emergente,
eher ›naturalistisch‹ evolvierende Ergebnisse komplexer sozialer Interaktionen« (Türk
1989: 110; vgl. auch Bleicher 1992: 2242 ff.; Steinmann/Schreyögg 1993: 586; Ulrich
1993: 4354).

Im Folgenden werden zwei Aspekte der Organisationskulturforschung genauer
betrachtet: Zum einen wird das Verhältnis zwischen »starken« und »schwachen« Organisationskulturen in den Blick genommen. Hier geht es darum, wie eine Organisation damit umgeht, dass neben einer Hauptkultur auch verschiedene Subkulturen in ihr
existieren. Zum andern wird der Kulturwandel in Organisationen beleuchtet unter der
Fragestellung, wie sich ein solcher Wandel vollzieht und ob er sich gezielt steuern
lässt. Beide Aspekte sind für Wohlfahrtsverbände insofern von Bedeutung, als sie
sich bei der Förderung von neuen Formen freiwilligen Engagements u.a. auf neue
Kulturen einlassen. D.h. neben eine bereits bestehende Kultur tritt eine neue, und dies
hat in jedem Fall Konsequenzen für die kulturelle Identität des Verbands, insofern
dass eine kulturelle Irritation ausgelöst und gegebenenfalls ein kultureller Wandlungsprozess angeregt wird.

(1) Organisationskulturen und Subkulturen: Ob eine Organisationskultur »stark«
oder »schwach« ist, lässt sich im Wesentlichen mit Hilfe von drei Merkmalen beurteilen: Prägnanz, Verbreitungsgrad und Verankerungstiefe.

Prägnanz ist das Kriterium, das Organisationskulturen danach unterscheidet, wie
klar die vermittelten Werthaltungen und Orientierungsmuster sind. Eine »starke« Organisationskultur verfügt über ganz klare Vorstellungen darüber, was erwünscht und
unerwünscht ist, welche Vorkommnisse wie zu interpretieren sind und wie Situationen strukturiert werden sollen. Voraussetzungen dafür sind einerseits ein relativ konstantes System von Symbolen, Werten und Standards, damit in möglichst wenig Situationen Verwirrung darüber entsteht, welche Richtung einzuschlagen ist, sowie andererseits sehr umfassend angelegte kulturelle Orientierungsmuster, so dass sie in möglichst vielen Fällen anwendbar sind. »Schwache« Organisationen weisen demgegenüber ein weniger kohärentes Weltbild auf, sie sind charakterisiert durch vielfältige
Ambiguitäten und stellen eher ein lose geknüpftes Netz von sich häufig verändernden Sinnbezügen und Symbolen dar. Ob eine Kultur als »stark« oder »schwach« beurteilt wird, hat zunächst nichts mit dem Kulturinhalt (z.B. Werte, Menschenbild etc.)
zu tun, sondern nur damit, ob die Kultur für die Organisation stark prägend ist. Die
kulturellen Inhalte werden generell wertfrei betrachtet. Deshalb ist es unabdingbar,
zwischen den Begriffen Organisationsethik und Organisationskultur zu differenzieren
(vgl. Schreyögg 1998: 455 f.). Manchmal sind die Kulturinhalte bei der Feststellung

der Stärke jedoch trotzdem von Bedeutung, weil sich eine »starke« Kultur nicht nur
in Prägnanz, sondern auch in Begeisterungskraft äußern kann, die in der Lage ist, Engagement und Motivation auszulösen (vgl. ebd.: 456).

Der *Verbreitungsgrad* einer Organisationskultur macht demgegenüber Aussagen
darüber, welche Zustimmung die Kultur bei den Mitgliedern einer Organisation findet.
Ist die Organisationskultur stark, im Sinne von weitverbreitet, dann richten sehr viele
Mitglieder ihr Handeln an den entsprechenden Wert- und Orientierungsmustern aus,
Homogenität wird erzeugt. Ist sie nur gering verbreitet, handeln die Mitglieder nach
vielen unterschiedlichen Vorstellungen und Normen. Dementsprechend kann eine Organisation mit ausgeprägten Subkulturen und damit großer Heterogenität keine
»starke« Gesamtkultur haben (vgl. ebd.: 456 f.).

Die *Verankerungstiefe* schließlich ist das Merkmal, an dem sich ablesen lässt, welchen Internalisierungsgrad die kulturellen Muster im alltäglichen Tun der Mitglieder
aufweisen. Hier ist jedoch zu unterscheiden, ob Verhalten lediglich aufgrund kalku-
lierter Anpassung kulturkonform ist und damit eher instabil oder ob ihm tatsächlich
verinnerlichte organisationskulturelle Orientierungen zugrunde liegen, die von unhin-
terfragter Vertrautheit und damit kultureller Stabilität zeugen. In diesem Zusammenhang ist auch die kulturelle Stabilität über einen längeren Zeitraum, die Persistenz, als
ein Merkmal für die Verankerungstiefe zu nennen (vgl. ebd.: 457).

Die Vorstellung von »starken« Organisationskulturen ist verbunden mit dem Gedanken, dass solche »starken« Kulturen zu einer im Großen und Ganzen stimmigen
Ganzheit innerhalb der Organisation, also zu einem kohärenten integrierten Gebilde
beitragen, welches für die Gesamtorganisation funktionale Wirkung hat. Einen etwas
anderen Akzent setzen Analysen, die sich mit der Stellung und Bedeutung *organisationskultureller Subsysteme* beschäftigen (vgl. Bleicher 1992: 2246; Schreyögg
1998: 457). Die Homogenität einer »starken« Organisationskultur kann gegenüber
den Ansprüchen, die die Umwelt in einer Zeit zunehmender Dynamik und Instabilität
an die Organisation richtet, dysfunktional sein. »Stärke« kann dann auch Unbeweg-
lichkeit bedeuten, also mangelnde Fähigkeit sich auf verändernde Umwelten schnell
und flexibel einzulassen (vgl. Schein 1991: 27). Hier bietet eine Organisationskultur,
die von unterschiedlichen, teilweise auch widersprüchlichen Subkulturen geprägt ist,
in ihrer Pluralität besondere Möglichkeiten: »Aus der multikulturellen Perspektive ist
die ›Stärke‹ einer Unternehmenskultur differenzierter zu definieren als ihre Fähigkeit,
für eine Pluralität von Subkulturen offen zu sein, zwischen ihnen eine produktive
›Konfliktkultur‹ sowie eine innovationsförderliche Dynamik zu entwickeln« (Ulrich
1993: 4360; Hervorhebung im Original; vgl. auch Staehle 1999: 514 f.). Die Besonderheit einer derartig multikulturellen Organisationskultur ist nicht die Ausprägung
eines ganz spezifischen Wert- und Orientierungssystems, sondern vielmehr die spezi-

fische Mischung von Subkulturen.[3] Trotzdem ist festzuhalten, dass auch Organisationen mit vielen Subkulturen in der Regel »gemeinsame, übergreifende Orientierungsmuster herausbilden, die ein Mindestmaß an Homogenität und Kohäsion sicherstellen« (Schreyögg 1998: 458; im Original mit Hervorhebungen). Auch kann es in Organisationen mit »starker« Hauptkultur durchaus ein ausgeprägtes Subkultursystem geben, je nachdem in welchem Verhältnis Hauptkultur und Subkulturen zueinander stehen. Hier lassen sich drei Grundtypen ausmachen: Erstens verstärkende, von der Hauptkultur durchdrungene Subkulturen, zweitens neutrale, parallel zur Hauptkultur bestehende, aber nicht mit ihr kollidierende Subkulturen und drittens Gegenkulturen, die sich ausdrücklich gegen die Hauptkultur richten, aber dennoch in dieser ihr Bezugssystem haben (vgl. Schreyögg 1998: 459). Eine Organisation mit verstärkenden Subkulturen wird also in der Regel eine »starke« Hauptkultur haben, Gegenkulturen hingegen werden die Hauptkultur eher schwächen.

Zusammenfassend kann festgehalten werden, dass bei einer polarisierenden Betrachtungsweise »schwache« Organisationskulturen eine flexibilisierende und dynamisierende Wirkung haben, während »starke« Organisationskulturen beharrend, bewahrend und stabilisierend wirken. D.h. Wandlungsprozesse einer Organisation werden von schwachen Organisationskulturen eher befördert als von starken. Diese Betrachtungsweise ist jedoch insofern einseitig, als sie impliziert, dass eine »starke« Organisationskultur inhaltlich an Traditionen bzw. bestehenden Wertsystemen ausgerichtet ist. Diese Implikation widerspricht der oben postulierten wertfreien Betrachtungsweise, Organisationskultur und -ethik werden hier in unreflektierter Weise vermischt. Es ist aber durchaus auch möglich, dass eine Organisation als »starke« Hauptkultur eine produktive Konfliktkultur mit einer innovationsfördernden Dynamik entwickelt.

Im Blick auf Wohlfahrtsverbände als intermediäre Organisationen mit mehreren verschiedenen Funktionen (politische Organisation, lokaler Verein, Weltanschauungsverband, Dienstleistungsproduzent) ist davon auszugehen, dass je nachdem welche Funktion gerade stärker im Vordergrund steht, der Verband auch andere kulturelle Ausprägungen aufweist. Anders ausgedrückt, jeder der wohlfahrtsverbandlichen Funktionen entspricht eine andere kulturelle Ausrichtung. Für den Verband stellt sich hier die Aufgabe, zum einen seine »Multifunktionalität« (vgl. hierzu 1.4) in einer Hauptkultur zu integrieren und zum andern die Entfaltung der einzelnen Funktionen mit ihren jeweiligen Subkulturen zu ermöglichen. Die Lösung dieser Aufgabe kann für Wohlfahrtsverbände also nicht hauptsächlich in der Aufspaltung des Verbandes nach der jeweils im Vordergrund stehenden Funktion und der damit verbundenen Aufwertung der entsprechenden Subkultur zu einer Hauptkultur (z.B. durch Aus-

---

[3] Subkulturen entstehen z.B. durch gemeinsame *Erfahrungen* von Organisationsmitgliedern, z.B. das gemeinsame Bewältigen einer Krise, aber auch durch bestimmte gemeinsame *Merkmale*, wie Alter, Geschlecht, Nationalität, hierarchischer Rang, Abteilung, professioneller Hintergrund/Berufsausbildung, Gewerkschaftszugehörigkeit etc. (vgl. Schein 1991: 26; Schreyögg 1998: 459).

gründungen) liegen, sondern vor allem in einer Integration der verschiedenen Funktionen durch eine gemeinsame Hauptkultur. Diese Hauptkultur muß so beschaffen sein, dass sie in der Lage ist, die Besonderheiten und Akzentuierungen der einzelnen Funktionen zu fördern und so den Boden zu bilden für die unterschiedliche Betonung der verschiedenen Funktionen und ihrer (Sub-)Kulturen in den verschiedenen Organisationsbereichen. Auf diese Weise bildet die Hauptkultur eine »integrative Klammer« für die Funktions- und Kulturvielfalt des Wohlfahrtsverbands.

(2) Kulturwandel in Organisationen: Auch Organisationskulturen sind – trotz starker Beharrungstendenzen – Wandlungsprozessen ausgesetzt. Zu fragen ist allerdings, inwieweit und auf welche Weise solche Wandlungsprozesse gezielt angeregt werden können. Zwischen drei Zugängen zur Gestaltung organisationskulturellen Wandels kann unterschieden werden: Dem Pol der »Kulturingenieure«, dem Gegenpol der »Kulturalisten« sowie der Zwischenposition der »Kurskorrektur« (Schreyögg 1992: 1533 ff.; vgl. Grunwald/Schäfer 2001).

Die *Kulturingenieure* vertreten eine instrumentalistische Sichtweise und gehen davon aus, dass Kulturen als Führungsinstrumente gezielt einsetzbar sind und planmäßig verändert werden können. Damit wird Organisationskultur zu einem »unternehmungspolitischen Steuerungsinstrument« gemacht (Klimecki/Probst 1990: 44).[4]

Die *Kulturalisten* hingegen lehnen diese Sichtweise völlig ab, sie »betrachten die Organisationskultur als eine organisch gewachsene Lebenswelt, (...) die sich jedem gezielten Herstellungsprozess entzieht« (Schreyögg 1998: 471). Diese Position schätzt eine lebensweltlich gewachsene Organisationskultur als Traditionsgut sehr hoch und hat normative Bedenken hinsichtlich einer »ingenieurmäßigen Gestaltungsrationalität«, die »mit dem Vorhaben der Kulturplanung auf unkontrollierte Weise Einfluß auf unbewußte Persönlichkeitsschichten« nimmt (ebd.: 471 f.). Mittels »symbolischer Kommunikation« könnten Kulturgestaltungsprogramme für Manipulationen genutzt und so zu einem »unfaßbaren Beherrschungsinstrument« ausgebaut werden (Schreyögg 1992: 1535). Diese Position thematisiert allerdings nicht, wie sie mit blockierenden oder gar pathologischen Organisationskulturen umzugehen gedenkt. Damit steht sie in der Gefahr, das Gegebene zu stabilisieren.

Die Vertreter der dritten Position des Kulturwandels treten für eine *Kurskorrektur* ein. Sie gehen davon aus, dass Wandlungsprozesse nur planbar sind in dem Sinne, dass sich Veränderungen zwar initiieren lassen, dass aber der Veränderungsprozess als solcher ein offener ist: »Auf der Basis einer Rekonstruktion und Kritik der Ist-Kultur sollen Anstöße zu einer Kurskorrektur gegeben werden. Dazu gehört vor allem die Möglichkeit, verkrustete Muster durch den Verweis auf ihre problematischen Wirkungen als solche deutlich zu machen und z.B. durch eine ›Gegenkultur‹ aufzulo-

---

[4] Mögliche Interventionen eines solchen »Kulturmanagements« sind beispielsweise das Vermitteln von Sinn, das Entfalten von Visionen, das Schaffen von Helden sowie von Kulturinseln aus Insider-Zirkeln oder auch das Unter-Kulturschock-Setzen durch ein Auswechseln von Mitarbeitern (vgl. Klimecki/Probst 1990: 46).

ckern«, ferner für neue Sichtweisen zu werben (ebd.). Weil Organisationskulturen sehr komplex sind, sind Kulturentwicklungsprozesse aus dieser Perspektive nur bedingt steuerbar. So können sich aus Anstößen zur Kulturerneuerung auch ganz unerwartete Resultate ergeben. Als Fehlentwicklungen eingeschätzte Wirkungen können jedoch reflektiert und zumindest versuchsweise revidiert werden. Im Idealfall weist »Kultur einen ›optimalen Pfad‹ zwischen Bewahren und Verändern. (...) Die wichtigste Voraussetzung der Kulturgestaltung liegt in einer adäquaten Kulturanalyse« (Klimecki/Probst 1990: 58). Als sicher gilt jedenfalls, dass Kulturveränderungs- und -entwicklungsprozesse viel Zeit brauchen. Schließlich ist dabei das Organisationssystem als Ganzes betroffen und eine Basis für die Entwicklung einer neuen Identität muss geschaffen werden. Dabei kann überdies wenig auf die Vergangenheit zurückgegriffen werden und die Zustimmung zur neuen Sinngebung muss erst noch erreicht werden.

Anknüpfend an das multifunktionale Profil der Wohlfahrtsverbände ergibt sich für Verbände die Herausforderung, ihre Organisationskultur/en dahin gehend kritisch zu reflektieren, ob die Wahrnehmung ihrer verschiedenen Funktionen durch diese Kultur/en eher gefördert oder eher gehemmt wird. Die Entwicklung eines starken multifunktionalen Profils in der gegenwärtigen gesellschaftspolitischen Situation kann kulturelle Neuorientierungen der Wohlfahrtsverbände erfordern. Gerade in Bezug auf die Förderung neuer Formen freiwilligen sozialen Engagements ist davon auszugehen, dass die traditionelle Ehrenamtskultur eine Kurskorrektur erfahren muss, damit sich auch andere, neue Personenkreise von den Wohlfahrtsverbänden angesprochen fühlen.

2.2.3 Politik in und von Organisationen

Aus der Perspektive politikorientierter Ansätze werden Organisationen nicht als zweckrational bestimmte, einem zentralistischen Willen entspringende, statisch strukturierte Gebilde begriffen, sondern als eine »Arena« (Küpper/Ortmann 1992: 7) von interessengeleiteten Aushandlungen, Interventionen, Konflikten mit jeweils nur zeitlich begrenzt geltenden Kompromissen und Problemlösungen. Insofern erwächst auch die Politisierung der Organisationssoziologie aus der Kritik an rationalistischen Organisationstheorien (vgl. Türk 1989: 121 f.). Die Strukturen und Regeln einer Organisation werden nicht statisch aufgefasst, sondern als Bedingungen, Objekte und Ressourcen von politischen Prozessen wahrgenommen. Somit werden die Strukturen als solche »als Strategien jeweils herrschender Koalitionen begriffen« (Türk 1992: 1645). Aus politikorientiertem Blickwinkel sind Organisationen ein »Netzwerk von Akteuren und deren Handlungen« (Elsik 1999: 77) und nicht »objektiv-verselbständigte soziotechnische Systeme« (Türk 1992: 1645). In die »politische Arena« werden schicht-, klassen- oder gruppenspezifische Subkulturen, die in ihren Weltsichten, Problemdefinitionen und Handlungsstilen unterschiedlich sind, mit eingebracht.

D.h. eine »corporate identity« wird nicht schon vorab als gegeben angenommen, sondern die Akteure haben zunächst zumindest partiell widersprüchliche Ziele, die nicht von vornherein auf ein konsensuales Organisationsziel ausgerichtet sind.

Eine politikorientierte Konzeptionierung von Organisation steht immer in Bezug zum jeweiligen historisch-gesellschaftlichen Kontext mit seinen typischen Konfliktlagen und Schwierigkeiten, Brüchen und Reibungsflächen; sie ist verflochten mit den Veränderungen in der Gegenwartsgesellschaft. Ein politikorientierter Bezugsrahmen geht auch nicht von der »bruchlosen Durchsetzung innerorganisationaler Herrschaftsverhältnisse [aus]; an deren Stelle wird der ›tägliche Kampf um die Kontrolle‹, d.h. um Macht, Einfluß, Prestige und Ressourcen untersucht«, der Blick wird auf die »politisch-soziale Arena« gelenkt (Türk 1989: 123). Als Erklärungskategorien für die Entwicklung und Erhaltung von Ordnung und Kooperation in Organisationen treten das Aushandeln von formellen und informellen Regelungen und Arrangements, die wechselseitige Nutzung und Abhängigkeit von anderen AkteurInnen, Regeln und Ressourcen sowie der Einsatz von Macht hinzu (vgl. Elsik 1999: 77). Insofern werden Organisationsnormen nicht als vorgegeben angesehen, sondern in ihrem Entstehungskontext analysiert und als Produkte von Handlungen wahrgenommen. Daraus folgt, dass das alte »Befehl-Gehorsamsmodell« aufgeben und ersetzt wird durch »ein Modell von Kooperations-, Leistungs- und Sozialpakten« (Türk 1989: 123).

Politik in und von Organisationen lässt sich in die drei Ebenen *Makro-, Meso- und Mikropolitik* aufgliedern. Das Thema der Makropolitik ist die gesamtgesellschaftliche Einbettung der Organisationsanalyse, es geht um die Politik *von* Organisationen. Mesopolitik geht vor allem der Frage nach, wie organisationale Ordnungsbildung, also die Schaffung von Strukturen in Organisationen, funktioniert. Mikropolitik schließlich beschäftigt sich mit der Frage, wie die Subjekte mit den Strukturen einer Organisation umgehen. Auf alle drei Ebenen wird hier nur kurz eingegangen unter dem Aspekt ihrer Bedeutung in Bezug auf Wohlfahrtsverbände und freiwilliges soziales Engagement.

Die Ebene der *Makropolitik* von Organisationen richtet ihren Blick auf die Politik von Organisationen bezüglich der Gesamtgesellschaft, d.h. auf die strategische Unternehmensführung innerhalb einer Gesellschaft. Organisationen sind nicht nur Teil der Gesellschaft, sondern ein zentrales Ordnungsschema derselben. Menschen werden von Organisationen zumindest während eines Großteils ihres Lebens geprägt (vgl. Schwarz 1995: 21). In diesem Zusammenhang ist zu fragen, welchen Einfluss Organisationen auf die staatliche Politik nehmen und inwieweit sie gesamtpolitische Funktionen übernehmen. Hinsichtlich der Wohlfahrtsverbände wird diese Frage beispielsweise unter der Perspektive der Korporatismusforschung analysiert (vgl. 1.3.3). Dort wird deutlich, dass Verbände und Staat eng miteinander verflochten sind und diese Interdependenz so angelegt ist, dass sowohl die Verbände den Staat beeinflussen können (z.B. bezüglich der Sozialpolitik) als auch der Staat die Verbände (v.a. wegen deren finanzieller Abhängigkeit).

Die Ebene der *Mesopolitik* kann als Strukturpolitik verstanden werden. Hier werden die Formalstrukturen der Organisation in ihrer politischen Funktion untersucht, also als Ergebnisse von Interessen, Strategien und Kompromissen (vgl. Türk 1989: 137). Organisationsstrukturen sind dabei abhängig von individuellen, kollektiven und gesellschaftlichen Faktoren,»sie bilden sich aber nicht als Wirkung situationaler Ursachen, sondern im Wege von kollektiven Konstitutionsprozessen in Korrespondenz zu gesellschaftlichen Kontexten« (ebd.: 38). Organisationsstrukturen entstehen nicht auf der Grundlage kausaler Ursache-Wirkungs-Zusammenhänge, sie sind eher »Beschreibungs- und Orientierungskonstrukte und als solche Produkte evolvierender Korrespondenzverhältnisse zwischen Interaktionsmustern auf der Basis kognitiver Konstruktionen und den Kontexten, in denen sich Handeln auf der Grundlage solcher Konstrukte bewähren muß« (ebd.). Formalstrukturen entwickeln sich also in einem Korrespondenzverhältnis zu Kontexten, sind eingelagert in gesellschaftliche Machtstrukturen und müssen sich in einer internen und externen Umwelt bewähren (vgl. ebd.: 139). Bezogen auf Wohlfahrtsverbände als Förderer von Projekten freiwilligen sozialen und bürgerschaftlichen Engagements stellt sich unter mesopolitischer Perspektive die Frage, welchen Raum die strukturell gestützte Verbandslogik unter gegebenen gesellschaftspolitischen Bedingungen (z.B. staatlich bereitgestellte Fördergelder, hohe öffentliche Anerkennung bürgerschaftlichen Engagements) der Projektlogik grundsätzlich zugesteht bzw. inwieweit der Verband in der Lage ist, sich von der Projektlogik anregen zu lassen, um die Verbandsstrukturen zu modernisieren und anschlussfähig zu machen an gegenwärtige gesellschaftliche Entwicklungen.

Unter der Überschrift *Mikropolitik* wird in der Literatur eine große Bandbreite von Themen erörtert. Macht- und Spieltheorien sind dabei beispielsweise von großer Bedeutung (vgl. Küpper/Ortmann 1992). Die Gemeinsamkeit der vielfältigen Konzepte liegt darin, dass sie die handelnden Individuen – den »Eigensinn der Subjekte« – in einer Organisation als Ausgangspunkt nehmen und danach fragen, welche Prozesse bei der Kooperation von »eigensinnigen« Individuen in organisatorischen Zusammenhängen ablaufen (Türk 1989: 125). Zur Mikropolitik gehört der »alltägliche Aufbau und Einsatz von Macht« in Organisationen (Kieser/Hegele/Klimmer 1998: 1999). Entscheidungsprozesse in Organisationen spiegeln Machtkämpfe wider, sie verlaufen nicht rational geplant und wertfrei (vgl. Staehle 1999: 406). Insofern sind Entscheidungsprozesse mikropolitische Prozesse (vgl. Küpper/Ortmann 1992: 9; Bogumil/ Schmid 2001: 28 f.).[5] Anders ausgedrückt ist mikropolitisches Handeln »jedes Verhalten, das sich andere Menschen für eigene Zwecke zum Mittel macht« (Türk 1989: 126). Eine wichtige mikropolitische Fragestellung in Wohlfahrtsverbänden ist die

---

[5] Mikropolitisches Handeln bewegt sich im Rahmen der gegebenen Formalstrukturen, während die politische Deutung dieser Formalstrukturen sich bereits auf der Ebene der Mesopolitik abspielt (vgl. Türk 1989: 126).

Frage »nach der innerverbandlichen Demokratie bzw. nach dem Muster der kollektiven Entscheidungsprozesse und Strategiebildung« (Bogumil/Schmid 2001: 162). Bezogen auf Ehrenamt und bürgerschaftliches Engagement in Wohlfahrtsverbänden lassen sich z.b. folgende Fragen konkretisieren: Wie kooperieren Professionelle und freiwillige MitarbeiterInnen im Verband? Was spielt sich ab in der Zusammenarbeit von ehrenamtlichen Vorständen und hauptamtlichen MitarbeiterInnen? Und wie gehen freiwillig Aktive vom Typus »traditionelles Ehrenamt« und solche vom Typus »neues Ehrenamt« oder »bürgerschaftliches Engagement« miteinander um? Diese Fragen werden in Kapitel 4.3 wieder aufgegriffen.

2.2.4 Dynamisierung der Organisationstheorie

Die Erforschung der Veränderungen von Organisationen unter den Aspekten »Zeit und Bewegung« begann etwa Mitte der 70er Jahre und ist heute eines der wichtigsten Arbeitsgebiete der Organisationstheorie. Mit Dynamisierung ist hierbei nicht die rational geplante Veränderung von Organisationen gemeint, sondern es wird die Frage verfolgt, wie sich Organisationen »von selbst« verändern, ob diese Evolution spezifischen Regelmäßigkeiten folgt und wie diese zu erklären sind. Es geht hierbei auch nicht um die Erforschung der Veränderung von Organisationen in historischer Perspektive, sondern es werden »mittelfristige« Prozesse untersucht, also die »Veränderungen von Organisationen im Zeitablauf innerhalb ein und derselben Gesellschaftsformation« (Türk 1989: 52).

Der *Begriff Veränderung* ist in diesem Zusammenhang folgendermaßen zu verstehen: »Ein beobachtetes Merkmal weist im Vergleich seiner Ausprägungen zu zumindest zwei verschiedenen Zeitpunkten eine Differenz auf« (ebd.). Zur Analyse von Veränderungen muss somit zunächst das zu beobachtende *Merkmal* klar definiert und festgelegt werden. Des Weiteren ist zu klären, welche *Messdimension* (z.B. Größe, Macht, Formalisierung, Standardisierung usw.), welche *Messvorschrift* (Operationalisierung der zu untersuchenden Eigenschaften) und welches *Relevanzkriterium* (Was soll als Differenz gelten und wann ist eine Differenz als Veränderung zu deuten?) zugrunde gelegt werden soll. Zwei Aspekte sind wesentlich bei der Festlegung einer Differenz als Veränderung: Zum einen das *Differenzierungsvermögen* der beobachtenden Person und ihrer Messinstrumente und zum andern der praktische oder theoretische *Bezugsrahmen*, der als Grundlage der Beobachtung dient (vgl. ebd.: 53).

Es lassen sich drei Grundmodelle der Veränderung von Organisationen unterscheiden: Entwicklungsmodelle, Selektionsmodelle und Lernmodelle (vgl. Türk 1989: 55; Staehle 1999: 908). Diese werden im Folgenden kurz umrissen.

Entwicklungsmodelle gehen davon aus, dass systemimmanente Triebkräfte die Basis für Veränderungen von Organisationen sind. Verantwortlich für die Veränderungsrichtung ist eine endogene, teleologische Dynamik, die sich mit einem Reifungsprozess verbildlichen lässt. Dabei wird eine Irreversibilität der Veränderung unterstellt.

Entwicklungsmodelle lassen sich in Bezug auf den erfolgenden *inhaltlichen Wandel* untergliedern in Lebenszyklus-, Wachstums- und Kristallisationsmodelle. Hinsichtlich der *Form* der Entwicklungsmodelle lassen sich konsekutive von zirkulären Modellen unterscheiden, und in Bezug auf die behaupteten *Strukturen des Gestaltwandels* können kontinuierliche und diskontinuierliche Modelle differenziert werden (vgl. Türk 1992: 1642). Den Lebenszyklusmodellen kommt eine besondere Bedeutung zu, da sie als typischste Form organisationaler Entwicklungsmodelle gelten. Deshalb wird dieser Modelltypus hier kurz dargestellt. Lebenszyklusmodelle betrachten Organisationen als »Sozialorganismus«, der wie ein Individuum bestimmte Reifungsphasen durchläuft (vgl. Becker/Langosch 1995: 174). Sie unterstellen eine zielgerichtete, immanente, irreversible Entwicklungslogik, beginnend mit der Organisationsgründung. Daneben gehen sie aus von einer konsekutiven Abfolge von Entwicklungsphasen sowie einer diskontinuierlichen Abfolge von Entwicklungsstufen. D.h. jede Entwicklungsphase baut auf der vorhergehenden auf, für jede Entwicklungsstufe sind bestimmte Themen, Problemstellungen oder Konfigurationen charakteristisch und jede Weiterentwicklung ist mit dem Durchlaufen einer Krise verbunden (vgl. Türk 1989: 60; Becker/Langosch 1995: 172; Staehle 1999: 908; Heimerl-Wagner 1997: 190 f.). Ältere Lebenszykluskonzepte gehen dabei von einer zwangsläufigen Abfolge von Entwicklungsstadien aus, wobei sich jedoch große Abweichungen zwischen verschiedenen Lebenszyklusmodellen finden, die sich mit den Unterschieden von Organisationen in verschiedenen Branchen begründen lassen. Neuere Konzepte hingegen propagieren nicht mehr eine bestimmte Abfolge von Entwicklungsphasen, sondern sprechen von »kritischen Übergängen, deren Timing und Reihenfolge – sieht man davon ab, daß die Geburt am Anfang und der Untergang am Ende steht – nicht vorgegeben sind« (Kieser/Hegele/Klimmer 1998: 90). Als kritische Übergänge lassen sich vor allem die Gründung, die Etablierung, die Erstarrung und die Revitalisierung benennen (vgl. ebd.). Zur Konkretisierung wird in Kapitel 2.3 ein auf Wohlfahrtsverbände bezogenes und ausdifferenziertes Entwicklungsphasenmodell ausführlicher erörtert.

Selektionsmodelle folgen als System-Umwelt-Modelle einer exogenen, evolutionstheoretischen Dynamik. Das Verhältnis von Organisation und Umwelt folgt einem deterministischen Entwurf, der seine Wurzeln in der biologischen Theorie der ökologischen Evolution hat. Es geht hier um eine spezifische Betrachtung der Auseinandersetzung von Organisationen mit ihrer Umwelt, bei der die Umwelt als prinzipiell fordernd verstanden wird, d.h. die Umwelt selegiert entsprechend einem Bewährungskriterium. Der Umwelt wird dabei eine enorm starke Rolle zugeschrieben, sie wählt aus, welche Organisationsvariante überlebt und welche nicht (vgl. Schreyögg 1998: 328 f.; Steinmann/Schreyögg 1993: 65; Türk 1989: 80).

Die organisatorische Evolutionstheorie wurde auf drei Systemebenen ausgearbeitet. Hierbei handelt es sich a) um die Ebene organisatorischer Elemente (vor allem organisatorischer Verfahren und Kompetenzen wie Know-how, Praktiken, Routinen), b) um die Ebene der Einzelorganisation und c) um die Ebene der Population von Organisationen. Die Entwicklungslogik folgt in allen drei Ansätzen im Wesentlichen dem Phasenschema Variation, Selektion und Retention (vgl. Schreyögg 1998: 329; Türk 1989: 80 f.). Der erste Schritt im Prozess der Evolution von Organisationen ist die *Variation*: Auf den drei Systemebenen werden permanent Veränderungen erzeugt und durchgesetzt (z.B. neue Ziele gesteckt, Prozesse initiiert, neue Handlungsabläufe festgelegt, neue Technologien eingeführt, Organisationsteile abgespalten als neue eigenständige Organisationen etc.). Diese Variationsbreite erklärt die Vielfalt von Organisationen. Im zweiten Schritt des Evolutionsprozesses erfolgt die *Selektion*: Hier entscheidet die Umwelt darüber, welche der Variationen sich bewähren (positive Selektion) und welche versagen und darum aussortiert werden (negative Selektion). Unter Umwelt wird dabei die relevante Umgebung einer Organisation aus der Perspektive des Beobachters, nicht aus Perspektive der Organisation, verstanden. »Viele Organisationen, wie Kirchen, Verbände oder Wohlfahrtseinrichtungen, existieren vor allem, weil sie gesellschaftlich erwünscht sind« (Kieser/Woywode 1999: 258). Im Falle der positiven Selektion folgt nun der dritte Evolutionsschritt, die *Retention*: Hier gilt es nun die erfolgreichen Varianten zu stabilisieren und zu reproduzieren, damit die gute Anpassung an die Umweltanforderungen erhalten bleibt. Das Paradoxe an der Retention ist jedoch, dass sie einerseits durch Aufbietung von Beharrungskräften den Variationserfolg sichert, aber auf der anderen Seite ausgerechnet damit eine Gefahr für die Beständigkeit darstellt, weil weitere Variationen verhindert werden (vgl. Schreyögg 1998: 330 f.; Türk 1989: 80 f.).

Selektionsmodelle gehen aufgrund ihres evolutionstheoretischen Bezugs davon aus, dass Veränderungsprozesse in Organisationen nur begrenzt rational erfolgen, da sowohl die Komplexität der Organisationen als auch die der Umwelt keine einfache Entscheidungsrationalität ermöglicht (vgl. Kieser/Woywode 1999: 253; Türk 1989: 83). Ansätze des evolutorischen Managements verdeutlichen, dass Machbarkeit Grenzen hat (vgl. Kieser/Hegele/Klimmer 1998: 99) und »somit sind Erklärungen des organisationalen Wandels, die allein auf die Rationalität der Gestalter abstellen, zwangsläufig unvollständig. (...) Nicht die Gestalter, sondern die Auslese durch die Umwelt entscheidet letztlich darüber, welche organisationalen Variationen von Nutzen sind und überleben« (Kieser/Woywode 1999: 253). Zu kritisieren ist allerdings der fatalistisch deterministische Charakter der Selektionsmodelle: Dadurch bleibt der Ausleseprozess undurchsichtig, »die Evolution gibt ihre Logik nicht preis. Für die Organisationsgestaltung bleibt nur die magere Botschaft, (blinde) Variationen zu initiieren, wobei ein Zuviel die Funktion der Retention zerstören muß« (Schreyögg 1998: 331 f.). Die Analogie zu biologischen Organismen wird in den Selektionsmodellen übertrieben, die Möglichkeit der aktiven Umweltbeeinflussung durch Organisationen wird unterschätzt (vgl. Staehle 1999: 912). Organisationen können durchaus auf die

Selektion Einfluss nehmen, insofern ist eine autonome Selektionslogik der Umwelt nicht plausibel (vgl. Schreyögg 1998: 332):»Eigentümer und ihre Manager überlassen das Schicksal ihrer Unternehmung nicht einfach den ›natürlichen‹ Selektionskräften des Marktes, sondern setzen – vor allem in jüngerer Zeit – verstärkt auf organisatorische Lern- und Entwicklungsprozesse, welche die Überlebenschancen der Organisation nachhaltig erhöhen« (Staehle 1999: 913).

Hier schließen die *Lernmodelle* an, die es den Organisationen selbst zutrauen, dass sie zu bewussten und erfolgreichen Veränderungen in der Lage sind. Lernmodelle sind»Theorien einer epigenetischen Optimierung. Der Tendenz nach handelt es sich um reflexive Fehlerkorrekturmodelle« (Türk 1989: 57). Während Entwicklungs- und Selektionsmodelle passive, deterministisch-fatalistische Veränderungsmodelle sind, in denen die Entfaltungsmöglichkeiten vorgegeben sind bzw. von der Umwelt bestimmt werden, handelt es sich bei Lernmodellen um aktivistische Ansätze, die den Organisationen die Fähigkeit des Lernens, der Entwicklung und der Anpassung generell zusprechen. D.h. die Rolle der Organisationsmitglieder bei der Veränderung ist eine aktive. Über kognitive Einsicht oder über Verstärkungslernen werden organisationale Fehlentwicklungen korrigiert. Die Organisation ist in der Lage, sich selbst entsprechend der erfahrenen Umweltereignisse zu verändern. Gesteuert wird dieser Lernprozess durch interne Effizienzkriterien. Er gilt erst dann als abgeschlossen, wenn sich Einsichten und Fähigkeiten in der Praxis der Organisation niederschlagen und dort operativ wirksam werden. Die Lernfähigkeit stellt eine höherstufige Ordnungsform von Veränderung dar gegenüber den Entwicklungs- und Selektionsmodellen (vgl. Puch 1994: 201 f.; Stähle 1999: 908; Türk 1989: 57 f. und 94). In Lernmodellen wird das Organisationsgeschehen als kontinuierlicher Lernprozess verstanden, das Lernen gilt als Basismodus der Organisation. Damit ist die Anforderung verknüpft, auf allen Ebenen der Organisation in lernender Veränderung zu bleiben (vgl. Schreyögg/Noss 1995: 176).

Die Ansätze organisationalen Lernens wenden Erkenntnisse aus individuellen Lerntheorien auf Organisationen an. Dabei wird vor allem auf kognitive Lerntheorien, die auf Erkenntnis gründen, Bezug genommen; Stimulus-Response-Theorien, die auf Verstärkermechanismen beruhen, erscheinen als eher ungeeignet (vgl. Staehle 1999: 913; Türk 1989: 57; Grunwald 2001: 186).[6] »Lernen wird in den individuellen kognitiven Theorien nicht mehr länger als bloßer extern stimulierter Erwerb von neuen Reiz-Reaktions-Ketten konzipiert, sondern als Erwerb und Weiterentwicklung von kognitiven Strukturen« (Schreyögg 1998: 536). Unter kognitiven Strukturen sind »mentale Modelle« zu verstehen, die vom Individuum in dessen Auseinandersetzung mit der Umwelt und den eigenen Handlungen erstellt werden. Sie bilden sich durch

---

[6]   Vertreter der behavioristischen Stimulus-Response-Theorien sind z.b. Pawlow, Thorndike und Skinner. Die kognitiven Lerntheorien gehen im Wesentlichen auf Piaget und Bandura zurück, wobei das Modelllernen (soziale Lerntheorie) nach Bandura als eklektischer Ansatz verstanden werden kann, der sowohl Elemente der behavioristischen als auch der kognitiven Lerntheorie aufnimmt (vgl. Weidenmann 1989: 1004).

Einsichten, Erfahrungen, Verknüpfungen mit bestehenden kognitiven Strukturen etc. und dienen als Strukturierungshilfe, um Ereignisse verstehbar zu machen und Zusammenhänge herzuleiten. Mentale Modelle sind insofern aktive Bestandteile des kognitiven Apparates und prägen das Lernverhalten entscheidend, indem sie den individuellen Erwerb und die Speicherung von Wissen lenken und strukturieren (vgl. ebd.). »Sie stellen generalisierte Reaktionsmuster von Individuen in ihrer Auseinandersetzung mit der materiellen und sozialen Umwelt dar« (Staehle 1999: 913).

Bezogen auf organisationales Lernen ist nun zu fragen, »wie individuelle Lernfortschritte kollektiv partizipativ nutzbar gemacht werden können. Zudem stellt sich die Frage, wie kollektiv-kooperative Lernprozesse selbst organisiert werden können bzw. wie ›Organisationsstrukturen‹ aussehen müßten, die kollektive Lernprozesse begünstigen und nicht behindern« (Türk 1989: 100). Es lassen sich prinzipiell drei interdependente Ebenen unterscheiden, auf denen organisationales Lernen stattfindet: die *Ebene der Individuen*, also der einzelnen Organisationsmitglieder, die *mikrosoziale Ebene* der (Face-to-face-)Gruppen, in denen individuelle Lernerfahrungen organisatorisch zusammengeführt werden, und die *makrosoziale Ebene* der Gesamtorganisation, die den strukturellen Kern des organisationalen Lernens bildet, weil sich dort in der Verknüpfung der Gruppenleistungen entscheidet, wie erfolgreich die Umsetzung der individuellen und mikrosozialen Lernleistungen in die (gesamt-)organisationale Wissensbasis gelingt (vgl. Reber 1992). Festhalten lässt sich demzufolge, dass individuelles Lernen unbedingte Komponente organisationalen Lernens ist. Beim organisationalen Lernen handelt es sich gleichwohl um ein »genuin-kollektives Phänomen. Zwar wird der Lernprozeß von Individuen getragen und bewegt, der Referenzpunkt indessen ist immer die Organisation« (Schreyögg 1998: 538). D.h. die Organisation bildet den Kontext, in dem die Organisationsmitglieder Wissen erzeugen; der organisatorische Bezug gibt den Rahmen und den Anlass für das individuelle Lernen; »Organisationen erzeugen Lernmuster (›collective mind‹), die sie mit Hilfe von angekoppelten ›personalen Systemen‹ (Individuen) praktizieren« (ebd.: 539).

Demgemäß ist das Lernen von Organisationen als kontinuierliche Nutzung, Neustrukturierung, Veränderung und Weiterentwicklung der Wissensbasis der gesamten Organisation zu verstehen. Organisationales Lernen ist »der Prozeß, in dem Organisationen Wissen erwerben, in ihrer Wissensbasis verankern und für zukünftige Problemlösungserfordernisse hin neu organisieren« (Schreyögg 1998: 538; vgl. auch Geißler 1995: 46; Pautzke 1989: 89; Probst/Büchel 1994: 17; S. 89; Staehle 1999: 914).[7] So sind Organisationen in der Lage, Wissen und Kompetenzen, die für das Gesamtsystem

---

[7] Für den Erwerb und die Verankerung von Wissen in der organisationalen Wissensbasis lassen sich verschiedene Lernebenen unterscheiden. Die bekannteste Klassifizierung dieser Lernebenen haben Argyris/Schön vorgenommen. Sie unterscheiden zwischen den drei Ebenen Single Loop-Learning, Double Loop-Learning und dem Deutero-Learning (vgl. Argyris/Schön 1978; Schreyögg 1998: 542 ff.; Türk 1989: 104 ff.; Grunwald 2001: 195 ff.) Single Loop-Learnig kann als »Anpassungslernen«, Double Loop-Learning als »Veränderungslernen« und Deutero-Learning als »Prozeßlernen«, also als »Lernen lernen«, verstanden werden (Probst/Büchel 1994: 35 ff.)

der Organisation nützlich sind, unabhängig von ihren Mitgliedern zu speichern. Dies erfolgt sowohl in Form von schriftlicher Aufzeichnung (Akten, Protokolle, Beschreibung von Arbeitsabläufen, Stellenbeschreibungen usw.) als auch in Form von Traditions- und Mythenbildung, Leitbildern, Ideologien und Brauchtum, die nicht von ganz bestimmten, einzelnen Individuen abhängig sind (vgl. Probst 1994: 302).

Entscheidend für organisationales Lernen ist die »Entwicklung eines von den Organisationsmitgliedern gemeinsam geteilten Wissensbestands«, dies bedeutet, »daß das Wissen zwischen Organisationsmitgliedern *kommunizierbar, konsensfähig* im Sinne von intersubjektiv überprüfbar und in Organisationsstrukturen und -prozesse *integrierbar* sein muß« (Grunwald 2001: 190; Hervorhebung im Original; vgl. auch Pautzke 1989: 105; Reber 1992: 1247). Es ist allerdings zum einen darauf hinzuweisen, dass die Konsensfähigkeit des Wissens nicht zu jedem Zeitpunkt anzustreben ist, da die Organisation gerade durch Kontroversen und die Kompetenz »zum kontrollierten Umgang mit kontroversen Standpunkten« neue Lernerfolge erzielen kann und somit handlungsfähig bleibt (Grunwald 2001: 191; vgl. Heiner 1998: 24). Zum andern sind die Kriterien der Kommunizier- und Integrierbarkeit nicht in der Weise zu verstehen, dass organisationales Lernen grundsätzlich Prozesse umfasst, bei denen alle Mitglieder mitwirken und in den Lernvorgang einbezogen sind. Es gibt in Organisationen auch ein stellvertretendes Lernen, bei dem bestimmte Einzelpersonen oder Personengruppen ihre Lernergebnisse den anderen Organisationsmitgliedern so vermitteln, dass diese Lernprozesse nicht nochmals selbst absolvieren müssen (vgl. Grunwald 2001: 191 f.; Heiner 1998: 24 f.). Ausschlaggebend für organisationales Lernen ist die »potentielle Kenntnis des verfügbaren Wissens, nicht die tatsächliche Kenntnis und nicht der Konsens über den Stellenwert und die Inhalte der organisationalen Wissensbasis« (Heiner 1998: 44). Es gibt in Organisationen also Wissensbestandteile, über die nur manche Mitglieder verfügen, auf die aber seitens der Organisation bei Bedarf zugegriffen werden kann: »Nicht die Inhalte, sondern die Einsatzmöglichkeiten dieses Wissens sind organisational verankert« (Eberl 1996 a: 110).

Stellvertretendes Lernen in Organisationen erfolgt häufig über Eliten bzw. über dominierende Koalitionen (z.B. die Unternehmensführung oder einflussreiche Mitglieder von bestimmten Gruppen). Demnach können Organisationen als oligarchisch geführte Systeme betrachtet werden. Vor diesem Hintergrund gehören *Lernvorgänge und Machtausübung* in Organisationen eng zusammen. Es kann davon ausgegangen werden, »dass Wissen von Mächtigen die größte Wahrscheinlichkeit besitzt, organisationale Entscheidungen und Veränderungen zu bestimmen. Besonders deutlich wird dies, wenn charismatische Persönlichkeiten an die Spitze einer Organisation gelangen und dann bestehende Strukturen verändern, Werte hinterfragen bzw. Ziele neu formulieren« (Probst/Büchel 1994: 64). Mit Hilfe ihres Machtpotentials benutzen einzelne Mitglieder oder Gruppen die Organisation, um eigene Interessen durchzusetzen. Damit betreiben sie »Mikropolitik« und sichern ihre Einflusschancen (vgl. Heiner

1998: 24; 2.2.3). Es besteht also die Gefahr,»dass die reale Dimension struktureller und personaler Macht in Organisationen (beispielsweise in Form von Hierarchie) durch die Verwendung des Begriffs Organisationslernen verschleiert wird« (Grunwald 2001: 193; vgl. dazu ausführlich Hanft 1996). Dem lässt sich entgegentreten, indem die (mikro-)politischen Aspekte des Organisationslernens im Interesse der Veränderungs- und Handlungsfähigkeit von Organisationen ausdrücklich thematisiert und transparent gemacht werden. Organisationslernen kann somit dazu dienen, mikropolitische Prozesse»im Sinne des ganzen Systems zu kanalisieren, um auf diese Weise die kollektive Handlungsfähigkeit zu stärken« (Peters 1995: 399).

Weiteres Gefahrenpotential liegt in der Kollektivierung, Normierung, Filterung und Institutionalisierung von Wissen in Organisationen. Lernvorgänge können so *entsubjektiviert* werden, d.h. die beruflich-instrumentelle Seite von Qualifikationen wird betont, während ihre individuell-subjektive Seite vernachlässigt wird (vgl. Wittwer 1995: 77). Bezogen auf Soziale Arbeit im Allgemeinen und auf die Förderung von Projekten bürgerschaftlichen Engagements durch Wohlfahrtsverbände im Besonderen gewinnt jedoch gerade die individuell-subjektive Seite an Bedeutung, da die Hauptamtlichen in solchen Projekten»verstärkt mit sehr komplexen, sich verändernden Situationen bzw. gänzlich neuen Situationen konfrontiert werden«, in denen »kein ›fertiges‹ Wissen und Können regelhaft und ergebnissicher angewendet werden« kann (ebd.). Deshalb ist es von großer Bedeutung, dass bei Prozessen organisationalen Lernens»die einzelnen Organisationsmitglieder nicht mehr nur in ihrer Rationalität und Strategieausrichtung, sondern auch im Rahmen ihrer Lebensgeschichten und in ihren verschiedenen gesellschaftlichen Bezügen gesehen und angesprochen werden« (Geißler 1995: 58).

Zusammenfassend lässt sich feststellen, dass *die Perspektiven der neueren Organisationsforschung* zur Veränderung von Organisationen *deutliche Bezugspunkte* zueinander aufweisen. Wiederkehrende Themen sind beispielsweise die Aspekte Macht und Interesse:»Versteht man Organisationen als Netzwerke von Gruppen, die untereinander und in ihrem Verhältnis zur Organisation in einem unauflöslichen Spannungsverhältnis stehen, so stellen *Macht und Interesse zentrale Kategorien* dar« (Heiner 1998: 23; Hervorhebung E.S.). Die Organisation wird zu einer»›Arena‹ interessengeleiteter Interventionen, Aushandlungen, Konflikte mit jeweils nur temporären Problemlösungen« (Türk 1989: 122). Die Kritik an den Rationalitätsmodellen (Rationalitätsmythos) verdeutlicht, dass der Umgang mit den in Organisationen entstehenden Problemlagen, Interessenkonflikten und Machtkämpfen keineswegs überwiegend auf der Basis rationaler, sachorientierter und zielgerichteter Überlegungen beruht. Die Komplexität von Organisationen lässt diesen einseitig rationalen Zugang nicht zu. Die Veränderung von Prozessen, Strukturen, Umgangsformen etc. in Organisationen ist vielmehr Ergebnis von organisationskultureller Sozialisation (Organisationskultur), politischem Kalkül (Politik in und von Organisationen) und Lernprozessen

(Dynamisierung). Insofern stellen für die dynamische Gestaltung von Lernprozessen in Organisationen Organisationskultur und -politik wichtige Faktoren dar, die es zu berücksichtigen gilt. D.h. bei der Initiierung von Lernprozessen sind kulturelle und politische Aspekte zu reflektieren und transparent zu machen, damit so zentrale Kategorien der Veränderung von Organisationen wie Macht und Interesse kein unkontrolliertes Eigenleben entfalten können. Wenn nun im Folgenden vor allem von den Perspektiven der Dynamisierung von Organisationen oder von Organisationslernen die Rede ist, geschieht dies vor dem Hintergrund, dass die Perspektiven des Rationalisierungsmythos, der Organisationskultur und der Politik in und von Organisationen mitgedacht werden als wichtige Faktoren, die das Lernen von Organisationen mitbestimmen.

Im nächsten Abschnitt sollen am Beispiel eines Entwicklungsphasenmodells für Verbände Erkenntnisse aus den dargestellten organisationssoziologischen Perspektiven mit Aspekten der Wohlfahrtsverbändeforschung verknüpft werden. Dabei wird insbesondere aufgezeigt, dass die Dynamisierung von Organisationen für ihr Bestehen eine ganz zentrale Rolle spielt.

2.3 Ein integratives Entwicklungsphasenmodell für Verbände

2.3.1 Grundannahmen des integrativen Entwicklungsphasenmodells

Das integrative Entwicklungsphasenmodell nach Burkhard von Velsen-Zerweck (vgl. 1997, 1998 und 1999) zeigt innerhalb der Verbändeforschung eine dynamische Perspektive auf, die eine Veränderung bzw. Entwicklung der Wohlfahrtsverbände im Zeitablauf postuliert. Es geht davon aus, dass Wohlfahrtsverbände wie auch andere Organisationen des Dritten Sektors im Laufe ihres Bestehens verschiedene Phasen und Krisen durchlaufen:»Ein Verband in der Gründungsphase steht vor grundsätzlich anderen Anforderungen und Problemen als ein wachsender oder etablierter Verband« (von Velsen-Zerweck 1998: 163). Integrative Verbandsentwicklung meint in diesem Zusammenhang »die quantitativen und qualitativen Veränderungsprozesse in der Organisation, der Führung, im Leistungsprogramm und in der Kultur eines Verbands im Zeitablauf« (ebd.: 164). Von Velsen-Zerweck grenzt sein Veränderungsverständnis zum einen vom »einfachen, linearen Ursache-Wirkungsdenken« – also von Rationalitätsmodellen – ab und interpretiert Verbände aus systemischer Sicht als »offene, dynamische, komplexe sowie lebendige und soziale Systeme«, die einer »zirkulären Kausalität« folgen (ebd.; vgl. von Velsen-Zerweck 1997: 6). Zum Zweiten kritisiert er die Vorstellung von darwinistischen Evolutionsmodellen – also Selektionsmodellen –, indem er darauf hinweist, dass dort z.B. die Aspekte der spontanen Selbstorganisation und der Emergenz[8] weitgehend unberücksichtigt bleiben. Da Wohlfahrts-

---

[8] Emergenz wird hier aufgrund einer bislang fehlenden einheitlichen Definition vortheoretisch verstanden als »das Auftauchen (lateinisch: emergere) einer neuen, bestimmenden Eigenschaft eines Systems im Zeitablauf

verbände sich nur in einer eingeschränkten Wettbewerbs- und Konkurrenzsituation befinden, greifen klassische Evolutionstheorien für Organisationen des dritten Sektors zu kurz (vgl. von Velsen-Zerweck 1998: 165). Trotz einiger Parallelen sind zum Dritten auch die oben beschriebenen organisationssoziologischen Lebenszyklusmodelle in ihrer Struktur zu einseitig, um dem integrativen Entwicklungsphasenmodell gerecht zu werden: Lebenszyklusmodelle gehen von endogen induzierten – und entsprechend determinierten – Veränderungen der Organisation aus, während der Begriff des Wandels im integrativen Entwicklungsphasenmodell auch die von Selektionsmodellen propagierten exogen abgeleiteten Veränderungen einschließt. Eine wichtige Voraussetzung für diese verbandliche Entwicklungsfähigkeit bildet darüber hinaus das individuelle und organisationale Lernen (vgl. ebd.: 167): Es wird die Fähigkeit der Verbände impliziert, »Wandel aus sich selbst heraus aktiv zu generieren, um so selbstorganisierend und diskontinuierlich neue Bedingungen zu schaffen, statt nur auf äußere Einflüsse aus der Umwelt durch stetiges Anpassen zu reagieren« (ebd.: 165). Demzufolge kann die Dynamisierung in diesem Entwurf als integrative, systemische und antirationalistische Verknüpfung von Lebenszyklus-, Selektions- und Lernmodellen gesehen werden.

Bezug nehmend auf die Dritte Sektor- und die Korporatismusforschung (vgl. 1.3.2 und 1.3.3) lässt sich im integrativen Entwicklungsphasenmodell die Einfluss- und Mitgliedschaftslogik der Verbände ergänzen mit einer dritten Intention, der Entwicklungslogik. Mit dem Begriff der Entwicklungslogik sollen »verbandliche Interaktionen nach vorn« verdeutlicht werden, d.h. die Absicht der Entwicklungslogik ist es, die »verbandsspezifischen Interessen zu demonstrieren, die dem Überleben des Verbands als solchem dienen« (von Velsen-Zerweck 1998: 169; vgl. ders. 1999: 216). Während die Korporatismusforschung – so wurde oben ausgeführt – intermediäre Organisationen in vertikaler Ebene in ihren Interaktionen nach oben (Einflusslogik) und nach unten (Mitgliedschaftslogik) betrachtet, blickt die Dritte Sektor-Forschung auf horizontaler Ebene auf die Handlungslogik von intermediären Organisationen als Dienstleistungsarbeit in Form eines spezifischen Mischungsverhältnisses der sektoralen Logiken von Markt, Staat und Gemeinschaften. Auf dieser horizontalen Ebene, jedoch mit einer nach vorn gerichteten Interaktionsrichtung, ist nun auch die Entwicklungslogik angesiedelt. Diese zeichnet sich nicht nur durch eine eigenständige Kombination der jeweiligen Merkmale der anderen Sektoren aus, »sondern darüber hinaus auch durch eigene, emergente Eigenschaften«; auf der Grundlage der Entwicklungslogik »verfolgt ein Verband zusätzlich auch organisationsspezifische Interessen« (ebd.; vgl. von Velsen-Zerweck 1997: 81). Damit lässt sich aufzeigen, dass Verbände nicht nur im Spannungsfeld von Einfluss- und Mitgliedschaftslogik stehen, sondern als weiterer Spannungspol die Entwicklungslogik hinzukommt. »Diese Ent-

---

(…). Emergenz zeigt sich also, wenn die Summe mehr ist als die Addition ihrer Einzelteile« (von Velsen-Zerweck 1997: 8).

wicklungslogik bildet die Grundlage für ein integratives Entwicklungsphasenmodell und für ein dynamisches Verbandsmanagement« (ebd.).

Bevor nun die idealtypischen Entwicklungsphasen eines Verbandes dargestellt werden, sollen im Folgenden zunächst vier relevante Dimensionen skizziert werden, mit deren Hilfe das spezifische Verbandsprofil der einzelnen Entwicklungsphasen als Kontur des Verbandes zu einem bestimmten Zeitpunkt der Betrachtung dargestellt werden kann.

2.3.2 Dimensionen eines Verbandsprofils

Zur systematischen Betrachtung und für den Vergleich der einzelnen Phasen werden im integrativen Entwicklungsphasenmodell die phasenspezifischen Verbandsprofile mit Hilfe von *vier Dimensionen* beschrieben, die für die Gestalt des Verbandes relevant sind: Organisation, Führung, Leistung und Kultur. Diese Dimensionen werden jeweils in vier typische Spannungsfelder gegliedert, die sich wiederum durch je zwei Merkmalspole charakterisieren lassen. Zu betonen ist dabei, dass die Spannungsfelder weder wertend noch als Gegensätze zu verstehen sind, sondern als neutrale Beschreibungen, die sich auch gegenseitig ergänzen können. Insgesamt dienen sie dazu, das Verbandprofil differenziert und klar gegliedert darzustellen.

Die Zuordnung der Spannungsfelder und Merkmalspole zu den einzelnen Dimensionen wird in der Übersicht auf der folgenden Seite dargestellt (vgl. hierzu insgesamt von Velsen-Zerweck 1998: 170 f.).

Im Laufe der Entwicklungsgeschichte eines Verbandes wird die Gewichtung der Merkmalspole in den einzelnen Spannungsfeldern je nach Entwicklungsphase in unterschiedliche Richtung ausschlagen. So ist beispielsweise der Organisationsaufbau eines Verbandes in der Anfangszeit seiner Entstehung eher einfach, während er im Laufe der verbandlichen Weiterentwicklung komplexer wird. Die spezifischen Verbandsprofile und ihr Wandel werden nun anhand der Entwicklungsphasen konkretisiert.

Dimension	Spannungsfelder	Merkmalspole
Organisation	Aufbau	einfach←→komplex
	Ablauf	effektiv←→effizient
	Interne und externe Vernetzung	schwach←→stark
	Organisationsgrad	niedrig←→hoch
Führung	Führungsprinzip	demokratisch←→oligarchisch
	Führungsumfang	klein←→groß
	Führungstyp	generalistisch←→spezialistisch
	Horizont der Verbandführung	operativ←→strategisch
Leistung	Angebot	klein←→groß
	AdressatInnenkreis	homogen←→heterogen
	Fokus	angebotsorientiert←→nachfrageorientiert
	Realisation	personell←→technisch
Kultur	Mentalität	verändernd←→bewahrend
	Motivation	solidarisch←→zweckorientiert
	Bewusstsein für Verbandskultur	stark←→schwach
	Ausprägung der Verbandskultur	einheitlich←→unterschiedlich

2.3.3 Entwicklungsphasen eines Verbands

Das integrative Entwicklungsphasenmodell nach von Velsen-Zerweck geht von einer Abfolge von vier idealtypischen Phasen aus, die dort als Entstehungs-, Entfaltungs-, Etablierungs- und Erneuerungsphase bezeichnet werden. Diese sind nicht zu verwechseln mit den Phasen oder »kritischen Übergängen« in anderen Lebenszyklusmodellen, die teilweise ähnliche Begriffe verwenden, diese jedoch anders definieren.[9] Wie oben beschrieben handelt es sich beim integrativen Entwicklungsphasenmodell nicht um ein klassisches Lebenszyklusmodell mit einem endogen vorgegebenen Ablauf von Phasen, sondern um eine dynamische Kombination aus Entwicklungs-, Selektions- und Lernmodellen (vgl. 2.3.1). Zu betonen ist, dass es sich hier um *eine* mögliche Betrachtungsweise der Verbandsentwicklung handelt, also um eine mögliche Vorstellung der idealtypischen Profile und des Ablaufs von Entwicklungsphasen. Diese Betrachtung ist insofern sehr interessant, als sich anhand der Entwicklungspha-

---

[9] So benennen z.B. Kieser/Hegele/Klimmer (1998: 90) als kritischen Übergang der Organisationsentwicklung u.a. die »Etablierung«, die aber im Vergleich mit dem integrativen Entwicklungsphasenmodell eher der Entfaltungsphase entsprechen würde, während die Etablierungsphase bei von Velsen-Zerweck in etwa der »Erstarrung« bei Kieser/Hegele/Klimmer entspricht.

sen spezifische Probleme der Wohlfahrtsverbände mit der Förderung freiwilligen sozialen Engagements analysieren und in den Gesamtkontext des Verhältnisses zwischen Wohlfahrtsverbänden und neuen Formen freiwilligen sozialen Engagements einordnen lassen.

Die Entstehungsphase: Diese erste Phase eines Verbandes kann gegliedert werden in eine Vor- und eine Hauptphase. Verbände verfügen nicht von Anfang an über alle spezifischen Verbandsmerkmale, sondern durchlaufen zunächst Vorformen – wie z.b. Bürgerinitiativen, Selbsthilfegruppen etc. –, die noch keine formalen, dauerhaften Organisationselemente (z.b. Satzung) aufweisen. Der Impuls zur Gruppen- und späteren Verbandsbildung kann sowohl von einer einzelnen als auch von mehreren natürlichen oder juristischen Personen ausgehen. »Ein entstehender Verband weist idealtypisch extreme Merkmale auf; einerseits bedeutet dies ein klar erkennbares und unterscheidbares Profil, andererseits ist die Wahrscheinlichkeit von Krisen hoch« (von Velsen-Zerweck 1998: 172). Idealtypisch sind die Merkmalspole der oben angeführten Spannungsfelder in den vier Dimensionen Organisation, Führung, Leistung und Kultur in der Entstehungsphase eines Verbandes »extrem« im Sinne von *stark polarisiert*. Charakteristisch sind in der Vorphase »der geringe Organisationsgrad, der basisdemokratische Führungsstil sowie das kleine Leistungsangebot und die revolutionäre Verbandskultur« (ebd.). Insofern lässt sich das Profil eines entstehenden Verbandes mit der Bezeichnung Verein typisieren: Der Wirkungskreis ist in der Regel regional bezogen und die Mitgliedschaftslogik dominiert.

Für neu gegründete Verbände kann die These aufgestellt werden, dass sie »aufgrund der idealtypisch extremen Ausprägungen ihrer Organisations-, Führungs- sowie Leistungs- und Kulturdimension einem *erhöhten Risiko* des Scheiterns ausgesetzt« sind (ebd.: 173; Hervorhebung E.S.). Gestärkt wird diese These durch die Tatsache, dass viele Projekte, die organisationale Merkmale verbandlicher Vorformen aufweisen (wie z.B. Bürgerinitiativen oder Hilfsprojekte in Entwicklungsländern), ganz bewusst projektorientiert und zeitlich befristet angelegt werden und somit schon den »Keim ihrer Auflösung« in sich tragen (ebd.). »Dies bedeutet allerdings auch, daß das Auflösungsrisiko zunächst relativ gering ist, im Laufe der Entstehungsphase langsam zunimmt, um am Ende der Vorphase überproportional stark anzusteigen, weil an diesem Punkt die Gemeinschaft ihren Zweck erfüllt hat – oder gescheitert ist« (ebd.). Zeigt sich jedoch, dass die Gemeinschaft ihre Zielsetzung längerfristig verfolgen oder ihren Organisationszweck erweitern möchte, wird in der Regel eine Satzung erstellt und damit der *Übergang von der Vor- in die Hauptphase der Verbandsentstehung* vollzogen. Das Auflösungsrisiko wird hier wieder geringer, weil einerseits die Mitglieder hoch motiviert sind (emotionaler Aspekt) und andererseits der nun konstituierte Verband über höhere finanzielle Mittel durch Mitgliedsbeiträge verfügt (rationaler Aspekt). Das Auflösungsrisiko steigt im Verlauf der Hauptphase der Entstehung allerdings bald wieder an, da die Zahl der Mitglieder auch in der Hauptphase in der Regel nicht sehr hoch ist, die Finanzmittel schnell knapp werden und damit die Motivation sinkt: »Je weniger Mitglieder ein neuer Verband besitzt, um so weniger Ressourcen stehen ihm zur Durchsetzung seiner Verbandsinteressen zur Verfügung« (ebd.: 174).

Mit Bezug auf die hier interessierende Frage der Förderung neuer Formen freiwilligen sozialen Engagements durch Wohlfahrtsverbände kann am Beispiel der Entstehungsphase verdeutlicht werden, dass ein neu gegründetes *Projekt wie ein Seniorenbüro* viele Merkmale der genannten verbandlichen Vorformen aufweist, auch wenn es sich in Trägerschaft eines etablierten Verbandes befindet, der seinerseits die Entstehungsphase längst überwunden hat. Die Tatsache, dass sich der Trägerverband und das neu gegründete Projekt in unterschiedlichen Entwicklungsphasen befinden, kann eine Quelle für Spannungen sein, weil der Verband dem Projekt beispielsweise – aus einem seiner Entwicklungsphase entspringenden strategischen Kalkül heraus – bestimmte Vorgaben bezüglich der Organisations- und Führungsstruktur oder der zu erbringenden Leistungen macht, die das Projekt aber in seiner Entstehungsphase so einengen, dass bestimmte eigenständige Entwicklungen nicht möglich sind. Infolgedessen können die für die Entstehungsphase förderlichen idealtypischen extremen Ausprägungen in den Dimensionen Organisation, Führung, Leistung und Kultur bei Projekten in verbandlicher Trägerschaft möglicherweise nicht erreicht werden.

Die Entfaltungsphase: Die zweite Entwicklungsphase von Verbänden ist vor allem durch das starke föderale, interverbandliche Wachstum gekennzeichnet. Diese Ausdehnung kann je nach Verband ganz unterschiedliche Gründe haben, lässt sich aber grundsätzlich darauf zurückführen, dass »die innovativen Interessen der Gründungsmitglieder auf steigende Akzeptanz stoßen und neue Mitglieder zum Beitritt bewegen« (ebd.). Bei der Entfaltung eines Verbandes sind *zwei gegenläufige Entwicklungsformen* zu unterscheiden: Die Top-down-Entfaltung, bei der aus dem Gründungsverband zunächst Landes-, dann Kreis- und schließlich Ortsverbände hervorgehen, und die Bottom-up-Entfaltung, bei der die Basisorganisation zunächst für Verbandsvertretungen auf Kreisebene sorgt und daraus dann Landesverbände und schließlich ein Bundesverband aufgebaut werden. Top-down-Verbände entfalten sich »föderal durch Interessenexpansion, während sich bottom-up-strukturierte Verbände im Entwicklungsverlauf durch Interessenkonzentration auszeichnen« (ebd.: 175). Insgesamt ist v.a. bei den großen Wohlfahrtsverbänden und anderen Vereinigungen im sozialen Bereich häufig die Bottom-up-Entfaltung vorzufinden (Beispiele sind das Deutsche Rote Kreuz und die Lebenshilfe).

Das *idealtypische Verbandsprofil in der Entfaltungsphase* ist ein relativ ausgewogenes, d.h. die Polarisierungen der Merkmale in den Spannungsfeldern der einzelnen Dimensionen haben abgenommen. »In einem sich entfaltenden Verband dominiert aufgrund des hohen föderalen, interverbandlichen Wachstums die Entwicklungslogik, auch wenn gerade in Orts- und Kreisverbänden die Mitgliedschaftslogik weiterhin eine zentrale Rolle spielt. (…) Zusammenfassend kann ein sich entfaltender

Verband deshalb mit dem Begriff Föderation charakterisiert werden« (ebd.: 177). Das relativ ausgeglichene Verbandsprofil in der Entfaltungsphase sorgt für eine eher *niedrige existenzbedrohende Krisenanfälligkeit*. In der Entfaltungsphase steigen mit den Mitgliedszahlen über deren Beiträge auch die Einnahmen, so dass der Verband eine hohe finanzielle Stabilität erfährt. Vermutlich ist dies ein entscheidender Grund dafür, dass das Kostenbewusstsein in dieser Phase eher gering ist und die Organisationsabläufe kaum nach Effizienzkriterien gestaltet werden. Als Führungstyp dominiert nach wie vor der Generalist. Allerdings hat sich das *Führungsprinzip* geändert. Während in der ersten Phase die Basisdemokratie dominierendes Merkmal war, »muß im Verlauf der zweiten aufgrund einer steigenden Zahl von Mitgliedern und Verbandsablegern auf unterschiedlichen föderalen Ebenen das Einstimmigkeitsprinzip dem Mehrheitsprinzip weichen. Damit verringert sich zwangsläufig die Bedeutung der Mitgliedschaftslogik«, auch wenn sie in Orts- und Kreisverbänden nach wie vor zentral ist (ebd.).

Die Entfaltungsphase geht dem Ende zu, wenn die Gründung von Verbandsablegern und die Zahl der Mitgliederneuzugänge abnimmt. »Es wird im weiteren Verlauf nicht mehr neues aufgebaut, sondern Vorhandenes ausgebaut beziehungsweise verwaltet: Die einzelnen Verbandseinheiten treten in die Etablierungsphase ein« (ebd.).

Die Etablierungsphase: In der dritten Entwicklungsphase nimmt das Verbandsprofil gegenüber der Entfaltungsphase wieder eine stärker polarisierte Gestalt an. In der Etablierungsphase ist die Polarisierung der Merkmale in den einzelnen Spannungsfeldern allerdings gegenläufig im Vergleich zur Entstehungsphase. So ist der Aufbau der Organisation inzwischen sehr komplex, der Führungsumfang und auch das Leistungsangebot groß. Auffallend sind jedoch eine nach wie vor schwache intra- und interverbandliche Vernetzung, ein immer noch eher operativer als strategischer Führungshorizont und der geringe technische[10] Realisationsgrad in der Leistungsdimension. »Insgesamt ähnelt das Verbandsprofil in der Etablierungsphase deshalb dem einer staatlichen Verwaltung, da ein Verband durch bürokratische Strukturen, behördenähnliches Verhalten, hohe Verflechtung und Abhängigkeit zum Ersten Sektor gekennzeichnet ist« (ebd.: 178). In dieser Phase dominiert erkennbar die Einflusslogik. Jetzt werden aufgrund der großen Bedeutung der Einflusslogik auch in ursprünglich bottom-up-entfalteten Verbänden Entscheidungen häufig top-down, vom Bundes- oder den Landesverbänden getroffen. Prinzipiell ist davon auszugehen, dass sich die Etablierungsphase – als idealtypisch längste der Entwicklungsphasen – über viele Jahre bis hin zu Jahrzehnten erstreckt.

Die Etablierungsphase ist stark *geprägt von der korporatistischen Verflochtenheit* der Verbände mit dem Staat, die sich am Beispiel der Spitzenverbände der freien

---

[10] Unter eher geringer technischer Leistungsrealisation ist hier zu verstehen, dass der Verband mit inzwischen veralteten Informations- und Kommunikationstechnologien weiterarbeitet und technische Neuerungen auch eher ablehnt.

Wohlfahrtspflege besonders gut beobachten lässt (vgl. 1.3.3). Ein stabiles Verhandlungssystem zwischen Staat und Wohlfahrtsverbänden ist entstanden, das auf Seiten der Wohlfahrtsverbände für einen hohen Stellenwert der Einflusslogik sorgt, der die Gefahr in sich birgt, dass die Mitgliedschaftslogik vernachlässigt wird und die Bindungsfähigkeit der Verbände gegenüber ihrer sozialen Basis folglich nachlässt (vgl. Olk 1995: 108). In der Etablierungsphase werden aufgrund der wirtschaftlich stabilen Situation, »die durch den relativ hohen Organisationsgrad gesichert wird«, und der hohen Anerkennung des Verbandes durch den Staat Erosionsprozesse an der Mitgliederbasis oft lange Zeit verkannt oder ignoriert (von Velsen-Zerweck 1998: 179). Das Verkennen von Krisen, wie z.B. ein schwindender Anteil von Aktiven, wirkt sich negativ auf die Entwicklungsfähigkeit von Verbänden aus.

Bezüglich des Wandels von Verbänden erhält die – zwar umstrittene – politikwissenschaftliche Theorie des »funktionalen Dilettantismus« besondere Bedeutung (vgl. Seibel 1992). Dort wird der negative Aspekt der engen Verbindung zwischen Staat und Organisationen des Dritten Sektors entlarvt als eine Beziehung »eher symbiotischer Natur«, die vor allem »der Verschleierung von staatlichem Politikversagen« dient (Frey 1998: 92). Der Dritte Sektor kann als eine »Steuerungsreserve gesellschaftlichen Wandels« betrachtet werden, indem er »zusätzliche institutionelle Arrangements zur Sicherung politischer Stabilität« ermöglicht (Seibel 1992: 55). Seibel spricht von »erfolgreich scheiternden Organisationen« im Dritten Sektor, weil sie selbst dann noch bestehen können, wenn sie dauerhaft ineffizient arbeiten. Organisationaler »Dilettantismus« erscheint deshalb als funktional, weil er »zugleich Voraussetzung und Folge sozialer Integrations- und/oder politischer Stabilisierungsleistungen ist« (ebd.: 273). Der Staat hat also einen unmittelbaren Nutzen aus Wohlfahrtsverbänden und anderen Nonprofit-Organisationen (NPO) und unterstützt sie in ideeller und finanzieller Hinsicht, »obwohl deren Ineffizienz und Mißmanagement eigentlich erkennbar wären, weil er auf diese Weise die an ihn gestellten sozialstaatlichen Ansprüche an die NPO weitergeben und verschieben kann« (Grunwald 2001: 36). Durch die breite Unterstützung, die die Verbände gerade seitens des Staates erfahren, wird ihre Schwerfälligkeit zur Weiterentwicklung in der Etablierungsphase verstärkt: sie »scheitern erfolgreich«. Daraus lässt sich folgern: »Je länger ein Verband in der Etablierungsphase erfolgreich scheitert, um so umfassender und damit schwieriger werden mögliche Reformen« (von Velsen-Zerweck 1998: 179). Je länger ein Verband eine erfolgreiche Strategie konserviert, umso stärker wird sie auch dessen Kultur prägen. Und da insbesondere »starke« Organisationskulturen – wie oben aufgezeigt (vgl. 2.2.2) – eine Beharrungstendenz haben, wird eine Reformierung erschwert.

Die Erneuerungsphase: In der vierten Entwicklungsphase erfolgt eine umfassende Neuorientierung des Verbandes. Das Verbandsprofil verändert sich in Richtung einer insgesamt ausgeglicheneren Ausprägung der Merkmale in den einzelnen Spannungsfeldern. Deutliche Polarisierungen bestehen nur in der Organisationsdimension bezüglich eines nun sehr effizienten Ablaufs und einer erstmals starken Vernetzung sowie eines auffallend gesunkenen Organisationsgrades. In der Führungsdimension ist der Führungshorizont nun nicht mehr operativ, sondern strategisch ausgerichtet, um die verbandliche Neuorientierung zu ermöglichen. In der Leistungsdimension vollzieht sich eine Veränderung von der bisher eher personellen Leistungsrealisation hin zu einer eher technischen[11] (vgl. ebd.).

In der Erneuerungsphase können vier Hauptrichtungen von Organisationsreformen ausgemacht werden:

- Zunächst geht es im Bereich der Entwicklungslogik darum, »die Existenz eines in der Krise befindlichen Verbandes zu sichern« (ebd.: 180). Vor allem hauptamtliche MitarbeiterInnen haben daran großes Interesse, weil ihre Arbeitsstelle davon abhängt. Eine Hauptgefahr besteht darin, »lediglich auf operativer Ebene Abhilfe durch Symptombekämpfung zu schaffen, ohne eine strategische Neuausrichtung des Verbands zu betreiben« (ebd.).
- Die Mitgliedschaftslogik spielt eine sehr große Rolle in der Restrukturierung des Verbands. Nachdem in der Etablierungsphase die Distanz zu den Mitgliedern relativ groß war, steht in der Erneuerungsphase »die konsequente Ausrichtung an den Interessen der Mitglieder sowie deren bessere Partizipation am Verbandsleben durch eine wieder stärkere Betonung des ehrenamtlichen Prinzips im Vordergrund« (ebd.: 181).[12]
- Die Einflusslogik hat auch in der Erneuerungsphase große Bedeutung für die Gesamtausrichtung der Organisationsstruktur an politischen Zielen und Strukturen: »Verbände mit zentralen Aufgaben der Interessenvermittlung müssen ihre Struktur an die Erfordernisse des politischen Systems anpassen, das zunehmend auch durch europäische Strukturen bestimmt ist« (ebd.).
- Der Bereich der Marktlogik ist eine Reorganisationsrichtung, die in der Erneuerungsphase neu hinzukommt, da sich der Verband immer mehr im Wettbewerb befindet. Die Marktlogik ist ausgerichtet auf das professionelle Auftreten des Verbandes auf dem Markt der Dienstleistungen: »Wettbewerbsfähige Organisations-

---

[11] Unter eher technischer Leistungsrealisation wird verstanden, dass in der Erneuerungsphase viel Wert darauf gelegt wird, den Verband auch in seiner technischen Ausstattung (z.B. in Bezug auf Verbesserung von Informations- und Kommunikationstechnologie, Erneuerung des Verbandslogos, Einführung von Qualitätsmanagement-Instrumenten, Aufbau von Marketing-Informationssystemen etc.) zu modernisieren. Diese Innovationen sind Teil der Annäherung der Verbände an erwerbswirtschaftliche Unternehmen (vgl. von Velsen-Zerweck 1997: 254).

[12] Gerade bezüglich der Mitgliedschaftslogik ist davon auszugehen, dass von Velsen-Zerweck ein idealtypisches Phasenprofil beschreibt, denn es bestünde genauso die Möglichkeit, dass sich der Verband in der Erneuerungsphase von der Mitgliedschaftslogik abwendet und die Dienstleistungsorientierung ganz in den Vordergrund seiner Aktivitäten rückt.

strukturen mit kurzen Entscheidungswegen sind dabei Voraussetzung für ein attraktives und marktfähiges Leistungsangebot« (ebd.).[13] Eine Überbetonung der Marktlogik kann ein Scheitern der Reformen zur Folge haben. Vor allem dann, »wenn der Wille zu umfassenden Strukturveränderungen fehlt, weil persönliche Motive einzelner Führungskräfte über Verbandsinteressen dominieren. Andererseits kann ein Reformkonzept auch scheitern, weil es zu umfassend und ambitioniert geplant ist, so dass die Beteiligten bei ersten Fehlschlägen entmutigt werden« (ebd.). Insbesondere wenn Krisensituationen sich verschärfen, ist die Verbandsführung gezwungen, auch kurzfristige Gegenmaßnahmen zu ergreifen. Der Verband befindet sich dann im »Dilemma zwischen akutem Handlungsbedarf und umfassendem Reformbedarf« (ebd.: 182).

Insgesamt betrachtet haben Verbände als intermediäre Organisationen des Dritten Sektors in der Erneuerungsphase viele Ähnlichkeiten mit erwerbswirtschaftlichen Organisationen. Eine stärkere Berücksichtigung betriebswirtschaftlicher Managementmethoden ist in dieser Phase, u.a. aufgrund der effizienten Ausrichtung der Organisationsabläufe, sinnvoll, wobei allerdings das Risikopotential der betriebswirtschaftlichen Orientierung nicht unterschätzt werden darf. Einerseits besteht die Gefahr, unreflektiert Reformkonzepte zu übernehmen, die für erwerbswirtschaftliche Unternehmen entworfen wurden. Andererseits haben betriebswirtschaftliche Konzepte in Verbänden dort ihre Grenzen, wo sie mit der verbandlichen Bedarfswirtschaftlichkeit kollidieren. Anders formuliert »besitzt die Effektivität verbandlichen Handelns Priorität vor der Effizienz« (ebd.).

Nach der Erneuerungsphase gibt es prinzipiell drei Möglichkeiten für den weiteren Verlauf:
- Der Verband befindet sich in einer tiefen Krise und löst sich auf,
- aus dem bestehenden Verband entstehen durch Ausgründungen neue Verbände, die wieder die Entwicklungsphasen durchlaufen oder/und
- der Verband wird erfolgreich reformiert, besteht weiter und tritt idealtypisch wieder in die Etablierungsphase ein (vgl. ebd.: 186).

Wird nun der idealtypische Phasenverlauf im Ganzen betrachtet und mit der realen historischen Entwicklung von Verbänden in Deutschland verglichen, dann ist zu beobachten, dass es dabei große Entsprechungen gibt: Es kann eine Vorphase der Entstehung festgestellt werden, die bis 1848 dauert und eine Hauptphase von 1848 bis 1871. Darauf folgt die historische Entfaltungsphase von 1871 bis 1933. Während des Dritten Reiches ist die Verbandsentwicklung unterbrochen, wird aber 1945 (bis 1990) mit der Etablierungsphase fortgesetzt. Seit 1990 befinden sich die Verbände in einer Erneuerungsphase, die von verschiedenen Faktoren ausgelöst wird. Einen großen

---

[13] Die Marktlogik ist ein Beispiel dafür, dass das integrative Entwicklungsphasenmodell sich nicht nur an deterministischen Lebenszyklusmodellen orientiert, sondern auch an den historischen externen Bedingungen, die es mit sich bringen, dass sich der Verband in neuen Wettbewerbsverhältnissen verortet.

äußeren Einschnitt und Veränderungsanstoß bildet die deutsche Wiedervereinigung, aber auch das zusammenwachsende Europa, die steigende Staatsverschuldung und eher schleichende Prozesse, wie der gesellschaftliche Wertewandel, geben Anlass für Reformen (vgl. von Velsen-Zerweck 1997: 59 ff.).[14]

Im Blick auf die Förderung von neuen Formen freiwilligen sozialen Engagements durch Wohlfahrtsverbände wird mit Bezug auf die historischen Entwicklungsphasen deutlich, dass die Verbände sich tendenziell in einer Erneuerungsphase befinden, die ihnen die Möglichkeit eröffnet, neben der Herausforderung, die die Konkurrenz mit erwerbswirtschaftlichen Organisationen an sie richtet, ihr Profil zu schärfen, indem sie der Mitgliedschaftslogik wieder einen eigenen Stellenwert einräumen. Wenn in dieser Phase – die unter dem Vorzeichen von Reformen steht – Projekte bürgerschaftlichen Engagements in Trägerschaft eines Wohlfahrtsverbandes gegründet werden, haben die Verbände die Chance, mit Hilfe der Projekte modellhaft neue Erfahrungshorizonte zu eröffnen und Handlungsspielräume zu erproben, von denen der Verband als Ganzes lernen kann.

Abschließend ist zu betonen, dass die Entwicklung eines Verbandes im zeitlichen Verlauf nicht vorbestimmt ist. Entwicklungsphasen können auch schneller durchlaufen oder im Ausnahmefall übersprungen werden (beispielsweise wenn keine föderale Entfaltung erfolgt). Und nach jeder Phase besteht die Möglichkeit einer Krise, die zur Auflösung führt. Wie die Entwicklung eines Verbandes im Konkreten verläuft, ist immer abhängig vom »Reifegrad und den Potentialen des jeweiligen Verbands« (von Velsen-Zerweck 1998: 187). Ziel eines dynamisch orientierten Verbandsmanagements ist es, Risiken rechtzeitig zu antizipieren und somit die Existenz des Verbandes zu sichern, damit dieser seinen Zweck auch weiterhin erfüllen kann (vgl. ebd.).

2.4 Zwischenauswertung

Bei der Zusammenschau der Konzepte der Wohlfahrtsverbändeforschung aus dem vorigen Kapitel mit den organisationssoziologischen Perspektiven dieses Kapitels lässt sich feststellen, dass die gesellschaftlichen, politischen und wirtschaftlichen Veränderungen der letzten ein bis zwei Jahrzehnte die Notwendigkeit eines dynamischen Organisationsverständnisses begründen. Das integrative Entwicklungsphasenmodell – so wie es hier organisationssoziologisch eingebettet und vorgestellt wurde – ist im Blick auf Wohlfahrtsverbände ein möglicher Dynamisierungsansatz, der insofern einleuchtend erscheint, als er *verschiedene Perspektiven der Organisationssoziologie in ausgewogener Weise miteinander verbindet*. In diesem Dynamisierungsansatz finden sich sowohl Elemente der Entwicklungs-, Selektions- und Lernmodelle als auch Anknüpfungspunkte für die organisationsbeeinflussenden Faktoren Kultur

---

[14] Zu den Herausforderungen, die sich aus der deutschen Wiedervereinigung und dem europäischen Zusammenwachsen für die Wohlfahrtsverbände ergeben, vgl. Schmid 1996: 157 ff.

und Politik. Die Verbindung dieser verschiedenen Perspektiven wird vorgenommen vor dem Hintergrund der »Entmythologisierung der Rationalitätsannahme«, also dem Bewusstsein, dass Organisationen und somit auch Wohlfahrtsverbände sich nur ansatzweise rational steuern lassen.

Aus organisationssoziologischer Blickrichtung kann deshalb *organisationales Lernen* als eine Voraussetzung für die Umsetzung des in der Wohlfahrtsverbändeforschung formulierten Konzepts des *Wohlfahrtspluralismus* verstanden werden. Die gegenwärtig erfolgende Neuordnung der institutionellen Arrangements wohlfahrtsstaatlicher Systeme in allen westlichen Staaten erfordert eine »Pluralisierung von Institutionen und Akteuren der Wohlfahrtsproduktion jenseits von Markt und Staat« (Evers/Olk 1996: 10). Wird Wohlfahrtspluralismus als Konzept verstanden für »eine Entwicklungspolitik zur Stärkung gesellschaftlicher Wohlfahrt«, sind auch Wohlfahrtsverbände herausgefordert, sich dieser Aufgabe zu stellen (ebd.: 45). Eine Dynamisierung in Form von organisationalem Lernen kann es den Wohlfahrtsverbänden ermöglichen, den Wandlungsprozessen ihrer Umwelt und den damit auch veränderten wohlfahrtspluralistischen Bedarfen besser gerecht zu werden. Durch organisationales Lernen können sie in einem veränderten System überhaupt erst bestehen. Eine große Herausforderung ist dabei, ob es ihnen gelingt, im Sinne der Mitgliedschaftslogik bürgerschaftliche Mitwirkung in die Wohlfahrtsproduktion einzubinden und zu stärken.

Mit Hilfe des integrativen Entwicklungsphasenmodells lässt sich verdeutlichen, dass die großen Wohlfahrtsverbände während ihrer Etablierungsphase die Mitgliedschaftslogik zugunsten der dort dominierenden Einflusslogik vernachlässigt haben. In dieser Phase wurde auch die Klage über die Abnahme der Zahl der Ehrenamtlichen lauter. Für die Erneuerungsphase, in der sich gegenwärtig viele Wohlfahrtsverbände befinden, ist es als verbandliche Lernaufgabe anzusehen, freiwilliges Potential wieder stärker einzubinden. Aber auch in dieser Phase besteht die Gefahr, dass die Mitgliedschaftslogik zugunsten von Einfluss-, Entwicklungs- und Marktlogik zu kurz kommt. Denn im Zuge der Beeinflussung durch betriebswirtschaftliche Managementstrategien ist im Sinne von Einflussnahme und Marktfähigkeit ein wichtiges Entwicklungsziel der Verbände die Konkurrenzfähigkeit gegenüber öffentlichen und privatgewerblichen Anbietern, dass dazu die Mitgliedschaftslogik einen wichtigen Beitrag leisten kann, wird leicht übersehen. Die Wohlfahrtsverbände, die sowohl Ähnlichkeit mit öffentlichen Verwaltungen als auch mit erwerbswirtschaftlichen Organisationen entwickelt haben, würden ohne ihre Mitgliederbasis den erwerbswirtschaftlichen Organisationen noch ähnlicher, und ihre Chance, ein eigenständiges multifunktionales Profil über eine gestärkte Mitgliedschaftslogik zu entwickeln, wäre vertan.[15]

---

[15] Zur Notwendigkeit der Weiterentwicklung von Wohlfahrtsverbänden unter Berücksichtigung ethischer Gesichtspunkte vgl. Manderscheid 2000. Zu innerbetrieblichen Reformen in Nonprofit-Organisationen am Beispiel des Deutschen Roten Kreuzes vgl. Nährlich 1998 b.

Wie im vorigen Kapitel bereits aufgezeigt (vgl. 1.4), können die Wohlfahrtsverbände aber ihr Profil nur stärken und ihre Leistungsfähigkeit nur erhalten, wenn sie alle drei – im Zuge einer inneren Pluralisierung herausgearbeiteten – Funktionen, trotz auftretender Spannungen zwischen diesen, gemeinsam weiterentwickeln. Wohlfahrtsverbände sind Dienstleistungsproduzenten, Mitgliederverbände und als solche politische Akteure sowie lokale Vereinigungen mit assoziativen Strukturen. Dieses *multifunktionale Profil* wird gebildet aus betriebswirtschaftlichen Kenntnissen, normativen, kulturell-ethischen und glaubwürdigen Wurzeln, der Verankerung in den Lebenswelten der AdressatInnen, Mitglieder und MitarbeiterInnen sowie der Bereitschaft in Bewegung zu bleiben, sich weiter zu entwickeln und zu lernen.

Nachdem im ersten Teil dieser Arbeit Wohlfahrtsverbände im Mittelpunkt standen, sowohl aus Sicht der Wohlfahrtsverbändeforschung als auch aus Perspektive der Organisationssoziologie, widmet sich der zweite Teil dieser Arbeit dem freiwilligen und beruflichen sozialen Handeln. Dabei steht in Kapitel 3 die Auseinandersetzung mit dem freiwilligen sozialen Engagement im Zentrum der Betrachtungen. Zunächst wird die historische Entwicklung vom alten zum neuen Ehrenamt nachgezeichnet sowie die Ausdifferenzierung der Begrifflichkeiten. In einem zweiten Schritt wird das bürgerschaftliche Engagement und dessen politische Bedeutung ins Zentrum der Betrachtungen gerückt, bevor in einem weiteren Kapitel verschiedene sozialwissenschaftliche Analysen zum freiwilligen sozialen Engagement dargestellt werden, um so insgesamt aus der Perspektive des freiwilligen Engagements die theoretische Grundlage zu schaffen für die Herausarbeitung der Aspekte, die für die Förderung freiwilligen sozialen Engagements durch Wohlfahrtsverbände zu berücksichtigen sind. Kapitel 4 beschäftigt sich dann mit dem professionellen sozialpädagogischen Handeln in Organisationen, insbesondere in Wohlfahrtsverbänden. Das professionelle sozialpädagogische Handeln wird deshalb gesondert betrachtet, weil die Förderung freiwilligen Engagements in Wohlfahrtsverbänden in der Regel eine Aufgabe der Professionellen ist. In einem ersten Schritt werden dazu Charakteristika der sozialpädagogischen Professionalität herausgearbeitet, dann wird das Augenmerk auf das professionelle Handeln in Organisationen gerichtet, bevor schließlich das spezifische Verhältnis von Professionellen zu Freiwilligen diskutiert wird, um zu verdeutlichen, dass die Kooperation von Professionellen mit Freiwilligen in Wohlfahrtsverbänden eine zentrale professionelle Herausforderung darstellt.

3 Freiwilliges soziales Engagement

3.1 Die Entwicklung vom »alten« zum »neuen« Ehrenamt

3.1.1 Zur Entstehung des Ehrenamts

Der Begriff Ehrenamt ist historisch geprägt. Das *bürgerliche Ehrenamt* geht zurück auf die preußische Städteordnung des Freiherrn vom Stein von 1808 und war ursprünglich mit der Ausübung öffentlicher Gewalt verbunden, die unbescholtenen, angesehenen, männlichen Bürgern übertragen wurde. Das bürgerliche Ehrenamt genoss damit den Status des »öffentlich-rechtlichen Amtes«. Die Vergabe solcher Ehrenämter zielte auf die Integration des erstarkenden Bürgertums in Kommune und Staat und diente somit der Partizipation und Selbstverwaltung der lokalen Angelegenheiten durch die Bürger (vgl. Sachße 1992: 53).

Das *soziale Ehrenamt* entstand durch das »Elberfelder System« (1853).[1] Ehrenamtliche Armenpfleger wurden mit der Durchführung der kommunalen Armenfürsorge als Teil der öffentlichen Verwaltung beauftragt. Ihre Aufgabe bestand zum einen in der Überprüfung, ob die Armen tatsächlich unterstützungsberechtigt waren, und zum andern darin, die Hilfsbedürftigen zu unterstützen einen aktiven Beitrag zur Beseitigung ihrer Notlage zu leisten, indem sie ihnen einen Arbeitsplatz vermittelten, der nicht mehr als den niedrigen Regelsatz der Armenunterstützung einbringen musste (vgl. Baron 1995: 24 f.).

Sowohl im bürgerlichen als auch im sozialen Ehrenamt ging es um die Selbstverwaltung der lokalen Angelegenheiten. »Ehrenamt in seiner Entstehung war Selbstverwaltung mit untrennbarem Bezug zur *Lokalgemeinschaft*« (Sachße 1992: 53; Hervorhebung im Original). Das Elberfelder System mit seinem Quartierprinzip machte den Lokalbezug besonders deutlich: Die maßgebende Qualifikation der Armenpfleger war ihre Eigenschaft als ehrenhafte Bürger und Nachbarn, die mit den lokalen Gegebenheiten vertraut waren.

Eine andere Tradition ehrenamtlichen Handelns, neben dem verwaltungsbezogenen Ehrenamt in der öffentlichen Armenfürsorge, entwickelte sich als *ehrenamtliche private Wohltätigkeit* in den zahlreichen Vereinen im 19. Jahrhundert. Auch diese Vereine waren lokal organisiert und kümmerten sich selbstverwaltet um lokale Probleme.[2] Ehrenamt und ehrenamtliche private Wohltätigkeit waren zum einen mit christlichen Traditionen verknüpft, die auf dem Gebot der Nächstenliebe basierten. Zum andern gründeten sie auf einem Gemeinschaftsverständnis, in dem die Gemeinschaft als Ebene zwischen Individuen und Staat verstanden wurde. Dieses Gemeinschaftsverständnis ging davon aus, dass die bürgerlichen Vereine ein Recht haben,

---

[1] Vgl. hierzu auch Abschnitt 1.2.1.

[2] Sachße weist darauf hin, dass es sich bei dieser Form des Engagements streng genommen nicht um ehrenamtliche Arbeit handelt, weil »der Bezug zur Ausübung öffentlicher Gewalt hier bereits fehlt« (1992: 54).

sich staatlicher Bevormundung und Regulation entgegenzustellen, es betonte aber auch »die Pflicht der bürgerlichen Gemeinschaft zur sozialen Selbsthilfe« (Münchmeier 1992: 64; vgl. Sachße 2002).

Die Vereine des 19. Jahrhunderts eröffneten den bürgerlichen Frauen ein wichtiges Betätigungsfeld. Eine Vielzahl von Vereinen wurde von *Frauen* gegründet – wie beispielsweise die »Vaterländischen Frauenvereine« – und wendete sich dem Aufgabenfeld der Armenpflege zu. Das Engagement in Vereinen und Kirchengemeinden ermöglichte den Frauen die Partizipation an gesellschaftlichen Prozessen (vgl. Jakob 1993: 12 f.).

War die treibende Motivation für die privatwohltätige Vereinsarbeit die Selbstverwaltung der örtlichen Angelegenheiten, so änderte sich dies im Wilhelminischen Deutschland durch einen Professionalisierungsschub in der kommunalen Verwaltung und Sozialpolitik, mit dem die Verdrängung des Ehrenamtes aus der kommunalen Fürsorge begann. Die Verbindung zwischen – sowohl öffentlichem als auch privatem – Ehrenamt und der örtlichen Gemeinschaft wurde lockerer, da die Lebensverhältnisse unüberschaubarer werden. Zur Steuerung der Fürsorgeaktivitäten wurden professionelle Kompetenzen immer nötiger. Neue Formen der Motivation und Organisation von ehrenamtlicher Tätigkeit begannen sich zu entwickeln. Die Motivation zu ehrenamtlichem Engagement wurde nicht mehr über die lokale Selbstverwaltung, »sondern – abstrakter – über Zentralwerte gesteuert und in *Wertgemeinschaften* organisiert« (Sachße 1992: 54). Mit der Anbindung des sozialen Ehrenamts an Wertgemeinschaften – wie die neu entstandenen konfessionellen Wohlfahrtsverbände oder auch Organisationen der Arbeiterbewegung – veränderte sich allmählich auch der Inhalt dieses Begriffs. Der Bezug zum »Amt« ging verloren, so dass das soziale Ehrenamt zur freiwilligen sozialen Hilfstätigkeit wurde.

Gegen Ende des 19. Jahrhunderts entstanden »Mädchen- und Frauengruppen für soziale Hilfsarbeit«, in denen das als Bürgerpflicht geltende soziale Engagement von Frauen organisiert wurde. In diesen Gruppen wurden die Frauen zunächst nur auf die Übernahme ehrenamtlicher Tätigkeiten vorbereitet, doch sie gewannen zunehmend an Bedeutung für die Entstehung einer beruflichen Arbeit in der Wohlfahrtspflege (vgl. Jakob 1993: 12 f.). Alice Salomon erlebte ihre Mitgliedschaft und ihr Engagement in den »Mädchen- und Frauengruppen für soziale Hilfsarbeit« als eine Erlösung aus dem sinnentleerten Nichtstun der höheren Töchter. Dabei ging es ihr vor allem darum, einer sinnvollen Arbeit nachzugehen, und die einzige Möglichkeit tätig zu werden bestand für bürgerliche Frauen darin, sich sozial zu engagieren oder Lehrerin zu werden.[3] Alice Salomon setzte sich dann auch maßgeblich für die Verberuflichung der sozialen Tätigkeiten von Frauen ein (vgl. Müller 1991: 123 ff.; Zeller 1990).

---

[3] Alice Salomon blieb nur das soziale Engagement, da ihre Mutter ihr verbot, Lehrerin zu werden (vgl. Müller 1991: 123 ff.).

Mit zunehmender Verberuflichung der Sozialen Arbeit kam das Ehrenamt unter Legitimationsdruck. Die Gründung der sozialen Frauenschulen mit staatlich anerkannten Prüfungsordnungen führte dazu, dass die ehrenamtlich Tätigen immer mehr aus dem Bereich der öffentlichen Fürsorge verdrängt wurden. Auf diese Weise verlagerte sich der Schwerpunkt der ehrenamtlichen Arbeit auf die Wohlfahrtsverbände. Ehrenamtliche Arbeit war nun aber v.a. eine Form »unbezahlter weiblicher sozialer Arbeit, die weder mit einem öffentlichen Amt verbunden [war], noch die soziale Anerkennung (Ehre) befördert[e]« (Olk 1996 b: 150). Die ehrenamtlich Tätigen hatten im Selbstverständnis der freien Wohlfahrtspflege bis in die 50er Jahre des 20. Jahrhunderts eine unangefochtene Stellung. Nicht selten verfügten sie auf allen Funktionsebenen über einen Vorrang vor den hauptberuflich Tätigen (vgl. Bock 1993: 255).

In den 60er und Anfang der 70er Jahre war eine starke Expansion der Sozialen Arbeit sowohl in quantitativer als auch in qualitativer Hinsicht (Verfachlichung) zu verzeichnen. Die Professionalisierung schritt schnell voran, und die ehrenamtlich Tätigen wurden »fachpolitisch an den Rand der Aufmerksamkeit gedrängt« (Olk 1996 b: 150; vgl. auch von Balluseck 1984). Die Wohlfahrtsverbände waren einem Bürokratisierungs-, Verrechtlichungs- und Professionalisierungsprozess ausgesetzt, so dass die Stellung und Bedeutung des Ehrenamts selbst innerhalb der verbandlichen Wohlfahrtspflege nicht unumstritten war. In der zweiten Hälfte der 70er Jahre führten ökonomische Einbrüche (»Arbeitsmarktkrise«) und die zunehmende Kritik am expandierenden Wohlfahrtsstaat (»Sozialstaatskrise«) zur Suche nach alternativen, unbezahlten Leistungspotentialen und sonstigen Möglichkeiten, die Kosten in der Sozialpolitik zu senken. Seitdem werden der ehrenamtlichen Arbeit und anderen Formen freiwilligen sozialen Engagements wieder mehr Aufmerksamkeit in der Öffentlichkeit zuteil, als gesellschaftliche Ressourcen werden sie wiederentdeckt. Auch fachpolitisch setzt sich die Einsicht durch, dass ehrenamtliche und berufliche Soziale Arbeit nicht in einem Konkurrenz-, sondern einem Ergänzungsverhältnis zueinander stehen (vgl. Bock 1993; Olk 1996 b).

Die *Merkmale* des traditionellen ehrenamtlichen Engagements, wie es sich bis in die 70er Jahre hinein entwickelt hat, lassen sich wie folgt skizzieren (vgl. dazu insgesamt Bock 1993; Jakob 1993; Olk 1987; Olk 1996 b):

• Das Ehrenamt wird in der Regel im Rahmen einer formal organisierten Institution erbracht, beispielsweise in einem Wohlfahrtsverband oder einer Kirchengemeinde, in Parteien, Gewerkschaften und dem gesamten deutschen Vereinswesen.
• Ehrenamtliche übernehmen in der Sozialen Arbeit der freien Wohlfahrtspflege leitende Funktionen als Vorstandsmitglieder von Vereinen. Sie stellen sich auch für administrative und organisatorische Tätigkeiten zur Verfügung, wie Buchhaltung, Telefondienste, Hauswirtschaftsdienste, Organisation und Durchführung von Ferienfreizeiten, Feiern oder Sammlungen. Ihr eigentliches Tätigkeitsfeld sind aber die unmittelbaren, persönlichen sozialen Dienste sowie vor allem die persönliche Be-

gleitung von Menschen, die Zuwendung und Solidarität brauchen, und seltener die Tätigkeit als Erziehungsbeistand, Vormund oder BetreuerIn.

• Die Entscheidung, ehrenamtlich tätig zu werden, erfolgt freiwillig. Häufig ist jedoch der Anlass zu dieser Entscheidung die Aufforderung durch andere Personen, die bereits ehrenamtlich tätig sind.

• Erklärt sich eine Person dazu bereit, sich ehrenamtlich in einem Verband zu engagieren, wird eine Fülle von Erwartungen an sie gerichtet: Bejahung der wertgebunden Ausrichtung der Institution und entsprechendes Verhalten, Akzeptanz der organisatorischen Rahmenbedingungen der Tätigkeit (z.b. Einsatzplan), Bereitschaft mit Professionellen zu kooperieren und Weisungen entgegenzunehmen, Kontinuität in der Tätigkeit, Bereitschaft sich fortzubilden etc.

• Ehrenamtliches Engagement ist häufig geprägt von einer Pflichtethik und Opferbereitschaft und wird darum als selbstverständliche Verpflichtung wahrgenommen. Im Vordergrund steht der Dienst am Nächsten, die Frage nach dem eigenen Nutzen wird kaum gestellt.

3.1.2 Die Entstehung des »neuen« Ehrenamts

In der öffentlichen Sozialen Arbeit sind ehrenamtliche Tätigkeiten fast vollständig verschwunden. Auch die Entwicklungsmöglichkeiten des herkömmlichen Ehrenamts innerhalb der Wohlfahrtsverbände stoßen an Grenzen. Seitens der Verbände wird seit 1973 ein Rückgang der Zahl der Ehrenamtlichen beklagt, der vor allem Tätigkeiten betrifft, die auf Kontinuität bauen und besonders belastend sind, wie z.b. hauswirtschaftliche und pflegerische Hilfen, die regelmäßige Betreuung von alten Menschen oder von Menschen mit Behinderung, aber auch ehrenamtliche Verwaltungs- und Sammlungstätigkeiten. Nach Einschätzung der Verbände lässt die Bereitschaft, ehrenamtlich tätig zu werden, in der Bevölkerung nach.[4] Als Gründe werden hierfür hauptsächlich die Entmutigung der Ehrenamtlichen durch die zunehmende Verberuflichung der Sozialen Arbeit gesehen, die gestiegene Erwerbstätigkeit von Frauen sowie die Säkularisierung und damit nachlassende Wertbindung durch die Wohlfahrtsverbände (vgl. Olk 1996 b: 151). Die Schwierigkeiten der Wohlfahrtsverbände, neue Ehrenamtliche zu rekrutieren, sind somit auch auf den Zerfall gesellschaftlicher Zentralwerte und die damit verbundene Marginalisierung einschlägiger Wertgemein-

---

[4]   Für die Zahl der ehrenamtlich Tätigen in Wohlfahrtsverbänden gibt es bisher keine gesicherten Zahlen. Trotz neuer Studien über ehrenamtliches, freiwilliges oder bürgerschaftliches Engagement, in denen auch repräsentative Erhebungen über die Zahl der freiwillig Tätigen in der BRD durchgeführt wurden (z.B. die »Zeitbudget-Studie«, vgl. Blanke/Ehling/Schwarz 1996, oder der »Freiwilligensurvey 1999«, vgl. v. Rosenbladt 2000), liegen für die Wohlfahrtsverbände lediglich geschätzte Selbstangaben vor. So betrug die geschätzte Anzahl der Ehrenamtlichen in den sechs Spitzenverbänden der Freien Wohlfahrtspflege 1997/98 insgesamt 2.110.000 (vgl. Beher/Liebig/Rauschenbach 2000: 67). Damit liegt die Zahl 1997/98 höher, als in etwas älteren Publikationen noch – ebenfalls als Selbstschätzung der Verbände – angenommen (vgl. Bock 1993; Olk 1987; Olk 1996 b; Roth/Simoneit 1993): Über Jahre hinweg war von ca. 1,5 Mio. Ehrenamtlichen in Wohlfahrtsverbänden die Rede gewesen (vgl. zum Zustandekommen dieser Schätzungen Beher/Liebig/Rauschenbach 2000: 67). Unsicher bleibt, welchen realen Gehalt diese Schätzungen haben (vgl. hierzu auch 3.3.1).

schaften zurückzuführen (vgl. Sachße 2000: 86). Umfragen in der Bevölkerung machen aber auch deutlich, dass das Wohlwollen gegenüber den Wohlfahrtsverbänden
gesunken ist. Die zunehmende Heterogenität der Gesellschaft verbunden mit der Pluralisierung der Lebensstile der BürgerInnen und der Diversifizierung von Ausbil-
dungs- und Berufsverläufen führen zum Schwinden »der Bindungskraft der sozialen
Milieus, in die man hineingeboren und als loyales Mitglied sozialisiert wird« (Zim-
mer/Nährlich 2000: 11). Merchel führt dies u.a. darauf zurück, dass sich die Verbände
den behördlichen Trägern zu stark angleichen, so dass ihr eigenes Profil nicht mehr
genügend erkennbar ist (vgl. 1990: 287 f.). Er betont daneben, dass der Rückgang
der Zahl der Ehrenamtlichen einen schwerwiegenden Legitimationsverlust für die
Verbände darstellt, da sie nun weniger auf die von ihnen erschlossenen personellen
Ressourcen verweisen und den von ihnen aktivierten gesellschaftlichen Wert des Ehrenamts herausstellen können (vgl. ebd.).[5]

Außerhalb der Wohlfahrtsverbände liegen vielfältige Wachstumschancen für freiwilliges soziales Engagement in neuen Betätigungsfeldern und Organisationsformen.
Das verdeutlicht seit den 1970er Jahren die Selbsthilfebewegung ebenso wie die
wachsende Zahl an Initiativen und Projekten im Bereich der Freiwilligenarbeit und
des bürgerschaftlichen Engagements.[6] Durch diese Entwicklung kommt zum Ausdruck, dass sich die Motive zum sozialen Engagement verändert haben. Diese Veränderung wird unter dem Stichwort »Strukturwandel des Ehrenamts«[7] diskutiert, von
der Entstehung eines »neuen Ehrenamtes« ist die Rede. Folgende Entwicklungen
werden als Indizien für den *Strukturwandel des Ehrenamtes* gesehen:
• Die Grenzen zwischen ehrenamtlichem Engagement und Selbsthilfe verwischen
  sich. Durch das Größenwachstum mancher Selbsthilfegruppen erfolgt eine stärkere
  Formalisierung ihrer Arbeit, der Adressatenkreis und das Aufgabenspektrum erweitern sich. Auch nicht unmittelbar von einem Leiden oder Problem Betroffene beteiligen sich, es kommt zu Mischformen aus Selbsthilfe und ehrenamtlicher Fremd-
  hilfe, teilweise sogar zur Hinzuziehung beruflich-professioneller Hilfen.[8] Umgekehrt weisen neuere Formen ehrenamtlichen Engagements auch Merkmale von

---

[5] Blandow formuliert dies etwas schärfer, indem er behauptet, dass nicht der Verlust der ehrenamtlich Tätigen an
     sich das Problem der Verbände ist, sondern vielmehr der damit einhergehende Prestigeverlust, der »unliebsame
     Konsequenzen« nach sich zieht: »Man verliert an politischer Zuwendung und vor allem an Zuwendungen«
     (1998: 115).

[6] Nach Schätzungen der BAG ist die Zahl der ehrenamtlichen MitarbeiterInnen in den Verbänden von etwa zwei
     Millionen in den 1970er Jahren auf ungefähr eineinhalb Millionen in den 1980er Jahren zurückgegangen. Die
     Hochrechnungen aus verschiedenen repräsentativen Bevölkerungsumfragen ergeben jedoch, dass sieben bis acht
     Millionen Menschen angeben, im sozialen Bereich in irgendeiner Form ehrenamtlich tätig zu sein. Auch wenn
     von statistischen Ungenauigkeiten auszugehen ist, machen diese Zahlen doch deutlich, dass der größte Teil
     freiwillig sozialen Engagements außerhalb der Wohlfahrtsverbände geleistet wird (vgl. Olk 1996 b).

[7] Eine detaillierte Studie über »Strukturwandel des Ehrenamts« wurde unter diesem Titel von Beher/Liebig/Rau-
     schenbach (2000) vorgelegt.

[8] Inzwischen gibt es viele Selbsthilfegruppen, die ursprünglich auf lokaler oder regionaler Ebene ihre Arbeit be-
     gannen und heute auch auf Bundesebene einen Dachverband haben, wie z.B. der »Verband deutscher Vereine zur
     Förderung und Betreuung spastisch gelähmter Kinder e.V.« (vgl. Halves/Wetendorf 1986: 158 f.).

Selbsthilfe auf, so dass die Definition, ob Selbsthilfe oder ehrenamtliche Arbeit geleistet werden, manchmal nur durch die Selbsteinschätzung der Beteiligten zustande kommt (vgl. Olk 1992: 26).

- Die Übergänge zwischen ehrenamtlichem Engagement und beruflicher Sozialarbeit werden fließend. So nimmt z.b. die Bedeutung monetärer Gratifikationen für ehrenamtliche Tätigkeiten zu (vom Auslagenersatz über Aufwandsentschädigungen bis hin zu geringfügigen Bezahlungen); verschiedenste Formen »ungeschützter Arbeitsverhältnisse« im Bereich Sozialer Arbeit führen zu erwerbszentrierten Arbeitsformen (Teilzeitarbeit, stundenweise Tätigkeiten, Werkverträge etc.) mit unterdurchschnittlichen Vergütungen, die sich in der Nähe des ehrenamtlichen Engagements befinden; daneben gibt es im sozialen Sektor eine Vielzahl von Arbeitsformen, die zwischen unbezahltem Ehrenamt und bezahlter Erwerbsarbeit stehen, z.B. die Tätigkeiten von PraktikantInnen, Zivildienstleistenden, Personen im Freiwilligen Sozialen Jahr und teilweise auch von MitarbeiterInnen mit ABM-Stellen (vgl. Rauschenbach/Müller/Otto 1992: 232 f.).

Die Entscheidung für freiwilliges soziales Engagement ist in der pluralisierten und hochindividualisierten Gegenwartsgesellschaft nicht mehr hauptsächlich durch die »Einbindung in sozialmoralische Milieus und kollektive Bindungen« bestimmt, sondern sie muss »vielmehr als *bewußt gewählter Bestandteil eines Lebensstils* verstanden werden« (Olk 1996 b: 151; Hervorhebung E.S.; vgl. auch Olk 1993; Evers 2002). Durch die Pluralisierung der Lebensverhältnisse lassen sich die bestimmenden Grunddifferenzen unserer Gesellschaft nicht mehr anhand weniger – beispielsweise wirtschaftlicher oder statusbezogener – Indikatoren festmachen, sondern sie müssen vielschichtiger betrachtet werden; die Komplexität von Lebensstrukturen und Lebensbedingungen nimmt zu (vgl. Thiersch 1992: 21). Durch die Individualisierung der Lebensführung wird das Verständnis tradierter Lebensformen und Deutungsmuster in Frage gestellt, und somit ergeben sich für Einzelne und für Gruppen neue »unterschiedliche Optionen (…) in bezug auf das politische Engagement zwischen den Parteien und Bürgerinitiativen, also zwischen der verfaßten öffentlichen Meinungsbildung und den vielfältigen Möglichkeiten eines gleichsam informellen Engagements« (Thiersch 1992: 20 f.). Das heißt, die Erwartungen und Orientierungen der Einzelnen hinsichtlich des sozialen Engagements *individualisieren* sich:

- So gibt es viele Ehrenamtliche, die noch unter restriktiven äußeren Bedingungen und in fest gefügten sozialen Milieus aufgewachsen sind (z.B. während des Zweiten Weltkrieges oder kurz danach). Oft entwickeln diese Personen in ihrer ehrenamtlichen Tätigkeit eine an Pflichtethik und Opferbereitschaft ausgerichtete Orientierung (vgl. Olk 1996 b: 51; Jakob 1993: 94 ff.).
Demgegenüber gibt es immer mehr Menschen, die unter »günstigen kollektiv-historischen Bedingungen« aufgewachsen sind (Olk 1996 b: 51). Diese Personen haben Ansprüche und Erwartungen an ihr Engagement und handeln nicht in erster Linie

aus reiner Pflichtethik und Opferbereitschaft. Aus den Ansprüchen und Erwartungen der am »neuen Ehrenamt« Beteiligten entwickeln sich vielfältige Organisationsformen in pluralen Aufgabenfeldern, die sich nicht mit Verallgemeinerungen charakterisieren lassen. Darum sollen hier zunächst nur einige Tendenzen benannt werden: Menschen, die sich dem »neuen Ehrenamt« zuwenden, wollen die Tätigkeit nutzen für neue Erfahrungen und möchten sich persönlich weiterentwickeln. Die Suche nach einer befriedigenden Betätigung entsprechend *individueller Präferenzen* steht im Vordergrund (vgl. Evers 1999: 55).[9] Es ist ihnen wichtig, ihre eigenen Kompetenzen einzubringen und Neues zu lernen. Zudem wollen sie den zeitlichen Umfang ihrer Aktivitäten selbst bestimmen, Ausstieg und Wiedereinstieg sollen möglich sein. Sie schätzen eine auf Gleichwertigkeit basierende produktive Zusammenarbeit mit beruflich Tätigen, und sie erwarten einen angemessenen Auslagenersatz sowie die konkrete Anerkennung und Wertschätzung ihrer Arbeit.[10] So steht das soziale Engagement in engem Bezug zur eigenen Person und wird zum Bestandteil der Gestaltung der eigenen Biographie (vgl. Jakob 1993; Olk 1996 b; Otto 1996; Steinbacher/Otto 2000 a sowie 3.3.2).

- Es ist davon auszugehen, dass es zwischen den Polen der traditionellen Pflichtethik und den individuellen Präferenzen als Motivation für ein freiwilliges Engagement auch viele Mischformen gibt. Die Pluralisierung unserer Gesellschaft äußert sich auch in der Koexistenz verschiedener Lebenslagen, Orientierungen und sozialer Milieus, aus denen dann verschiedene Formen des Engagements erwachsen: freiwilliges Engagement z.B. als eine Form der Freizeitbeschäftigung vor allem zur Verwirklichung eigener Interessen und Wünsche, oder aus Mitbetroffenheit, religiöser Orientierung, Bürgersinn und/oder Politikbewusstsein, als Ausdruck einer individuellen moralischen Haltung oder aber als eine Mischform verschiedener Motive. Freiwilliges Engagement kann zu einem selbstverständlichen Bestandteil der Lebensführung, zu einem Stück Alltagskultur, werden (vgl. Evers 2002: 118; Keupp 2000: 95). Viele Entscheidungen für ein Engagement vollziehen sich vermutlich »im Zwischenfeld von individueller Wahl und Vorliebe und Verpflichtungsgefühlen. Im Elternbeirat, als Übungsleiter im Sport oder als ÖTV-Vertrauensfrau tätig zu sein, bedeutet so etwas wie eine freiwillige Selbstverpflichtung« (Evers 2002: 117).

---

[9] Adalbert Evers (1999) unterscheidet in der Entwicklung neuer Engagementformen zwischen zwei Varianten der Modernisierung: Die erste Variante ist eher ökonomisch eingefärbt und beruht auf der Vorstellung rationalen Handelns, in der »gemeinsames Engagement und Beteiligung (...) als *eine kluge Form der Verfolgung individueller Interessen*« interpretiert werden kann (S. 54; Hervorhebung im Original). Die zweite Variante begreift »Engagement als Produkt von Modernisierungs- und Individualisierungsprozessen [und] argumentiert eher mit psychologischen Argumenten von individuellem Nutzen und Befriedigung« (ebd.). Engagement wird demnach als eine »*spezielle Form der inneren Befriedigung*« verstanden (ebd.: 55; Hervorhebung E.S.; vgl. dazu auch Heinze/Olk 1999).

[10] Die stärkere Betonung des persönlichen »Nutzens«, den das Engagement bringen soll, wird auch diskutiert unter dem Stichwort »Ökonomisierung« des freiwilligen Engagements (vgl. Luthe/Strünck 1998: 155 f.).

Die Verschiebungen der Kontexte, in denen Einzelne sich sozial engagieren – weniger innerhalb von Verbänden als in selbst organisierten Initiativen und Projekten –, und die Veränderungen hinsichtlich der Orientierungen und Erwartungen der Einzelnen bezüglich ihres Engagements stellen den Begriff des Ehrenamts verstärkt in Frage. Die Mehrzahl der ehrenamtlichen Aktivitäten ist weit vom »amtlichen« entfernt. Nur noch wenige Ehrenamtliche sind in Funktionen wie z.b. des Vormundes, des Erziehungsbeistands, des Betreuers oder der Betreuerin tätig, die zum institutionell geordneten Bereich der öffentlichen Gewalt gehören und für die der Begriff des »Amtes« noch zutrifft. Auch zum ständisch geprägten Begriff der »Ehre« haben viele freiwillig Engagierte keinen Bezug mehr. Vielmehr liegt die Motivation sich zu engagieren für viele in dem Bewusstsein, dass Menschen aufeinander angewiesen sind (vgl. Bock 1993: 253).

3.1.3 Ausdifferenzierung des Ehrenamtsbegiffs

Der historisch geprägte Begriff des Ehrenamts wird u.a. deswegen – vor allem wenn das Engagement in selbst organisierten Initiativen und Projekten außerhalb der etablierten Träger der freien Wohlfahrtspflege gemeint ist – durch andere Formulierungen ersetzt. Die Rede ist z.b. von »unbezahlter sozialer Arbeit«, »freiwilliger sozialer Tätigkeit«, »Selbsthilfe«, »Freiwilligenarbeit« und »bürgerschaftlichem Engagement«. Diese Begrifflichkeiten sind nur teilweise dem Versuch geschuldet, für den altmodischen Begriff des Ehrenamts ansprechendere Formulierungen zu finden. Hinter den Begriffen Ehrenamt, Selbsthilfe, Freiwilligenarbeit und bürgerschaftliches Engagement verbergen sich vielmehr jeweils andere Nuancierungen der fachlich-konzeptionellen und historischen Traditionen, aber auch unterschiedliche Leitbilder und gesellschaftspolitische Positionierungen (vgl. Rauschenbach 2001: 351; Heinze/Olk 1999; Nörber 1999).

Dennoch werden sowohl der Begriff »Ehrenamt« als auch der des »freiwilligen sozialen Engagements« häufig als Oberbegriffe für die verschiedenen Engagementformen verwendet. In der zweiten, völlig überarbeiteten Auflage des Handbuchs Sozialarbeit/Sozialpädagogik (vgl. Otto/Thiersch 2001) gibt es zu jedem der beiden Begriffe einen Artikel, wobei der eine das Thema umfassend vom Ehrenamt her aufrollt (vgl. Rauschenbach 2001) und der andere die Selbsthilfe als Ausgangspunkt der Betrachtungen über das freiwillige soziale Engagement wählt (vgl. Opielka 2001). Im Fachlexikon der sozialen Arbeit (vgl. Deutscher Verein 1997) wird eine »Schrägstrichlösung« gewählt und die Engagementformen unter der Überschrift »Ehrenamt/freiwillige Tätigkeit« verhandelt. Hier findet sich auch eine der wenigen Definitionen zum diesem Thema:»Ehrenamtlich/freiwillig Tätige sind Bürgerinnen und Bürger, die sich, ohne durch verwandtschaftliche Beziehungen oder durch ein Amt dazu verpflichtet zu sein, unentgeltlich oder gegen eine geringfügige Entschädigung, die weit unterhalb der tariflichen Vergütung liegt, für soziale Aufgaben zur Verfügung stellen«

(Bock 1997 b: 241). Diese Definition ist so allgemein formuliert, dass sie noch für alle der genannten Tätigkeitsformen zutrifft. Im folgenden werden die einzelnen Begriffe und Tätigkeiten kurz umrissen.

Das soziale *Ehrenamt* hat – wie oben bereits skizziert – seine historischen Wurzeln im »Elberfelder System«, der bürgerlichen Frauenbewegung und den Anfängen der Sozialen Arbeit (vgl. hierzu auch 4.1.4) und wird in der Regel in traditions- und wertgebundenen Organisationen, wie z.B. den Wohlfahrtsverbänden, erbracht. Für die Ehrenamtlichen ist ihre Identifikation mit den Werten und Zielen der Organisation von Bedeutung.

Die *Selbsthilfe*bewegung entstand in den 70er Jahren des 20. Jahrhunderts als Gegenbewegung zur sich immer stärker professionalisierenden Sozialen Arbeit. Die Selbsthilfe grenzte sich bei ihrer Entstehung klar ab von den traditionellen, immer stärker verberuflichten Verbänden. Sie »postulierte und reklamierte Eigenzuständigkeit, Mündigkeit, Autonomie. Internes Merkmal des Selbsthilfegedankens war dabei die ›Selbst- und Gleichbetroffenheit‹ der engagierten Personen« (Rauschenbach 2001: 352) Dies stand im Gegensatz zum traditionellen Ehrenamt, dessen Engagement auf Dritte gerichtet war oder sich für eine Idee oder Sache einsetzte. Mit steigender Zahl der Selbsthilfegruppen erhöhte sich aber auch im Bereich der Selbsthilfe der Organisationsbedarf. Es entstanden Zusammenschlüsse auf Landes- und Bundesebene mit verbandlichen Strukturen, die denen der traditionellen Wohlfahrtsverbände teilweise nicht unähnlich sind. Selbsthilfe und Ehrenamt haben sich insofern angeglichen.

Die Bezeichnung *Freiwilligenarbeit* oder freiwillige (soziale) Tätigkeit kann als deutsche Form des aus dem anglo-amerikanischen Sprachraum stammenden Begriffs »volunteering« verstanden werden (vgl. Paulwitz 1996: 227). Freiwilligenarbeit wird zunehmend auch im Deutschen verwendet, einerseits als Abgrenzung zur beruflichen (Sozialen) Arbeit (vgl. Bock 1993: 254; Otto 1996), andererseits aber auch als Abgrenzung vom wertgebundenen Ehrenamt als ein modernes, wenig institutionalisiertes Engagement individualisierter, unabhängiger, sich selbst verwirklichender Menschen (vgl. Rauschenbach 2001: 352). Es handelt sich hier häufig um thematisch orientierte, projektbezogene Tätigkeiten, die in der Regel nicht ideologisch eingebettet sind.[11] Der Freiwilligenbegriff hat in Deutschland zudem eine Bedeutung als Sammelbezeichnung für die verschiedenen Engagementformen, um auf internationaler Ebene anschlussfähig zu sein. So wurde das Jahr 2001 auch in Deutschland als „Internationales Jahr der Freiwilligen" – nicht der Ehrenamtlichen – ausgerufen. Deshalb bietet es sich an, den Begriff des freiwilligen Engagements als Oberbegriff für die Spannbreite der Engagementformen vom Ehrenamt bis hin zum bürgerschaftlichen Engagement

---

[11] Institutionell schlägt sich dieser Begriff v.a. in den Freiwilligen-Agenturen sowie Freiwilligen-Zentren nieder, die derzeit – inspiriert durch Vorbilder in den Niederlanden, Großbritannien und den USA – in Deutschland einen Boom erleben (vgl. Heinze/Strünck 1999: 166; Schaaf-Derichs 1999; Bock 2000; Jakob/Janning 2000; Jakob/Janning 2001).

zu verwenden.[12] Da sich die vorliegende Arbeit mit Engagementformen in der Sozialen Arbeit beschäftigt, wird hier als Oberbegriff auch häufig das freiwillige *soziale Engagement* genannt.

Insgesamt lassen sich – vereinfacht ausgedrückt – die bis hier beschriebenen Begrifflichkeiten einordnen in die Entwicklungsgeschichte »vom alten zum neuen Ehrenamt«, werden unter Selbsthilfe[13] und Freiwilligenarbeit doch auch Formen der Abgrenzung vom traditionellen, alten Ehrenamt verstanden. Etwas anders verhält es sich hingegen mit dem Begriff des »bürgerschaftlichen Engagements«. Mit diesem Terminus verbindet sich ein umfassendes, von der Ehrenamtstradition deutlich unterscheidbares Konzept, das sich auf einen anderen Diskussionsstrang bezieht. In den letzten Jahren gewinnt das bürgerschaftliche Engagement in der sozialpolitischen und sozialwissenschaftlichen Diskussion immer mehr an Bedeutung. Dies schlägt sich auch in der Auseinandersetzung um die Förderung freiwilligen sozialen Engagements durch Wohlfahrtsverbände nieder. Die Verbände müssen sich gegenüber dem bürgerschaftlichen Engagement positionieren, da der Begriff einerseits eine bestimmte Vorstellung von Gesellschaft transportiert und sich andererseits in der (fach)öffentlichen Debatte immer mehr zu einem Oberbegriff für alle Formen freiwilligen Engagements entwickelt. Im Folgenden wird deshalb das Konzept des bürgerschaftlichen Engagements mit seinen Bezugspunkten ausführlich vorgestellt.

3.2 Bürgerschaftliches Engagement

Im letzten Jahrzehnt nahm der Bekanntheitsgrad des Begriffs »bürgerschaftliches Engagement« in Deutschland deutlich zu. Ausgehend von den Aktivitäten der Geschäftsstelle Bürgerschaftliches Engagement des Sozialministeriums Baden-Württemberg, das diesen Begriff zunächst im Zusammenhang mit dem Modellprojekt Seniorengenossenschaften einführte (vgl. Otto 1995), gewann der Terminus bürgerschaftliches Engagement durch weitere Projekte – wie die Initiative 3. Lebensalter und die generationenübergreifenden Bürgerbüros – vor allem während der Laufzeit des baden-württembergischen »Landesprogramms Bürgerschaftliches Engagement« von 1996 bis 2000 immer mehr an Geltung (vgl. Sozialministerium Baden-Württemberg 1995-2000, Reihe »Bürgerschaftliches Engagement«; zusammenfassend Hummel 2000: 311 ff. sowie Hummel 2001: 386 ff.). Nicht nur in Baden-Württemberg hat sich

---

[12] Zum selben Ergebnis kam auch der Freiwilligensurvey 1999 (vgl. von Rosenbladt 2000: 16). Ein Ergebnis dieser Untersuchung ist auch, dass die Bezeichnung »Freiwilligenarbeit« von 48% und damit der Mehrheit der Befragten als dem eigenen Selbstverständnis am meisten entsprechend genannt wurde (vgl. ebd.: 19).

[13] Die hier geschilderte Sichtweise auf Selbsthilfe erfolgt aus der Perspektive der Entwicklung des Ehrenamts. Wenn Selbsthilfe im Zusammenhang mit Ehrenamt genannt wird, kann sie als eine Variante des »neuen« Ehrenamt verstanden werden. Selbsthilfe soll damit jedoch nicht grundsätzlich unter den Oberbegriff Ehrenamt subsumiert werden, da es auch im Selbsthilfebereich eigene, weiterführende Diskussionslinien gibt, auf die in dieser Arbeit jedoch nicht näher eingegangen wird. Vgl. hierzu z.B. Reis/Dorenburg 1985 und Braun/Röhrig 1987. Erst in neuerer Zeit gibt es auch Beispiele dafür, dass Selbsthilfe im Zusammenhang mit bürgerschaftlichem Engagement diskutiert wird (vgl. Braun/Klemmert 1998; Greiwe 2000), da sich auch zwischen diesen beiden Engagementformen Verbindungslinien herstellen lassen.

der Begriff immer mehr durchgesetzt, sondern auch in der bundesdeutschen Fachdiskussion um Ehrenamt, Freiwilligenarbeit und bürgerschaftliches Engagement (vgl. Klie/Roß 2000: 43 f. und 49 f.). So hat die Bundesregierung 1999 beispielsweise die Enquetekommission »Zukunft des Bürgerschaftlichen Engagements«[14] eingerichtet.[15] Wie die Begriffe Ehrenamt und freiwilliges Engagement wird auch der Begriff des bürgerschaftlichen Engagements – vor allem in jüngerer Zeit – in (fach)öffentlichen Diskussionen als Sammelbegriff für Ehrenamt, Selbsthilfe, Freiwilligenarbeit und bürgerschaftliches Engagement verwendet, was ihm aber inhaltlich nicht wirklich entspricht. Im Folgenden werden nun zunächst die Wurzeln des bürgerschaftlichen Engagements skizziert, bevor in einem zweiten Schritt das bürgerschaftliche Engagement dargestellt wird, wie es sich konkret gestaltet.

3.2.1 Wurzeln des bürgerschaftlichen Engagements

Das Konzept des bürgerschaftlichen Engagements wird aus verschiedenen gesellschaftspolitischen und sozialphilosophischen Wurzeln gespeist (vgl. Hummel 1995; Wendt 1996 b). Es beinhaltet zum einen eine *politische Dimension,* indem es soziales, kulturelles und politisches Engagement einschließt. Zum andern hat das bürgerschaftliche Engagement einen *normativen Bezugsrahmen,* der sich aus der zivilgesellschaftlichen Idee einer lebendigen Demokratie aktiver Bürgerinnen und Bürger begründen lässt. Bürgerschaftliches Engagement als Engagement in der Zivil- oder Bürgergesellschaft knüpft dabei sowohl an *klassische Theorietraditionen* an (vgl. Kessl 2001) – wie einer politisch-republikanischen, in deren Zentrum der Citoyen steht (von Aristoteles über Montesquieu bis Tocqueville), einer liberalen mit dem Bourgeois im Mittelpunkt (ausgehend von Locke) und einer hegelianisch-marxistischen, die im Bewusstsein der antithetischen Pole von Citoyen und Bourgeois nach deren Synthetisierung strebt (von Hegel über Marx zu Gramsci)[16] – als auch an der *jüngeren US-amerikanischen Kommunitarismusbewegung,* deren bekannteste Theoretiker Amitai Etzioni, Michael Walzer und Benjamin Barber sind.

Beim bürgerschaftlichen Engagement geht es also um die Wahrnehmung der Bürgerrolle bzw. des »Bürgerstatus« (vgl. Dahrendorf 1992), verbunden mit den jeweiligen Rechten und Pflichten (vgl. Wendt 1993 b: 264) in einer Zivil- oder Bürgergesellschaft (vgl. Deutscher Bundestag 2002: 33). Bezugspunkt der Debatte um Zivilgesellschaft ist zum einen der *gesellschaftliche Wandel der letzten Jahrzehnte.* Ul-

---

[14] Für einen ersten Überblick über die Ergebnisse der Enquetekommission vgl. Olk 2001 a. Zur Arbeit der Kommission vgl. Enquetekommission »Zukunft des Bürgerschaftlichen Engagements« Deutscher Bundestag (Hrsg.) 2002. Der Abschlussbericht wurde dem Deutschen Bundestag im Juni 2002 vorgelegt (vgl. Deutscher Bundestag 2002, Drucksache 14/8900).

[15] Es kann jedoch davon ausgegangen werden, dass sich die Nutzung der Bezeichnung »bürgerschaftliches Engagement« bisher v.a. in den Fachdiskussionen sowie in den vielfältigen Förderprogrammen von Bund, Ländern und Kommunen niederschlägt. Im Selbstverständnis der freiwillig Engagierten ermittelte der Freiwilligensurvey 1999 lediglich 6% der Aktiven, die sich mit diesem Begriff identifizieren (vgl. von Rosenbladt 2000: 19).

rich Beck (1986) diagnostiziert unsere Gesellschaft als »Risikogesellschaft« und beschreibt dabei als ein Moment des gesellschaftlichen Wandels die zunehmende Individualisierung und Pluralisierung der Lebenslagen. Traditionale Bindungen und Sicherheiten verlieren an Bedeutung: Individualisierte Menschen leben freier, aber auch unsicherer, und lassen sich auf neue Zugehörigkeiten (Wahlverwandtschaften) ein. Ein weiterer Aspekt gesellschaftlicher Veränderungen ist im Wertewandel zu finden. Die Speyerer Werteforschung spricht hier von einem »Wandel von insgesamt abnehmenden ›Pflicht- und Akzeptanzwerten‹ zu insgesamt zunehmenden ›Selbstentfaltungswerten‹« (Klages 1999: 3). Wertewandel und Individualisierung führen zu einem verstärkten Bedürfnis nach persönlicher Autonomie, einer gesunkenen Bereitschaft zur Übernahme von Rollenpflichten, einer verringerten Akzeptanz formaler Autoritätsansprüche sowie zu einem gewachsenen Bedürfnis nach »ungezwungener« Kommunikation. D.h. damit ist das Bedürfnis, Subjekt des eigenen Handelns zu sein, insgesamt gestiegen (vgl. ebd.: 5; Keupp 2000: 33 f.).

Diese Entwicklung wirkt sich aus auf das soziale Handeln: Der Sinn für das Gemeinwesen ist getrübt durch die pluralen Interessen und die konkurrierende Sicherung und Mehrung von Besitzständen. Gleichzeitig ersetzt die umfangreiche Sozialstaatstätigkeit das Gemeinschaftshandeln und die mitmenschliche Verantwortung. Die Bürgerferne dieses Systems hat eine lauter werdende Politikverdrossenheit zur Folge sowie eine sich leise verbreitende Sozialverdrossenheit (vgl. Wendt 1993 a: 257). »Die Debatte über die Bürgergesellschaft entzündet sich an der Spannung zwischen zunehmendem Individualismus einerseits und der Feststellung andererseits, dass die staatliche Fürsorge die Gesellschaft nicht sozialer gemacht hat« (ebd.).

An diese Krisendiagnose des modernen Wohlfahrtsstaats knüpft als zweiter Bezugspunkt der *Kommunitarismusdiskurs* an. In diesem Diskurs wird der Wert von Gemeinsinn und Gemeinschaft betont: »Eingeklagt werden sowohl beim Bürger als auch bei der Politik die Bereitschaft, den unaufhaltsamen Einzelinteressen die Gemeinschaftsinteressen einer humanen Gesellschaft entgegenzustellen« (Hummel 1995: 18; vgl. Olk 2001 a: 37 f.). Kommunitaristische Anregungen für eine Konzeption der Zivilgesellschaft als Rahmung des bürgerschaftlichen Engagements lassen sich von Amitai Etzioni, Michael Walzer und Benjamin Barber beziehen. Drei Aspekte sollen hier in Anlehnung an Hummel näher ausgeführt werden (vgl. Hummel 1995: 18 ff.):
- Zunächst geht es um das *Verständnis des vielschichtigen und differenzierten* »*Leitbildes*« *des Menschen* aus kommunitaristischer Perspektive. Der Mensch strebt – laut Etzioni – danach, ein Gleichgewicht herzustellen zwischen seinen moralischen Ansprüchen und seinem Lustgewinn. Ziel ist nicht, eines von beidem zu maximieren, sondern eine Balance zu erreichen. Dabei kommt es allerdings zu Konflikten, da das Streben nach Vergnügen einerseits und nach der Wahrnehmung mo-

---

[16] Zu politischen Hintergründen und demokratietheoretischen Folgerungen des Diskurses um die Zivilgesellschaft vgl. Klein 2001.

ralischer Verpflichtungen andererseits zu interpsychischen Stresssituationen führt (vgl. Etzioni 1994: 146 f.). Diese Dissonanzen vermindern die Fähigkeit des Einzelnen, rationale Entscheidungen zu treffen, und können dazu führen, dass der Mensch nicht handelt.»Etzioni geht deshalb so weit, dass er Rationalität als reinstes Leitprinzip menschlichen Verhandelns für einseitig und unrealistisch erklärt, und andererseits soweit, in vielen Fällen menschlichen Handelns und Nichthandelns Blockierungen und Streßsituationen zu vermuten, die nicht auf Desinteresse oder Egoismus schließen lassen, sondern auf Gleichgewichte, die völlig durcheinander geraten sind« (Hummel 1995: 19).[17]

Diese Analyse hat Konsequenzen für die Betrachtung der Frage nach der Bereitschaft der Menschen, sich bürgerschaftlich zu engagieren. Wenn Menschen nicht oder weniger aktiv werden, ist das noch kein Indiz dafür, dass die Bereitschaft, sich mit anderen für das Gemeinwohl zu engagieren, gesunken ist. Vielmehr ist es aus dieser Perspektive eher ein Hinweis darauf, dass eine neue Balance zwischen Vergnügen und Nutzen auf der einen Seite und moralischer Verpflichtung und Integration auf der anderen Seite gefunden werden muss. Und dies ist oft schwierig, weil ein immer rascherer Wertewandel die Trennlinie zwischen persönlichem Nutzen und Moral, zwischen sozialer Integration und kurzfristigem und langfristigem Vergnügen verwischt. Rauschenbach (1992: 41) bezeichnet diese Entwicklung als einen »neuen Modus der Vergesellschaftung« in der Risikogesellschaft: »Die einzelnen selbst werden als Konsumenten, Staatsbürger und Klienten, als Arbeitnehmer wie als Entscheidungsinstanz über die Gestaltung ihrer Freizeit ungleich direkter und ungeschützter mit den Anforderungen, Mechanismen, Möglichkeiten und Zwängen der Gesellschaft konfrontiert. (...) Dies erfordert neue individuelle Selbstbehauptungsressourcen, eröffnet aber auch erweiterte Möglichkeitsspielräume«. Die Menschen »werden zum ›Planungsbüro‹ ihrer eigenen Lebensführung« (ebd.). In der Diskussion um bürgerschaftliches Engagement und Sozialstaat lässt sich aus dieser Analyse folgern, dass auf der Suche nach dem Gleichgewicht zwischen Lustgewinn und moralischen Ansprüchen soziales Handeln und bürgerschaftliches Engagement grundsätzlich ein Bedürfnis jeder Bürgerin und jeden Bürgers sein kann. »Der Bürger und die Bürgerin sind (...) dafür zu gewinnen, dass sie die Mitwirkung an einer solchen Wohlfahrtsproduktion als einen Beitrag für ihr Wohlbefinden und psychosoziales Gleichgewicht empfinden können« (Hummel 1995: 20). D.h. der Sozialstaat trägt nicht nur Verantwortung für die hilfsbedürftigen Mitglieder der Gesellschaft, »sondern auch Verantwortung dafür, dass Menschen unter komplexen gesellschaftlichen Verhältnissen sozial und bür-

---

[17] Vgl. hierzu auch Kapitel 2. Dort wird aus organisationssoziologischer Perspektive aufgezeigt, dass die Annahme, Rationalität sei die Grundlage für die Steuerung von Organisationen, ein Mythos ist. Die von Etzioni angeführten interpsychischen Stresssituationen, die die Rationalität mindern, können als ein weiterer Erklärungsansatz für die Entmythologisierung der Rationalitätsannahme verstanden werden.

gerschaftlich handeln ›dürfen‹« (ebd.). Die Förderung bürgerschaftlichen Engagements ist insofern eine sozialstaatliche Aufgabe.

• Als Zweites geht es um die Frage einer *gemeinschaftsorientierten Politik*, »die
noch mehr Unterschiede und Interessengegensätze austragen muß als ein blühen-
der Individualismus« (Hummel 1995: 18). Der mit der Individualisierung einhergehende Zerfall der Gesellschaft in Gruppen hat nicht nur eine Auflösung von Strukturen zur Folge, sondern bringt auch vielfältige neue Strukturen hervor. Mit Bezug
auf Walzer lässt sich feststellen, dass Unterscheidungen, Differenzen und Vorgänge
von Gewaltenteilung der Weiterentwicklung der Menschen mehr genützt haben
als Machtkonzentrationen, Vereinheitlichungen und vermeintliche Gemeinsamkeiten (vgl. ebd.: 20). Es ist also nicht Gleichheit, die die Menschen weiterbringt,
Entwicklungsprozesse werden vielmehr von Pluralität angeregt, jedoch nur wenn
der Umgang mit der Vielfalt ein reflektierter ist: »Zwischen den Generationen, zwischen den Geschlechtern, zwischen den ethnischen Gruppen müssen die Unterschiede und Differenzen erst erkannt und benannt, zum Teil entwickelt werden,
damit sie insgesamt human, kreativ und einverträglich miteinander auskommen
können« (ebd.: 21). Es geht also nicht darum, die Gleichheit aller zu beschwören,
sondern sich der Unterschiede zwischen Einzelnen und Gruppen bewusst zu werden, um angesichts dieser Verschiedenheiten differenzierte Spielregeln des Umgangs miteinander zu entwickeln, neue Wege des Konsenses zu finden und gemeinsame Interessen entdecken zu können.[18] Die *Zivilgesellschaft* lässt sich deshalb nach Walzer *als eine plurale und tolerante* konzipieren. Der Begriff Zivilgesellschaft bezeichnet »sowohl den Raum von (zwischen)menschlichen Vereinigungen, die nicht erzwungen sind, als auch das Ensemble jener Beziehungsnetz-
werke, die um der Familie, des Glaubens, der jeweiligen Interessen und einer bestimmten Ideologie willen gebildet worden sind und diesen Raum ausfüllen« (Walzer 1992 a: 65). Zivilgesellschaft entwickelt sich »in einem Netzwerk von Vereinigungen, in welche die Bürger nach ihren Interessen und nach Gutdünken eintreten. In diesen Vereinigungen können sie ihren Verbindlichkeiten nachkommen.
Der Staat soll sie ihnen nicht abnehmen und auch nicht eine anonyme ›Gesellschaft‹. In konkreter Kommunikation und Kooperation wird herausgefunden, was
in dem unmittelbaren Gemeinwesen, in dem die Bürger leben, zu tun ist« (Wendt
1993 a: 260). Walzer plädiert deshalb dafür, »dass die Demokratisierung auch vor

---

[18] Michael Walzer (1992 b) entwickelt in »Sphären der Gerechtigkeit. Ein Plädoyer für Pluralität und Gleichheit«
ein Konzept der komplexen Gleichheit als Antwort auf die Frage nach der Verteilungsgerechtigkeit in einer
modernen pluralisierten Gesellschaft. Damit wendet er sich gegen eine Konzeption einfacher Gleichheit und
verdeutlicht damit, dass es kein Verteilungssystem geben kann, das bei allen gesellschaftlichen Gütern für Verteilungsgerechtigkeit sorgt. Je nach gesellschaftlichem Gut wird Verteilungsgerechtigkeit vielmehr auf andere
Weise erzeugt. Hummel konkretisiert dies folgendermaßen: »Eine Gesellschaft, in der keine Gruppe, keine Na-
tion, keine Generation alleine die selbstverständliche Mehrheit und Normenvorherrschaft beanspruchen kann,
muß neue Wege des Konsenses finden, muß daran interessiert sein, daß ihre Mitglieder sich gleichzeitig in
verschiedene Wertsysteme einbinden lassen« (1995: 21).

dem Sozialstaat und der Verteilung der Wohlfahrtsgüter nicht haltmachen darf«
(Hummel 1995: 22). Möglichst viele Menschen sollen sich an der Umsetzung und
Gestaltung sozialer Dienstleistungen beteiligen. Dem stehe als Hauptkritikpunkt
entgegen, dass der Wohlfahrtsstaat die Menschen mit seinem Leistungssystem in
eine passive Empfängerrolle dränge. In der Professionalisierung, Spezialisierung
und Verrechtlichung lässt sich ein Dilemma des Sozialstaats diagnostizieren, das
dazu führt, dass sich viele Menschen von der Sorge um das Ganze verabschieden,
sich nicht mehr um das Gemeinwohl kümmern und deshalb die sehr konkreten Erfahrungen unmittelbarer solidarischer Praxis außerhalb ihres Erlebnishorizontes
liegen (vgl. ebd.: 23). Ziviles Handeln ist jedoch von politischem und persönlich-
sozialem Handeln durchdrungen.»Ohne dass Menschen miteinander verbunden
und füreinander verantwortlich sind, sind ›Freiheit und Gleichheit‹ weitaus weniger anziehend, als wir früher glaubten« (Walzer 1992 a: 96). Für bürgerschaftliches
Engagement – verstanden als ziviles Handeln – lässt sich folgern, dass diejenigen,
die sich daran beteiligen, aus der Rolle der Klientel eines fürsorglichen Staates heraustreten, um als verantwortliche Subjekte dem politischen Körper wirklich anzu-
gehören (vgl. Wendt 1993 a: 261).

• Eine dritte wesentliche Betrachtungsweise ist die von Benjamin Barber. Dieser
  fordert eine »*starke Demokratie*«, die geprägt ist durch Partizipation, Gemeinschaft
  und bürgerschaftliches Selbstvertrauen (Barber 1994). Um eine starke Demokratie
  zu etablieren, muss die Bürgerbeteiligung gestärkt werden. Es ist Aufgabe des Sozialstaats, die Bürger in politische Diskurse zu integrieren und Strukturen zu schaffen, die Partizipation erleichtern (vgl. ebd.: 233 ff.). Wichtig ist hier die Einsicht,
  dass die aktive Beteiligung, das Umgehen mit dem Gleichgewicht aus Lustgewinn
  und moralischem Anspruch des Einzelnen (vgl. Etzioni) und den Differenzen zwischen den Gruppen von Bürgerinnen und Bürgern (vgl. Walzer) gelernt und eingeübt werden muss (vgl. Hummel 1995: 23). Für Barber gehören ein starker Sozialstaat und starke Individualinteressen zusammen. Anhand empirischer Analysen
  zum Ehrenamt und bürgerschaftlichen Engagement in Deutschland lässt sich zeigen, dass freiwilliges Engagement sich eher dort entwickelt, wo der Sozialstaat
  funktioniert:»Als Faustformel gilt, dass sich die Menschen engagieren, die Arbeitsplätze, zahlreiche Kinder und funktionierende Kontakte haben (…). Engagement
  entsteht nicht automatisch dort, wo Menschen freigesetzt werden und nun über
  Zeit verfügen, sondern dort, wo sie in zahlreichen sozialen Zusammenhängen erfahren, dass noch mehr Engagement notwendig ist« (ebd.: 24; vgl. Keupp 2000:
  50). Aus diesen Überlegungen lässt sich die Schlussfolgerung ableiten, dass es das
  Arbeitsprinzip des »Empowerment« – im Sinne einer Ermutigung der Bürgerinnen
  und Bürger, ihre Stärken zu entdecken und sich selbstbewusst für die Gestaltung
  der eigenen Lebensräume einzusetzen (vgl. Herriger 1997) – zu kultivieren gilt.

Aus der Beschäftigung mit den Kommunitariern Etzioni, Barber und Walzer folgert Hummel, dass die Förderung von bürgerschaftlichem Engagement eine Sozialstaatsaufgabe ist. Mit Etzioni verdeutlicht er die Verantwortung des Sozialstaats dafür, dass Menschen auch in sehr komplexen gesellschaftlichen Verhältnissen die Möglichkeit bekommen bürgerschaftlich tätig werden. Mit Bezug auf Barber stellt er fest, dass die Voraussetzung des bürgerschaftlichen Engagements ein funktionierender Sozialstaat ist. Bei Walzer liegt der Akzent zwar zunächst etwas anders – dieser fordert ein breite Beteiligung der Bürgerinnen und Bürger an der Gestaltung sozialer Dienstleistungen und damit ein Heraustreten aus der passiven Empfängerrolle – doch auch hier lässt sich folgern, dass es Aufgabe des Sozialstaates ist, reale Beteiligungsmöglichkeiten zu erschließen. Wendt weist in diesem Zusammenhang darauf hin, dass Bürger*engagement* mehr ist als Bürger*beteiligung* (vgl. 1995: 197). Unter Bürgerbeteiligung ist die Partizipation von Bürgerinnen und Bürgern zu verstehen, die z.b. in Form von Bürgerinitiativen ein bestimmtes – manchmal auch selbstsüchtiges, aber als sozial dargestelltes – Interesse verfolgen, meist als Reaktion auf kommunale oder staatliche Vorhaben. »Eine Bürgerinitiative bezieht Position in einer politischen Auseinandersetzung. Voraussetzung ist ein Interessenkonflikt. Sich engagieren heißt dagegen, im Raum gemeinsamen Handelns eine aktive Rolle zu übernehmen. Bürgerengagement meint eine andere Verteilung und Ausübung von Verantwortung.« (ebd.: 198) Wendt betont die sozialpolitische Notwendigkeit, »für die Reproduktion von Bürgerschaft« zu sorgen: »Zivilgesellschaftlich stellt sich somit die Aufgabe, die Bürgerinnen und Bürger zu befähigen, sowohl ihre Rechte als auch ihre Pflichten angemessen wahrzunehmen« (Wendt 1996 b: 72). Der Bürgerstatus stellt eine Überschneidung von persönlicher und gesellschaftlicher Verantwortung dar. Dieser Verantwortung versucht ziviles Handeln gerecht zu werden: »Es ist auf Belange des Gemeinwesens bezogen, an dem wir in unseren sich überschneidenden Lebenskreisen personal und sozial teilhaben« (Wendt 1995 b: 198).[19]

Sowohl Hummel als auch Wendt leiten aus der Auseinandersetzung mit den zivilgesellschaftlichen und kommunitaristischen Wurzeln bürgerschaftlichen Engagements die Folgerung ab, dass es eine sozialstaatliche bzw. sozialpolitische Aufgabe ist, das Engagement von Bürgerinnen und Bürgern für gesellschaftliche Belange zu unterstützen. Ein zentraler Ansatzpunkt ist dabei die Herstellung ermöglichender Strukturen (vgl. dazu auch Olk 2001 a: 51 ff.; Deutscher Bundestag 2002: 8). Bürgerschaftliches Engagement hat sich in Baden-Württemberg in den letzten Jahren nicht zuletzt deshalb mit zunehmendem Erfolg entwickelt, weil es sich das Sozialministerium des Landes mit einer eigenen Geschäftsstelle für Bürgerschaftliches Engagement

---

[19] Assoziationen zum bürgerlichen Ehrenamt des 18. Jahrhunderts sind hier möglich, zwar nicht im Sinne der Ausübung öffentlicher Gewalt, jedoch bezüglich der Wahrnehmung von Verantwortung für lokale Angelegenheiten (vgl. 3.1.1).

zur Aufgabe gemacht hat, dieses Engagement gezielt zu unterstützen (vgl. Klie 2000: 131).

3.2.2 Bürgerschaftliches Engagement konkret – am Beispiel Baden-Württembergs

In Deutschland nimmt Baden-Württemberg eine Pionierrolle ein, wenn es darum geht, bürgerschaftliche Mitwirkung und Eigeninitiative zu fördern. Vielerorts entstehen Initiativen bürgerschaftlichen Engagements, unterstützt vom Sozialministerium und den kommunalen Spitzenverbänden.[20] Unter bürgerschaftlichem Engagement ist – wie es der »Leitfaden zur Förderung Bürgerschaftlichen Engagements in Städten, Gemeinden und Landkreisen in Baden-Württemberg« beschreibt – eine »übergreifende Perspektive« zu verstehen, »die alte und neue Aktivitäten, verfaßte und neue Formen der Demokratie in den Blick nimmt und sie im Sinne einer Weiterentwicklung unserer sozialen Demokratie befördert. (...) Im Mittelpunkt des Bürgerschaftlichen Engagements steht das Handeln der Bürgerinnen und Bürger, die sich für Menschen in ihrer Umgebung, für die Erhaltung der Natur und das kulturelle Leben einsetzen – freiwillig und unentgeltlich« (AG/BE 1999: 6 f.). Das Konzept bürgerschaftlichen Engagements wurde in der Praxis entwickelt. Seine Entwicklung ist nicht abgeschlossen, sondern wird laufend fortgeschrieben. Von September 1996 bis Dezember 2000 lief das »Landesprogramm Bürgerschaftliches Engagement« zur Unterstützung der Entwicklung des bürgerschaftlichen Engagements sowohl auf Landes- als auch auf Kommunalebene. »Ziel des Programms ist, Kommunen dabei zu unterstützen, gemeinsam mit Bürger/innen, Fachkräften und Verbänden Rahmenbedingungen zur Förderung Bürgerschaftlichen Engagements zu schaffen« (Roß/Klie 2002: 120). Ca. 60 Städte, Gemeinden und Landkreise wurden in die Förderung einbezogen. Das Landesprogramm wurde wissenschaftlich begleitet und als ein »Lernprojekt« zur Förderung bürgerschaftlichen Engagements verstanden (vgl. Klie/Roß 2000: 2 f.).[21] Für den Zeitraum von 2001 bis 2005 wurde das Landesprogramm fortgeschrieben. Im Mittelpunkt der zweiten Projektphase stehen der »Aufbau von Netzwerken (...) und das Angebot von sog. ›Lernbausteinen‹ (i.S. vielfältiger Entwicklungsmaßnahmen) für die beteiligten Kommunen und Verbände« (Roß/Klie 2002: 120).

Ziel der Förderung bürgerschaftlichen Engagements ist die »breite Stärkung der Demokratie und des Miteinanders in unserer Gesellschaft. (...) Demokratische Teilhabe an der Gestaltung des Gemeinwesens stellt einen bürgerschaftlichen Lebensstil dar« (AG/BE 1999: 13). Deshalb ist es wichtig, dass neben den bewährten auch neue

---

[20] Inzwischen ziehen die anderen Bundesländer und viele Kommunen jedoch längst nach. Einen Eindruck über die Fülle der Programme und Projekte erhält man z.B. im Internet bei der Eingabe des Suchbegriffs »bürgerschaftliches Engagement«.

[21] Die Begleitforschung erfolgte durch die Kontaktstelle für praxisorientierte Forschung e.V. an der Evangelischen Fachhochschule Freiburg unter der Federführung von Thomas Klie und Paul-Stefan Roß. Der Forschungsprozess wurde in jährlichen Berichten dokumentiert (vgl. die Bände 11, 15, 17 und 23 der Reihe Bürgerschaftliches Engagement, hrsg. vom Sozialministerium Baden-Württemberg).

Formen entstehen, damit sich möglichst viele Bürgerinnen und Bürger wirkungsvoll und verantwortlich einbringen können und sie in ihrer demokratischen Teilhabe bestärkt werden. Es gilt Gegenakzente zu setzen zu den Trends des gesellschaftlichen Wandels, wie den Rückzug ins Private, die Vereinzelung modernen Lebens oder die Entfremdung durch das Berufsleben. »Bürgerschaftliches Engagement bietet die Chance, mit Menschen zusammenzukommen, mit denen man sonst nie zu tun gehabt hätte; gemeinsam Projekte von der Idee bis zur Umsetzung zu entwickeln; neue Fähigkeiten zu erwerben; Anerkennung jenseits der Erwerbsarbeit zu erhalten« (ebd.).

Ausgehend von den genannten Zielen charakterisieren folgende *Merkmale* das bürgerschaftliche Engagement (vgl. AG/BE 1999: 8 f. sowie Klie/Roß 2000: 12 und Roß/Klie 2002: 120 f.):

- Der Ausgangspunkt bürgerschaftlichen Engagements sind *konkrete Belange*, d.h. es kann ausgehen von den Belangen anderer, für die sich jemand einsetzt, oder aber von den eigenen Anliegen der Aktiven. Dabei können ganz verschiedene Motive eine Rolle spielen: christliche Nächstenliebe ebenso wie Mitgestaltungsinteressen oder der Wunsch, neue Leute kennen zu lernen oder neue Fähigkeiten zu erproben.
- Bürgerschaftliches Engagement übernimmt *Verantwortung für das unmittelbare öffentliche Umfeld*, es will das Gemeinwesen mitgestalten. Das Engagement in Freundeskreis und Familie oder für Tierschutzprojekte auf anderen Kontinenten ist deswegen in diesem Sinne kein bürgerschaftliches.
- Bürgerschaftliches Engagement ist *gemeinsames Handeln*, es hat immer einen gemeinschaftsstiftenden Aspekt und belebt das soziale Miteinander.
- Bürgerschaftliches Engagement fängt zwar im unmittelbaren Lebensumfeld an, es stellt das Engagement aber in einen *größeren Zusammenhang*, d.h. das Engagement einer Gruppierung darf nicht auf Kosten einer anderen gesellschaftlichen Gruppe gehen.
- Bürgerschaftliches Engagement wird *von Bürgerinnen und Bürgern selbst organisiert* und *lebt von ihren Kompetenzen* und Interessen. Dabei erhalten sie Unterstützung von Fachkräften und durch die Verwaltung. Es geht dabei jedoch nicht darum, BürgerInnen für öffentliche Angelegenheiten einzuplanen, die bisher von der Kommune erledigt wurden.
- Bürgerschaftliches Engagement heißt *gleichberechtigte Kooperation* zwischen BürgerInnen, Verwaltung, bezahlten Fachkräften und Verbänden genauso wie zwischen verschiedenen engagierten BürgerInnen und Gruppen. Es geht also um das Aushandeln von Interessen im Dialog und die gemeinsame Verantwortungsübernahme in der Gesellschaft.
- Bürgerschaftliches Engagement versucht *möglichst viele Bürgerinnen und Bürger zur demokratischen Teilhabe* bei der Gestaltung des Lebensraums einzuladen und zu befähigen, es schließt niemanden aus.

Bürgerschaftliches Engagement ist zu verstehen als eine *spezifische Dimension* von Ehrenamt, Selbsthilfe und Freiwilligenwesen. Es richtet sich *nicht* gegen das traditionelle Ehrenamt in Wohlfahrtsverbänden, Kirchen und Vereinen, das politische Ehrenamt, das neue Freiwilligenwesen oder Bürgerinitiativen und Selbsthilfe. Wenn ehrenamtliche Vereinsarbeit »bewußt als Chance für die Integration von Menschen mit sozialen Problemen genutzt wird« oder eine Selbsthilfegruppe ihre Erfahrungen und Kompetenzen anderen Bürgerinnen und Bürgern weitergibt, handelt es sich auch hier um bürgerschaftliches Engagement (AG/BE 1999: 14). Das zentrale Merkmal und Ziel bürgerschaftlichen Engagements – und »damit dessen besondere Dimension freiwilligen, unentgeltlichen Handelns« – ist »ein Handeln, das einen Beitrag zur Gestaltung des örtlichen Lebensraums leisten will« (ebd.: 15). Das heißt also, dass jede Form des freiwilligen Engagements, die den genannten Kriterien entspricht, unter dem Oberbegriff bürgerschaftliches Engagement gefasst werden kann.

Dieser Innensicht der in Baden-Württemberg erarbeiteten Definition und Praxis bürgerschaftlichen Engagements wird im Folgenden die aus der Außensicht des Magdeburger Politikwissenschaftlers Roland Roth entwickelte Darstellung bürgerschaftlichen Engagements gegenübergestellt. Dabei zeigt sich, dass es neben vielen Gemeinsamkeiten auch deutlich unterschiedliche Nuancierungen in den Sichtweisen gibt.

Roland Roth (vgl. 2000: 30 f.) stellt eine Definition des Begriffes bürgerschaftlichen Engagements vor, die diese Bezeichnung als Sammelbegriff sieht für 1. konventionelle und neue Formen der politischen Beteiligung, 2. freiwillige bzw. ehrenamtliche Wahrnehmung öffentlicher Funktionen, 3. klassische und neue Formen des sozialen Engagements, 4. gemeinschaftsorientierte, moralökonomische bzw. von Solidarvorstellungen geprägte Eigenarbeit und 5. gemeinschaftliche Selbsthilfe und andere gemeinschaftsbezogene Aktivitäten. All diese Aktivitäten entfalten sich im Zwischenbereich von Staat, Markt und Familie. Roth weist jedoch nachdrücklich darauf hin, dass nicht alles Handeln, das sich im intermediären Bereich abspielt, mit dem Titel bürgerschaftlich bezeichnet werden kann. »Nicht jedes Beziehungsnetzwerk in der ›Zivilgesellschaft‹ ist sozial und bürgerschaftlich gestimmt. (...) Es gehören unter demokratischen Vorzeichen (...) mindestens zwei Zusatzbedingungen hinzu: *Öffentlichkeit* und *Gemeinschaftsbezug*, zumindest jedoch *Gemeinwohlverträglichkeit*« (Roth 2000: 31 f.). Das Engagement darf dem Gemeinwohl also nicht schaden. Mit der Mindestbedingung »Gemeinwohlverträglichkeit« ist Roths Verständnis von bürgerschaftlichem Engagement weiter gefasst als das baden-württembergische, in dem die Verantwortung für das unmittelbare Umfeld – also der Gemeinschaftsbezug – und die Einbettung in einen größeren Zusammenhang als Charakteristikum explizit betont werden.

Als weiteres Merkmal des Begriffs bürgerschaftlichen Engagements nennt Roth dessen Anwendung, um »*Brücken zu schlagen*, d.h. alte und neue Formen gemeinsam und nicht gegeneinander zur Sprache zu bringen. (...) Diese Überbrückungsabsicht gilt nicht nur für alt und neu. Sie läßt sich auch für die *Vermittlung von Sphären* beobachten, die nicht mehr in gleicher Weise separiert werden sollen bzw. zu separieren sind« (ebd.: 32 f.; vgl. auch Heinze/Olk 2001 b: 15 f.). Gemeint ist hier die Vermittlung zwischen der sozialen, politischen, öffentlichen, privaten, kulturellen und ökonomischen Sphäre. Am Beispiel von Selbsthilfeinitiativen im Gesundheitsbereich lässt sich dies gut verdeutlichen: »Galten sie vielen Beobachtern noch vor kurzem als Inbegriff eines unpolitischen und selbstbezogenen Privatinteresses, so haben sich im Kontext der Debatte über ›Bürgerschaftliches Engagement‹ die Perspektiven verschoben. Als Koproduzenten gesünderer Lebensverhältnisse entlasten Selbsthilfeinitiativen nicht nur Krankenkassen, sondern sie haben die von einer professionellen, naturwissenschaftlich und kurativ orientierten Medizin geprägten Gesundheitsvorstellungen verändert« (ebd.). Eingespielte Abgrenzungen brechen auf, zunächst Unpolitisches entwickelt sich zu einer politischen Debatte, zunächst Privates erhält plötzlich öffentliche Aufmerksamkeit.

Roth weist aber auch auf die Tücken der Brückenfunktion bürgerschaftlichen Engagements hin und stellt dazu eine Reihe von kritischen Fragen; um nur einige zu nennen: »Verbindet der Begriff ›Bürgerschaftliches Engagement‹ alles oder nur gewisse Inseln der Wohl(an)ständigkeit? Wie verhält es sich z.B. mit lokalen Bündnissen gegen Armut, Arbeitslosenverbänden etc., die ja Umverteilungsforderungen auf die Tagesordnung setzen, oder mit politischen Protesten, die auch vor zivilem Ungehorsam nicht zurückschrecken. Gibt es eine offene oder heimliche Ausgrenzung von nicht-honorigen Formen Bürgerschaftlichen Engagements?« (ebd.: 34). In der Praxis bürgerschaftlichen Engagements verwischen sich leicht die Grenzen zu den Polen Staat, Markt und Familie. So stellen öffentliche Mittel oder kommunale Infrastruktur- und Beratungsangebote – also der Staat – oft das Rückgrat bürgerschaftlicher Initiativen dar. »Was sich als Alternative zu staatlicher Politik präsentiert, ist oft in hohem Maße von ihr abhängig. (...) Auch die Marktferne gerät zur Fiktion, wenn ein erheblicher Teil der ›ehrenamtlich‹ im Sozialbereich Tätigen dies – wie in den neuen Bundesländern – mit Blick auf mögliche Arbeitsmarktchancen und mit Unterstützungszahlungen der Bundesanstalt für Arbeit tut. (...) Aber auch die Übergänge von bürgerschaftlichen in private Formen sind fließend, etwa wenn bei anspruchsvoll angelegten Seniorenprogrammen letztlich die private Freizeitgestaltung in Gleichgesinntengruppen übrig bleibt« (ebd.: 34 f.).

Mit diesen Feststellungen zeigt Roth, dass eine eindeutige Definition von bürgerschaftlichem Handeln in der Praxis schwierig ist. Da bürgerschaftliches Engagement ein Handeln im intermediären Bereich ist, bestehen vielfältige Anknüpfungspunkte zu anderen Sektoren, die einerseits konstitutiv sind für bürgerschaftliches Engagement, es andererseits aber in eine Schieflage der Uneindeutigkeit bringen können. Besonders deutlich wird dies im Zusammenspiel von bürgerschaftlichem Engagement und

Sozialstaat. Wird von Hummel, Klie/Roß und Wendt der sozialstaatliche Auftrag zur Unterstützung bürgerschaftlichen Engagements als Notwendigkeit betrachtet und ein harmonisches Bild gleichberechtigter Kooperation herausgearbeitet, stellt Roth – quasi als Kehrseite der Medaille – dar, welche Abhängigkeiten und Vereinnahmungen die Folge solcher Unterstützungsformen sein können. Diese kritischen Aspekte müssen berücksichtigt werden, wenn bürgerschaftliches Engagement nicht einseitig diskutiert werden soll.

3.3 Sozialwissenschaftliche Analysen zum freiwilligen sozialen Engagement

Nach der Auseinandersetzung mit den unterschiedlichen Engagementbegriffen sowie ihren historischen und theoretischen Traditionen beschäftigt sich dieses Kapitel nun mit verschiedenen sozialwissenschaftlichen Befunden zum freiwilligen sozialen Engagement. Diese sind für die Klärung des Verhältnisses von Wohlfahrtsverbänden und freiwilligem sozialen Engagement von großer Bedeutung und deshalb bei der Frage nach den relevanten Dimensionen für die Engagementförderung durch Wohlfahrtsverbände zu berücksichtigen. Es folgt nun ein Kurzüberblick über neuere Daten zum freiwilligen Engagement bevor anhand der biographischen und der geschlechterdifferenzierenden Perspektive das Phänomen freiwilliges soziales Engagement genauer analysiert wird.

3.3.1 Daten zum freiwilligen Engagement

Auf der Grundlage von zwei Studien, die in den letzten Jahren vorgelegt wurden und sich in umfassender Weise mit dem freiwilligen Engagement beschäftigen, werden hier einige der Daten kurz vorgestellt.

1998 erschien der Forschungsbericht von Karin Beher, Reinhard Liebig und Thomas Rauschenbach unter dem Titel »Das Ehrenamt in empirischen Studien – ein sekundäranalytischer Vergleich«. Diese Forschergruppe hat im Auftrag des Bundesministeriums für Familie, Senioren, Frauen und Jugend 43 vorhandene, seit 1980 entstandene empirische Studien zum freiwilligen Engagement unter ausgewählten Aspekten analysiert. Ziel war es, »den bisherigen Forschungsstand in informativer und systematischer Weise zu interpretieren und konkrete Anhaltspunkte für die Konzeption nachfolgender Untersuchung[en] zu gewinnen« (Beher/Liebig/Rauschenbach 1998: 13).

Eine nachfolgende Untersuchung, der »Freiwilligensurvey 1999«, wurde im Jahr 2000 als Gesamtbericht von Bernhard von Rosenbladt vorgelegt. Auch diese Studie wurde im Auftrag des Bundesministeriums für Familie, Senioren, Frauen und Jugend von einem Forschungsverbund[22] durchgeführt. Auf der Grundlage einer repräsentati-

---

[22] Dem Forschungsverbund gehörten folgende vier Institute an: Infratest Burke Sozialforschung, München; Forschungsinstitut für öffentliche Verwaltung (FÖV) bei der Deutschen Hochschule für Verwaltungswissenschaf-

ven Befragung der Bevölkerung ab 14 Jahren in Deutschland liegen mit ihr erstmals wissenschaftlich gesicherte Zahlen über die Bereitschaft zum freiwilligen Engagement vor.[23] Die Untersuchung erstreckt sich auf freiwilliges Engagement im umfassenden Sinn vom Ehrenamt über Selbsthilfegruppen bis zum bürgerschaftlichen Engagement in Initiativen und Projekten. Ermittelt wurden Aussagen über »Umfang und Verbreitung ehrenamtlichen Engagements in der Bevölkerung insgesamt und in verschiedenen Bevölkerungsgruppen«, »organisatorische Einbindung und Rahmenbedingungen der ehrenamtlichen Tätigkeit (...), Motivation und Zugänge zum Ehrenamt sowie die Bereitschaft zum Engagement bei Personen, die bisher nicht ehrenamtlich tätig sind« (von Rosenblatt 2000: 34; vgl. von Rosenblatt 2001). Im Folgenden werden nun zu einigen ausgewählten Fragen grundlegende Ergebnisse wiedergegeben.

• Wie viele Menschen sind im Sinne »freiwilligen Engagements« tätig?: Trotz mehrerer Studien, die zu dieser Frage Angaben machen, lässt sie sich bis heute nicht genau beantworten. Der Freiwilligensurvey 1999 ermittelt 34% aktive BundesbürgerInnen: »Die einzelne engagierte Person kann dabei mehrere solcher Tätigkeiten ausüben, d.h. in verschiedenen Feldern oder verschiedenen Gruppierungen bzw. Organisationen tätig sein. Dies kommt in erheblichem Umfang vor. Im Durchschnitt werden 1,6 ehrenamtliche Tätigkeiten pro engagierter Person ausgeübt. Hochgerechnet auf die Gesamtheit von rd. 63 Mio. Bundesbürgern ab 14 Jahren heißt das, dass rd. 22 Mio. freiwillig Engagierte in rd. 35 Mio. ausgeübten Aufgaben oder Funktionen tätig sind« (von Rosenblatt 2000: 18). Die beachtliche Zahl von 34% freiwillig Engagierten ist nicht statisch zu verstehen, sondern es ist zu berücksichtigen, dass es im Bereich der freiwilligen Tätigkeiten viel Dynamik und Fluktuation gibt, also ständige Eintritte, Austritte und Wiedereintritte (vgl. ebd.). In Bezug auf die Zahlen freiwillig Engagierter vergleichen Beher/Liebig/Rauschenbach (1998: 26 f.) zwei Studien von 1996, die Zeitbudget-Studie (Blanke/Ehling/Schwarz 1996) und die Eurovol-Studie (Gaskin/Smith/Paulwitz 1996), die auf Werte von 17% bzw. 18% für Gesamtdeutschland kommen. Zwei weitere Untersuchungen kommen wiederum auf höhere Werte: Die repräsentative Untersuchung »Wertewandel und bürgerschaftliches Engagement in Deutschland« (Gensicke/Klages 1997, vgl. dazu Klages/Gensicke 1999) ermittelt 41% Aktive in West- und 37% in Ostdeutschland; Erlinghagen u.a. kommen auf der Datenbasis des Soziooekonomischen Panels (SOEP, 1998) auf 35% in West- und 25% in Ostdeutschland. Beher/Liebig/Rauschenbach führen diese Diskrepanzen einerseits auf das zugrunde liegende unterschiedliche Engagementverständnis und anderseits auf variierende Grundgesamtheiten und unterschiedliche Bezugsgrößen bei der Er-

---

ten, Speyer; Institut für Entwicklungsplanung und Strukturforschung (IES), Hannover; Institut für Sozialwissenschaftliche Analysen und Beratung (ISAB), Köln.

[23] Es wurden fast 15.000 Interviews mit Hilfe der computerunterstützten telefonischen Befragung durchgeführt.

mittlung des Beteiligungsgrades zurück. Von Rosenbladt weist ebenfalls darauf hin, »dass alle Aussagen zur Zahl der freiwillig oder ehrenamtlich engagierten Menschen in Deutschland in hohem Maße von methodischen Unsicherheiten bestimmt sind. (...) Das bedeutet nun auch, dass der Freiwilligensurvey 1999 vorerst nicht Grundlage von Trendaussagen sein kann« (von Rosenbladt 2000: 53; vgl. auch von Rosenbladt 1999). Trendaussagen werden erst möglich sein, wenn in einigen Jahren eine Erhebung mit demselben Konzept wiederholt wird. Die wohl einzige Untersuchung der letzten Jahre, die mit gleich bleibendem methodischen Konzept in verschiedenen Jahren durchgeführt wurde, ist das SOEP, das einen Anstieg der ehrenamtlich tätigen Bundesbürger von Mitte der 80er bis Mitte der 90er Jahre um etwa 5% ausweist. Dieser Anstieg ehrenamtlich engagierter Personen »steht im Widerspruch zu den Klagen aus dem Bereich der Verbände über eine sinkende Bereitschaft zum ehrenamtlichen Engagement. Der Widerspruch läßt sich derzeit nicht eindeutig erklären oder auflösen« (ebd.: 54).[24]

• In welchen Tätigkeitsfeldern findet das Engagement statt?: Der Freiwilligensurvey 1999 unterscheidet 14 Engagementbereiche, auf die sich die freiwillig Aktiven wie folgt verteilen: Sport und Bewegung 22%; Schule/Kindergarten 11%; kirchlicher/ religiöser Bereich 11%; Freizeit und Geselligkeit 11%; Kultur und Musik 10%; sozialer Bereich 8%; Unfall- und Rettungsdienst/freiwillige Feuerwehr 5%; politische Interessenvertretung 5%; berufliche Interessenvertretung außerhalb des Betriebs 4%; außerschulische Jugendarbeit oder Bildungsarbeit für Erwachsene 3%; Umwelt- und Naturschutz, Tierschutz 3%; Gesundheitsbereich 2%; ehrenamtliche Tätigkeiten im Bereich Justiz/Kriminalitätsprobleme 1% sowie sonstige bürgerschaftliche Aktivität am Wohnort 2% (vgl. von Rosenbladt 2000: 18 f.). Auf den ersten Blick scheint das freiwillige *soziale* Engagement mit 8% erst an sechster Stelle der Tätigkeitsbereiche zu stehen. Dies verwundert, da doch in der Literatur der soziale Bereich meist als ganz zentrales Arbeitsfeld für Freiwillige genannt wird. Mit Blick auf die obigen Zahlen ist zu berücksichtigen, dass die konkreten Tätigkeiten im kirchlich/religiösen Bereich oder in Schule/Kindergarten häufig ebenfalls dem sozialen Bereich zuzuordnen sind. Da hier nicht nach konkreten Tätigkeiten unterschieden wurde, sondern nach Engagementbereichen, denen sich die Befragten auch entsprechend der Institution zuordnen konnten, in der sie sich engagieren, geht aus dieser Erhebung nicht hervor, wie viel freiwilliges Engagement als soziale Tätigkeit geleistet wird.

---

[24] Am 29.12.2001 veröffentlichte die Frankfurter Rundschau einen Artikel des Journalisten Thomas Leif, der das methodische Vorgehen des Freiwilligensurvey 1999 als »hohe Kunst der statistischen Manipulation« anprangert und auch den Umgang mit den Ergebnissen seitens der Politik und den von ihr Beauftragten scharf kritisiert: »Eigentlich müsste man annehmen, dass wenigstens im ›wissenschaftlichen Sekretariat‹ der Enquete-Kommission zum bürgerschaftlichen Engagement die aktuellen Vergleichsdaten anderer Untersuchungen zur Kenntnis genommen werden. Zumindest den Wissenschaftlern der Oppositionsparteien könnte etwas auffallen. Aber auch hier wurde der politische Vorhang offenbar frühzeitig heruntergezogen – alle wurden auf die euphorische Sprachregelung ›22 Millionen‹ eingeschworen«.

• Wie viele Männer und wie viele Frauen sind freiwillig engagiert?: Die 34% der freiwillig Engagierten im Freiwilligensurvey 1999 gliedern sich auf in 38% Männer und 30% Frauen. Beide Geschlechter sind in unterschiedlichen Bereichen aktiv, Frauen dominieren jedoch in den Bereichen Schule/Kindergarten, sozialer, kirchlich-religiöser und Gesundheitsbereich. Hier liegt der Frauenanteil bei etwa zwei Drittel der freiwillig Engagierten. »Das Engagement der Frauen wird stärker familienbezogen und sozial bestimmt. Männer dagegen bevorzugen Bereiche mit einer stärkeren Berufsrelevanz und einem höheren Prestige. Funktions- und Leitungsaufgaben sind ein Kennzeichen ihres Tätigkeitsprofils. Die geschlechtsspezifische gesellschaftliche Arbeitsteilung führt also auch zu einer geschlechtsspezifischen Segmentierung freiwilliger Tätigkeit« (von Rosenbladt: 26; vgl. dazu auch Notz 2000 und 3.3.3). Beher/Liebig/Rauschenbach (1998: 31) stellen im Vergleich zu den drei oben bereits genannten Studien (Zeitbudget- und Eurovol-Studie sowie SOEP) ebenfalls einen höheren Aktivitätsgrad der Männer fest.

3.3.2 Freiwilliges soziales Engagement in biographischer Perspektive

Der oben beschriebene Strukturwandel des sozialen Ehrenamts (vgl. 3.1.2) geht einher mit einer Ausdifferenzierung von verschiedenen Typen ehrenamtlich tätiger Personen. Zum Verständnis verschiedener Engagementformen in ihren unterschiedlichen Nuancierungen zwischen Ehrenamt und bürgerschaftlichem Engagement ist es sinnvoll, das Engagement der Einzelnen lebensgeschichtlich zu betrachten. In unserer individualisierten – von den Rahmenbedingungen eines Vergesellschaftungsprozesses geprägten – Moderne ist die Palette der Möglichkeiten *und* Abhängigkeiten in der Gestaltung des eigenen Lebens und damit der eigenen Biographie sehr breit geworden. »An die Stelle *traditionaler* Bindungen und Sozialformen (soziale Klasse, Kleinfamilie) treten *sekundäre* Instanzen und Institutionen, die den Lebenslauf des einzelnen prägen und ihn gegenläufig zu der individuellen Verfügung, die sich als Bewußtseinsform durchsetzt, zum Spielball von Moden, Verhältnissen, Konjunkturen und Märkten machen« (Beck 1986: 211). Die klassenkulturell oder familial geprägten Lebenslaufrhythmen werden überdeckt oder ausgetauscht durch »institutionelle Lebenslaufmuster« – wie Kindergarten- und Schulein- und -austritt, Einstieg ins Erwerbsleben, Wechsel von der Erwerbsarbeit in den Ruhestand (ebd.).

Die biographische Betrachtungsweise untersucht nun freiwilliges Engagement als soziales Phänomen, das mit lebensgeschichtlichen Erfahrungen verbunden ist, und ermöglicht so »einen analytischen Zugang zum Verständnis von Kontinuitäten und Unterbrechungen bei der Ausführung der Tätigkeiten« (Jakob 1993: 36). Rauschenbach, Müller und Otto (1992: 238) zeigen auf, dass Kontinuität und Diskontinuität der Tätigkeiten durch die »*lebensphasenabhängige* Ausprägung des ehrenamtlichen Engagements« bedingt sind. Sie beschreiben dies mit der lebenslagen- und lebensphasenspezifischen »Zeitsouveränität« und dem jeweiligen »Bestand an sozialen

Kontakten und Beziehungen« sowie der materiellen Absicherung, die sich grundlegend auswirken auf die Möglichkeit und Bereitschaft der Einzelnen, sich sozial zu engagieren. So haben Personen, die nicht (mehr, noch nicht oder vorübergehend nicht) im Erwerbsleben stehen, deren Existenz aber voll gesichert ist (z.b. durch Rente, Eltern oder Ehemann) in Bezug auf die ihnen zur Verfügung stehende Zeit oft die größten Möglichkeiten, sich zu engagieren (vgl. ebd.).[25] *Grundvoraussetzung für unbezahlte Tätigkeiten* ist also zum einen die materielle Absicherung und zum andern das Verfügen über freie Zeit (vgl. auch Krüger 1991: 242). Isidor Wallimann (1993: 13) konkretisiert dies aufgrund der Ergebnisse einer nationalen Befragung in der Schweiz insofern, dass freiwillige Tätigkeit an »einen bestimmten sozialen Kontext gebunden« sei und damit »ein Mittel- und Oberschichtsphänomen" darstelle. Seiner Einschätzung nach tritt freiwillige Tätigkeit am häufigsten dann auf, »wenn die relative Ungleichheit und Knappheit genügend, aber doch nicht in dem Ausmaß vorhanden ist, daß dadurch die Mittelschicht in ihrem Lebensstandard (gemessen an der Arbeitszeit, die nötig ist, um ein gewisses Einkommen zu erreichen) bedroht wird« (ebd.).

Ein gutes Beispiel für die lebensgeschichtliche Betrachtungsweise ist die biographieanalytische Studie von Gisela Jakob (1993).[26] Dort wird das freiwillige soziale Engagement als Teil des Prozesses gesehen, in dem Menschen ihre Biographie gestalten, d.h. das Engagement wird von den freiwillig Tätigen in einen je individuellen Sinnzusammenhang gestellt, der Teil der eigenen Biographie ist. Dabei lassen sich

---

[25] Bezüglich der zur Verfügung stehenden Zeit könnte angenommen werden, dass Arbeitslose in besonderem Maße freiwillig engagiert sind. Dem ist jedoch nicht so (laut Freiwilligensurvey 1999 sind 22% freiwillig tätig gegenüber 37% der Vergleichsgruppe; vgl. von Rosenbladt 2000: 67). Eine gesicherte Existenz ist also eine ebenso wichtige Voraussetzung für das Tätigwerden wie der Zeitfaktor. Mit Bezug auf das SOEP stellt Keupp (2000: 50) jedoch fest, dass »Vollerwerbstätige den höchsten Aktivitätsgrad an Freiwilligentätigkeiten aufweisen, teilzeiterwerbstätige Personen folgen knapp dahinter, und dann (...) kommen arbeitslos gemeldete Personen. Im Zeitvergleich weist aber die Gruppe der Arbeitslosen die höchste Zuwachsrate auf. (...) ›Zeitwohlstand‹ ist offenbar ebenfalls keine erklärungskräftige Variable dafür, dass Paare mit Kindern das stärkste Engagement aufweisen – und zwar zunehmend mit der Zahl der Kinder«. Festzuhalten bleibt also, dass sowohl die finanzielle Absicherung als auch die zur Verfügung stehende Zeit wichtige Variablen für das freiwillige Engagement sind, dass sich daraus aber keine kausalen Schlussfolgerungen ableiten lassen (vgl. dazu auch Notz 1999).

[26] Grundlage der Untersuchung von Jakob sind »autobiographisch-narrative Interviews« nach Fritz Schütze (vgl. z.B. 1983 a; 1983 b). Mit Hilfe des durch einen Erzählstimulus erzeugten Zugzwangs des Erzählens lassen sich Lebensgeschichten von InterviewpartnerInnen erheben, anhand derer vergangene lebensgeschichtliche Ereignis- und Erfahrungsabläufe herausgearbeitet werden können, wie sie sich in den Erzählungen aus der Sicht der Interviewten darstellen. Jakob führte 16 autobiographisch-narrative Interviews mit freiwillig Engagierten im Alter zwischen 25 und 75 Jahren, die in verschiedenen Feldern tätig sind (Wohlfahrtsverbände, Kirchengemeinden, Initiativen). Die Interviewtexte wurden ausführlich analysiert und anhand eines kontrastiven Vergleichs der Fälle eine Typologie entwickelt, die derzeit vorhandene sozialkulturelle Varianten ehrenamtlichen und bürgerschaftlichen Engagements in Form von vier Typen repräsentiert (vgl. Jakob 1993: 39 ff.). Auch andere Studien untersuchen anhand unterschiedlicher Forschungsansätze verschiedene ehrenamtliche Zielgruppen und nehmen Typisierungen von Formen freiwilligen sozialen Engagements vor. Neben der Studie von Jakob ist die von Gisela Notz (1987) ein weiteres Beispiel für eine Typologie von Engagementformen. Notz arbeitet in ihrer Untersuchung mit dem subjektorientierten Modell der Handlungsforschung, das sozialwissenschaftliche Forschungsarbeit »als Handeln in der Wirklichkeit, als gesellschaftliche Praxis definiert« (S. 7). Durch die Analyse von Einzel- und Gruppeninterviews erarbeitet sie eine Typologie von sechs Engagementvarianten (vgl. S. 142 ff.).

verschiedene Typen unterscheiden. Es gibt die Typen des traditionellen Ehrenamts, deren Engagement von „Dienst- und Pflichterfüllung" oder von einer Form der „ehrenamtlichen Karriere" geprägt sind. Bei diesen Typen werden Orientierungsmuster für die eigene Lebensgestaltung herangezogen, die biographische Stabilität und Kontinuität verleihen. Solche Orientierungsmuster sind z.b. die Zugehörigkeit zu einer Konfession oder das Eingebundensein in bestimmte soziale Milieus, in denen die Indienststellung der eigenen Person für die Gemeinschaft eine selbstverständliche Form der Lebensführung darstellt.

Daneben gibt es zunehmend die Typen des neuen Ehrenamts, des freiwilligen sozialen oder bürgerschaftlichen Engagements. Diese Typen bestimmen die Sinnhaftigkeit ihres Engagements mit einem Bezug auf die eigene Person. Bei ihnen fehlt häufig das stabilisierende, den gesamten Lebensverlauf strukturierende weltanschauliche Milieu. Ihre Biographien können Brüche aufweisen oder von der wechselnden Zugehörigkeit zu verschiedenen Gemeinschaften geprägt sein, so dass das Engagement der Krisenbearbeitung oder der Suche nach neuer biographischer Orientierung dient oder für die Realisierung eigener biographischer Entwürfe in Anspruch genommen wird. Das soziale Engagement und Tätigwerden für andere geschieht hier aus einem Selbstbezug heraus (und nicht aus selbstverständlicher Pflichterfüllung).

Vor diesem Hintergrund kann das Engagement nur noch in wenigen Fällen als ein dauerhaft an eine Person gebundenes Amt verstanden werden, sondern es ist als Prozess zu sehen, zu dem Wechsel, Neuorientierung und Aussteigen gehören. Das Engagement kann für die Betroffenen so ein wichtiger Faktor in der biographischen Balancierung sein (vgl. Otto 1996: 19 f.). Damit das soziale Engagement diesen Stellenwert in individuellen Biographien einnehmen kann, ist es wichtig, dass die Tätigkeit zur Lebenssituation und zum biographischen Hintergrund der einzelnen Aktiven passt. Hierfür werden die Begriffe »Passformkonzept« oder biographisches »Passungsverhältnis« verwendet, wobei es darum geht, »die Anforderungen des ehrenamtlichen Aufgabenfeldes mit den Sinnorientierungen und biographischen Planungen der Freiwilligen« zusammenzubringen (ebd.).

Die Biographieanalyse fragt nicht nur danach, wie sich die lebensgeschichtlichen Erfahrungen Einzelner darauf auswirken, in welcher Art und Weise sie sich engagieren. Von Interesse ist außerdem, welche Auswirkungen das Engagement auf die Biographie hat und wie sich die gesellschaftlichen Rahmenbedingungen, in denen das Engagement stattfindet, sowohl auf die Tätigkeit als auch auf die Biographie auswirken (vgl. Jakob 1993: 36 f.). Zu den Rahmenbedingungen gehören beispielsweise kollektiv-historische Ereignisse (für ältere Menschen z.B. die Erfahrungen des Zweiten Weltkrieges), gesellschaftlich geprägte Wertmaßstäbe, Normen und Einstellungen sowie deren Veränderungen (z.B. in Bezug auf Geschlechterrollen), aber auch der soziale und strukturelle Rahmen von Organisationen, Verbänden und Institutionen, in denen sich die konkrete Gestaltung des Engagements vollzieht.[27]

Im Folgenden soll nun der geschlechtsspezifische Aspekt der unbezahlten sozialen Tätigkeiten genauer betrachtet werden, zum einen, weil diese Engagementformen durch die gesellschaftlich bedingten Geschlechtsrollenbilder geprägt sind und zum anderen, weil davon auszugehen ist, dass sich die Umbrüche in den Geschlechterrollen auch dort niederschlagen.

3.3.3 Freiwilliges soziales Engagement in geschlechterdifferenzierender Perspektive

Ehrenamtliches und freiwilliges Engagement im sozialen Bereich erfolgt meistens nach einer geschlechtsspezifischen und -hierarchischen Aufgabenteilung. Während Frauen die direkten personenbezogenen Aufgaben ausführen, wie Pflege und Betreuung oder auch hauswirtschaftliche Tätigkeiten, sind Männer hauptsächlich in den »entscheidungsrelevanten Vorstandspositionen« zu finden (Jakob 1993: 19; vgl. auch Rabe-Kleberg 1992).[28] So spiegelt sich im Ehrenamt und freiwilligen sozialen Engagement die traditionelle Form der Arbeitsteilung wider, die den Frauen die Reproduktionsarbeit in Haus und Familie zuschreibt und den Männern die Berufswelt offen hält (vgl. hierzu Beck-Gernsheim 1980).[29] Vor allem Frauenforscherinnen und -politikerinnen betrachten das unentgeltliche soziale Engagement von Frauen kritisch als eine Tätigkeit, die Frauen von einem männlichen Versorger abhängig macht und sie in dieser Abhängigkeit hält (vgl. Funk 1992). Auch wird die Festschreibung von Reproduktionsarbeit als Frauenressort durch das unbezahlte soziale Engagement verstärkt. Gertrud Backes bezeichnet das soziale Ehrenamt als »Frauenarbeit«, die in einem Arbeitsverhältnis zwischen Haus- und Erwerbsarbeit geleistet wird (vgl. 1987: 104): Frauen engagieren sich freiwillig im sozialen Bereich, weil ihnen der Zugang zum Erwerbsleben verwehrt bleibt[30] und/oder weil sie neben der Hausarbeit einer sinnvollen Tätigkeit[31] nachgehen wollen. Insofern hat das soziale Engagement eine

---

[27] Ein Beispiel hierfür ist die Studie »Engagement im Ruhestand« von Kohli u.a. (1993), die auf biographieanalytischer Grundlage unterschiedliche Formen von Vergesellschaftung durch Arbeit und andere Tätigkeiten in fünf verschiedenen Bereichen untersucht.

[28] Auch die o.g. Werte aus dem Freiwilligensurvey 1999 bestätigen diese Einschätzung.

[29] In einem europäischen Vergleich über familiale und gesellschaftliche Arbeitsteilung stellt Manfred Garhammer (1997) fest, dass Frauen auch bei berufstätigen Paaren nach wie vor den größeren Teil unbezahlter Familienarbeit erledigen. Am Beispiel der Ganztagsbetreuung von Kindern wird die Zuständigkeit der Frauen für Haus und Familie jedoch besonders deutlich: Im europäischen Vergleich sind die Vorbehalte gegenüber der Ganztagesbetreuung von Kindern in keinem Land so groß wie in Deutschland. Begründet wird dies mit den möglichen Schäden, die die Kinder durch die institutionelle Betreuung davontragen könnten. »Solche Leitbilder sind soziale Konstrukte. (...) Die Arbeitsteilung zwischen gesellschaftlichen Institutionen und Familie entscheidet damit über die Arbeitsteilung im Binnenraum Familie« (Garhammer 1997: 53).

[30] Z.B. aus Mangel an Teilzeitarbeitsplätzen und Möglichkeiten der Kinderbetreuung, durch die es gelänge, Familie und Beruf miteinander zu vereinbaren.

[31] Dabei trauen sich Frauen hausarbeitsnahe Tätigkeiten oft eher zu, und »wirksame Arbeit heißt für sie in erster Linie unmittelbar praktische Arbeit und weniger Verwaltung und Vertretung nach außen, da wo es um Ansehen, Konkurrenz und Geldmittel geht« (Funk 1992: 119).

Kompromissfunktion, die der Erfüllung relevanter Bedürfnisse von Frauen dient, die weder in Haus- noch Erwerbsarbeit abgedeckt werden können (vgl. Backes 1987: 123 f.; Backes 1991; vgl. auch Notz 1989: 75 f.). Aus arbeitsmarkt- und sozialpolitischer Sicht wird das unentgeltliche soziale Engagement von Frauen dagegen begrüßt und gefördert: Arbeitsmarktpolitisch wird es anerkannt, wenn Frauen sich unentgeltlich engagieren und somit keine Arbeitsplätze »besetzen«. Sozialpolitisch wird das ehrenamtliche und freiwillige soziale Engagement von Frauen deshalb auch als wohlfahrtsstaatsentlastend gefördert.

In den letzten Jahrzehnten streben Frauen verstärkt in die Erwerbsarbeit, um finanziell unabhängig zu sein und um das sinnstiftende Element der Berufstätigkeit für sich in Anspruch zu nehmen. Der *Wegfall von Erwerbsarbeitsplätzen* durch Automatisierung und Rationalisierung trifft jedoch Frauenerwerbsarbeitsplätze häufig am stärksten, damit werden Frauen aus der Erwerbsarbeit verdrängt. Da Erwerbsarbeit jedoch nicht nur dazu dient, den Lebensunterhalt zu bestreiten, sondern auch einen strukturierenden Einfluss auf alle Lebensbereiche ausübt und identitätsstiftend wirkt, versuchen Frauen die konstruktiven Aspekte der Arbeit außerhalb von Lohn- und Hausarbeit zu finden. Das ehrenamtliche Engagement wird dabei von manchen Frauen auch als Möglichkeit betrachtet, »sich berufsspezifische soziale Qualifikationen anzueignen, um eine größere Chance im Konkurrenzkampf um die knappen Erwerbsarbeitsplätze zu bekommen« (Notz 1989: 76 f.).[32]

Außerdem fällt durch den *Sozialabbau* mehr unentgeltlich zu leistende soziale Arbeit an. Damit wird der Reproduktionsbereich Familie, mit dessen Funktionieren sowieso gerechnet wird, noch stärker belastet. Von den Familien – d.h. konkret von den unbezahlt arbeitenden Frauen – wird erwartet, dass sie verstärkt Aufgaben übernehmen, die zuvor aus öffentlichen Mitteln finanziert wurden.[33] »Aber auch außerhalb der eigenen Familie wird zusätzlich zu ehrenamtlicher Arbeit aufgefordert, um dadurch das ›Versagen‹ anderer Familien wiedergutzumachen, die nicht ›im Stande‹ sind, solche Arbeiten zu übernehmen« (Notz 1989: 69).

[32] Es gibt allerdings auch einschlägig qualifizierte Freiwillige, häufig sind dies Sozialpädagoginnen/Sozialarbeiterinnen während oder nach der Familienphase, für die das freiwillige Engagement den Versuch darstellt, auf diese Weise wieder einen Fuß in die Erwerbstätigkeit zu bekommen (vgl. Hering 1998).

[33] Ein Beispiel hierfür ist die Situation der Frauen in den neuen Bundesländern nach der Wiedervereinigung Deutschlands. Während zu DDR-Zeiten die Mehrzahl der Frauen selbstverständlich einer Erwerbstätigkeit nachging und die benötigten Kinderbetreuungsplätze zur Verfügung gestellt wurden, ist die Situation heute die, dass sowohl die Zahl der Erwerbsarbeitsplätze für Frauen als auch die Möglichkeiten der Kinderbetreuung rapide abgenommen haben, so dass die Frauen wieder darauf verwiesen sind, sich voll und ganz der Reproduktionstätigkeit in Haushalt und Familie zu widmen.
Ein weiteres Beispiel sind Kürzungen der Bezuschussung von Beratungsstellen, die dazu führen, dass die Kapazität der Beratungsstellen kleiner wird. Auf diese Weise wird die Zuständigkeit für psycho-soziale Probleme wieder den Frauen aufgebürdet. »Defizite in der Versorgung bedürftiger Familienangehöriger« werden ihnen angelastet (Notz 1989: 70).

Diese Ausführungen verdeutlichen, dass sowohl die Arbeitsmarktkrise als auch die Krise des Sozialstaats vor allem zu Lasten der Frauen ausgetragen wird.[34] Dies führt zu Spannungen, denn Frauen nehmen die ihnen zugeschriebene Familienrolle nicht mehr ohne weiteres ein. Die Individualisierung der modernen Gesellschaft hat zu Veränderungen der Geschlechterrollen (v.a. in den Bereichen Sexualität, Bildung und Recht) geführt. Die Brisanz dieser Veränderungen liegt darin, dass es sich vor allem um »Veränderungen im Bewußtsein und auf dem Papier« handelt, während diesen »eine Konstanz im Verhalten und der Lagen von Männern und Frauen (insbesondere auf dem Arbeitsmarkt, aber auch in der sozialen Sicherung)« gegenübersteht (vgl. Beck 1986: 162; im Original mit Hervorhebungen). Das Mehr an Gleichheit (z.b. in den Bildungsmöglichkeiten) hebt »die fortbestehenden und sich verschärfenden Ungleichheiten noch deutlicher ins Bewußtsein (...). Die Widersprüche zwischen weiblicher Gleichheitserwartung und Ungleichheitswirklichkeit, zwischen männlichen Gemeinsamkeitsparolen und Festhalten an den alten Zuweisungen spitzen sich zu und bestimmen mit der durchaus gegensätzlichen Vielfalt ihrer Umgangsformen im Privaten und Politischen die zukünftige Entwicklung« (ebd.; vgl. hierzu auch Rerrich 1990).

Ehrenamtliches und freiwilliges soziales Engagement als Tätigkeit von Frauen ist infolgedessen in seiner Vielschichtigkeit zu betrachten und in seiner Bedeutung nicht einfach abschätzbar. Zum *Verständnis der geschlechtsrollenbezogenen Sinnorientierungen*, die dem Engagement der Einzelnen zugrunde liegen, leistet die biographische Betrachtungsweise einen wichtigen Beitrag. Darauf soll hier am Beispiel von Gisela Jakobs Untersuchung etwas ausführlicher eingegangen werden. Jakob hat anhand ihrer autobiographisch-narrativen Interviews auch untersucht, inwieweit die InterviewpartnerInnen ihre Geschlechtszugehörigkeit in Beziehung setzen zu ihrem Engagement. Deutlich wird dabei zunächst, dass die Geschlechtszugehörigkeit keine zentrale Kategorie für das Herausarbeiten verschiedener Typen ehrenamtlichen und freiwilligen sozialen Engagements ist. Die von Jakob herausgearbeiteten Typen werden sowohl von Männern als auch von Frauen repräsentiert. Dies trifft auch für den Typus »Ehrenamt als Karriereverlauf« zu (vgl. Jakob 1993: 254). Das scheint der oben postulierten geschlechtshierarchischen Arbeitsteilung in ehrenamtlichen und freiwilligen sozialen Tätigkeitsfeldern zunächst zu widersprechen. Bei genauerer Betrachtung lässt sich anhand der untersuchten Biographien jedoch gut ablesen, wie sich die gesellschaftliche Veränderung und Konstanz der Wirklichkeit der Geschlechterrollen im Engagementverlauf niederschlägt.

---

[34] Im Zuge der sich ausdifferenzierenden Individualisierung wird der Verlust von »Gemeinsinn« beklagt. Dabei wird u.a. aufgezeigt, dass die außerhäusliche Erwerbsarbeit der Frauen als Krisensymptom für den Bestand des »Gemeinsinns« verbucht wird. Insofern wird den Frauen sowohl die Zuständigkeit für Arbeiten, die dem Gemeinsinn dienen (und die so wertvoll sind, dass sie nicht mit Geld bezahlt werden können), als auch die Schuld an ihrem Fehlen zugeschrieben (vgl. Notz 1997).

In einer der untersuchten männlichen Biographien wird deutlich, dass diesem Mitarbeiter durch seine Tätigkeiten des Organisierens und Verhandelns im sozial- und kommunalpolitischen Bereich ein Aufstieg in gesellschaftliche Spitzenpositionen möglich wird. Seine Tätigkeiten sind für ihn »konstituierende Elemente seiner männlichen Identität« (ebd.). Der Mitarbeiter bewegt sich dabei in einem von Männern dominierten Umfeld: »Seine Biographie wird von den männlichen Parteimitgliedern gestaltet« (ebd.). Insgesamt erscheint dieser Fall als die männliche Variante des Typus eines Karriereverlaufs mit Ehrenämtern.

Eine der weiblichen Biographien zeigt, dass auch Frauen den Typus eines ehrenamtlichen Karriereverlaufs realisieren. Die beschriebene Mitarbeiterin steigt auf zur Vorsitzenden eines Kreisverbandes der AWO und zur sozialdemokratischen Kommunalpolitikerin. Auch bei ihr vollzieht sich der Aufstieg anhand der Aufforderungen seitens ihrer Parteigenossen. In ihrer biographischen Darstellung thematisiert die Mitarbeiterin jedoch, dass der Aufstieg in die Spitzenpositionen von Verband und Partei als Frau ungewöhnlich und darum legitimationsbedürftig ist. Sie spricht von sich selbst als einer »Alibi-Frau«, die in vielen Ausschüssen etc. als einzige Frau sitzt und so in Feldern tätig ist, die bisher traditionell durch Männer besetzt wurden (vgl. ebd.: 255). »Der Mitarbeiterin gelingt eine Integration ihrer Karriere in ein Konzept weiblicher Identität, indem sie« – im Gegensatz zum beschriebenen Mitarbeiter – »zugleich Aufgaben, die gesellschaftlich als weibliche gelten[35], ausführt« (ebd.). Wenn die Integration der als männlich geltenden Tätigkeiten in einen weiblichen Identitätsentwurf gelingt, wird für Frauen das Handeln in traditionell männlichen Strukturen möglich. Gleichzeitig ändern sich aber auch »die kulturellen Muster dessen, was als weiblich oder männlich gilt« (ebd.). Die Biographie der beschriebenen Mitarbeiterin kann als Beispiel für solche Veränderungen gelten: Sie gehört einer jüngeren Generation an als der genannte Mitarbeiter, und »ihr Aufstieg vollzieht sich in den 80er Jahren, in einer Phase also, in der die Parteien – als Folge der von der Frauenbewegung initiierten Diskussion – um eine stärkere Integration von Frauen auch in leitenden Positionen bemüht sind« (ebd.). Diese Rahmenbedingungen ermöglichen der Mitarbeiterin ihren persönlichen Aufstieg, der vermutlich so nicht möglich wäre, wenn die VerbandsvertreterInnen an der traditionell männlichen Variante sozialer Ehrenamtlichkeit festhalten würden.[36]

---

[35] Z.B. Kaffeekochen für ein Altencafé sowie die Thematisierung pädagogischer und beziehungsgestaltender Aspekte ihrer Tätigkeit.

[36] Jakob nennt weitere Beispiele, in denen die Befragten ihre Geschlechtszugehörigkeit thematisieren: Zum einen die Biographie eines Mannes, der aufgrund von Berufsunfähigkeit zum »Hausmann« wird, während seine Frau nun für den Lebensunterhalt sorgt. Ihm bleibt seine neue Rolle fremd. Sein Engagement in der Telefonseelsorge verhilft ihm zu neuer biographischer Orientierung.
Zum andern die Biographie einer Frau, deren Lebensentwurf ganz auf die Sorge für die Familie ausgerichtet ist. Sie ist durch das Einkommen ihres Ehemannes finanziell abgesichert. Mit den von ihrer Familie an sie gerichteten Emanzipationserwartungen kommt sie nicht zurecht. Sie geht aber auf den Vorschlag ihrer Familienmitglieder, in einem Frauenprojekt tätig zu werden, ein, um so ihre Orientierung auf die Familie zu erhalten. Sie kann dieses Engagement jedoch nicht in ihre Biographie integrieren (vgl. Jakob 1993: 256 ff.).

Der größte Teil des unbezahlten sozialen Engagements vollzieht sich jedoch nicht in »Spitzenpositionen«, sondern eher unspektakulär am Rande der öffentlichen Aufmerksamkeit. In diesen – von hauswirtschaftlichen, pflegerischen und beziehungsgestaltenden Tätigkeiten geprägten – Bereichen sind vor allem Frauen tätig, die dort nützliche Arbeit für die Gesellschaft leisten. Und je nach persönlichem Zugang zu ihrem Engagement, ziehen sie auch selbst einen Nutzen aus der Tätigkeit (vgl. Rauschenbach/Müller/Otto 1992). Wie in Abschnitt 3.1.2 bereits dargestellt wurde, nimmt die Bereitschaft zum selbstlosen Engagement jedoch immer mehr ab. Es ist davon auszugehen, dass die Übernahme einer unentgeltlichen sozialen Tätigkeit durch Frauen von einem Bündel an Motiven beeinflusst wird, wie beispielsweise der »Suche nach einem neuen Lebenssinn« sowie dem Wunsch, »soziale Veränderungen zu bewirken und besonders die Lebenssituation von Frauen zu verbessern« (Krüger 1993: 89).

Die Vielschichtigkeit des weiblichen unentgeltlichen Engagements beinhaltet also folgende Aspekte: Indem Frauen aufgrund einer individuell-rationalen Entscheidung den Kompromiss der unentgeltlichen Tätigkeit als Form des »Umgangs mit ihren Vergesellschaftungsdefiziten« eingehen, tragen sie zur Aufrechterhaltung der geschlechtshierarchischen Arbeitsteilung und der Unterdrückung von Frauen bei (Backes 1987: 200). Noch deutlicher wird die spezifische Widersprüchlichkeit ehrenamtlichen und freiwilligen sozialen Handelns von Frauen in der Gegenwartsgesellschaft, »wenn man sich vergegenwärtigt, dass sie damit gleichzeitig zu ihrer Befreiung beitragen können, sofern sie Ehrenamt als bewußtes Handeln im Sinne ihrer Interessen begreifen und realisieren« (ebd.). Das unentgeltliche soziale Engagement von Frauen kann so als eine rationale, wenn auch widersprüchliche Form des Umgangs mit den Folgeproblemen der geschlechtshierarchischen, ungleiche Lebenschancen erzeugenden Arbeitsteilung zwischen dem privaten Bereich der Familie und dem öffentlichen Bereich der Erwerbsarbeit verstanden werden (vgl. ebd.).[37]

3.4 Zusammenfassende Einschätzungen zum freiwilligen sozialen Engagement

Mit Blick auf die Entwicklung des Ehrenamts und der neuen Engagementformen lässt sich ein Auf und Ab in deren Wertschätzung und gesellschaftlicher Bedeutung feststellen. Bei seiner Entstehung hatte sowohl das bürgerliche Ehrenamt (um 1808) als auch 50 Jahre später das soziale Ehrenamt sowie die private Wohltätigkeit der Vereine einen wichtigen Stellenwert in der damaligen Gesellschaft. Basis für diese Tätigkeiten war einerseits ein Gemeinschaftsverständnis, in dem die Verantwortung für das Gemeinwohl – zum Teil auch als Widerstand gegenüber staatlicher Bevormundung – bedeutsam war, und andererseits die Verwurzelung in der christlichen Traditi-

---

[37] Die Ambivalenz und Vielschichtigkeit der unentgeltlichen Tätigkeiten von Frauen veranschaulicht Christiane Wessels Untersuchung (1994) über beruflich qualifizierte Frauen im freiwilligen sozialen Engagement.

on des Gebots der Nächstenliebe. Für Frauen hatte die private Wohltätigkeit einen ganz besonderen Stellenwert, war sie doch eine der wenigen Möglichkeiten, an gesellschaftlichen Prozessen zu partizipieren.

Ein erster Professionalisierungsschub in der Sozialen Arbeit führte im Übergang vom 19. zum 20. Jahrhundert dazu, dass die ehrenamtlichen Tätigkeiten unter Legitimationsdruck gerieten. In der Folge verlagerte sich der Schwerpunkt ehrenamtlicher Arbeit auf die Wohlfahrtsverbände, wo sie bis in die 50er Jahre des 20. Jahrhunderts eine unangefochtene Stellung hatte. In den 60er und Anfang der 70er Jahre kam es dann zu einem weiteren Professionalisierungsschub, in dem auch die Wohlfahrtsverbände einem Bürokratisierungs-, Verrechtlichungs- und Professionalisierungsprozess ausgesetzt waren, so dass das Ehrenamt selbst innerhalb der Wohlfahrtsverbände an den Rand gedrängt wurde und in seiner Stellung und Bedeutung oft als umstritten galt. Doch bereits in der zweiten Hälfte der 70er Jahre führten Arbeitsmarkt- und Sozialstaatskrise wiederum zur Suche nach alternativen, unbezahlten Möglichkeiten, die Kosten des Sozialstaats zu senken, so dass die freiwilligen sozialen Tätigkeiten von der Öffentlichkeit als gesellschaftliche Ressourcen wieder entdeckt werden, verbunden mit der fachpolitischen Einsicht, dass freiwillige und berufliche Soziale Arbeit nicht in einem Konkurrenz-, sondern Ergänzungsverhältnis zueinander stehen (vgl. 3.1.1). Dennoch sind in der öffentlichen Sozialen Arbeit ehrenamtliche Tätigkeiten fast völlig verschwunden und die Wohlfahrtsverbände müssen sich im Zusammenhang mit ihrer Verberuflichung mit einer abnehmenden Zahl von Ehrenamtlichen arrangieren. Ursachen dafür werden in einer gestiegenen Erwerbstätigkeit von Frauen und dem Zerfall gesellschaftlicher Zentralwerte gesehen, aber auch in einer geringer werdenden Akzeptanz gegenüber den Verbänden. Gleichzeitig entstehen außerhalb der Wohlfahrtsverbände eine Vielzahl neuer Betätigungsfelder und Organisationsformen für freiwillige Tätigkeiten. Diese neuen sozialen Bewegungen (z.B. Selbsthilfe-, Ökologie-, Bürgerinitiativenbewegung) lassen sich als Gegenbewegung zur professionalisierten und bürokratisierten Sozialen Arbeit verstehen, und sie setzen neue Akzente in der Landschaft des freiwilligen sozialen Engagements: Die Motive zum sozialen Engagement verändern und ein Strukturwandel des Ehrenamts vollzieht sich (Beher/Liebig/Rauschenbach 2001; vgl. 3.1.2). Auch der Begriff des Ehrenamts erfährt eine Ausdifferenzierung, so dass inzwischen eine Vielzahl an Begriffen für unterschiedlich nuancierte Formen des freiwilligen sozialen Engagements vorzufinden sind (vgl. 3.1.3). Besondere Konjunktur haben derzeit die Begriffe »Freiwilligenarbeit« im Kontext der Freiwilligenagenturen bzw. -zentren (vgl. Jakob/Janning 2000; Ebert/Janning 2002; Bock 2000; Schaaf-Derichs 1999) sowie »bürgerschaftliches Engagement«. Der Begriff des bürgerschaftlichen Engagements entsteht zunächst im Kontext der baden-württembergischen Sozialpolitik seit Anfang der 90er Jahre, wird dann auch in bundesweiten kommunalen Bestrebungen der Engagementförderung sowie in der 1999 vom Deutschen Bundestag eingerichteten Enquetekommission

»Zukunft des Bürgerschaftlichen Engagements« aufgegriffen (vgl. bspw. Hummel 2000; Klie 2000; KGSt-Bericht 1999; Olk 2001). Das bürgerschaftliche Engagement folgt theoretisch einer eigenen historischen Tradition. In Abschnitt 3.2.1 wurde aufgezeigt, aus welchen gesellschaftspolitischen und sozialphilosophischen Wurzeln das Konzept des bürgerschaftlichen Engagements gespeist wird. Der Wahrnehmung des Bürgerstatus in einer Zivilgesellschaft als Überschneidung von persönlicher und gesellschaftlicher Verantwortung für das Gemeinwesen kommt – jedenfalls im baden-württembergischen Verständnis – ein besonderer Stellenwert zu. Das bedeutet, dass mit bürgerschaftlichem Engagement mehr gemeint ist als »anderen helfen« oder »etwas Sinnvolles für sich und andere tun«. Wichtiges Ziel ist die Stärkung der demokratischen Teilhabe und des Miteinanders in der Gesellschaft, es sollen Gegenakzente zu den Trends des gesellschaftlichen Wandels (wie Rückzug ins Private, Vereinzelung, Entfremdung durch das Berufsleben) gesetzt werden. Zentrales Merkmal des bürgerschaftlichen Engagements ist, dass es einen Beitrag zur Gestaltung des lokalen Lebensumfeldes leisten will. Insofern können auch alle anderen Formen freiwilligen Engagements als bürgerschaftliches Engagement verstanden werden, wenn sie bewusst die genannten Ziele verfolgen (vgl. AG/BE 1999). Aus dem in Baden-Württemberg entwickelten Verständnis heraus ist die Förderung bürgerschaftlichen Engagements – z.B. durch die Herstellung von ermöglichenden Strukturen – eine sozialstaatliche bzw. sozialpolitische Aufgabe.[38] Deshalb setzt die Schaffung von Förderungsstrukturen für bürgerschaftliches Engagement v.a. bei den *Kommunen* an, die darin unterstützt werden sollen, diese gemeinsam mit BürgerInnen, Fachkräften und Verbänden aufzubauen.

Außerhalb Baden-Württembergs wird der Begriff des bürgerschaftlichen Engagements eher in einem weiter gefassten Verständnis als Sammelbegriff diskutiert für Aktivitäten zwischen Staat, Markt und Familie, die öffentlich und mit Bezug zur Gemeinschaft, zumindest jedoch gemeinwohlverträglich, erfolgen. Als wichtiges Merkmal des bürgerschaftlichen Engagements wird seine Fähigkeit, Brücken zu schlagen – zwischen alten und neuen Engagementformen sowie zwischen verschiedenen Sphären (soziale, politische, öffentliche, private, kulturelle, ökonomische Sphäre) –, benannt (vgl. Roth 2000). Aber gerade in der Funktion des Brückenschlags liegen auch Gefahren, da beispielsweise durch die staatliche Förderung bürgerschaftlichen Engagements auch Abhängigkeiten und Vereinnahmungen entstehen können, die der demokratischen Zielsetzung letztlich entgegenstehen (vgl. 3.2.2). Außerdem darf bürgerschaftliches Engagement nicht nur als neues Modewort für die bereits bekannten Engagementformen verstanden werden, da sonst sein »bürgerschaftliches« Potential verloren geht. In der Praxis hat der Begriff des bürgerschaftlichen Engagements für

---

[38] Die Rolle von Staat und Politik bei der Förderung bürgerschaftlichen Engagements wird auch unter dem Stichwort des »aktivierenden Staates« diskutiert, worauf hier aber nicht näher eingegangen werden kann (vgl. Blanke/Schridde 2001; Heinze/Olk 2001 b; Olk 2001 a; Schuppert 2002; Wohlfahrt 2001 b).

viele der in verschiedensten Bereichen freiwillig Aktiven jedoch keine identifikatori-
sche Bedeutung. Laut Freiwilligensurvey 1999 verstehen sich lediglich 6% der Befragten als bürgerschaftlich engagiert, gegenüber 48%, die den Begriff Freiwilligenarbeit bevorzugen, und 32%, die sich als Ehrenamtliche verstehen (vgl. von Rosenbladt
2000: 19).

Um freiwilliges Engagement in seinen konkreten Ausprägungen bei einzelnen Personen zu verstehen, sind die verschiedenen Engagementbegriffe nur bedingt aufschlussreich. Die Bedeutung, die das freiwillige Engagement für Einzelne hat, lässt
sich besser sowohl mit Hilfe der biographischen als auch der geschlechterdifferenzierenden Perspektive erfassen (vgl. 3.3.2 und 3.3.3). Nur über das Verstehen des Sin-
nes, den die Freiwilligen selbst ihrem Engagement im Kontext ihrer Lebensgeschichte
geben, können Aussagen darüber gemacht werden, welcher der verschiedenen Kategorien – Ehrenamt, Selbsthilfe, Freiwilligenarbeit, Bürgerengagement – die konkrete
Tätigkeit letztlich zugeordnet werden kann. Insofern hat die Differenzierung der verschiedenen Engagementbegriffe vor allem einen analytischen Stellenwert.

Um die Vielfalt der Bedeutungen zu verstehen, die die einzelnen Freiwilligen ihrer
Tätigkeit beimessen, und welche Erwartungen sie an die Engagementförderung haben, lässt sich die *lebensgeschichtliche Betrachtungsweise* der biographieanalytischen Studie von Gisela Jakob (vgl. 1993) heranziehen. Das freiwillige soziale Engagement ist aus dieser Perspektive als Teil des individuellen Gestaltungsprozesses der
eigenen Biographie zu verstehen. Je nachdem welchen Stellenwert das freiwillige
Engagement in der eigenen Lebensgestaltung einnimmt, lassen sich unterschiedliche
Engagementtypen ausmachen. So kann das Engagement z.B. von »Dienst- und
Pflichterfüllung« oder dem Streben nach einer »ehrenamtlichen Karriere« geprägt sein
und so eher Merkmale des traditionellen Ehrenamts tragen (ebd.). Bei diesen Engagementtypen bilden Orientierungsmuster die Grundlage, die biographische Stabilität
und Kontinuität verleihen (z.B. konfessionelle Zugehörigkeit oder Einbindung in
spezifische soziale Milieus). Demgegenüber sind Engagementtypen auszumachen, bei
denen das Engagement nicht wie bei den erstgenannten Ausdruck bestimmter biographischer Orientierungen ist, sondern bei denen es der »*Suche* nach neuer biographischer Orientierung« oder zur »*Realisierung* eigener biographischer Entwürfe«
dient (vgl. Jakob 1993). Hier erfolgt das soziale Engagement für andere aus einem
Selbstbezug heraus. Diese Engagementtypen sind den neuen Engagementformen zuzuordnen, in denen Menschen vor allem dann tätig werden, wenn die Anforderungen
des Tätigkeitsfeldes mit den individuellen Sinnorientierungen und biographischen
Entwürfen der Freiwilligen zusammenpassen, wenn also das biographische »Passungsverhältnis« stimmt (vgl. Otto 1996). Aus biographischer Perspektive ist demgegenüber aber auch von Bedeutung, welche Auswirkungen das freiwillige soziale Engagement auf die Biographie der Freiwilligen hat und wie sich gesellschaftlich geprägte Rahmenbedingungen (kollektiv historische Ereignisse, gesellschaftliche Wert-

maßstäbe und Normen, sozialstrukturelle Bedingungen von Trägern des freiwilligen Engagements) einerseits auf die Tätigkeit und andererseits auf die Biographie auswirken.

Für das Verständnis der individuellen biographischen Bedeutung von freiwilligem sozialem Engagement ist außerdem die *geschlechterdifferenzierende Betrachtungsweise* einzubeziehen, da auch freiwilliges soziales Engagement, ähnlich wie das berufliche soziale Handeln (vgl. Kapitel 4), häufig einer traditionellen, geschlechtshierarchischen Aufgabenteilung folgt (vgl. Nadai 1996). Unbezahltes soziales Engagement macht Frauen von einem männlichen Versorger abhängig und verstärkt die Festschreibung von Reproduktionsarbeit als Frauenressort. Das soziale Engagement hat für Frauen als Tätigkeit zwischen Haus- und Erwerbsarbeit insofern oft eine Kompromissfunktion: Die Hausarbeit füllt sie nicht aus und der Zugang zum Erwerbsleben bleibt ihnen wegen der nach wie vor schwierigen Vereinbarkeit von Familie und Beruf verwehrt. Der gesellschaftliche Individualisierungsprozess hat zwar zu einer Veränderung der traditionellen Geschlechtsrollen geführt, jedoch vollzieht sich diese Veränderung immer noch vor allem im Bewusstsein und auf dem Papier. Das tatsächliche Verhalten und die gesellschaftlichen Strukturen ändern sich nur langsam. Das hat zur Folge, dass die Gleichheitserwartung der Frauen in der Realität auf vielfältige Ungleichheiten stößt, die durch ihr sensibilisiertes Geschlechtsrollenbewusstsein als besonders widersprüchlich erlebt werden (vgl. Beck 1986). Mit Hilfe der biographieanalytischen Perspektive wurde deshalb herausgearbeitet, wie sich die gesellschaftliche Veränderung bezüglich der Geschlechtsrollentypisierungen und der Konstanz der Wirklichkeit im Engagementverlauf von Freiwilligen niederschlägt (vgl. 3.3.3). Insgesamt lässt sich festhalten, dass der Stellenwert des freiwilligen *sozialen* Engagements in der individuellen Biographie von Frauen von vielschichtigen, auch widersprüchlichen Faktoren beeinflusst wird und deshalb einerseits Ausdruck bewussten Handelns im Sinne der Realisierung eigener Interessen sein kann, aber andererseits auch zur Aufrechterhaltung der geschlechtsspezifischen Arbeitsteilung und der Benachteiligung von Frauen beitragen kann.

Für die Förderung neuer Engagementformen im sozialen Bereich durch Wohlfahrtsverbände lässt sich an dieser Stelle ableiten, dass in den Verbänden das Bewusstsein dafür geschärft werden muss, welche grundsätzlichen Merkmale für die neuen Engagementformen charakteristisch sind (vgl. 3.1.2). Darüber hinaus ist zu berücksichtigen, dass die freiwillige Tätigkeit einen ganz unterschiedlichen, geschlechtsspezifisch beeinflussten Stellenwert in der individuellen Biographie der Aktiven einnehmen kann (vgl. 3.3.2 und 3.3.3), woraus jeweils andere Erwartungen an die Tätigkeit und deren Förderung durch einen Wohlfahrtsverband erwachsen können. Bezogen auf die Ausdifferenzierung des Ehrenamtsbegriffs wird deutlich, dass sich Wohlfahrtsverbände mit der Programmatik der neuen Begrifflichkeiten beschäftigen müssen, um sich in diesem Feld positionieren zu können. Wollen sie sich auf das bürgerschaftliche Engagement zubewegen, dürfen sie sich der demokratischen Zielsetzung des Bürgerengagements nicht verschließen – gerade in dessen Fähigkeit, Brücken zu schlagen (vgl. 3.2.2), liegt auch für Verbände die große Chance, in der Vernetzung mit anderen Trägern und Förderern bürgerschaftlichen Engagements eine tragende Rolle einzunehmen. Dies wird aber nur gelingen, wenn sich die Wohlfahrtsverbände auf eine enge Kooperation mit den Kommunen sowie auf die Verantwortung für den unmittelbaren öffentlichen Lebensraum einlassen. Das bedeutet für die Verbände und Einrichtungen, dass sie nicht mehr in erster Linie Freiwillige für ihre bestehenden Aufgabenfelder rekrutieren oder Mitglieder werben, sondern die BürgerInnen mit deren Ideen, Interessen und Fähigkeiten in den Mittelpunkt stellen und unterstützen (vgl. Roß/Klie 2002).

Da die Förderung freiwilligen sozialen Engagements durch Wohlfahrtsverbände nicht nur abstrakt durch die Organisation des Verbandes und ihre Strukturen erfolgt, sondern erst durch die mit der Engagementförderung beauftragten Fachkräfte für die freiwillig Tätigen an Konkretion gewinnt, wird im folgenden Kapitel der Frage nachgegangen, wie professionelles sozialpädagogisches Handeln in Wohlfahrtsverbänden charakterisiert werden kann und welche Herausforderungen sich für professionelle SozialpädagogInnen/SozialarbeiterInnen ergeben, die mit freiwillig Engagierten zusammenarbeiten.

4 Professionelles sozialpädagogisches Handeln in Wohlfahrtsverbänden

Nach den Ausführungen der vorangegangenen Kapitel über Wohlfahrtsverbände aus den Perspektiven der Wohlfahrtsverbändeforschung und der neueren Organisationstheorien sowie über die verschiedenen Facetten des freiwilligen sozialen Engagements wird im folgenden Kapitel die Frage des professionellen sozialpädagogischen Handelns in Organisationen, insbesondere in Wohlfahrtsverbänden, erörtert. Es wurde gezeigt, dass Wohlfahrtsverbände in den letzten Jahren vor allem ihre von der Einflusslogik geleitete Entwicklung als betriebswirtschaftlich gesteuerte Dienstleistungsunternehmen vorangetrieben haben (vgl. Kapitel 1). Als Antwort auf diese Entwicklung wurde das integrative Entwicklungsphasenmodell, als ein Modell der Dynamisierung der Wohlfahrtsverbände in Form von organisationalem Lernen, vorgeschlagen, das auch der Mitgliedschaftslogik der Verbände und der Orientierung an den AdressatInnengruppen, einen hohen Stellenwert einräumt (vgl. Kapitel 2). In einem weiteren Schritt wurden Entwicklungslinien und Ausdifferenzierungen des freiwilligen und bürgerschaftlichen Engagements aufgezeigt sowie dessen Bedeutung in den Lebensentwürfen von Freiwilligen (vgl. Kapitel 3). Auf der Basis dieser verschiedenen theoretischen Zugänge fragt nun die Auseinandersetzung mit professionellem sozialpädagogischen Handeln in Wohlfahrtsverbänden danach, wie sich Einflussund Mitgliedschaftslogik vor dem Hintergrund der Entwicklungslogik organisationalen Lernens im konkreten Handeln der sozialpädagogischen Fachkräfte und in ihrer professionellen Identität niederschlagen. Folgende Aspekte scheinen hierfür von zentraler Bedeutung zu sein: Professionelles sozialpädagogisches Handeln in Wohlfahrtsverbänden bewegt sich zum einen in einem *Spannungsfeld von Organisations- und AdressatInnenorientierung*: Die sozialpädagogischen Fachkräfte müssen sich in ihrer Arbeit einerseits an den organisationalen Rahmenbedingungen ausrichten und andererseits an den Erwartungen der AdressatInnen orientieren. Zum andern soll die Frage nach dem professionellen sozialpädagogischen Handeln zugespitzt werden auf die Untersuchung des *Spannungsfeldes zwischen Hauptamtlichen und freiwillig Engagierten*: Die Förderung freiwilligen sozialen Engagements im Kontext von Wohlfahrtsverbänden erfolgt neben entsprechenden organisational-strukturellen Voraussetzungen vor allem in der konkreten Interaktion von Personen. Es wird hier die Annahme zugrunde gelegt, dass sich die professionelle Identität von Hauptamtlichen auf das spezifische Verhältnis von beruflich Tätigen zu freiwillig Engagierten entscheidend auswirkt. Die komplexe Frage lautet also: *Was bedeutet professionelles sozialpädagogisches Handeln von Hauptamtlichen im Umgang mit freiwillig Engagierten im Spannungsfeld von Organisations- und AdressatInnenorientierung in einem Wohlfahrtsverband?*

Um der Beantwortung dieser Frage näher zu kommen, wird zunächst geklärt, welcher Professionsbegriff den folgenden Betrachtungen zugrunde gelegt werden soll

und welche Charakteristika professionelles sozialpädagogisches Handeln auszeichnen. In einem zweiten Schritt wird professionelles sozialpädagogisches Handeln im
Spannungsfeld zwischen Organisations- und AdressatInnenorientierung diskutiert,
bevor schließlich drittens das spezifische Verhältnis zwischen beruflich und freiwillig
Tätigen umrissen wird, wobei der Schwerpunkt der Betrachtung auf der professionellen Identität der Hauptamtlichen liegt.

4.1 Begriff und Charakteristika sozialpädagogischer Professionalität

Ganz allgemein gesprochen lassen sich in der soziologischen Tradition diejenigen
Dienstleistungsberufe als Professionen verstehen, »die ein systematisch entwickeltes
wissenschaftliches Wissen auf Praxisprobleme anwenden, die von herausragender
Bedeutung sowohl für die betroffenen KlientInnen als auch für die Gesellschaft sind«
(Merten/Olk 1999: 956; vgl. Combe/Helsper 1996 b: 21). Professionelles Handeln
muss sich indes im Fallbezug bewähren, so dass „neben das auf Allgemeingültigkeit
zielende (wissenschaftliche) Wissen die (hermeneutische) Kompetenz des Fallverstehens tritt« (Gildemeister 1996: 443; vgl. Merten/Olk 1999: 961).

Eine allgemein gültige, konsensfähige Definition des Begriffs der sozialpädagogischen Professionalität vorzunehmen ist jedoch kaum möglich, da innerhalb der Professionalisierungsdebatte die Vielfalt der Positionen bezüglich einer spezifisch sozialpädagogischen Professionalität groß und teilweise konträr ist. So werden beispielsweise system-, indikations-, status-, macht-, rationalitäts-, kommunikations-, hand-
lungs- und wissenstheoretische Perspektiven diskutiert, die sich in entsprechenden
Professionskonzepten niederschlagen (vgl. Dewe u.a. 1995: 25 ff.; Gildemeister/Ro-
bert 2000: 316; Dewe/Ferchhoff/Radtke 1992: 17). Die Komplexität der Debatte um
die Professionalisierung der Sozialen Arbeit liegt mithin in der Vielfalt der sich vermi-
schenden Aspekte: Es erfolgt sowohl eine deskriptive Bestandsaufnahme allgemeiner
professioneller Merkmale sowie eine normative Auseinandersetzung darüber, wie Soziale Arbeit sein soll, als auch eine Analyse der Handlungsproblematik sozialer Arbeit.
»Das hat damit zu tun, daß auf der einen Seite ein Interesse an der Professionalisierung des Berufs im Sinne seiner *Aufwertung* im Gesamtfeld der Berufe besteht, also
eine Strategie kollektiver Statusverbesserung verfolgt wird. Zum anderen aber wird
versucht, *über* die Professionalisierungsdebatte auf das berufliche Handeln Einfluss
zu nehmen, es erst einmal systematisch zu entwickeln, zu fundieren und zu legitimieren. Wenn in diese bereits unklare Gemengelage dann noch die generelle professio-
nalisierungskritische Diskussion um die Gefahren der Professionalisierung hereinragt,
wird sie vollends unübersichtlich« (Gildemeister 1992: 210; vgl. auch Jakob 1999:
116). Hier wird deshalb nicht die gesamte Professionalisierungsdebatte in all ihren Facetten aufgerollt, sondern es sollen lediglich schlaglichtartig die für die Fragestellung
dieser Arbeit wichtigsten Gesichtspunkte dargestellt werden.

4.1.1 Attribute von Professionen

Ausgangspunkt der Betrachtung der Sozialpädagogik/Sozialarbeit als Profession ist häufig der Vergleich mit den so genannten klassischen Professionen der Juristen, Ärzte sowie Theologen.[1] Klassische Professionen werden in der Literatur oft anhand ihrer typischen Merkmale beschrieben und so von »einfachen« Berufen abgegrenzt. Folgende Merkmale werden i.d.R. besonders hervorgehoben (vgl. hierzu Dewe u.a. 1995: 27 ff.; Gildemeister 1992: 207; Scherr 2001: 28):

• Professionen basieren auf einer eigenständigen wissenschaftlichen Leitdisziplin, deren Wissen über langjährige wissenschaftliche (i.d.r. zweigliedrige) Ausbildungsgänge erworben wird.

• Die Arbeit der Professionellen erfüllt einen Dienst an der Allgemeinheit, trägt zur Stabilität der Gesellschaft bei, indem zentrale Werte wie Gesundheit, Gerechtigkeit und Religion gefördert werden, und dient eher dem öffentlichen Wohl als den privaten Interessen der Professionsangehörigen.

• Die Ausübung der Profession erfolgt meist als selbständige, freiberufliche Tätigkeit und geschieht in weitgehender Autonomie gegenüber Institutionen und KlientInnen. D.h. die Professionellen gelten als Experten in ihrem monopolisierten Aufgabenbereich und verfügen über große sachliche und persönliche Entscheidungs- und Gestaltungsfreiheit.

• Professionen genießen ein hohes Ansehen innerhalb der Gesellschaft, das sich auch in ihrem Einkommen niederschlägt.

• Die Angehörigen der Profession sind an bestimmte moralisch-ethische Verhaltensregeln gebunden.

• Professionen sind in einem Berufsverband[2] mit weitreichender Selbstverwaltung, Kontroll- und Disziplinargewalt organisiert.

Auf die Aufzählung solcher Professionsmerkmale stützt sich die *indikationstheoretische Perspektive*, die davon ausgeht, dass sich der Grad der Professionalisierung einer bestimmten Tätigkeit anhand der empirisch erfassbaren Erfüllung dieser Definitionsmerkmale ablesen lässt (vgl. Dewe u.a. 1995: 29). Diese auch als *»Attribute-Modell«* bezeichnete Perspektive findet breite Zustimmung, weil sie »Anhaltspunkte für die Ausrichtung berufspolitischer Professionalisierungsstrategien [verspricht]« (Merten/

---

[1]   Die männliche Form steht hier ganz bewusst als Hinweis auf die historische Entwicklung von Professionen als Arbeitsfelder, zu denen Frauen zunächst keinen Zugang hatten. Der historische Prozess der Arbeitsteilung als »Transformation von immer mehr gesellschaftlichen Tätigkeiten und Aufgaben in die Organisationsform des Berufs« (Gildemeister/Robert 2000: 317) und die Polarisierung der »Geschlechtscharaktere« (Hausen 1988) wies den Frauen die Haus- und Familienarbeit als unspezialisierte, ganzheitliche und ihren »natürlichen Anlagen« entsprechende Tätigkeit zu, während die sich durchsetzende Berufsförmigkeit von Arbeit als spezialisiertes, spezifisch gekonntes und komplexes Tun mit der »Sphäre der Männer« gleichgesetzt wurde. Als Folge dieser Geschlechtertrennung entstehen die »Sozialcharaktere, die zur ›Erklärung‹ der sichtbaren gesellschaftlichen Prozesse aber vorausgesetzt werden. ›Geschlechtsspezifik‹ ist mithin nicht die Grundlage, sondern ein Effekt gesellschaftlicher Differenzierungen, hier: der Teilung der Arbeit« (Gildemeister/Robert 2000: 318).

[2]   Mit Berufsverbänden als zentrales Professionalisierungskriterium hat sich Jörgen Schulze-Krüdener (1996) umfassend beschäftigt.

Olk 1999: 957), die auch unter *statustheoretischen Gesichtspunkten* von Bedeutung sind (vgl. Dewe u.a. 1995: 25). Dieses Modell hält allerdings an der Benennung von bestimmten äußeren Merkmalen professioneller Berufe fest, ohne danach zu fragen, ob eine so gefasste professionelle Strukturlogik für die Ausführung einer bestimmen beruflichen Aufgabe überhaupt angemessen ist bzw. ob der besagte Beruf professionalisierungsbedürftig und -fähig ist (vgl. Merten/Olk 1999: 957).

4.1.2 Professionalisierung versus Expertisierung

Das mit Hilfe der genannten Merkmale gezeichnete Bild von Professionen und dessen Übertragung auf Soziale Arbeit erfährt darüber hinaus auch unter dem Titel der Expertokratie Kritik, weil »in dieser Art der Organisation von Arbeit ein Mechanismus der Monopolisierung und der Abschottung von Kompetenzbereichen gegenüber andern unvermeidlich ist« (Gildemeister 1992: 207). D.h. es entstehen ausdifferenzierte und mit Sonderwissen ausgestattete Berufe als eine typische Form der Problembearbeitung in modernen Gesellschaften, und auf der Grundlage ihres Sonderwissens reklamieren viele Berufe einen Expertenstatus für sich und definieren alle anderen als »Laien«. Ein solches Expertentum, »das auf spezialisiertes Wissen zur ›Lösung‹ von sozialen und psychischen Problemen gründet«, taugt jedoch nicht für das Feld der Sozialen Arbeit (Dewe u.a. 1995: 16). Professionelles Handeln in der Sozialen Arbeit lässt sich nicht auf die dogmatische Befolgung von Regeln beschränken. Es zeichnet sich vielmehr dadurch aus, dass es sowohl den Regeln sachlicher und wissenschaftlicher Standards folgt, als auch auf Kompetenzen, die Verstehen und Verständigung ermöglichen, basiert. So wird »die Problemlösungsrelevanz technisch-instrumenteller Problembearbeitungsstrategien durch den Primat der Respektierung der Handlungs- und Entscheidungsautonomie der Klienten relativiert« (ebd.). Folglich verlieren Lösungsansätze, die aus Expertenperspektive fachlich angezeigt wären, an Bedeutung, wenn die AdressatInnen sich in ihnen nicht wiederfinden können. Hinzu kommt, dass es Soziale Arbeit mit so komplexen Lebens- und Problemzusammenhängen zu tun hat und ihre professionellen Interventionsmöglichkeiten in einer Weise – z.B. durch gesellschaftliche Bedingungen – beschränkt sind, dass eine lineare, deduktive, technokratische Anwendung wissenschaftlichen Regelwissens auf weitere Grenzen stößt (vgl. ebd.). Der expertokratische, technisch-instrumentelle Zugang zu Probemstellungen im Feld der Sozialen Arbeit ist zu einseitig und »verbindet sich zum einen [mit] eine[r] Geringschätzung der hermeneutisch-sinnverstehenden, auf den konkreten Fall bezogenen Deutungs- und Handlungskomponenten. Zum anderen geht damit in der Regel eine Geringschätzung der lebenspraktischen Autonomie der Klientel sozialer Arbeit einher« (ebd.: 17). Aus diesem Grund ist eine – wenn auch idealtypische, jedoch grundlegende Tendenzen im beruflichen Habitus ausdrückende – Unterscheidung zwischen einer »entmündigenden Problem*lösung* durch den Experten« und einer »stellvertretenden Problem*deutung* durch den Professionellen« sinnvoll (ebd.; vgl. Merten/Olk 1999: 959 f.).

Professionelles sozialpädagogisches Handeln besteht also nicht aus der technisch-instrumentellen Anwendung von Regelwissen, das den AdressatInnen ihre lebenspraktischen Entscheidungen abnimmt, sondern es konstituiert sich »durch ein Fallverstehen, für das wissenschaftliches Wissen ein notwendiges Element darstellt«, das jedoch unbedingt »durch Erfahrungswissen und hermeneutische Sensibilität für den Fall« zu ergänzen ist (Dewe u.a. 1995: 18). Wissenschaftliches (Regel-)Wissen dient den Professionellen insofern zum Verstehen von Fallgeschichten, zur angemessenen Diagnose von Problemen, zur Planung von Interventionen und zur Begründung von Entscheidungen. Es muss aber grundsätzlich daraufhin überprüft werden, ob es im Einzelfall tauglich ist (vgl. Scherr 2001: 25). Professionelles Handeln »kann warten bis man es braucht und achtet die Autonomie des Klienten hinsichtlich der Wege und Ziele der Problembearbeitung« (Dewe u.a. 1995: 18).[3]

Das hier geschilderte Professionsverständnis entspricht dem »*strukturtheoretischen*« *Professionskonzept*, dessen Grundidee darin besteht, »professionelle Berufe als Vermittlungsinstanzen zwischen Theorie und (Lebens-)Praxis und damit auch als Vermittler zwischen wissenschaftlichem Wissen und Alltagswissen zu konzeptualisieren« (Merten/Olk 1999: 960). Ein professioneller Handlungstypus ist danach nicht allein am »Grad der Systematisierung bzw. Wissenschaftlichkeit der professionellen Wissensbasis« zu erkennen, sondern auch am Umgang mit den AdressatInnen und den »interpretative[n] Leistungen der ›stellvertretenden Deutung‹ von Problemen der Lebenspraxis«; es geht also in der Beziehung zur Klientel »um Kommunikation, um das Verstehen von Bedeutungen und [die] intuitiv-situative Anwendung von universalisierten Wissensbeständen auf den konkreten Fall« (ebd.).

4.1.3 Soziale Arbeit als Semi-Profession

Das Berufsfeld der Sozialen Arbeit wird in Bezugnahme auf die Merkmale der klassischen Professionen häufig als »Halb-«, »Quasi-«, »unvollständige« oder »Semi-Profession« bezeichnet, da es die klassischen Professionsmerkmale nicht – oder noch nicht – vollständig ausgebildet hat (vgl. Gildemeister 1996: 443; Dewe/Otto 1987: 781; Schütze 1992: 132). Semi-Professionen sind also solche Berufe, »die nur teilweise und unvollkommen durch soziale Mechanismen eine eigene Kompetenz gegenüber dem Laienpublikum wie auch gegenüber der Gesellschaft durchsetzen können«, da sie beispielsweise weder feste, die Berufszugehörigkeit festlegende Zugangsregeln noch ein Standesgericht haben und auch nicht über die autonome Zuständigkeit in einem monopolisierten Aufgabenbereich verfügen (Dewe/Otto 1987: 781). Daraus folgt für

---

[3] Zur Konkretion des Fallverstehens bzw. der sozialpädagogischen Fallarbeit vgl. die unterschiedlichen Ansätze von Burkhard Müller in »Sozialpädagogisches Können« (1994)sowie von Klaus Mollenhauer/Uwe Uhlendorff in »Sozialpädagogische Diagnosen« (Bd. I 1992; Bd. II 1995) und Uwe Uhlendorff in »Sozialpädagogische Diagnosen III« (1996).

dieses Berufsfeld sowohl eine »diffuse Allzuständigkeit« als auch ein geringes Maß an Spezialisierung (vgl. Dewe/Otto 2001 a: 1405).

Im Unterschied zu den klassischen Professionen sind Semi-Professionen von staatlicher Steuerung stark abhängig und in bürokratische Organisationen direkt eingebunden. Damit verbunden ist die enge Koppelung von Hilfe und Kontrolle. »Die professionelle Bearbeitung klienteler Problemlagen unterliegt (…) einer doppelten Steuerungs- und Selektionsanforderung« (Merten/Olk 1999: 961), einem »doppelten Mandat«. Professionelles Handeln in einer Semi-Profession wirkt einerseits auf der Grundlage von gesetzlichen Vorgaben, aus denen Organisationsstrukturen hervorgehen, die häufig weniger auf die individuelle und soziale Problemsituation ausgerichtet sind als auf die Zuordnungs- und Selektionskriterien der Gesetzgebung. Und andererseits bedient es sich einer spezifischen Verknüpfung von hermeneutisch-intuitiven Fallprämissen und wissenschaftlich-generalisierten Wissensbeständen (vgl. ebd.). D.h. also, sozialpädagogisches Handeln befindet sich in dem handlungslogischen Dilemma einer gleichzeitigen Gültigkeit des normensichernden Rechtshandelns und den mit Wissenschaftswissen verknüpften hermeneutisch-intuitiven Handlungsprinzipien (vgl. Dewe/Otto 2001 a: 1407; vgl. auch Böhnisch 1988).

Darüber hinaus hat es Soziale Arbeit mit vielen Problemlagen des alltäglichen Lebens zu tun, so dass es für ein Laienpublikum schwer nachvollziehbar ist, dass es hier besonderer Kompetenzen bedarf (vgl. Gildemeister 1996: 443 f.). Im Gegensatz zu den klassischen Professionen, die trotz ihrer Einbindung in eine symmetrische Interaktion mit ihrer Klientel durch das Setting ihrer Berufsausübung (wie Arztpraxis, Anwaltskanzlei oder Beichtstuhl) sowie Abstinenzregeln und Distanzierungsmechanismen »eine systematische *Differenz zum Alltag* symbolisieren«, bewegt sich die Soziale Arbeit näher am oder sogar unmittelbar in einem »alltagsweltlichen Bezug zum Problem und dem mit ihm Beladenen (…). In diesem Feld müssen die (…) Spannungen verberuflichter Bearbeitung von Problemen der Lebensbewältigung und -praxis gleichsam ungeschützt abgearbeitet und ausgehalten werden« (Gildemeister/Robert 2000: 321; Hervorhebung im Original). Die hier notwendigen Handlungslogiken lassen sich weder ganz »dem Bereich professionellen Handelns noch dem der von Beruflichkeit geschiedenen alltäglichen Tätigkeiten der Lebensbewältigung« zuordnen (ebd.).

4.1.4 (Semi-)Professionalität und Geschlechterverhältnis

Ein weiterer – auch historisch begründeter – Aspekt, der sich auf die Einordnung der Sozialen Arbeit als Semi-Profession auswirkt, wird in der Literatur zur Professionalisierungsdebatte häufig kaum berücksichtigt: Die Wurzeln der Sozialen Arbeit liegen u.a. in der bürgerlichen Frauenbewegung, und auch heute noch ist Sozialpädagogik/Sozialarbeit ein überwiegend von Frauen ausgeübter Beruf; soziale Berufe sind immer noch »weiblich« konnotiert und werden entsprechend typisiert (vgl. Gildemeister/

Robert 2000: 316; Hering 2001; Thiersch 2002 b).[4] Hinzu kommt, dass im öffentlichen Bewusstsein Soziale Arbeit nach wie vor eine große Nähe zum Ehrenamt hat und »bezahlte Nächstenliebe« oft als anrüchig erscheint (vgl. Gildemeister 1996: 443; Müller 1991: 9 ff.; Rauschenbach 1986). Es kann von einem strukturlogischen Zusammenhang ausgegangen werden zwischen Verberuflichungs- und Professionalisierungsprozessen und der Entstehung der historisch spezifischen Geschlechterordnung (vgl. Fußnote 78). Geschlechtsbezogene Konzeptionierungen wie die Metapher der »geistigen Mütterlichkeit« sind bis heute – zumindest latent – in den Handlungsansätzen und Institutionalisierungsmustern der sozialen Berufe, bis hin zur Debatte um neue Formen freiwilligen sozialen Engagements, generativ wirksam (vgl. Gildemeister/ Robert 2000: 317; vgl. hierzu auch die Ausführungen von Rabe-Kleberg 1996: 278 ff.). Die Metapher »geistige Mütterlichkeit« lässt sich so auslegen, dass die Aufmerksamkeit »ganzheitlich« auf die Bedürfnisse der anderen gerichtet wird, während eine dauerhafte Selbstbeschränkung erfolgt. Die Konzentration auf die Gefühle der anderen und ein adäquates Management der eigenen Emotionen werden in »Frauenberufen« genauso selbstverständlich erwartet und gefordert wie auch von vielen Frauen in anders typisierten Berufen. »Viele der einschlägigen Tätigkeits- und Berufsrollenmuster scheinen dabei gekennzeichnet zu sein durch eine Tendenz zu struktureller Selbst-Losigkeit« (ebd.: 322). Auf die »Voll-Professionalisierung« der Sozialen Arbeit wirkt sich diese Vergeschlechtlichung hinderlich aus.[5] In den sozialen Berufen mit ihrer »diffusen Allzuständigkeit« bewegt sich das professionelle Handeln nahe am Alltag der AdressatInnen, ohne dass immer eindeutig benannt werden kann, was jeweils der genaue »Auftrag« und wie das »Problem« zu definieren ist. Insofern entstehen die »Semi-Professionen« als zuarbeitende und vermittelnde Berufe, die nicht durch Attribute wie Abstinenz von der Lebenspraxis der Klientel, der eindeutigen Klärung von Auftrag und Mandat sowie durch autonomes Berufshandeln gekennzeichnet sind, sondern die sich auszeichnen durch ihre Alltagsnähe und die als »natürlich« angesehenen kommunikativen Kompetenzen der in ihnen Tätigen (vgl. ebd.). Will Soziale Arbeit nun mit den etablierten Professionen konkurrieren, ist es struktur-

---

[4] Zur Geschichte von Profession und Geschlecht vgl. Wetterer 1995 a.

[5] Am Beispiel der Psychologie, als sich gerade erst etablierende Profession, analysieren Gildemeister/Robert (2000: 323 ff.) sehr eindrücklich, wie seitens der Deutschen Gesellschaft für Psychologie die Tatsache, dass der Frauenanteil im Studium steigt und den Männeranteil mittlerweile übertrifft, als Bedrohung für die Profession aufgefasst wird: Psychologie sei auf dem Weg, ein Frauenstudium und somit ein Frauenberuf zu werden, und dies schade z.B. dem Prestige der Psychologie, auch die Bezahlung in diesem Beruf würde durch den steigenden Frauenanteil langfristig sinken etc. In der Argumentation der Deutschen Gesellschaft für Psychologie wird eine eindeutige Korrelation zwischen dem Anteil der Frauen und einem zurückgehenden Sozialprestige der Profession suggeriert. »Das Geschlecht wird als eine selbstexplikative Merkmalsgröße zitiert« (S. 325). Anhand von Forschungen zum Verhältnis von Geschlecht und Professionalisierung kann der Sachverhalt belegt werden, »dass die Feminisierung von Berufen stets mit deren Entwertung einhergeht und die Vermännlichung stets mit deren Statuszuwachs oder zumindest einer Statuskonsolidierung« (Wetterer 1995 b: 230). Es lässt sich zeigen, »dass die Vergeschlechtlichung von Berufen auch ohne explizite ›böse Absicht‹ jene Grundstruktur des sozialen Systems der Zweigeschlechtlichkeit reproduziert, die für das ›doing gender‹ auf allen Ebenen der Vergesellschaftung kennzeichnend ist: die Grundstruktur einer immer schon hierarchischen Differenz« (ebd.).

logisch erforderlich, dass sie eine eigenständige Dimensionierung von Gegenstands-
bestimmung und Aufgabenstellung vornimmt und eine eigene Wissensbasis sowie
spezifische Settings und Handlungsmodelle entwickelt.[6] Je ähnlicher die Soziale Arbeit den »Voll-Professionen« wird, umso größer ist aber die Gefahr, dass sie ihre besonderen Qualitäten der Alltagsnähe und der »formal-informellen Beziehungen«
(Merten/Olk 1999: 977) aufgrund von Differenzierungszwängen aufgeben muss (vgl.
Gildemeister/Robert 2000: 323).

Die Arbeitswelt und die konventionelle Ordnung der Berufe befinden sich derzeit
jedoch in einem tiefen Wandel, von dem auch die Professionen nicht ausgeschlossen
sind. Indem sie – beispielsweise aufgrund der Erosion sozialer Milieus, in denen »Mo-
di und Qualitäten sozialer Integration nicht mehr ›naturwüchsig‹ und ›alltäglich‹ gegeben sind«, sondern erst »methodisch inszeniert« werden müssen (ebd.: 331) – an
Grenzen ihrer eingespielten Bearbeitungsmuster stoßen, scheinen sich auch einige
Grenzen zu den Semi-Professionen zu verschieben. Diese Entwicklung wird allerdings die Geschlechtsbezogenheit der Arbeitsteilung nicht aufheben. So lässt sich in
den klassischen Professionen zum einen eine vertikale Differenzierung beobachten,
mit der Konsequenz, dass Frauen weiterhin in Distanz zu einflussreichen, mit Macht
versehenen Positionen bleiben. Und zum andern erfolgt eine horizontale Differenzierung, indem sich »bestimmte Bereiche innerhalb der Professionen ›feminisieren‹, d.h.
einen höheren Frauenanteil als andere Bereiche aufweisen« (ebd.: 327; vgl. Bauer
1998 b).[7]

Für den Frauenberuf Soziale Arbeit wird seit einigen Jahren folgende Dynamik
sichtbar: »Hier vollzieht sich eine tiefer reichende Differenzierung (noch) *innerhalb*
des Berufsfeldes und zwar in solche Bereiche, die eine verstärkte Professionalisierung
zulassen oder sogar erfordern (wie z.B. diejenigen der Supervision, der sozialen The-
rapie, spezialisierter Beratung u.s.w.), und in solche, die in dieser Entwicklung gleichsam zurückbleiben, tendenziell sogar wieder entberuflicht zu werden drohen« (Gil-
demeister/Robert 2000: 327; Hervorhebung im Original). Der zweite, traditionell semi-
professionelle Bereich ist vom Abstieg innerhalb der beruflichen Anspruchs- und Sta-
tushierarchie bedroht. Für bestimmte Aufgaben und Handlungsfelder im Dienstleis-
tungsbereich wird eine Entberuflichung gefordert, verbunden mit der Verlagerung
dieser Tätigkeiten in Formen des freiwilligen sozialen und bürgerschaftlichen Engagements. Diese Forderungen basieren auf dem Gedanken eines Grundeinkommens
oder Bürgergeldes als Grundfigur sozialer Sicherung. So sollen nicht monetarisierbare

---

[6] Diese Thematik wird bspw. diskutiert in der Gegenüberstellung von Disziplin und Profession (vgl. Dewe/Otto
2001 b: 1974 ff.; Merten 1997; Merten 2001 b) sowie im Kontext der Forderung nach einer Sozialarbeitswissenschaft (vgl. z.B. Merten/Sommerfeld/Koditek 1996; Merten 2001 a; Puhl 1996; Wendt 1994; Gängler/Rau-
schenbach 1996; Engelke 1992).

[7] Die Geschichte der Professionalisierung der Medizin ist hierfür ein ganz klassisches Beispiel, ist sie doch »zugleich eine Geschichte der absichtsvollen Dequalifizierung und Unterordnung weiblicher Tätigkeitsbereiche
gewesen (...), aus denen dann die noch heute ›typisch weiblichen‹ semi-professionellen Berufe der Kranken-
schwester, Hebamme oder Arzthelferin wurden« (Wetterer 1995 b: 230).

(v.a. nicht länger öffentlich finanzierbare) gesellschaftliche Arbeiten – also »alltagsnahe« oder auch »hausarbeitsnahe« Tätigkeiten in Sozialen Diensten und Vereinen – in einen »Tätigkeitssektor« verlagert werden (vgl. ebd.: 328; hierzu auch Endres/ Back 1999).[8] Die hier angesprochenen Tätigkeiten sind zum größten Teil mit den »tradierten Konstrukten ›weiblicher Natur‹ verbindbar und werden auch empirisch nahezu ausschließlich von Frauen wahrgenommen« (Gildemeister/Robert 2000: 329).[9] So kann angenommen werden, dass im Bereich der alltags- und hausarbeitsnahen Tätigkeiten »zentral und selbstverständlich an den konventionell verfassten Strukturtypus ›Weiblichkeit‹ angeknüpft werden wird«, wenn es darum geht, eine Quelle für »Bindung, Motivation, Orientierung, Sinn und nicht zuletzt Anerkennung im ›Ehrenamt‹ des freiwilligen sozialen Engagements« zu erschließen; »das historisch ausgebildete und nach wie vor orientierungswirksame, spezifisch tätigkeitsbezogene Konstruktionsmuster von Geschlechtlichkeit kann und wird unter den gegebenen Umständen als Ressource und Sinnquelle aktualisiert« (ebd.). Die angesprochene Tendenz der Entberuflichung würde v.a. Tätigkeitsbereiche treffen, die von erwerbstätigen Frauen besetzt sind, Frauen, die aufgrund ihrer guten Ausbildung im Sozialbereich aber auch die »›idealen‹ Adressatinnen für eine Tätigkeit im grundgesicherten Sektor« wären (ebd.; vgl. 4.3.3).

So lässt sich zusammenfassend festhalten, dass das Muster geschlechtsspezifischer Arbeitsteilung im Zusammenhang mit Professionalisierung auch heute noch hochaktuell ist. Die Folge der Einteilung der Arbeit in weibliche und männliche Tätigkeiten, denen geschlechtsspezifische Kompetenzprofile und Handlungstypiken zugrunde liegen, ist soziale Ungleichheit. Deshalb ist es unabdingbar, in der Professionalisierungsdiskussion die Mechanismen der (Re-)Produktion geschlechterteilender Konzepte aufzudecken und Versuchen der Re-Traditionalisierung in den Geschlechterverhältnissen unter dem Deckmantel der Krise des Sozialstaats entgegenzutreten (vgl. ebd.).

4.1.5 Charakteristika professionellen sozialpädagogischen Handelns

Zur Frage nach den Charakteristika professionellen sozialpädagogischen Handelns finden sich in den oben ausgeführten Aspekten der Professionalisierungsdebatte bereits deutliche Hinweise, die im Folgenden nochmals zusammengefasst und vertieft werden. Ausgangspunkt ist dabei die Definition vom Anfang des Kapitels: Eine Profession wendet ein systematisch entwickeltes *wissenschaftliches* Wissen *fallbezogen* auf – sowohl für die AdressatInnen als auch für die Gesellschaft relevante – *Praxis-*

---

[8] Vgl. hierzu auch das »Modell Bürgerarbeit« von Ulrich Beck (1997; 1999) sowie die kritischen Ausführungen dazu von Rudolph Bauer (1998 a).

[9] Vgl. hierzu auch die Ergebnisse des Freiwilligensurvey 1999 (von Rosenbladt 2000). So fasst dort Johanna Zierau in ihrer Betrachtung der Genderperspektive des freiwilligen Engagements zusammen, dass das Engagement von Frauen stärker familienbezogen und sozial bestimmt wird, während Männer eher Bereiche mit einer stärkeren Berufsrelevanz und einem höheren Prestige bevorzugen (Zierau 2000: 144).

probleme an. Professionelles *sozialpädagogisches* Handeln lässt sich dabei nicht allein aus den Attributen der klassischen Professionen ableiten und an ihnen messen, da diese für die Soziale Arbeit zu kurz greifen. Sozialpädagogisches Handeln kann nicht in dieses Professionsraster gepresst werden, auch wenn es häufig daran gemessen wird (vgl. die Ausführungen zur Semi-Profession). Dies wird besonders deutlich im Blick auf die Abgrenzung des professionellen sozialpädagogischen Handelns vom Expertentum: Professionalität in der Sozialen Arbeit zeichnet sich nicht dadurch aus, dass ExpertInnen die Probleme ihrer KlientInnen durch die Anwendung von Regelwissen lösen, sondern indem sie sie darin unterstützen, ihre Probleme so eigenständig wie möglich selbst zu lösen.

Soziale Arbeit findet jedoch in einem Arbeitsfeld statt, das durch widersprüchliche Erwartungen gekennzeichnet ist und für das es keine eindeutigen Regeln und Standardisierungen gibt. Deshalb müssen SozialpädagogInnen/SozialarbeiterInnen auch in beruflichen Situationen der Ungewissheit »ihre Handlungsmöglichkeiten/ihre Berufsrolle sozusagen selbst inszenieren« (Gildemeister 1992: 211). Da sich die einzelnen SozialpädagogInnen/SozialarbeiterInnen in der Ausprägung der eigenen Berufsrolle nicht auf verbindliche kollektive Vorstellungen beziehen können, ist das individuelle berufliche Selbstverständnis stark geprägt durch die Erfahrungen in den jeweiligen Berufsvollzügen. SozialpädagogInnen/SozialarbeiterInnen sind dabei ständig konfrontiert mit »Paradoxien professionellen Handelns« (Schütze 1992: 134), indem sie beispielsweise Einfluss nehmen sollen, ohne zu beeinflussen, oder die geleistete Hilfe zur Selbsthilfe gleichzeitig auch zu Unselbständigkeit und Abhängigkeit der AdressatInnen beitragen kann (vgl. Gildemeister 1992: 211 f.). Weil aber in der Sozialen Arbeit »kein einheitlicher professioneller Habitus ausgeprägt ist – keine kollektive Identität – und das Selbstbewußtsein gegenüber anderen Professionen oft nicht sehr hoch ist, können sie [die Paradoxien; E.S.] sich gerade hier in besonders zerstörerischer Weise entfalten« (Gildemeister 1992: 212). Ein Plausibilitätsverlust der ursprünglich erworbenen Orientierungen, Gefühle von Sinn- und Machtlosigkeit können zu einer Krise in der beruflichen Identität führen (vgl. ebd.; Thole/Cloos 2000: 553).

Die Professionalisierungsdebatte widmet sich vor diesem Hintergrund »der Suche nach einer ›Leitwissenschaft‹, nach der Strukturlogik helfenden Handels o.Ä.« (ebd.).[10] Ihre Auseinandersetzung mit den »die Berufsvollzüge fundierenden Handlungslogiken in der Sozialarbeit« (ebd.: 213) kommt einer besseren Orientierung in den Paradoxien professionellen Handelns zugute.[11]

---

[10] Die Schwierigkeit bei der Suche nach einer Leitwissenschaft für die Soziale Arbeit hat u.a. Ursachen in ihrer Entstehung als Wissenschaft: »War es zu Beginn des Aufbaus wissenschaftlicher Studiengänge noch ganz unvermeidlich, zunächst auf Personal aus den wissenschaftlichen Nachbardisziplinen zurückzugreifen, so verfestigen sich die damit eingehandelten Probleme einer fachlichen Identitätsdiffusion im Laufe der Zeit erheblich und lassen die Frage einer *fachlichen Autonomie* zu einem dauerhaften Strukturproblem werden« (Rauschenbach 1993: 20 f., Hervorhebung im Original).

[11] Vgl. hierzu die Ausführungen von Hans Pfaffenberger (2001 b), der betont, dass sozialpädagogische Qualifikation nicht nur durch Wissenserwerb erlangt werden kann, sondern auch der Aneignung von Handlungskompe-

Eine Grundfigur des sich nicht als expertokratisch verstehenden professionellen sozialpädagogischen Handelns ist das Modell der »stellvertretenden Deutung«[12], das auf lebenslagenhermeneutischen bzw. lebensweltorientierten Prinzipien basiert (vgl. Dewe u.a. 1995; Dewe/Otto 1987; Olk 1986).[13] Professionelles Handeln zeichnet sich diesem Strukturtypus folgend durch eine *doppelte Bezugnahme* auf einerseits wissenschaftliches Wissen sowie andererseits Erfahrungswissen und hermeneutische Sensibilität für den Fall aus. Mit Hilfe der Rekonstruktion der spezifischen Strukturlogik professionellen sozialpädagogischen Handelns lässt sich das »Professionswissen« näher bestimmen. Professionelles Wissen ist demnach »ein eigenständiger Bereich zwischen praktischem Handlungswissen, mit dem es den permanenten Entscheidungsdruck teilt, und dem systematischen Wissenschaftswissen, mit dem es einem gesteigertem Begründungszwang unterliegt. (...) Die Logik professionellen Handelns besteht also nicht in der ›Vermittlung‹, sondern in der Relationierung von Urteilsformen. Konstitutiv für die Handlungslogik des professionellen Praktikers ist die gleichzeitige Verpflichtung auf beide Urteilsformen (Wahrheit und Angemessenheit), ohne eine zu präferieren, nicht aber das Zusammenzwingen zweier Wissenskomponenten unter ein Einheitspostulat« (Dewe 2000: 298; vgl. Dewe/Ferchhoff/ Stüwe 1993: 195). Professionelles sozialpädagogisches Handeln beschäftigt sich insofern mit der Transformation des distanzierten fallübergreifenden Wissenschaftswissens in die alltagsweltliche Berufspraxis, in der vor allem individuelle Fallspezifika kontextbezogen zum Tragen kommen. Es geht also um die »systematische Relationierung von Urteilsformen« (Dewe/Otto 2001 a: 1419), bei der der Versuch unternommen wird, wissenschaftliches Erklärungswissen und alltagspraktisches Handlungswissen in Form des berufspraktischen Handelns von Professionellen zu versöhnen (vgl. Dewe u.a. 1995: 51). Wissenschaftliches Regel- und Methodenwissen ist demzufolge die meist entscheidungsvorbereitende, manchmal aber auch erst im Nachhinein entscheidungsbegründende Dimension des professionellen Handelns, die ihre Wirksamkeit erst in der Orientierung am spezifischen Subjekt und dessen Problem in einer fallverstehenden Hermeneutik erfährt (vgl. ebd.). D.h. also, professionelles Handeln erfolgt zwar idealtypisch auf der Basis eines wissenschaftlichen Erklärungswissens, aber sein »Medium« ist die »hermeneutische Kompetenz des Handeln-Könnens, durch das das Erklärungswissen wirksam werden kann, ohne dass die »Autonomie des lebenspraktischen Entscheidungshandelns« der AdressatInnen zerstört wird (ebd.: 52;

---

tenz bedarf. Die professionelle sozialpädagogische Handlungskompetenz stelle einen Schlüsselbegriff der Weiterentwicklung der Sozialarbeit/Sozialpädagogik zur Profession und zur Disziplin dar.

[12] »Stellvertretende Deutung« als Strukturtypus professionellen Handelns wurde ursprünglich von Ulrich Oevermann für das Handeln von LehrerInnen entworfen. Die AutorInnen rezipieren dabei i.d.R. in erster Linie Oevermanns unveröffentlichten Vortrag von 1981: Professionalisierung der Pädagogik. Professionalisierbarkeit pädagogischen Handelns.

[13] Vgl. dazu insgesamt auch Thomas Klatetzki (1993: 36 ff.), der sich aus der Perspektive einer interpretativen Ethnographie kritisch mit den Modellen der Semi-Professionalität und der stellvertretenden Deutung auseinandersetzt.

vgl. auch Koring 1989: 70 f. sowie 1996: 334 f.). Dabei darf nicht übersehen werden, dass auch »eine hermeneutische bzw. interpretative professionelle Kunstlehre des Fallverstehens«, die ihre Basis in alltagsweltlichen Handlungskompetenzen hat, »als systematisches Erkundungs- und Analyseverfahren besonders eingeübt werden muß und zu ihrer geordneten Anwendung im beruflichen Handlungsvollzug der Verinnerlichung zunächst expliziter Verfahrensprozeduren der Untersuchung und entsprechender Sozialisationsprozeduren bedarf«, um schließlich in einen spezifischen professionellen Habitus zu münden (Schütze 1992: 133). Dennoch »legitimiert sich die Kompetenz des professionalisiert Handelnden nur in der konkreten – sowohl spezifisch als auch diffus strukturierten – Interaktionssituation mit seinen Adressaten. Dies schließt ein, dass nur im situativen Handlungsvollzug die professionelle Befähigung generiert werden muss bzw. sich nur dort erweisen kann« (Dewe/Otto 2001 a: 1416). Diese »Ungewissheitssituation« bezüglich der Arbeitsaufgaben charakterisiert das Arbeitsfeld moderner »Dienstleistungsprofessionen«; professionelles Handeln würde hinfällig, wenn eine routinemäßige Bewältigung der Ungewissheiten, die in den jeweiligen Handlungssituationen liegen, möglich wäre (vgl. ebd.).

Professionelles sozialpädagogisches Handeln lässt sich als *dialogische Praxis* verstehen, die durch die *Gleichzeitigkeit von Theorie- und Fallverstehen* gekennzeichnet ist. Beide Komponenten stehen in einem unauflösbaren Widerspruch zueinander, dennoch ist jeweils situativ eine Einheit von Theorie und Praxis herzustellen. Dabei gilt es als professionell Handelnde/r, weder die theoretisch-wissenschaftliche Dimension technokratischer Regelanwendung in den Mittelpunkt zu stellen noch die hermeneutisch-fallorientierte Komponente so zu betonen, dass sie mit alltäglichem Interagieren und Verstehen gleichgesetzt und aus dem beruflichen Handeln eine Primärbeziehung wird (vgl. Dewe u.a. 1995: 23; Dewe u.a. 1996: 120). Charakteristisch für professionelles sozialpädagogisches Handeln ist deshalb auch seine *Reflexivität*. Die »Reflexion der Handlungslogik der je eigenen Berufspraxis« sichert die professionelle Distanz, die nötig ist, um sich einerseits nicht von der alltäglichen Lebenspraxis der Klientel vereinnahmen zu lassen und andererseits die AdressatInnen nicht zum »Objekt‹ sozialpädagogischer Manipulationen« zu machen (ebd.: 24; vgl. Dewe/Otto 2001 a: 1419; von Wensierski/Jakob 1997). Sozialpädagogisches Handeln lässt sich also verstehen als »eine planvolle, nachvollziehbare und damit kontrollierbare Gestaltung von Hilfeprozessen (...), die dahingehend zu reflektieren und zu überprüfen sind, inwieweit sie dem Gegenstand, den gesellschaftlichen Rahmenbedingungen, den Interventionszielen, den Erfordernissen des Arbeitsfeldes und der Institution sowie den Personen gerecht werden« (Galuske 1998: 143). Das »›Konstruktionsprinzip‹ reflexiver Professionalität« besteht – nochmals anders ausgedrückt – darin, durch Fallrekonstruktion und wissenschaftliche Reflexion den Alltag der KlientInnen bzw. einen Problemzusammenhang zu »dekomponieren«, »wobei im Prozess der Relationierung von Wissens- und Urteilsformen das ›Neue‹ in Gestalt einer handhabbaren und lebbaren Problembearbeitung/-lösung gemeinsam hervorgebracht wird« (Dewe/Otto 2001 a: 1419 f.).

Die hier beschriebenen Spezifika sozialpädagogischer Professionalität werden im Folgenden näher betrachtet unter dem Blickwinkel des Spannungsfeldes von Organisations- und AdressatInnenorientierung.

4.2 Professionelles sozialpädagogisches Handeln im Spannungsfeld von Organisations- und AdressatInnenorientierung

Professionelles sozialpädagogisches Handeln wurde zum einen als dialogische Praxis beschrieben, die gekennzeichnet ist durch den situativ und reflexiv auszuhandelnden *Widerspruch gleichzeitigen Theorie- und Fallverstehens*. Die Anwendung von Theorie hat sich insofern auf konkrete Fälle zu beziehen, damit steht die *Orientierung an den AdressatInnen* Sozialer Arbeit und die Respektierung der Autonomie ihrer Lebenspraxis im Zentrum professionellen sozialpädagogischen Handelns (vgl. Dewe/ Otto 2001 a: 1406). Aufgezeigt wurde unter dem Aspekt der Semi-Professionalität zum andern aber auch die Abhängigkeit Sozialer Arbeit von staatlicher Steuerung und ihre Einbindung in bürokratische Organisationen. Daraus ergibt sich das *handlungslogische Dilemma eines »doppelten Mandats«* von normensicherndem Rechtshandeln und mit Wissenschaftswissen gekoppeltem hermeneutisch-intuitiven Fallverstehen (vgl. 4.1.3). Neben der AdressatInnenorientierung bzw. dem Fallbezug, die in der Professionalisierungsdebatte als ganz zentral für professionelles sozialpädagogisches Handeln herausgearbeitet werden, ist für professionelles sozialpädagogisches Handeln also außerdem kennzeichnend, dass es sich in der Regel eingebettet in eine Organisation vollzieht (und nicht beispielsweise in der Praxis selbständiger, niedergelassener SozialpädagogInnen).[14] Diese Organisationen sind einerseits bestimmt durch die für das jeweilige Arbeitsfeld geltenden staatlichen Regelungen und andererseits durch die je spezifische Ausgestaltung der organisationssoziologischen Dimensionen (vgl. Kapitel 2). Gerade bei der Förderung neuer Formen freiwilligen sozialen Engagements durch Organisationen mit langer Tradition, wie es Wohlfahrtsverbände sind, wird die Arbeit der Professionellen auch maßgeblich von den Handlungsspielräumen, die die vorhandenen Strukturen ermöglichen, beeinflusst. Die kulturellen Ausprägungen in einer Organisation, ihre politischen Strategien nach innen und außen sowie die Dynamik ihrer Entwicklungsprozesse stellen den formellen und

---

[14] Es sei an dieser Stelle darauf hingewiesen, dass hier nicht unterstellt wird, dass die Organisation das professionelle Handeln *stärker* prägt als z.B. wissenschaftliches Wissen, hermeneutische Kompetenz und Berufserfahrung – mittels der Rezeption organisationssoziologischer Forschungsergebnisse (insbesondere durch den human-relations-Ansatz) wurden die auf *Sozial*bürokratien übertragenen Vorannahmen des Weberschen Bürokratietheorems relativiert (vgl. Merten 1997:153 f.; Merten/Olk 1999: 962). Dennoch ist die organisationale Einbettung professionellen Handelns eine wichtige zu berücksichtigende Größe.

informellen Rahmen für das professionelle sozialpädagogische Handeln mit der jeweiligen Zielgruppe dar.[15]

Die professionell Handelnden befinden sich in den Diensten und Einrichtungen der Sozialen Arbeit an der *Schnittstelle zwischen der Organisation und den AdressatInnen* als relevantem Teil der Organisationsumwelt – sie stellen folglich das Bindeglied dar zwischen den Zielsetzungen und Erwartungen der Organisation und den Interessen und Aufträgen ihrer AdressatInnen.[16] Damit orientieren sie sich in ihrem Handeln jenseits ihres theoretisch untermauerten Fachwissens einerseits an den organisationalen Vorgaben und Interpretationsschemata und andererseits an den AdressatInnen und ihren Deutungsmustern.[17] Dieses Spannungsfeld aus Organisations- und AdressatInnenorientierung steht nun im Zentrum der Betrachtungen, zunächst unter dem Fokus der Beziehungen zwischen Organisationen und ihrer Umwelt (4.2.1), dann unter dem Aspekt der Beziehungen zwischen Organisationen und ihren MitarbeiterInnen (4.2.2), um daraus schließlich abzuleiten, wie die in diesem Spannungsfeld liegenden Konfliktpotentiale konstruktiv genutzt werden können.

4.2.1 Die Beziehungen zwischen Organisationen und ihren Umwelten

Eine Organisation ist »kein ein für allemal fertiger ›Gegenstand‹, sondern Ergebnis eines kontinuierlichen Prozesses des Organisierens durch soziale Handlungen ihrer Mitglieder« (Girschner 1990: 85). Teil dieser sozialen Handlungen im Prozess des Organisierens ist die Beziehungsaufnahme mit der Umwelt der Organisation. Das Handeln von Organisationen in Bezug zu ihrer Umwelt lässt sich aus organisationssoziologischer Perspektive nach einem Modell von Weick (1998) als eine Abfolge von drei miteinander verbundenen Prozessen beschreiben: Gestaltung, Selektion und Retention.

Gestaltungsprozesse ereignen sich »an der Schnittstelle von Organisation bzw. System und Umwelt. Vereinfacht könnte man sie als ein Abtasten der Umwelt nach potentiell brauchbaren Informationen beschreiben. Gleichzeitig werden Umwelten – z.B. Leistungsempfänger – von der Organisation damit nicht nur wahrgenommen, sondern im eigentlichen Sinne für die Organisation als solche erst konstituiert. Denn

---

[15] In diesem Zusammenhang ist zu betonen, dass die strukturellen Momente einer Organisation dieses System zwar so stark prägen, dass sie sich – wie im vorigen Kapitel aufgezeigt – nur bedingt rational steuern und kontrollieren lassen. Dennoch sind Organisationen keine abstrakten Gebilde, die aus Funktionen, Strukturen und Rollen bestehen und verselbständigt agieren, sondern sie bestehen aus Individuen und Gruppen, die in sozialen Kontakten zueinander und zur Organisationsumwelt stehen. Nur durch diese Personen und ihr Handeln werden Organisationen lebendig und können sich weiterentwickeln (vgl. Crozier/Friedberg 1993: 3; Hermann 1998: 67).

[16] Zur Umwelt einer Organisation gehören außer den AdressatInnen auch andere Faktoren. Am Beispiel von Wohlfahrtsverbänden lassen sich u.a. gesetzliche Vorgaben, neue fachliche Anforderungen, Lebensbedingungen der AdressatInnen, Kooperationspartner wie Kommunen, Jugend- und Sozialämter, Vereine und Verbände zur Umwelt der Organisation rechnen.

[17] Eine dritte Dimension professionellen Handelns – neben der Orientierung an den AdressatInnen und der Organisationsorientierung – ist das Verhältnis und der Umgang der Fachkräfte untereinander (vgl. Thiersch 2002 c: 214). Diese Dimension wird in dieser Studie allerdings nicht weiter berücksichtigt.

nur was von den ›Grenzposten‹ der Organisation in die Organisation gelangt, was dort, bildlich gesprochen, ›gesehen‹ wird, kann innerhalb der Organisation als Information weiterverarbeitet werden« (Hansbauer 1995: 20 f.). Bezogen auf die Förderung neuer Formen freiwilligen sozialen Engagements durch Wohlfahrtsverbände bedeutet das, dass hier über die MitarbeiterInnen eine Wahrnehmung der vielfältigen Aspekte der Umwelt – beispielsweise von neuen Engagementpotentialen und Bedarfslagen – erfolgt und in »organisationskonforme Fallrekonstruktionen« übersetzt wird (Hermann 1998: 68). D.h. aber auch, nur wenn Neues als Neues wahrgenommen wird, können Verhaltensänderungen innerhalb der Organisation die Folge sein (vgl. Hansbauer 1995: 21).

Selektionsprozesse umfassen das Auswählen aus den aus dem Gestaltungsprozess hervorgegangenen vielfältigen und mehrdeutigen Informationen und Vorgaben. Die Auswahl erfolgt mit Hilfe von Interpretationsschemata, die quasi wie Schablonen – bestehend aus miteinander verbundenen, aus früheren Erfahrungen aufgebauten Variablen – auf die gestalteten Vorgaben gelegt werden, mit dem Ziel, Mehrdeutigkeit – d.h. Komplexität – zu reduzieren (vgl. ebd.; Weick 1998: 191). »Der Selektionsprozeß beherbergt den Entscheidungsprozeß; es ist jedoch wesentlich, sich zu vergegenwärtigen, daß Entscheiden (...) heißt, irgendeine Interpretation der Welt und irgendeine Reihe von Schlüssen aus dieser Interpretation auszuwählen und dann diese Zusammenfassungen für nachfolgendes Handeln verbindlich zu machen« (Weick 1998: 250). Selektion erfolgt immer im Rückgriff auf Bekanntes, auf alte Deutungsmuster, auf Erfahrungen. Der Versuch, neue Informationen und gestaltete Vorlagen mit Hilfe alter Deutungsmuster zu entschlüsseln, kann sich entweder als hilfreich für die Reduktion von Komplexität erweisen oder aber die Komplexität noch erweitern. Die hilfreichen Interpretationsschemata »tendieren zum Ausgelesenwerden, die nicht hilfreichen zum Eliminiertwerden« (ebd.: 192). In dieser permanenten Selektion und Komplexitätsreduktion mit Hilfe bekannter Erfahrungen und Deutungsmuster »liegt eine der zentralen Fehlerquellen im Organisationshandeln« (Hermann 1998: 68). Denn es sind stets »nur ganz spezifische Ereignisse und Informationen, die als neu oder wichtig für die interne Weiterbearbeitung zugelassen werden, während andere als unwichtig ausselektiert, umgeformt oder gar nicht erst wahrgenommen werden. Über diesen Mechanismus läßt sich so in Organisationen auch dann noch der Eindruck der Angemessenheit von Regeln aufrechterhalten, wenn diese beispielsweise auf reale Lebenssituationen von potentiellen Klienten schon lange nicht mehr passen« (Hansbauer 1995: 22). Auf die Förderung neuer Engagementformen durch Wohlfahrtsverbände übertragen heißt dies, dass der Verband, bzw. dessen AkteurInnen, Gefahr laufen, neue Engagementpotentiale und Bedarfslagen gar nicht erst wahrzunehmen, da sie mit den aus den Erfahrungen mit dem traditionellen Ehrenamt entstandenen Deutungsmustern nicht zu erkennen sind.

Retentionsprozesse schließlich legen fest, welche Informationen als zukünftige Bezugspunkte beibehalten werden. »Retention umschreibt die Fähigkeit der Organisation zur Speicherung vermeintlich erfolgreicher Sinngebung in Form eines ›kollektiven Gedächtnisses‹ bzw. eines Repertoires von Regeln der Angemessenheit (…). Die Fähigkeit zur Retention ist damit die Voraussetzung für die Reproduzierbarkeit von Handeln in Form stabiler Routinen« (ebd.: 21 f.). Diese Routinen haben eine entlastende Wirkung für die AkteurInnen. Die Retentionsmechanismen beeinflussen nicht nur den Selektionsprozess (und die damit verbundenen Muster der Komplexitätsreduktion), sondern wirken sich auch auf den Gestaltungsprozess (Wahrnehmungs- und Handlungsmuster der AkteurInnen) aus (vgl. Hermann 1998: 69). Die Umwelterfassung durch eine Organisation »ist in ihrer Gesamtheit struktur- oder retentionsabhängig (…), denn nur wenn die Organisation Positionen zur Umweltbeobachtung vorsieht und sie mit entsprechenden Kompetenzen ausstattet, kann sie Umwelt wahrnehmen, kann sie auf diese Umwelt reagieren« (Hansbauer 1995: 22). Ein Wohlfahrtsverband kann insofern veränderte Umwelten bezüglich der Bereitschaft von Menschen, sich freiwillig zu engagieren, nur dann erkennen und auf geänderte Bedarfslagen reagieren, wenn er sich zum einen Sensoren dafür schafft, diese wahrzunehmen, sowie zum andern für organisationsinterne Verarbeitungsmöglichkeiten – z.B. Fachwissen und Ressourcen in Form von Personal und Sachmitteln – sorgt, um die Förderung neuer Engagementformen als Aufgabe in Angriff zu nehmen.

Organisationen steuern demnach »durch ihre retentionsabhängige interne Strukturierung« zu einem beträchtlichen, aber nur bedingt rationalen Teil, welche neuen Informationen aus ihrer Umwelt sie zulassen (ebd.: 24). Organisationen neigen dazu, auf bereits bekannten Wahrnehmungs- und Handlungsmustern, also auf vertrauten und somit entlastenden Routinen zu beharren. Dies zeigt sich in »der Tendenz der Organisationsmitglieder, neue Interpretationen und Handlungen in das einzupassen, was sie immer schon gewußt und getan haben«; die Folge davon ist ein »struktureller Konservatismus« (Girschner 1990: 91). Damit sich eine Organisation weiterentwickeln kann, muss sie ihre Retentionsneigung deshalb kontrollieren: Sie muss Irritationen durch Umweltinformationen zulassen. Auf diese Weise geraten die Organisationsmitglieder jedoch in ein »eigentümliches Spannungsfeld zwischen Innovation und Stabilität« (Hansbauer 1995: 24). Lässt eine Organisation »jede neue Umwelterfahrung zu, dann produziert sie extreme Verunsicherung unter den Mitarbeitern und versinkt schließlich in Überlastung, Hilflosigkeit und Chaos. Im entgegengesetzten Extremfall weisen diese Rückkoppelungsschleifen [zwischen Retentions-, Gestaltungs- und Selektionsprozessen; E.S.] eine zirkuläre Geschlossenheit auf, so daß Organisationsidentität nur noch über ein tautologisches Kreisen in sich selbst reproduziert wird«, die Organisation verliert »schließlich die Fähigkeit, Neues zu entdecken und Veränderungen in der Umwelt wahrzunehmen« (ebd.: 24 f.). Insgesamt müssen alle Organisationen mehr oder weniger stark auf Umweltveränderungen reagieren, sie können stets nur so strukturkonservativ sein, wie ihre Routinen von ihrer Umwelt toleriert werden, ohne dass es zu großen Einbußen von Ressourcen und/oder Legitimation kommt (vgl. ebd.: 25). Ein Wohlfahrtsverband, der sich gegenüber den veränderten Gegebenheiten der Gesellschaft verschließt und seine Angebote den neuen sozialen Erfordernissen nicht anpasst, wird über kurz oder lang Ressourcen und Legitimation und damit Aufträge verlieren.

4.2.2 Die Beziehungen zwischen Organisationen und ihren MitarbeiterInnen

Bisher wurde mit diesem Modell des Handelns in Organisationen nur die Möglichkeit der Veränderung durch Einflüsse von *außen*, aus der Organisationsumwelt, z.b. seitens der AdressatInnen oder der Gesellschaft beschrieben. Da das Modell von Gestaltung, Selektion und Retention aber sowohl für die Organisationsmitglieder in ihrer Gesamtheit als auch für Einzelne gilt, lässt sich Veränderung auch *innerhalb* der Organisation anstoßen. Jedes einzelne Mitglied bringt seine persönlichen Erfahrungen – wie Lebensschicksal, Lernbiographie, Wertorientierungen, Handlungsbezüge aus dem »Freizeitbereich« (vgl. Girschner 1990: 107) – und (Fach-)Kenntnisse von innerhalb und außerhalb der Organisation in sein Handeln ein und gestaltet, selektiert und agiert vor diesem Erfahrungshintergrund. Ein einzelnes Organisationsmitglied kann die Organisationsumwelt ganz anders wahrnehmen (Gestaltung), als es die kollektiven Interpretationsschemata der Organisation vorgeben (Selektion). So können aus unterschiedlichen Umweltwahrnehmungen der Mitglieder immer wieder neue »Routinen« generiert werden (Retention), die zu einem rapiden Anwachsen von Komplexität und gegebenenfalls innerorganisatorischer Desorientierung führen. »Das so entstehende Spannungsfeld zwischen individueller Abweichungsbereitschaft und kollektiver Handlungsprogrammierung kann organisationsintern letztlich nicht aufgelöst, muß aber reguliert werden, um die Arbeitsfähigkeit der Organisation zu gewährleisten« (Hansbauer 1995: 26). Mit dieser Regulierung ist verbunden, dass Mitglieder sich mit der Übernahme der Mitgliedsrolle nicht nur einverstanden erklären »eine Reihe formaler Mitgliedserwartungen zu akzeptieren«, sondern sie sich implizit auch darauf einlassen, »sich den Sozialisationsbestrebungen der Organisation auszusetzen«; damit wird wiederum die »wechselseitige Anpassung von Organisationsmitgliedern« forciert (ebd.). »In Organisationen ist also beides gleichermaßen anzutreffen: Adaptivität gegenüber der als Struktur konservierten ›kollektiven Erfahrung‹ und individuelle Abweichungsbereitschaft. Letzteres stellt sozusagen die ›subversive Kraft‹ oder das ›Trojanische Pferd‹ im Organisationshandeln dar, über das endogen initiierter Wandel von Routinen möglich wird« (ebd.: 27).

Die unterschiedlichen Wahrnehmungen einzelner MitarbeiterInnen bezüglich der Organisationsumwelt können dabei zu Spannungen und Konflikten innerhalb der Organisation führen. In komplexen Organisationen kommen die MitarbeiterInnen aus unterschiedlichen Berufsgruppen und arbeiten auf verschiedenen Hierarchieebenen.

Dementsprechend sind sowohl ihre Vorerfahrungen als auch ihre Wahrnehmungen der Organisationsumwelt aus der Perspektive ihres jeweiligen Arbeitsplatzes unterschiedlich. In Wohlfahrtsverbänden sind z.b. Leitungskräfte in Bezug auf die Organisationsumwelt hauptsächlich mit politischen EntscheidungsträgerInnen und Leitungskräften anderer Verbände usw. konfrontiert, Verwaltungskräfte möglicherweise vor allem mit rechtlichen Regelungen, ohne unmittelbaren Kontakt zu AdressatInnen zu haben, während die sozialpädagogischen Fachkräfte in erster Linie den Kontakt mit AdressatInnen und auch mit KollegInnen anderer Institutionen pflegen. Häufig gibt es ganz beträchtliche Unterschiede zwischen den einzelnen Wahrnehmungen und Erfahrungen der Organisationsmitglieder, und »entsprechend werden sich auch die Einschätzungen zu notwendigen Veränderungen in Arbeitsorganisation, Aufgaben und Zielen etc. unterscheiden« (Hermann 1998: 70; vgl. Eberl 1996 b: 57). Die in der Organisation existierenden Regeln, Routinen und Machthierarchien bewirken zwar einerseits eine Anpassung der MitarbeiterInnen, sie sind aber andererseits »genauso eine Aufforderung zu strategischem Handeln in Form von offenem oder verdecktem Widerstandshandeln, von Koalitionsbildungen zwischen Akteuren etc. Ungelöste Diskrepanzen zwischen individueller Erfahrung und vorgegebenen Handlungs- bzw. Wahrnehmungsmustern sind ferner eine Quelle von Konflikten sowie ein zentrales Motiv für ein Sinken des Engagements von MitarbeiterInnen in Organisationen« (ebd.).

In der Beziehung zwischen Organisationen und ihren MitarbeiterInnen steckt also ein nicht zu unterschätzendes Konfliktpotential. Möglichkeiten zu dessen Entschärfung und produktiver Nutzung werden im Folgenden aufgezeigt.

4.2.3 Folgerungen für eine gelingende Organisations- und AdressatInnenorientierung

Zunächst ist – aus Organisationsperspektive betrachtet – der Wandel von Routinen und somit die Veränderung und Entwicklung von Organisationen nötig, damit sie in sich verändernden Umwelten ihre Legitimation behalten. Durch die Integration von Formen der »kontrollierten Destabilisierung« (Merchel 1994: 54) oder der »institutionalisierten Irritation« (Hansbauer 1995: 28) in den Organisationsstrukturen werden Voraussetzungen für die Aufweichung der strukturellen Selbstbezogenheit geschaffen (vgl. Hermann 1998: 71). Gleichzeitig ist aber auch darauf zu achten, dass keine »Komplexitätsüberlast« erzeugt wird (Hansbauer 1995: 28). Um dies zu vermeiden, »müssen Irritationen unterhalb der Schwelle einer massiven Verunsicherung bleiben, so dass die Handlungsfähigkeit der einzelnen Fachkraft gewahrt bleibt« (ebd.). Deshalb brauchen Innovationen Zeit. Das Ziel darf darum nicht sein, »sämtliche Retentionsinhalte bzw. sämtliche kollektiven Erfahrungen über Bord zu werfen und jeden Entscheidungsprozeß grundlegend in Frage zu stellen«, anzustreben ist vielmehr, die »Retentionsinhalte beweglich zu halten. Voraussetzung dafür ist, daß sich das Team irritieren läßt und nicht immer nur um sich selbst kreist und sich selbst in seiner eigenen Beschränktheit und Umweltblindheit reproduziert« (ebd.). Deshalb geht es darum, in den Organisationen ein Reflexionssystem einzurichten, mit dessen Hilfe die Organisationsmitglieder über die »spezifischen internen ›Logiken‹« der Organisation – wie z.b. kulturelle und politische Sinnstrukturen, Machtspiele, Mechanismen der Komplexitätsreduktion im Bezug zur Umwelt sowie die organisationale Veränderungsbereitschaft – nachdenken können (Hermann 1998: 73). Instrumente einer kontrollierten Destabilisierung bzw. der kontinuierlichen Reflexion sind unter anderem Fachberatung, Supervision, (Selbst-)Evaluation, Praxisforschung sowie interne Fortbildungen (vgl. Hansbauer 1995: 29). Mit Hilfe dieser Instrumente lassen sich sowohl Organisations- als auch AdressatInnenorientierung reflektieren, um eine angemessene Balance in diesem Spannungsfeld zu finden.

In einem zweiten Schritt wird jetzt der eben aus Organisationsperspektive ausgeführte Gedankengang einer kontrollierten Destabilisierung nochmals konkretisiert in Bezug auf die *Herausforderungen*, die sich im Spannungsfeld von Organisations- und AdressatInnenorientierung *für die professionell Handelnden* ergeben. Die spezifisch sozialpädagogische Professionalität zeichnet sich aus durch den besonderen Stellenwert der AdressatInnenorientierung: Die AdressatInnen und der Respekt vor der Autonomie ihres lebenspraktischen Entscheidungshandelns liegen im Zentrum der sozialpädagogischen Wahrnehmung. Zugleich findet Soziale Arbeit aber auch in Arbeitsfeldern statt, die durch widersprüchliche Erwartungen gekennzeichnet sind: Die Institutionen Sozialer Arbeit dürfen sich nicht nur an den AdressatInnen ausrichten, sondern müssen im Kontext ihres gesellschaftlichen Auftrags auch andere Aspekte der Organisationsumwelt (wie z.b. gesetzliche Regelungen, politische Vorgaben usw.), aber auch interne Bedingungen (wie wirtschaftliche Notwendigkeiten) berücksichtigen. SozialpädagogInnen/SozialarbeiterInnen sind also gefordert, ihre berufliche Identität in einem Konglomerat vielfältiger und häufig widersprüchlicher Anforderungen von AdressatInnen und Organisation zu entwickeln (vgl. dazu auch Öhlschläger 1995: 100). Dabei können sie nicht auf einen einheitlichen professionellen Habitus zurückgreifen, sondern müssen sich *u.a. in folgenden Anforderungen professionellen Handelns* an der Schnittstelle von Organisation und Umwelt – insbesondere an den AdressatInnen als relevantem Teil der Umwelt – *individuell und fachlich positionieren*:

- dialogische Praxis: Berücksichtigung der Gleichzeitigkeit von Theorie- und Fallverstehen;
- professionelle Haltung: Wahrung des Respektes vor der Autonomie der AdressatInnen sowie einer angemessenen Balance aus Nähe und Distanz;
- professionelles Paradoxon: Beachtung des doppelten Mandats von Hilfe und Kontrolle;

• betriebswirtschaftliche Vorgaben der Organisation: Einbezug wirtschaftlicher Notwendigkeiten im Kontext fachlicher Überlegungen versus blinde Ökonomisierung;

• Sozialisation durch die Organisation: Identifikation mit kollektiver Erfahrung versus individuelle Abweichungsbereitschaft.

Die individuelle Bewältigung dieser multidimensionalen Anforderungen erfolgt zum einen aus *organisationstheoretischer Perspektive* über die oben beschriebenen Prozesse der Gestaltung, Selektion und Retention. Die Komplexitätsreduktion und eine jeweils situative Ausgewogenheit dieser Anforderungen ist auch hier nur durch die institutionalisierte Irritation sowie Reflexion der Handlungslogik der jeweiligen Berufspraxis möglich. Zum andern werden *aus professionstheoretischer Perspektive* diese Anforderungen bewältigt durch die in modernen Dienstleistungsprofessionen sich herausbildende »*Institutionalisierungspraxis* der Relationierung von Urteilsformen, in der professionelle Deutungen praktisch-kommunikativ in die alltägliche Organisation des Handelns (und hier auftretender Handlungs- und Entscheidungsprobleme) fallbezogen kontextualisiert werden« (Dewe/Otto 2001 a: 1419; Hervorhebung im Original). Um das professionelle sozialpädagogische Handeln abzusichern und zu stärken, ist es deswegen Aufgabe der Organisation, entsprechende Reflexionssysteme zur Verfügung zu stellen: »Genau hierin liegt eine der zentralen Funktionen von Leitung« (Hansbauer 1995: 28).

Die spannungsvolle Beziehung zwischen AdressatInnen- und Organisationsorientierung hat viele Gemeinsamkeiten mit der »Konkurrenz zwischen dem Paradigma der Beziehungsarbeit und dem rationeller und effektiver sozialer Arbeit (...), und sie erscheint kaum auflösbar. Sie darf nicht vergessen lassen, dass soziale Arbeit Bindung und Vertrauen gewinnen muss, und das geht nicht ohne Zeit, ohne Haltungen, die über die betriebswirtschaftliche Betrachtung des Produktes Sozialarbeit hinausgehen« (Sengling 1999: 115; vgl. auch Grunwald 2001: 97 ff.). Das bedeutet, dass innerhalb der Organisationsorientierung eine Balance gefunden werden muss zwischen betriebswirtschaftlichen Notwendigkeiten und fachlichen Überlegungen, so dass die betriebswirtschaftliche Ausrichtung der Organisationsorientierung einer auf Beziehungsarbeit aufbauenden AdressatInnenorientierung nicht die Hände bindet.

Für die Förderung neuer Formen freiwilligen sozialen Engagements durch Wohlfahrtsverbände lässt sich folgern, dass die internen Logiken eines Verbandes die mit der Engagementförderung beauftragten Professionellen in ihrem Handeln entweder unterstützen oder bremsen können, je nachdem wie groß die Irritations- und Innovationsbereitschaft des Verbandes und/oder die persönliche Abweichungsbereitschaft der einzelnen MitarbeiterInnen von kollektiven Handlungsroutinen sind. Die Wirkkraft der organisationalen Strukturen und Logiken ist indes davon abhängig, wie stark die MitarbeiterInnen durch den Verband sozialisiert sind, also inwieweit es Übereinstimmungen gibt zwischen der Verbandsidentität und der professionellen

Identität der MitarbeiterInnen. Damit die Förderung neuer Engagementformen durch Wohlfahrtsverbände erfolgreich sein kann, müssen der Verband und seine MitarbeiterInnen bereit sein für die Wahrnehmung anderer Engagementpotentiale als der des traditionellen Ehrenamts (vgl. Kapitel 3 und 8). Die Bedarfslagen der »neuen Ehrenamtlichen« bezüglich eines freiwilligen Engagements sollten respektiert und unterstützt werden. Nur so ist Innovation – und die Förderung neuer Engagementformen ist innovativ – möglich.

4.3 Zum Verhältnis von beruflich zu freiwillig Tätigen

Neben das Spannungsfeld zwischen Organisations- und AdressatInnenorientierung tritt für hauptamtliche SozialpädagogInnen/SozialarbeiterInnen in Wohlfahrtsverbänden, deren Arbeitsauftrag sich auf die Förderung und Begleitung von freiwillig Tätigen erstreckt, ein weiteres Spannungsfeld, nämlich die Verortung des eigenen professionellen Handelns im Verhältnis zum Handeln der freiwillig Tätigen. Hier geht es für die Professionellen in besonderer Weise um die Frage ihrer beruflichen Identität, ihres professionellen Selbstverständnisses bzw. die Definition ihres spezifischen professionellen Handlungsprofils in Abgrenzung zum Tun der freiwillig Tätigen. Das spannungsvolle Verhältnis zwischen Professionellen und Freiwilligen wird erst seit kurzem in der Literatur häufiger diskutiert.[18] Allerdings beschäftigen sich die Veröffentlichungen hauptsächlich mit den Kompetenzen, die Fachkräfte für die Engagementförderung benötigen (vgl. hierzu Bartjes/Otto 2000; Nörber 2001 b sowie stellvertretend für eine ganze Reihe anderer sehr praxisnaher, auf spezifische Tätigkeitsfelder ausgerichtete Handreichungen: Bundesarbeitsgemeinschaft für Straffälligenhilfe e.V. 1998), während die Frage nach der professionellen Identität der Fachkräfte im Verhältnis zu den Freiwilligen wenig Raum findet.[19] In fünf Schritten erfolgt nun eine Annäherung an diese Frage.

4.3.1 Komplexität der Berufsrolle von SozialpädagogInnen/SozialarbeiterInnen

An ausgewählten Aspekten der Professionalisierungsdebatte wurde in 4.1 bereits sichtbar, dass Sozialpädagogik/Sozialarbeit um ihr professionelles Selbstverständnis ringt (in Bezug zu anderen Professionen als »Semi-« oder »Voll-Profession«, als überwiegend von Frauen ausgeübter Beruf, in Abgrenzung zum Expertentum ...). Trotz einer ca. 80jährigen Tradition sozialpädagogischer Ausbildungsstätten in Deutschland, stellt sich »das Bewußtsein beruflicher Identität bei den Berufsgruppen von Sozialarbeitern/Sozialpädagogen nicht selbstverständlich ein, sondern ein Gefühl der Rollenunsicherheit begleitet viele in ihrer Berufspraxis« (Klüsche 1998: 134). Viele

---

[18] Ältere Auseinandersetzungen zu diesem Themenkreis finden sich bei Bock/Lowy/Pankoke 1980; Thiersch 1984; Paulwitz 1988 sowie Pradel 1993).

[19] Aufgegriffen wird diese Fragestellung von Jochen Pradel (1993) am Beispiel der Arbeiterwohlfahrt und von Martin Nörber (2001 a), der das Verhältnis zwischen freiwillig und beruflich Tätigen v.a. am Beispiel der Jugendverbandsarbeit beschreibt.

PraktikerInnen bewegen deshalb die Fragen,»wie bringe ich mich in die Aufgaben ein, was ist mein Auftrag und wie sehen mich die anderen« (ebd.). Gründe für dieses Unsicherheitsgefühl können in der *Vielseitigkeit der Berufsrolle* verortet werden, die aus einem mehrdimensionalen Beziehungsgeflecht gebildet wird und die für das Berufsbild der Sozialen Arbeit charakteristisch ist. Klüsche nennt dazu vier Rollenaspekte, die vernetzt und zusammengeführt erst eine berufliche Identitätsbildung ermöglichen (vgl. ebd.):

- die individuelle Beziehung zum Klienten/zur Klientin,
- die berufliche Auftragsbeziehung zur Institution/zum Träger,
- die gesellschaftliche Funktion als Berufsstand und
- das individuelle Selbstverständnis der eigenen Professionalität.

Diese vier Aspekte werden hier um einen fünften ergänzt, der für die Förderung freiwilligen Engagements von großer Bedeutung ist, nämlich um

- die individuelle Beziehung zu ehrenamtlich bzw. freiwillig Tätigen.

Die Vielseitigkeit der Berufsrolle zeigt sich jedoch nicht nur in diesem mehrdimensionalen Beziehungsgeflecht, sondern auch an den vielfältigen Arbeitsfeldern mit ihren jeweiligen Aufträgen, in denen jeweils sehr unterschiedliche Anforderungen bezüglich der konkreten Tätigkeiten an die professionellen SozialpädagogInnen/SozialarbeiterInnen gestellt werden (vgl. Thiersch 2002 c). Zum professionellen Potential des Berufsbildes gehören »sowohl therapeutische als auch pädagogische wie organisatorische wie sozialpolitische Komponenten« (Klüsche 1998: 143; vgl. Steiner/Müller 2000: 15; Thiersch 2002 b: 194 f.). Damit wird die Bearbeitung von Komplexität zu einem zentralen Kennzeichen von Sozialer Arbeit, deren Ausgangspunkt die »dialogische Praxis des gleichzeitigen Theorie- und Fallverstehens« (4.1.5) im handlungslogischen Dilemma des »doppelten Mandats« (4.1.3) ist: »Das Identitätsbewußtsein von Sozialarbeitern/Sozialpädagogen baut auf der Durchdringung und Bearbeitung von sehr komplexen individuellen und gesellschaftlichen Problemsituationen und dem gesellschaftlichen Auftrag, sich dieser Schwierigkeiten anzunehmen, auf. (…) Die Identitätsbildung wird umso erfolgreicher verlaufen, je mehr auch der einzelne Sozialarbeiter/Sozialpädagoge in der Lage ist, seine konkrete Situation theoretisch verorten zu können« (Klüsche 1998: 144). Dazu gehört auch die Fähigkeit der differenzierten Betrachtung und des reflektierten Umgangs mit den komplexen Anforderungen des Berufes. In Bezug auf das Verhältnis von beruflich und freiwillig Tätigen ist ein Merkmal der Komplexität der je nach organisationalem Setting unterschiedliche Status der Freiwilligen. Dies wird im folgenden dargestellt.

4.3.2 Unterschiedlicher Status von Freiwilligen

Freiwillig Tätige haben keinen festgelegten Status. Als Freiwillige sind sie nicht in gleicher Weise an die Organisation gebunden wie die Erwerbstätigen. »Sie sind in der Lage, weitaus unabhängiger, autonomer und ›eigensinniger‹ zu arbeiten als die erwerbstätig Beschäftigten« (Bauer 1998 a: 5). Auch sind die organisatorischen Settings, in denen Freiwillige tätig sind, sehr heterogen. Die meisten Freiwilligen sind in nicht-staatlichen Nonprofit-Organisationen, zu denen auch die Wohlfahrtsverbände gehören, tätig. Die Nonprofit-Organisationen sind allerdings sehr verschieden strukturiert und auch in unterschiedlichen gesellschaftlichen Bereichen tätig. Bezogen auf den Status der Freiwilligen ist vor allem zwischen folgenden Organisationsformen zu unterscheiden:

- »erstens, den *freiwilligen Vereinigungen* (Mitgliedervereine mit Satzung), d.h. jeweils einer Gruppe von Menschen, die ein gemeinsames Interesse verfolgen, deshalb ein gemeinsames Ziel haben und darin übereinstimmen, dieses Ziel zu verfolgen, und

- zweitens, den *Organisationen in Freier Trägerschaft*, d.h. den Einrichtungen oder Betrieben, die in der Trägerschaft einer freiwilligen Vereinigung gleichsam das Instrument oder Mittel sind, um das Ziel der freiwilligen Vereinigung zu realisieren« (ebd., Hervorhebung im Original).

Je nachdem welchem Organisationstypus die Freiwilligen angehören, ist ihr Status ein anderer. In den freiwilligen Vereinigungen sind sie *Mitglieder* und in dieser Rolle zugleich »Eigentümer« und »Kunden/Nutzer« der Organisation (ebd.). Als Freiwillige sind sie »dort keinen besonderen Zwängen unterworfen, allenfalls der Kontrolle durch die anderen Mitglieder« (ebd.) Als *MitarbeiterInnen* in einer Organisation in freier Trägerschaft haben sich die Freiwilligen »den gleichen sozialen und psychologischen Zwängen zu unterwerfen wie die gegen Entgelt Beschäftigten auch. Die freiwillige Arbeitsleistung richtet sich an Nichtmitglieder und wird durch Externe beurteilt« (ebd.).

Die Unterscheidung zwischen freiwilligen Vereinigungen und Organisationen in freier Trägerschaft ermöglicht eine Differenzierung der unterschiedlichen organisatorischen Settings für freiwillig Tätige in Nonprofit-Organisationen (vgl. ebd.). So sind zum einen – vor allem in formal-bürokratischen Großorganisationen – Settings vorzufinden, die nur mit Professionellen arbeiten, aber satzungsgemäß einem ehrenamtlichen Vorstand unterstehen (hierzu gehören z.B. Einrichtungen, die als Verein organisiert und Mitglied in einem Wohlfahrtsverband sind). Des Weiteren sind – eher in Organisationen mittlerer Größe – Settings vorhanden, die sowohl bezahlte Fachkräfte als auch unbezahlte Freiwillige beschäftigen (ein Beispiel hierfür sind Wohlfahrtsverbände auf Kreisebene, die in ihren Geschäftsstellen mit Hauptamtlichen arbeiten, zu deren Aufgabe auch die Koordination, Förderung und Begleitung ehrenamtlicher MitarbeiterInnen gehört). Drittens schließlich gibt es Settings – in überwiegend informellen Kleinstorganisationen – in denen sich ausschließlich Freiwillige engagieren (z.B. Selbsthilfegruppen, Bürgerinitiativen). Innerhalb ein und derselben Organisation können jedoch in unterschiedlichen Bereichen oder auf verschiedenen Hierarchiestufen mehrere dieser organisatorischen Settings parallel existieren (z.B. in einem großen

Wohlfahrtsverband, der als Dachorganisation fungiert sowohl für große Einrichtungen der Jugend-, Alten- und Behindertenhilfe als auch für Kreis- und Ortsverbände, in denen Hauptamtliche und Freiwillige zusammenarbeiten, sowie schließlich für verschiedenste Projekte und Initiativen, in denen nur Freiwillige engagiert sind).

In Organisationen, in denen außer einem ehrenamtlichen Vorstand nur Professionelle arbeiten, ist der ehrenamtliche Vorstand zwar der formale »Chef«, die Leitung und Dienstaufsicht über die Fachkräfte liegt jedoch bei der vom Vorstand eingesetzten Geschäftsführung. Die an der Basis tätigen Fachkräfte haben in diesen Organisationen meist keinen Auftrag zur Engagementförderung und kommen mit den Ehrenamtlichen im Vorstand kaum in Kontakt. Deshalb stellt sich die Frage nach dem Verhältnis zwischen beruflich und freiwillig Tätigen hier meist nur für die Leitungsebene. Aber gerade dort kann es zu erheblichen Spannungen kommen. Für die Wohlfahrtsverbände lässt sich das so konkretisieren: In der Regel liegt in Wohlfahrtsverbänden die formale Entscheidungskompetenz bei den ehrenamtlichen Gremien, während die Fachkompetenz der Entscheidungsvorbereitung den Hauptamtlichen zugeordnet ist. Da sie über das detaillierte Fachwissen nicht verfügen, stimmen ehrenamtliche Leitungsorgane häufig, ohne substantielle Korrekturen vorzunehmen, den Vorlagen der SpezialistInnen aus der Geschäftsführung zu, die in der »Hierarchie der Wissensmacht« ganz oben sind (Schwarz 1996: 554). Formal wird also der Weg einer demokratischen Entscheidungsfindung innerhalb des Verbandes beschritten, tatsächlich aber legt eine hauptamtliche ExpertInnengruppe fest, in welche Richtung der Verband gesteuert werden soll. Da das berufliche Fachpersonal weisungsbedingt arbeitet, ist ferner davon auszugehen, dass es in den Vorlagen, die es macht, zumindest tendenziell auch eigene Interessen verfolgt. Ehrenamtliche, die demokratisch orientiert sind, fühlen sich so zu Recht von den Hauptamtlichen abhängig. »Das Bewußtsein ehrenamtlicher Entscheider über diese Zusammenhänge kann zu einer durchaus verständlichen Skepsis gegenüber beschlußreifen Vorlagen der Geschäftsführung führen« (Pradel 1993: 98; vgl. Badelt 1997: 375).[20]

In Organisationen hingegen, in denen sowohl bezahlte Fachkräfte als auch Freiwillige beschäftigt sind, gestaltet sich das Verhältnis von beruflich und freiwillig Tätigen nochmals deutlich komplizierter. In diesen Organisationen erleben die erwerbstätig Beschäftigten die Freiwilligen auf verschiedenen Hierarchieebenen, einerseits als ehrenamtlichen Vorstand mit Vorgesetztenfunktion und andererseits als freiwillige MitarbeiterInnen an der Basis, für deren Förderung und Begleitung sie zuständig sind (vgl. Badelt 1997: 362). Für Wohlfahrtsverbände bedeutet dies konkret: Innerhalb des Verbandes sind bei den Freiwilligen – genauso wie bei den Hauptamtlichen – Hierarchien zu verzeichnen. Freiwillige sind sowohl an der Basis in praktischen Tätigkeitsfeldern zu finden als auch an der Spitze des Verbandes als Vorstände und

---

[20] Vgl. zur Zusammenarbeit mit ehrenamtlichen Vorständen auch Merchel 1995; Frank/Reis/Wolf 1994; Langnickel 1997; 1999 a; 1999 b; 2000 sowie Clausen 2002.

Vorgesetzte der Professionellen. Hier befinden sich die Hauptamtlichen in einer Art
»Sandwichposition« zwischen Freiwilligen auf unterschiedlichen Hierarchieebenen.
Dies Position kann besonders kompliziert werden, wenn es zwischen den freiwillig
Tätigen dieser beiden Hierarchieebenen, z.b. aufgrund von Meinungsverschiedenhei-
ten, zu Spannungen kommt. Professionelle sind insofern tätig in einem Gefüge, in dem
einer meist männlich dominierten ehrenamtlichen Leitungsebene (vgl. 3.3.2) – häufig
weibliche – Freiwillige aus der praxisorientierten Basisarbeit gegenüberstehen. Die
Hauptamtlichen »führen aus, was auf der Ebene der ehrenamtlichen Vorstände be-
schlossen wurde, und berühren damit ganz massiv die Tätigkeitsfelder praktischer Ehrenamtlichkeit« (Pradel 1993: 97). Dabei können Konflikte von einer ehrenamtlichen
Ebene auf die Hauptamtlichen verlagert oder über sie zur anderen Freiwilligenebene
transportiert werden. Ist dies der Fall, geraten hauptamtlich Tätige in eine »strukturelle
Pufferstellung«, womit eine Gratwanderung zwischen der Vertretung übernommener
Ansichten und eigener Interessen beginnt (ebd.).

Auf der Ebene der Zusammenarbeit an der Basis kann sich für die Professionellen
in der Beziehung zu den Freiwilligen in besonderer Weise die Frage nach ihrer beruflichen Identität stellen, da die Freiwilligen in der Regel weder ganz den KollegInnen
noch der Klientel zuzuordnen sind. Einerseits sind die freiwillig Tätigen *MitarbeiterInnen*, die ebenfalls – wenn auch in anderer Weise (vgl. 4.3.4) – in die Organisation
eingebunden sind und sich für deren Ziele einsetzen, und anderseits sind sie *AdressatInnen* der Aktivitäten Hauptamtlicher, die wiederum auf die Förderung und Begleitung der Freiwilligen ausgerichtet sind. Durch diesen Doppelstatus der freiwillig Tätigen kann die Berufsrollenunsicherheit der professionellen SozialpädagogInnen/Sozi-
alarbeiterInnen im spezifischen Verhältnis von beruflich zu freiwillig Tätigen in besonderer Intensität spürbar werden. Der Folgende Blick auf die Geschichte der Sozialen Arbeit hilft, diese Berufsrollenunsicherheit der Professionellen gegenüber den
Freiwilligen besser nachzuvollziehen.

4.3.3 Berufliche und freiwillige Tätigkeiten aus historischer und identitätstheoretischer Perspektive

Neben der Berufsrollenunsicherheit der Professionellen bezüglich des unterschiedlichen Status der Freiwilligen ist von Bedeutung, dass das Verhältnis von beruflich und
freiwillig Tätigen in der Sozialen Arbeit häufig mit wechselseitigen Vorbehalten belastet ist. Die Vorbehalte zwischen Hauptamtlichen und Ehrenamtlichen haben vielschichtige Wurzeln in der Geschichte der Sozialen Arbeit und der Wohlfahrtsverbände. Die professionelle Soziale Arbeit ist aus der bürgerlichen Frauenbewegung (vgl.
4.1.4) und dem Ehrenamt heraus entstanden, das sich u.a. in Wohlfahrtsverbänden
organisierte (vgl. dazu ausführlich 1.2 und 3.1). Damit ist historisch gesehen die Nähe
der beruflichen, bezahlten Sozialen Arbeit zum Ehrenamt, also zur freiwilligen, unbezahlten Tätigkeit, sehr groß.

Ungefähr seit den 20er Jahren des vorigen Jahrhunderts wurde »Helfen zum Beruf« (vgl. Müller 1991) und seit den 70er Jahren hat sich die Soziale Arbeit zunehmend akademisiert und professionalisiert. Sie erfuhr eine Aufwertung durch eine qualifiziertere Ausbildung, bessere Bezahlung und durch den quantitativen Zuwachs der Beschäftigten im sozialen Bereich. Mit der Professionalisierung ging die Spezialisierung, Ausdifferenzierung, Rationalisierung und Monetarisierung von helfenden Prozessen einher (vgl. Seibert 1996: 28; Rauschenbach 1993). »Helfende Berufe wurden gründlich ›entzaubert‹, entmythologisiert, zunehmend funktionalisiert, zugleich tarifrechtlich ins System eingepaßt, berufspolitisch vergesellschaftet, ja standardmäßig verstaatlicht, sozial normalisiert, industriell-arbeitsteilig organisiert« (Seibert 1996: 28). Der professionspolitisch, sozialstaatlich und marktwirtschaftlich geprägte Entwicklungsprozess der Sozialen Arbeit in den letzten Jahrzehnten erforderte und erfordert von den dort beruflich Tätigen eine Umorientierung im Arbeitsfeld und eine Veränderung bzw. Anpassung ihrer beruflichen Identität an neue Bedingungen (zu den komplexen Anforderungen an professionelles sozialpädagogisches Handeln in der heutigen Gesellschaft vgl. 4.3.1).

Mit der zunehmenden Professionalisierung erfolgte eine Abgrenzung der beruflichen Sozialen Arbeit vom Ehrenamt. »Die soziale Arbeit ›mutierte‹ in den meisten Feldern zur individuellen Hilfe in der alleinigen Zuständigkeit professioneller Experten. (...) Fortschritte im Wohlfahrtsstaat wurden am Ausbau der Versorgung durch Experten für Soziales gemessen« (Bock 1997 a: 172 f.; Hervorhebung im Original). Dieser Anspruch auf ein Hilfemonopol der professionellen Sozialen Arbeit beeinflusst behördliche und freigemeinnützige Dienste bis heute. Die Beteiligung Freiwilliger in sozialen Tätigkeiten gilt ungeprüft als Gefährdung des Qualitätsstandards und wird als Abbau des Sozialstaats kritisiert.[21] Dadurch entstehen Vorbehalte der Verbände und ihrer professionellen MitarbeiterInnen gegenüber freiwillig Tätigen, die einer der Gründe dafür sind, dass die Eintrittsschwelle in Verbände und Einrichtungen, in denen berufliche Fachkräfte die Hilfeleistung erbringen, für Freiwillige oft sehr hoch ist. Doch auch Versuche der Verbände, die Engagementbereitschaft von Freiwilligen zu gewinnen, sind häufig mühsam, da es auch auf Freiwilligenseite Vorbehalte gegenüber den inkorporierten und professionalisierten Verbänden gibt (vgl. ebd.). In der Vergangenheit zeigten sich diese Vorbehalte gegenüber der sich professionalisierenden Sozialen Arbeit besonders deutlich in Form der in den 70er Jahren entstehenden »Neuen sozialen Bewegungen«, wie Selbsthilfe-, Bürgerinitiativen-, Frauen- und Ökologiebewegung, die unter anderem die Schwerfälligkeit der bürokratischen Verbände kritisierten. In diesen neuen sozialen Bewegungen engagierte sich eine Vielzahl von Freiwilligen, während die Engagementbereitschaft in Wohlfahrtsverbänden

---

[21] Diese Kritik hat ihre Berechtigung, wenn davon ausgegangen wird, dass die professionelle Sozialarbeit (aus Kostengründen als dem dahinter stehenden Argument) durch freiwillig Tätige *ersetzt* werden soll. Eine stärkere Ergänzung der beruflichen Sozialen Arbeit durch freiwillige HelferInnen ist jedoch möglich und kann zur Steigerung des Niveaus individueller und kollektiver Wohlfahrt beitragen.

nachließ (vgl. ebd.; 3.1.2). Diese Entwicklung hat zu einer Verunsicherung des professionellen Selbstbewusstseins der Hauptamtlichen beigetragen, stellte sich doch die Frage, wer die bessere Hilfe zu leisten vermag, Professionelle oder Freiwillige.

Die Rolle der Sozialen Arbeit in der Gesellschaft hat sich durch diese Entwicklungen insgesamt geändert: Die »breite Professionalisierung und fachliche Institutionalisierung der sozialen Dienste in den 70er und 80er Jahren hat auch zu einer Entöffentlichung geführt. (...) Die Gesellschaft – in gewisser Folge dieser professionellen Entwicklung – fühlt sich nicht mehr zuständig für die KlientInnen der Sozialarbeit, die ja nach dem Alltagsverständnis vieler Bürger dafür bezahlt wird, daß sie sich um dieses Klientel kümmert und die Gesellschaft damit unbehelligt läßt« (Böhnisch 1998: 155). Während die Soziale Arbeit einerseits aus dem öffentlichen Blickfeld geraten ist, wird andererseits die »alte, unbezahlte Ehrenamtlichkeit von der Politik und den Medien jüngst wiederentdeckt. (...) In den Rollen des ›bürgerschaftlichen Engagements‹, der ›Freiwilligenarbeit‹ und der ›neuen Ehrenamtlichkeit‹ [wird sie] wie ein Star gefeiert« (Bauer 1998 b: 13).

Für die Identität der beruflich Tätigen ist es problematisch, dass die Soziale Arbeit nicht nur ihre Wurzeln im Ehrenamt hat, sondern gleichzeitig die Ehrenamtlichkeit fortbesteht. D.h., die professionalisierte Soziale Arbeit kann sich nicht von ihrer Herkunft emanzipieren und die Ehrenamtlichkeit völlig überwinden, sondern sie muss nach wie vor zumindest mit ihr kooperieren. »Weil die Ausübung einer ehrenamtlichen Tätigkeit offensichtlich keine besondere berufliche Ausbildung voraussetzt, existieren Bedenken grundsätzlicher Art – und heimliche Zweifel, die am Selbstverständnis der Berufsgruppe nagen: Wozu bedarf es der besonderen Ausbildung für einen Bereich, wo früher nur Laien tätig waren und wo auch heute noch Laien anscheinend genauso gut (oder schlecht und gegebenenfalls sogar besser) mitzuarbeiten in der Lage sind?« (ebd.; vgl. Thiersch 1984: 173; ders. 2002: 192; Effinger/Pfau-Effinger 1999: 308 ff.; Effinger 1999: 36 f.; Depner/Trube 2001: 57).[22] Das Ehrenamt stellt – vor allem vor dem Hintergrund der historischen Entwicklung der Sozialpädagogik/Sozialarbeit – in gewisser Weise Soziale Arbeit als Profession und als Erwerbsarbeit in Frage: »Wie kann die Soziale Arbeit als Erwerbstätigkeit gesellschaftliche Anerkennung finden, wenn sie auch ehrenamtlich und unbezahlt zu haben ist?« (Bauer 1998 b: 13). Die hier aufgeworfene Frage nach der gesellschaftlichen Anerkennung der Sozialen Arbeit lenkt die Aufmerksamkeit direkt auf das Problem der beruflichen Identität, wie ein Blick auf die Identitätsforschung verdeutlicht.

---

[22] Diese Infragestellung der eigenen Qualifikation der Fachkräfte lässt sich untermauern mit der Untersuchung von Hildegard Müller-Kohlenberg (1996) zur »Laienkompetenz im psychosozialen Bereich«. Mit ihrer Äquieffektivitätsthese arbeitet sie anschaulich heraus, dass in der Einzelfallhilfe des psychosozialen Bereiches die Hilfeleistung durch ehrenamtliche Laien von der Klientel als ebenso hilfreich erlebt wird wie die der Professionellen (vgl. auch Müller-Kohlenberg 1994). Kritisch dazu vgl. Müller 1996.

Die Identitätsforschung weist darauf hin, dass Identität kein »individuell-autono-
mer Prozeß« ist, sondern in engem Zusammenhang mit *Anerkennung*[23] steht und deshalb dialogischen Charakter hat (Keupp 1997: 27) »Identität ist ein Projekt, das zum
Ziel hat, ein individuell gewünschtes oder notwendiges ›Gefühl von Identität‹ (...) zu
erzeugen. Basale Voraussetzungen für dieses Gefühl sind soziale Anerkennung und
Zugehörigkeit. Auf dem Hintergrund von Pluralisierungs-, Individualisierungs- und
Entstandardisierungsprozessen ist das Inventar übernehmbarer Identitätsmuster aus-
gezehrt. Alltägliche Identitätsarbeit hat die Aufgabe, die Passungen (...) und die Verknüpfungen unterschiedlicher Teilidentitäten vorzunehmen. (...) Qualität und Ergebnis der Identitätsarbeit hängen von den Ressourcen (...) einer Person ab, von indivi-
duell-biographisch fundierten Kompetenzen über die kommunikativ vermittelten
Netzwerkressourcen bis hin zu gesellschaftlich-institutionell vermittelten Ideologien
und Strukturvorgaben« (ebd.: 34; vgl. Keupp u.a. 1999: 98 ff.). Insofern stellt berufliche Identität im Feld der Sozialen Arbeit eine Teilidentität dar, die neben den Profes-
sionalisierungs- ebenso den gesellschaftlichen Pluralisierungs- und Individualisierungsprozessen unterworfen ist. Das bedeutet auch, dass die Probleme der beruflichen Identitätsfindung nicht nur professionsgeschichtlich bedingt sind, sondern
ebenso durch die gesellschaftlichen Veränderungsprozesse beeinflusst werden. Letz-
tere wirken sich auf die berufliche Identität gleich mehrfach aus: Sowohl die Professionellen als auch die Freiwilligen und die Klientel Sozialer Arbeit leben in einer pluralisierten und individualisierten Gesellschaft, in der tradierte Wertesysteme und Identitätsmuster an Bedeutung verlieren. Alle drei Personenkreise sind also gefordert, sich
in alltäglicher Identitätsarbeit in sich verändernden gesellschaftlichen Strukturen zu
verorten. Für Professionelle bedeutet das jedoch, dass sie neben ihrer persönlich zu
leistenden Identitätsarbeit auch ihre Klientel und gegebenenfalls – je nach deren Status – die Freiwilligen in deren gesellschaftlich beeinflusster Identitätsarbeit unterstützen müssen. Professionelle müssen also in der Lage sein, gesellschaftliche Veränderungsprozesse, von denen sie – wie alle anderen auch – unmittelbar betroffen sind,
gleichzeitig auch auf einer Metaebene zu reflektieren, um sowohl ihre Klientel als
auch die Freiwilligen adäquat begleiten zu können (vgl. hierzu Thole 1998: 70 f.;
Harmsen 2001: 19; Thiersch 2002 b: 198; Wendt 1995 a: 21 f.). Auch dies ist ein
Aspekt der Komplexität professionellen sozialpädagogischen Handelns.

Das Augenmerk soll nun nochmals auf die gesellschaftliche Anerkennung der Sozialen Arbeit gerichtet werden. Bezüglich der sozialen Anerkennung und Zugehörigkeit besteht für die Soziale Arbeit und die in ihr Tätigen die prekäre Situation, dass sie
seitens der Gesellschaft oft mit ihren Aufgabenfeldern und ihrer Klientel identifiziert
wird. Schon die ehrenamtlichen Armenpfleger des 19. Jahrhunderts wurden von der
gesellschaftlichen Missachtung von Armut, Verelendung und Devianz nicht ver-

---

[23] Das Verhältnis von Profession und Anerkennung wird von Combe/Helsper (vgl. 2002: 41 ff.) ausführlicher
verhandelt.

schont, und diese Geringschätzung und Verachtung der Klientel der Sozialen Arbeit als »Randständige« wird auch heute noch mental auf ihre HelferInnen und KontrolleurInnen übertragen (vgl. Bauer 1998 b: 13): »Gegenwärtig, bei wachsender Armut, ist dieser negative Ruf der Sozialen Arbeit als einer Arme-Leute-Profession vermehrt im allgemeinen Bewußtsein wieder vorzufinden« (ebd.). Solche Zuschreibungen beeinflussen das Selbstbewusstsein von SozialpädagogInnen/SozialarbeiterInnen genauso wie die Tatsache, dass »das Ansehen der sozialarbeiterischen und sozialpädagogischen Praxis gemeinhin von der Vorstellung bestimmt [ist], ein weiblicher, ein Frauenberuf zu sein« (ebd.). Ihre Wurzeln in der bürgerlichen Frauenbewegung behaften die Soziale Arbeit »mit dem Odium des Mütterlichen und der Weiblichkeit (…), und wie diese ist sie ein Objekt männlicher Kontrolle und patriarchaler Strukturen. Frauen werden geringer entlohnt, und in den Leitungsfunktionen dominieren männliche Kollegen« (ebd.; vgl. Gildemeister/Robert 2000; Zimmer/Priller 1997: 265).

Ein weiteres Problemfeld, das die Verunsicherung der beruflichen Identität der Professionellen im Verhältnis zu Freiwilligen teilweise noch verschärft, liegt in den sich verwischenden Grenzen zwischen Ehren- und Hauptamtlichen, bedingt durch die Qualifizierung und die eigenen beruflichen Fachkenntnisse von Ehrenamtlichen (vgl. Wessels 1997: 224; Hering 1998; Otto 1998 a). Bei unklaren Rollen- und Arbeitsteilungen kann dadurch Konkurrenz entstehen. Verstärkt wird diese Problematik dadurch, dass die Tätigkeit von SozialpädagogInnen/SozialarbeiterInnen »trotz der fortgeschrittenen Diskussion und der Aufwertung der Ausbildung durch das Fachhochschul- bzw. Universitätsstudium« – wie bereits ausgeführt – nur mangelnde Anerkennung in der Gesellschaft genießt (Wessels 1997: 224). »Häufig bestimmt noch das Bild von der Jedermannsqualifikation das Bild von der Sozialarbeit« (ebd.; Thiersch 2002 c: 210). Die mangelnde Anerkennung führt zu einer Status- und Rollenunsicherheit der Fachkräfte, die noch gesteigert wird durch die vielfältigen Beschäftigungsverhältnisse im sozialen Bereich: PraktikantInnen, Zivildienstleistende, Honorarkräfte und Ehrenamtliche sind neben den hauptamtlich Beschäftigten zu finden. Ein diffuses Berufsprofil und dadurch bedingtes mangelndes Selbstbewusstsein der Professionellen verunsichert sie in ihrer eigenen Position, so dass sie die Tätigkeit der Freiwilligen, besonders wenn diese ebenfalls berufliche Fachkenntnisse haben, als Konkurrenz wahrnehmen.

Daraus ergibt sich ein weiterer Aspekt, der das professionelle Selbstbewusstsein der Fachkräfte berührt und nicht unterschätzt werden darf: Vor dem Hintergrund der historischen Entwicklungen der Sozialen Arbeit mit ihrer Nähe zum Ehrenamt ergeben sich für Professionelle in der gegenwärtigen Situation einer Sozialstaats- und Arbeitsmarktkrise neue Vorbehalte gegenüber Freiwilligen, die auf der Befürchtung beruhen, bei knapper werdenden Finanzen im sozialen Bereich das Opfer von Substitutionseffekten zu werden. Da die Förderung freiwilligen oder bürgerschaftlichen Engagements derzeit sowohl politisch gewollt wird als auch unter einer unübersehbaren

politischen Erwartungshaltung steht (vgl. Sengling 1999: 113) und die Fachkräfte oft
sowieso schon verunsichert sind (s.o.), stellt die Freiwilligenarbeit auch eine Konkurrenz und eine mehr oder weniger reale Bedrohung des Arbeitsplatzes der Professionellen dar (vgl. Öhlschläger 1995: 100; Beher/Liebig 2002: 750 f.). In Bezug auf real
beobachtbare Abbau-, Privatisierungs- und Deregulierungsstrategien wohlfahrtsstaatlicher Leistungen wird in der aktuellen Sozialstaatsdebatte die Befürchtung formuliert, »daß mit einer verstärkten Förderung ehrenamtlichen Engagements eine Einschränkung sozialstaatlicher Rechtsansprüche und ein Abbau professioneller Angebote, Dienste und Mitarbeiter(innen)gruppen einhergehen könnte. Das Ehrenamt –
als vermeintlich kostengünstigere Alternative für das in Finanznot geratene Gemeinwesen – erscheint als Instrument zum Abbau qualitativer und personeller Standards«
(Beher/Liebig/Rauschenbach 1998: 18; vgl. Nörber 2001 a: 17). Wenn also mehr
Freiwillige in sozialen Belangen aktiv werden, könnten längerfristig die Arbeitsplätze
der Fachkräfte reduziert werden, weil freiwilliges Engagement billiger zu haben ist.
Davon wären dann wiederum in erster Linie Frauen betroffen, die, um überhaupt
noch tätig sein zu können, auf diese Weise ins Ehrenamt gedrängt würden (zum Für
und Wider dieser Einschätzung vgl. Bauer 1998 c; Gildemeister/Robert 2000; Stolterfoht 1998; 4.1.4).

Die historische Nähe der beruflichen Sozialen Arbeit zu Ehrenamt und Frauenarbeit wirkt sich also noch heute auf die berufliche Identitätsentwicklung von SozialpädagogInnen und SozialarbeiterInnen aus, und die damit verbunden Schwierigkeiten werden für die Professionellen besonders spürbar in der Zusammenarbeit mit
Freiwilligen. Dennoch wäre es falsch, so zu tun, als würden Professionelle und Freiwillige ein und dieselbe Arbeit ausführen. Im folgenden Abschnitt werden deshalb einige wesentliche Unterschiede zwischen Erwerbstätigkeit und freiwilliger Tätigkeit
herausgearbeitet.

4.3.4 Unterschiede zwischen beruflichem und freiwilligem Handeln

Der augenfälligste Unterschied zwischen Erwerbstätigen und Freiwilligen ist die Tatsache, dass Freiwillige für ihre Arbeit keinen Lohn, sondern höchstens eine Aufwandsentschädigung erhalten. Dies hat ganz wesentliche Auswirkungen auf struktu-
rellem, sozialem und psychologischem Gebiet (vgl. Bauer 1998 a: 5). »Der Unterschied der Freiwilligenarbeit zur bezahlten Lohnarbeit zeigt sich in der Art und Weise
wie die Arbeit strukturiert ist; welche Erwartungen an die Arbeit gerichtet werden;
welche Motive damit verbunden sind« (ebd.; vgl. Nörber 2001 a: 12). Professionelles
Handeln ist – anders als freiwilliges Tun – eingebunden in spezifische organisationale
Handlungslogiken, Leistungserwartungen, Zeit- und Erledigungsstrukturen (vgl. 4.2):
Professionelle Soziale Arbeit ist Teil des sozialstaatlichen Dienstleistungsangebots, sie
muss erbracht werden, wo Menschen in soziale Notlagen geraten, die sie und ihr soziales Umfeld nicht selbst bewältigen können. Deshalb kann berufliche Soziale Arbeit

eingefordert und eingeklagt werden, die KlientInnen haben einen Rechtsanspruch darauf. Dabei arbeiten die Fachkräfte zu festgelegten Arbeitszeiten, in denen sie eine bestimmte Arbeitsleistung auf dem Hintergrund von beruflichen Regeln, Fachwissen und wissenschaftlich geklärter Reflexion erbringen und sich dafür verantworten müssen (von der unmittelbaren Arbeit mit KlientInnen über konzeptionelle Planungsprozesse sowie organisatorische und verwaltungsbezogene Aufgaben bis hin zur Unterstützung und Begleitung von Freiwilligen etc.) (vgl. dazu Thiersch 1984: 171). Dort wo es Parallelen zwischen dem Tun der Fachkräfte und dem der Freiwilligen gibt (z.B. bei der unmittelbaren Betreuung der Klientel), besteht trotzdem der wesentliche Unterschied, dass das Handeln der Fachkräfte in deren Arbeitszeit stattfindet, die Aktivität der Freiwilligen hingegen in deren Freizeit. Außerdem kann von einer unterschiedlichen Herangehensweise an die Tätigkeit ausgegangen werden. Indem viele beruflich Tätige davon ausgehen, dass »wirksames Helfen nur durch Distanzierung von den Hilfebedürftigen« möglich ist (professionelle Balance aus Nähe und Distanz), kritisieren sie am Handeln der Freiwilligen die emotionale, ihrer Einschätzung nach von mangelnder Distanz geprägte Beziehungsaufnahme zu den Hilfesuchenden (Graeff/Weiffen 2001: 370). Das Dilemma in der Zusammenarbeit »besteht oft darin, daß das, was Professionelle und Laien[24] an der jeweils anderen Gruppe kritisieren, genau das ist, was ihnen selbst fehlt.[25] Bei den Laien wäre dies etwa die institutionelle Macht, Distanz und Kontrolle, bei den Professionellen vor allem die Nähe zu den Klienten« (Wessels 1997: 225; vgl. dazu auch Müller 1996: 221 f.). Für eine sinnvolle Arbeitsteilung und gelungene Zusammenarbeit zwischen freiwillig und beruflich Tätigen ist es darum wichtig, die Stärken der jeweiligen Arbeitsform zu betonen und die Grenzen ihrer Leistungsfähigkeit zu beachten.

Im Gegensatz zu den Motiven Freiwilliger ist bei den Fachkräften das Erwerbsmotiv – die Relevanz der ökonomischen Anreize – offensichtlich. »Die Motive und motivationalen Probleme der Erwerbstätigen sind gut dokumentiert. In der Freiwilligenarbeit scheinen sie grundsätzlicher und zugleich widersprüchlicher Art zu sein.[26] (...) Ehrenamtlich tätig zu sein, gilt einerseits als eine ›Freizeitbeschäftigung‹, andererseits aber als ›Arbeit‹ mit dem Ziel, innerhalb formaler Strukturen Dienstleistungen für andere zu erbringen« (Bauer 1998 a: 5; vgl. Höflacher 1999: 59 ff.).

Die Erwartungen, die von Organisationen Sozialer Arbeit an in ihnen mitarbeitende Freiwillige gerichtet werden, sind selbst innerhalb der Organisationen häufig nicht nur unterschiedlich, sondern auch widersprüchlich. *Einerseits* wird die Tätigkeit der Freiwilligen wertgeschätzt, und es wird betont, dass der Einsatz von Freiwilligen zusätzliche Ressourcen erschließt und weitere und/oder kostengünstigere Dienstleis-

---

[24] Der Begriff »Laie« ist irreführend, weil davon auszugehen ist, dass auch freiwillig Tätige vielfältige Kenntnisse, oft auch beruflicher Art, mitbringen.

[25] Vgl. hierzu auch Weiffen/Graeff 2002, die die Konflikte zwischen Haupt- und Ehrenamtlichen mit der »Theorie der sozialen Vergleichsprozesse« analysieren.

[26] Zu den Merkmalen und Motivlagen der verschiedenen Formen freiwilligen sozialen Engagements vgl. 3.3.

tungsangebote ermöglicht. Den Freiwilligen wird eine besondere »Informations-, Repräsentations- und Imagefunktion« zugeschrieben, die es ihnen ermöglicht »Brücken« zu bilden, »innerhalb der jeweiligen Organisation und zu relevanten Gruppen außerhalb derselben« (Bauer 1998 a: 5). *Andererseits* wird kritisiert, dass die Freiwilligen sich in die Organisation zu wenig einfügen und unterordnen, dass »sie bei der Außendarstellung der Organisation ein negatives Bild abgeben und der Organisation eher schaden, (...) dass sie innerhalb der jeweiligen Organisation hohe Koordinationskosten verursachen und dazu neigen, Ansprüche zu stellen. Es wird nicht gerne gesehen, wenn sie am Zielfindungsprozeß und an der Formulierung der Geschäftspolitik der Organisation beteiligt zu werden wünschen« (ebd.).

Diese verschiedenen Erwartungen an Freiwillige und das unterschiedliche Ansehen, das sie erfahren, sind *zum einen* vom organisationalen Setting und von der Zielsetzung der Einrichtung abhängig sowie von den konkreten Aufgaben, die die Freiwilligen übernehmen, und *zum andern* aber auch von der persönlichen Einstellung der Fachkräfte – die geprägt ist von deren professionellem Selbstbewusstsein – mit der sie den Freiwilligen gegenübertreten. Der nicht festgelegte Status der Freiwilligen trägt dazu bei, dass sie nicht in gleicher Weise von der Organisation abhängig sind wie die erwerbstätig Beschäftigten (4.3.2). Das heißt auch, dass die Organisation weniger Zugriff auf die Freiwilligen als auf die Erwerbstätigen hat, und es stellen sich die Fragen: »Wie lassen sich Mitarbeiter anleiten, die nicht durch ökonomische Anreize steuerbar sind und über deren Motivation nur wenig bekannt ist? Wie ist mit Freiwilligen umzugehen, die in vielen Fällen auch Mitglieder des Trägervereins (›associational owners‹) sind, über die man also nicht nur nicht verfügen kann, sondern denen auch das Recht zusteht, auf die Vereinspolitik Einfluß zu nehmen?« (Bauer 1998 a: 5; vgl. Effinger 2000: 49).

Hinzu kommt, dass die Freiwilligen ihrerseits auch ganz bestimmte Erwartungen sowohl an ihre Tätigkeiten als auch an die Professionellen haben. Menschen, die sich freiwillig engagieren, tun dies aus bestimmten Motiven, Antrieben und Werthaltungen heraus. Dabei haben sie eine mehr oder weniger klare – häufig unterschwellig wirksame – Rückerstattungserwartung entsprechend eines reziproken Gebens und Nehmens.

Pradel beschreibt z.B. für die Arbeiterwohlfahrt, dass insbesondere bei älteren ehrenamtlichen MitarbeiterInnen oft ein innerer Bruch zu beobachten ist: »Altruistische Überlegungen und die Anlehnung an Pflicht- und Akzeptanzwerte stehen im Widerspruch zum Wunsch nach Anerkennung und materieller Gratifikation« (1993: 99). In ihrer nach außen gezeigten Selbsteinschätzung scheinen v.a. diese praktisch tätigen MitarbeiterInnen oft die »armen unbezahlten Arbeiter« zu sein, die die verschiedenartigen Rückerstattungen (soziale Anerkennung, Urkunde mit Geschenk, Teilnahme an Ausflügen und Festen) zumindest im Moment dieser Selbsteinschätzung nicht wahrnehmen. Es ist für sie dann schwierig zu akzeptieren, dass die Hauptamtlichen für ihre

Tätigkeit beim Verband ein Gehalt beziehen und Anspruch haben auf Feierabend und freie Wochenenden. Dieser Unmut kann Verhaltensweisen nach sich ziehen, die sich in einem »Befehlsstil« gegenüber den beruflich Tätigen äußert. Das trägt nicht zur Motivation der Hauptamtlichen bei, so dass diese z.b. ihre Freizeit bewusst außerhalb des Verbandes verbringen, was ihnen dann wiederum als mangelndes Interesse am Verband vorgehalten werden kann (vgl. ebd.). So können Spannungen unter anderem dadurch aufgebaut werden, dass freiwillige MitarbeiterInnen spezifische Vorstellungen davon haben, was die Professionellen konkret zu tun haben, diese aber dieser Erwartung nicht nachkommen, so dass bei den Freiwilligen der Eindruck entsteht, die eigentliche Arbeit bleibe an ihnen hängen – und wofür die Fachkräfte überhaupt bezahlt werden, ist für sie nicht ersichtlich.[27]

Spannungen und Vorbehalte zwischen Professionellen und Freiwilligen ergeben sich insofern auch, wenn beide Personengruppen Erwartungen aneinander haben, die nicht offen gelegt werden oder falsche Erwartungen aus Unkenntnis entstehen. Oft ist für freiwillige MitarbeiterInnen nicht durchschaubar, welchen Handlungslogiken und –zwängen das professionelle Handeln der Fachkräfte, die mit der Begleitung der Freiwilligenarbeit beauftragt sind, folgt. Deshalb kommt es vor, dass sie Dinge erwarten, die von den Professionellen nicht geleistet werden können. Und wenn Fachkräfte sich ihrerseits nicht darum bemühen, gemeinsam mit den Freiwilligen deren Erwartungen und Wünsche an die Begleitung herauszuarbeiten, können Enttäuschungen dadurch entstehen, dass ihre Unterstützungsangebote bei den freiwillig Engagierten auf wenig Resonanz stoßen (vgl. Kapitel 6).

Diese Spannungsfelder machen deutlich, dass die Konflikte zwischen den Personen, die hier als Professionelle und Freiwillige miteinander kooperieren, von strukturellen und organisationalen Rahmenbedingungen geprägt sind (z.B. wie und von wem innerhalb des Verbandes Entscheidungen vorbereitet und getroffen werden). Eine größere Transparenz der Organisationsstrukturen, vor allem aber ein stärkeres Bewusstsein – zunächst als Teil der hauptamtlichen Fachkompetenz – um die Besonderheiten dieser Rahmenbedingungen und ihre Auswirkungen auf die darin agierenden Personen, könnte manche der Spannungen zwischen freiwillig und beruflich Tätigen entschärfen. Undurchschaubare Strukturen verstärken die Skepsis von freiwillig Tätigen gegenüber den Verbandshierarchien. Von den Professionellen kann ein Bewusstwerdungsprozess um die strukturellen Bedingtheiten des Verbandes und ihre Auswirkungen auf die darin Agierenden bei den Freiwilligen angeregt werden, bei-

---

[27] Beispielsweise werden die Hauptamtlichen in Wohlfahrtsverbänden von den Ehrenamtlichen nicht nur als angestellte MitarbeiterInnen gesehen, sondern auch als Mitglieder, von denen über ihre berufliche Tätigkeit hinaus auch noch zusätzliches ehrenamtliches Engagement für den Verband erwartet wird. Wenn Hauptamtliche dann auf die Einhaltung ihrer Arbeitszeit achten, stößt dies bei Freiwilligen schnell auf Missfallen (vgl. Effinger/ Pfau-Effinger 1999: 310).

spielsweise indem sie sich selbst klar verhalten und ihr Handeln transparent machen.[28] Zusammenfassend lässt sich feststellen, dass Spannungen zwischen den beiden Personengruppen häufig nicht durch »sachlich-rationale Auseinandersetzung, als vielmehr vermittelt über die Gefühlsebene« entstehen (Pradel 1993: 97).

4.3.5 Kooperationsformen von Professionellen mit Freiwilligen

Zur Konkretisierung und ergänzend zu den hier ausgeführten Spannungsfeldern professionellen Handelns werden im Folgenden am Beispiel einer Untersuchung von Gisela Jakob und Thomas Olk (vgl. 1995) verschiedene empirisch belegte Formen des Umgangs von Professionellen mit Freiwilligen vorgestellt.

Gisela Jakob und Thomas Olk (vgl. 1995) haben verschiedene Umgangsformen mit freiwillig Tätigen und ihren Bedürfnissen in Einrichtungen unterschiedlicher Trägerschaft herausgearbeitet. Dabei haben sie das Verhältnis zwischen professionellem Handeln und freiwilligem Engagement am Beispiel der Caritas – als etabliertem Wohlfahrtsverband – und der Hospizvereine – als Projekte mit erst relativ junger Geschichte – untersucht im Hinblick auf die biographischen Grundlegungen des Engagements der Freiwilligen einerseits und die Haltungen und Orientierungen der Professionellen im Umgang mit Freiwilligen andererseits. Es zeigt sich, dass zentrale Grundlegungen für die Entscheidung, sich freiwillig zu engagieren, in biographischen Ereignissen und lebensgeschichtlich begründeten Sinnressourcen zu finden sind (Jakob/Olk 1995: 19; 3.3.2). Im professionellen Handeln von VerbandsvertreterInnen finden diese biographisch orientierten Anliegen und Sinnressourcen der Freiwilligen jedoch keine oder kaum Berücksichtigung. Dies gilt besonders für etablierte Verbände mit einer langen Tradition und einer großen Zahl von hochqualifizierten Fachkräften. In Hospizvereinen beispielsweise, die als Organisation ganz anders strukturiert sind, haben die lebensgeschichtlich geprägten Sinnressourcen und damit der Selbstbezug der aktiven Freiwilligen für das Handeln der Professionellen dagegen große Bedeutung. Vor diesem Hintergrund lassen sich zwei sehr unterschiedliche Typen professionellen Handelns beobachten.

Der eine Typus ist geprägt von »*Tendenzen einer Instrumentalisierung und Marginalisierung des Ehrenamts*« (ebd.: 20; Hervorhebung im Original). Durch Expansion der Wohlfahrtsverbände und Verberuflichung der Sozialen Arbeit entwickelt sich ein Typus fachlichen Handelns, »in dem das Ehrenamt immer stärker ausgeblendet und innerhalb der Verbände marginalisiert wird« (ebd.). Die Betonung der professionellen Sach- und Fachkompetenz und die Orientierung an verbandlicher Expansion und administrativer Rationalität drängt vor allem die traditionellen ehrenamtlichen Tätigkeiten an der Basis an den Rand. Diese Entwicklung vollzieht sich häufig unbe-

---

[28] Es soll damit nicht ausgesagt werden, dass freiwillig Engagierte grundsätzlich blind sind für strukturelle und organisationale Rahmenbedingungen. Es kann von ihnen aber nicht erwartet werden, dass sie dieses Bewusstsein für Strukturen mitbringen. Eine Fachkraft sollte das jedoch in ihrer Ausbildung gelernt haben.

merkt und ist von den leitenden VerbandsvertreterInnen nicht immer beabsichtigt. Doch die Ausrichtung der Verbandsentwicklung an Modernisierung, Professionalität und betriebswirtschaftlicher Effektivität lässt das freiwillige Engagement trotz einer satzungsbegründeten Verpflichtung zur Förderung ehrenamtlichen Engagements in den Hintergrund treten. Daneben werden Aspekte der Instrumentalisierung des Ehrenamts deutlich, indem freiwillige HelferInnen lediglich für verbandliche Zwecke in Anspruch genommen werden. Die Sinnressourcen und Anliegen der freiwillig Tätigen finden keine Berücksichtigung, wenn ihr Einsatz vor allem von verbandlichen Prioritäten bestimmt ist. Freiwillig Tätige können sich dadurch leicht als »Handlanger« und »Lückenbüßer« ausgenützt fühlen. Auch bei der Konzeption und Planung von Fortbildungsmöglichkeiten für Freiwillige gibt es instrumentalisierende Tendenzen, indem diese nicht in Prozessen gemeinsamer Diskussion zwischen Professionellen und Freiwilligen zustande kommen, sondern stark von den Fachkräften und damit von den verbandlichen Anforderungen dominiert sind. Hierin zeigt sich auch eine hierarchische Struktur zwischen Haupt- und Ehrenamtlichen, in der den Ehrenamtlichen eine untergeordnete Position zukommt. Insgesamt kann hier eine Dominanz sowohl der Organisationsorientierung als auch der Professionellen beobachtet werden.[29]

Der andere professionelle Typus ist geprägt von »*Akzeptanz und Offenheit gegenüber dem ehrenamtlichen Engagement*« (Jakob/Olk 1995: 21; Hervorhebung im Original). Professionelles Handeln dieses Typus berücksichtigt die Sinnressourcen und biographischen Erfahrungen der freiwillig Tätigen weitgehend. »Das Handeln der Professionellen ist darauf ausgerichtet, den Ehrenamtlichen Entfaltungsmöglichkeiten zu verschaffen, und sie an der Mitgestaltung der Rahmenbedingungen ihres Arbeitsfeldes zu beteiligen« (ebd.). Dieser Typus wurde in Hospizvereinen gefunden, die erst auf eine kurze Geschichte ihrer Organisation zurückblicken können. Freiwillig Engagierte waren am Vereinsgründungsprozess maßgeblich beteiligt, und auch nach der Einstellung von wenigen Professionellen ist das freiwillige soziale Engagement ein zentrales Element in der Arbeit der Hospizbewegung.[30] Das professionelle Handeln ist darauf ausgerichtet, die freiwillig Tätigen zu begleiten und zu beraten, um ihnen die Sozialisation in das Arbeitsfeld zu ermöglichen. Gemeinsam mit den Freiwilligen werden geeignete und sinnvolle Möglichkeiten des Engagements unter Bezugnahme auf die biographischen Hintergründe der Einzelnen herausgearbeitet. Auch in die konzeptionelle Gestaltung der Seminare fließen zugleich das Fachwissen der Profis und

---

[29] Der beschriebene professionelle Handlungstypus wurde »bei hauptamtlich tätigen Verbandsvertretern in leitenden Positionen gefunden, die als Protagonisten wesentlich am Prozeß der Expansion der Verbände beteiligt gewesen sind. Die Professionellen gehören der älteren Generation an« (Jakob/Olk 1995: 21). Ihre Verbundenheit mit der Sinnwelt des sozialkatholischen Milieus war Voraussetzung für ihre Einstellung in diesem Fachverband.

[30] Vgl. hierzu das integrative Entwicklungsphasenmodell für Verbände (2.3). Die Hospizvereine als noch junge Bewegung weisen noch viele Merkmale der Entstehungs- und Entfaltungsphase von Verbänden auf. So ist anzunehmen, dass die Strukturen noch nicht so verkrustet sind wie in den etablierten Wohlfahrtsverbänden, deren größte Herausforderung gegenwärtig ihre strukturelle Erneuerung ist.

die Erfahrungen der freiwillig Engagierten ein. In regelmäßig stattfindenden, von den Hauptamtlichen geleiteten Begleitgruppen können die Aktiven ihre Erfahrungen mit der Sterbebegleitung reflektieren, und es steht Raum zur Verfügung, um »aufgetretene Konflikte und Irritationen im Verhältnis zwischen Professionellen und Ehrenamtlichen« anzusprechen (ebd.: 22). Die Identität der Professionellen basiert hier auf ihrem interdisziplinären Fachwissen und »der besonderen Fähigkeit der Perspektivenübernahme, die in der Berücksichtigung der Sinnhorizonte der Ehrenamtlichen (und auch der Sterbenden) ihren Ausdruck findet« (ebd.). Bei diesem Typus kann eine konstruktive Balance sowohl im Spannungsfeld von Organisations- und AdressatInnenorientierung als auch dem der Zusammenarbeit von Professionellen und Freiwilligen beobachtet werden.

Im Vergleich dieser beiden Typen des Handelns Professioneller wird deutlich, dass die Berücksichtigung der lebensgeschichtlich bedingten Sinnbezüge der freiwillig Tätigen durch die Professionellen den Freiwilligen die Möglichkeit und den Freiraum bietet, ihre Fähigkeiten und Vorstellungen bezüglich der Tätigkeit zu entfalten. Der Typus der Akzeptanz und Offenheit gegenüber dem freiwilligen sozialen Engagement schafft auch wesentlich günstigere Voraussetzungen für die Gewinnung und Integration von Freiwilligen als der erstgenannte Typus. Die Form professionellen Handelns, wie sie in den überschaubaren Hospizvereinen praktiziert wird, lässt sich selbstverständlich nicht einfach auf andere Einrichtungen und große Wohlfahrtsverbände übertragen (z.B. schon wegen der unterschiedlichen Entwicklungsstadien von Hospizvereinen und Wohlfahrtsverbänden; vgl. 2.3). Dennoch kann der Typus der Akzeptanz und Offenheit wichtige Anregungen für das professionelle Handeln in anderen Verbänden bieten – dieser Typus gibt quasi die anzustrebende Zielrichtung vor. So wäre es sowohl für die Freiwilligen wie auch für den Verband vorteilhaft, die dem Engagement zugrunde liegenden biographischen Hintergründe und Sinnorientierungen so weit wie möglich zu berücksichtigen: »Tendenzen einer Überforderung und Instrumentalisierung der Ehrenamtlichen durch verbandliche Anforderungen könnten damit verhindert werden. Für die ehrenamtlich Tätigen eröffnet eine stärkere Beachtung ihrer Sinnbezüge Möglichkeiten der Entfaltung und Verwirklichung eigener Entwürfe und Planungen« (Jakob/Olk 1995: 23).

Die Berücksichtigung der Sinnressourcen der Freiwilligen und ihre Integration in deren Tätigkeit stellt hohe Anforderungen sowohl an die Professionellen als auch an die (ehrenamtlichen) Verbandsfunktionäre. So brauchen die professionell Tätigen Kenntnisse über »Arbeitsabläufe, Sinnhintergründe und Besonderheiten ehrenamtlichen Engagements« (ebd.), außerdem kann eine adäquate Vorbereitung und Begleitung der Freiwilligen auf und in ihrer Arbeit »nur geleistet werden, wenn dafür – von seiten des Verbandes – die personellen, finanziellen und räumlichen Ressourcen bereitgestellt werden« (ebd.). Ob Professionelle den Freiwilligen eher instrumentalisierend oder akzeptierend/offen gegenübertreten ist auch eine Frage der persönlichen

Haltung. Dabei ist allerdings zu berücksichtigen, dass die persönliche Haltung der Professionellen gegenüber Freiwilligen nicht nur individuell bedingt ist, sondern maßgeblich von den in Abschnitt 4.3.1 ausgeführten Rollenaspekten geprägt ist.

Insgesamt wird deutlich, dass gerade in Wohlfahrtsverbänden Kooperationsformen von Professionellen mit Freiwilligen vorzufinden sind, bei denen die Wünsche und Bedürfnisse der Freiwilligen von eher randständiger Bedeutung sind. Für eine gelingende Engagementförderung durch Wohlfahrtsverbände ist allerdings die Berücksichtigung der Sinnorientierungen von freiwillig Tätigen von großer Bedeutung, wie die Untersuchung von Jakob und Olk zeigt.

4.4 Fazit: Kooperation von Professionellen mit Freiwilligen in Wohlfahrtsverbänden als zentrale professionelle Herausforderung

Die Ausführungen dieses Kapitels zum professionellen sozialpädagogischen Handeln in Wohlfahrtsverbänden zeigen auf, dass Soziale Arbeit es mit widersprüchlichen Erwartungen zu tun hat. SozialpädagogInnen/SozialarbeiterInnen können sich in der Ausprägung der eigenen Berufsrolle nicht auf verbindliche kollektive Vorstellungen beziehen, sondern erwerben ihr individuelles berufliches Selbstverständnis in der Reflexion der Erfahrungen ihrer jeweiligen Berufsvollzüge. Professionelles sozialpädagogisches Handeln in Wohlfahrtsverbänden ist von verschiedenen Widersprüchen und Spannungsfeldern gekennzeichnet: *Zunächst* agiert sozialpädagogische Professionalität im Spannungsfeld der dialogischen Praxis des gleichzeitigen Theorie- und Fallverstehens sowie im handlungslogischen Dilemma des »doppelten Mandats«. Diese widersprüchlichen Herausforderungen sind konstitutiv für sozialpädagogische Professionalität, wie sich in Abschnitt 4.1 zeigte. Die Herausforderung des gleichzeitigen Theorie- und Fallverstehens auf der einen Seite ergibt sich aus dem zentralen Stellenwert der AdressatInnenorientierung in der Professionalisierungsdebatte. Das handlungslogische Dilemma des doppelten Mandats von normensicherndem Rechtshandeln und mit Wissenschaftswissen gekoppeltem hermeneutisch-intuitivem Fallverstehen auf der anderen Seite verweist auf die Abhängigkeit Sozialer Arbeit von staatlicher Steuerung und ihre Einbindung in bürokratische Organisationen. Weil professionelles sozialpädagogisches Handeln also in der Regel in Organisationen erfolgt, lässt sich für die sozialpädagogische Professionalität in Wohlfahrtsverbänden *des Weiteren* das Spannungsfeld von Organisations- und AdressatInnenorientierung benennen (vgl. 4.2). Und schließlich bewegt sich sozialpädagogische Professionalität, die mit freiwillig Engagierten in Berührung kommt, im Spannungsfeld des Verhältnisses von beruflich und freiwillig Tätigen (vgl. 4.3). Weder in der Professionalisierungsdebatte noch in den organisationssoziologischen Überlegungen wird diesem spezifischen Arbeitsverhältnis bislang ein besonderer Stellenwert eingeräumt. Dennoch ist es für die nähere Bestimmung professionellen sozialpädagogischen Handelns in

Wohlfahrtsverbänden wichtig, sich nicht nur an professionstheoretischen Argumentationen zu orientieren, sondern ebenso organisationstheoretische Perspektiven einzubeziehen sowie das spezifische Verhältnis von beruflich und freiwillig Tätigen zu thematisieren. Für die professionelle Förderung des freiwilligen sozialen Engagements durch Wohlfahrtsverbände ergibt sich aus der Auseinandersetzung mit den beschriebenen Spannungsfeldern zudem die Herausforderung, diese Diskussionsstränge nicht länger isoliert voneinander zu betrachten, sondern in ihrer ineinander verwobenen Komplexität. Wenn also darüber nachgedacht wird, wie freiwilliges soziales Engagement durch Wohlfahrtsverbände unterstützt werden kann, dann impliziert diese Überlegung die Frage, wie Personen, die hauptberuflich als SozialpädagogInnen/SozialarbeiterInnen angestellt sind, das Engagement von freiwillig Tätigen fördern können. Es geht um die Frage nach den Wechselbeziehungen zwischen (organisationalen) Rahmenbedingungen und (persönlichen) Fachkompetenzen und deren professioneller Ausgestaltung, die nötig ist, um einerseits Menschen für freiwilliges Engagement zu gewinnen und andererseits die Zusammenarbeit zwischen beruflich und freiwillig Tätigen konstruktiv zu gestalten.

Für das Gelingen professioneller Förderung freiwilligen sozialen Engagements durch Wohlfahrtsverbände spielt das *Verhältnis zwischen beruflich und freiwillig Tätigen* auch deshalb eine große Rolle, weil dort die Identität und die Gefühlsebene der beteiligten Personen in spezifischer Weise angesprochen werden. In Abschnitt 4.3 wurde in diesem Kontext aus verschiedenen Perspektiven aufgezeigt, dass das Verhältnis der beruflich zu den freiwillig Tätigen vielschichtig und kompliziert ist. Ein entscheidender Faktor für die Zusammenarbeit von Professionellen mit Freiwilligen ist, welches berufliche Selbstverständnis die Fachkräfte entwickelt haben und mit welcher persönlichen Einstellung sie den Freiwilligen begegnen. Werden Freiwillige als Bedrohung der eigenen Fachlichkeit erlebt oder gar als KonkurrentInnen um den Arbeitsplatz, wird eine gewinnbringende Zusammenarbeit schwer zu realisieren sein. Um die Förderung von und die Kooperation mit Freiwilligen erfolgreich zu gestalten, ist es außerdem wichtig, dass die Professionellen zum einen Kenntnis haben von den *vielschichtigen Spannungsfeldern* zwischen beruflich und freiwillig Tätigen, Organisations- und AdressatInnenorientierung sowie der Gleichzeitigkeit von Theorie- und Fallverstehen im doppelten Mandat. Zum Zweiten müssen sie sich darüber im Klaren sein, dass sich diese Spannungsfelder nicht auflösen lassen. Und drittens – als ganz entscheidender Aspekt – müssen sie sich der jeweils eigenen Verwicklungen in diesen Widersprüchen und Spannungsfeldern bewusst werden. Nur so kann eine Reflexivität erzeugt werden, die die solchermaßen neu zu betonende sozialpädagogische Professionalität auszeichnet.

Darüber hinaus hat das Spannungsfeld von Organisations- und AdressatInnenorientierung für das Verhältnis von beruflich und freiwillig Tätigen insofern eine ganz spezifische Relevanz, als *der Status der Freiwilligen im Kontext der Organisation* ein ganz unterschiedlicher sein kann (vgl. 4.3.2): So können Freiwillige für die hauptberuflich Tätigen sowohl eine Vorgesetztenfunktion haben, und somit die Interessen der Organisation in besonderer Weise verkörpern, als auch eine AdressatInnenfunktion, mit deren Begleitung und Förderung die Fachkräfte beauftragt sind, und schließlich eine KollegInnenfunktion, wenn sich beruflich und freiwillig Tätige gemeinsam um die AdressatInnen der Organisation bemühen.[31] Je nach Status der Freiwilligen sind sie entweder Teil der Organisation oder sie gehören als AdressatInnen zu deren Umwelt, so dass sie in den Prozessen der Gestaltung, Selektion und Retention jeweils verschiedene Akzente setzen. Außerdem haben Freiwillige je nach ihrem Status unterschiedliche Erwartungen an die Arbeit der Professionellen, die sich von den Erwartungen, die die Organisation oder die AdressatInnen an die Professionellen haben, nochmals deutlich unterscheiden können.

Für eine *gelingende Kooperation zwischen Erwerbstätigen und Freiwilligen* – Nörber (2001 a: 13) spricht von der »Gleichzeitigkeit zweier Gruppen von Mitarbeiterinnen und Mitarbeitern« – lässt sich insgesamt folgern, dass gerade bezüglich der unterschiedlichen Logiken der bezahlten professionellen Sozialen Arbeit und der Freiwilligenarbeit Transparenz hergestellt werden muss. Ebenso wichtig ist die Klarheit der jeweils spezifischen Arbeitsrollen. Damit ist ein wesentliches Ziel in der Kooperation von Hauptamtlichen mit Freiwilligen benannt.

Abschließend lässt sich festhalten, dass es für das Gelingen der Kooperation zwischen Professionellen und Freiwilligen förderlich ist, wenn sich beide Personengruppen über ihre jeweils spezifischen Aufgaben und Möglichkeiten im Kontext ihrer Organisation im Klaren sind.[32] Vielen Missverständnissen kann so vorgebeugt werden. Es ist eine zentrale Aufgabe der Professionellen, für diese Transparenz zu sorgen. Trotzdem – und dies muss Professionellen in besonderer Weise klar und präsent sein – lassen sich die Spannungsfelder zwischen Professionellen und Freiwilligen oft nicht auflösen, sondern lediglich entspannen, weil die Herausforderungen der Organisations- und AdressatInnenorientierung sowie der dialogischen Praxis des gleichzeiti-

---

[31] Freiwillige in KollegInnenfunktion sind vor allem in Arbeitsfeldern zu finden, die der Einzelfallhilfe zuzuordnen sind. Dort arbeiten – idealtypisch betrachtet – die Fachkräfte im Auftrag einer Organisation, die sich die Hilfeleistung für eine bestimmte Personengruppe zur Aufgabe gemacht hat, dabei werden sie von freiwilligen MitarbeiterInnen unterstützt. Vor dem Hintergrund dieser Arbeitsfelder hat Hildegard Müller-Kohlenberg (vgl. 1994 und 1996) das *Kooperationsmodell der Triangulation* vorgeschlagen: KlientIn, Fachkraft und freiwillige MitarbeiterIn bilden ein Dreieck, in dem die Fachkraft ihre Aufmerksamkeit beiden, KlientIn und freiwilliger MitarbeiterIn, zuwendet. Damit kommt der Fachkraft eine koordinierende Tätigkeit zu, die sich »als doppelte Orientierung des Sozialarbeiters in Richtung sowohl auf den Klienten als auch auf den ehrenamtlichen Helfer« beschreiben lässt (Müller-Kohlenberg 1994: 17). »Die Triangulation bedeutet Arbeitsteilung zwischen Laien und Professionellen und damit auch ein verändertes Anforderungsprofil der Berufsträger« (Müller-Kohlenberg 1996: 170). Verlangt werden »veränderte Qualifikationen, ein neues Selbstverständnis und vor allem auch das Loslassen von liebgewonnener Praxis des gewonnenen eigenen Beruf, vor allem von Casework als konstitutivem Element des Sozialarbeiterberufs und anderer helfender Berufe« (ebd.). Die hier in Bezug auf die Einzelfallhilfe aufgestellte Forderung nach einem neuen Berufsverständnis der sozialpädagogischen Fachkräfte ist wegweisend auch für andere Arbeitsfelder, in denen Professionelle mit der Begleitung und Förderung freiwilligen Engagements beauftragt sind.

[32] Vgl. dazu auch den »Praxis-Check« von Nörber 2002.

gen Theorie- und Fallverstehens professioneller Sozialer Arbeit dieses Berufsfeld so komplex machen. Gerade weil sich viele der Spannungsfelder oft nicht auflösen lassen, ist die Haltung der Professionellen gegenüber den Freiwilligen – instrumentalisierend versus akzeptierend/offen (vgl. 4.3.5) – von besonderer Bedeutung.

5 Modellprogramm und Begleitforschung

Nach den theoretischen Ausführungen der Teile A und B folgt nun die Darstellung der Fallstudie des Modellprojekts Seniorenbüro Burgstadt. In diesem Kapitel wird zunächst das Bundesmodellprogramm Seniorenbüro im Allgemeinen umrissen (5.1), um dann die Konkretisierung des Modellprogramms in der Konzeption des DRK-Seniorenbüros Burgstadt vorzustellen (5.2). Anschließend wird das methodische Vorgehen im Forschungsprozess (5.3) beschrieben, bevor die Forschungsfrage dieser Arbeit unter Rückbezug auf die theoretischen Ausführungen der Kapitel 1 bis 4 ausdifferenziert wird (5.4). In Kapitel 6 wird der Projektverlauf des Seniorenbüros Burgstadt in seinen Einzelheiten dokumentiert, und Kapitel 7 widmet sich schließlich zum einen der Auswertung des Projektverlaufs vor dem Hintergrund der Begleitforschung und zum andern werden konkrete Konsequenzen für die Engagementförderung durch Wohlfahrtsverbände aus dem Projekt abgeleitet.

5.1 Das Modellprogramm Seniorenbüro

Das Bundesministerium für Familie, Senioren, Frauen und Jugend[1] förderte zwischen 1992 und 1999 im Rahmen eines Modellprogramms die Entstehung von Seniorenbüros in allen Ländern der Bundesrepublik Deutschland. In der ersten Modellphase wurden 32 Seniorenbüros in städtischen und ländlichen Gebieten in unterschiedlicher Trägerschaft (z.b. Kommunen, Wohlfahrtsverbände, Seniorenorganisationen, freie Initiativen) gefördert. In einer zweiten Modellphase kamen ab 1994 noch zwölf weitere Seniorenbüros dazu. Das Programm war für jedes Seniorenbüro auf drei Jahre angelegt mit der Option auf Verlängerung um weitere zwei Jahre.

Der konzeptionelle Grundgedanke des Modellprogramms beinhaltete folgende Aspekte: Seniorenbüros sind grundsätzlich gedacht als Anlaufstelle für ältere Menschen. Als »ältere Menschen« werden dabei v.a. Menschen im »dritten Lebensalter« – etwa zwischen 55 und 75 Jahren – verstanden, die im Übergang von Beruf und Familienphase zum Ruhestand individuelle und soziale Weichen stellen für das Leben im »vierten Lebensalter«. Seniorenbüros sollen sowohl Kontakte zwischen den Menschen ermöglichen und zu gemeinsamem Tun anregen als auch Möglichkeiten des Engagements aufzeigen und in Tätigkeitsfelder vermitteln. Wichtig ist, dass die Seniorenbüros Raum bieten für die Vielfalt an Interessen und Kenntnissen von älteren Menschen und damit ihrer Lebenserfahrung und Lebenssituation Rechnung tragen. Seniorenbüros sollen die Eigenaktivität von älteren Menschen anregen, fördern und ihrem Engagement Raum geben, darum begrüßte das Bundesministerium für Familie, Senioren Frauen und Jugend auch die ehrenamtliche Mitarbeit älterer Menschen beim Aufbau der Seniorenbüros.

---

[1] Das Modellprogramm Seniorenbüro wurde initiiert vom damaligen Bundesministerium für Familie und Senioren (BMFuS), das im Herbst 1994 umgebildet wurde zum Bundesministerium für Familie, Senioren, Frauen und Jugend (BMFSFJ).

Das Modellprogramm sah drei Aufgabenschwerpunkte vor, in denen die Seniorenbüros tätig werden sollten, erstens nachberufliche Tätigkeitsfelder und ehrenamtliches
soziales Engagement, zweitens Selbsthilfeaktivitäten und -gruppen und drittens die
Einbindung älterer Menschen in Nachbarschaften und Beziehungsnetze. Dabei hatten die Seniorenbüros die Möglichkeit, innerhalb der drei Bereiche eine eigene Gewichtung vorzunehmen oder auch noch zusätzliche Angebote zu entwickeln (vgl.
BMFuS 1994: 7). Diese Aufgabenformulierung zeigt zum einen die breite Öffnung
des Modellprogramms für Projekte aus den Bereichen des sozialen Ehrenamts, der
Selbsthilfe und der informellen nachbarschaftlichen Beziehungsnetze. Zum andern
wird deutlich, dass zum damaligen Zeitpunkt die Begriffe Freiwilligenarbeit oder bürgerschaftliches Engagement in der Beschreibung des Bundesmodells noch nicht auf-
tauchten, wenngleich davon auszugehen ist, dass die spezifischen Inhalte dieser Begriffe impliziert wurden.

Das Bundesministerium für Familie und Senioren beauftragte das Institut für sozialwissenschaftliche Analysen und Beratung Köln-Leipzig (ISAB) mit der wissenschaftlichen Begleitung aller Seniorenbüros des Modellprogramms. Das ISAB gestaltete die Begleitforschung u.a. mit Erhebungen in standardisierter Form (z.B. einer differenzierten Kontaktstatistik, die von den Seniorenbüros geführt werden sollte), es
machte Beratungs- und Fortbildungsangebote für die Fachkräfte und freiwillig Engagierten der Seniorenbüros (z.B. in Form von regionalen Arbeitstreffen, die dem Erfah-
rungsaustausch dienten, oder Tagungen zu spezifischen Fragestellungen der Seniorenbüros). Daneben waren die Seniorenbüros verpflichtet, halbjährlich einen Zwischenbericht entsprechend der Gliederungsvorgaben des ISAB zu verfassen. Die Ergebnisse der wissenschaftlichen Begleitung seitens des ISAB wurden dokumentiert
in der vom BMFuS bzw. BMFSFJ herausgegebenen Schriftenreihe »Materialien zum
Modellprogramm Seniorenbüro« (1994 bis 1997).

5.2 Die Konzeption des Seniorenbüros Burgstadt

Das Seniorenbüro Burgstadt[2] war eines der Seniorenbüros, die in der zweiten Modellphase des Bundesprogramms gefördert wurden. Der Träger des Seniorenbüros
war der Kreisverband des Deutschen Roten Kreuzes (DRK) im Landkreis Burgstadt
(Baden-Württemberg). Das Seniorenbüro wurde innerhalb des Kreisverbandes einge-
gliedert in die Abteilung Sozialarbeit, die im Übrigen vornehmlich zuständig war und
ist für vielfältige Beratungs- und Betreuungsdienste sowie für die Organisation der
häuslichen Pflegedienste im Landkreis.

Die Konzeption des Seniorenbüros Burgstadt verband den ersten der genannten
Aufgabenschwerpunkte, die starke Betonung des ehrenamtlichen sozialen Engagements, mit der Förderung der Einbindung älterer und alter Menschen in Nachbar-

---

[2] Name geändert.

schaften und Beziehungsnetze (3. Aufgabenschwerpunkt). Es wich insofern von der Arbeitsform der meisten anderen Seniorenbüros ab, als es sich nicht in erster Linie als eine zentrale Anlaufstelle für ältere Menschen verstand, um diese in verschiedenste Tätigkeitsfelder zu vermitteln, sondern sein Ziel war die Bildung von »Aktivkreisen« für sozial Engagierte in einzelnen Regionen des Landkreises, um als Seniorenbüro vor Ort präsent zu sein. Dabei waren sowohl das Tätigkeitsfeld, für das freiwillig Engagierte gewonnen werden sollten, als auch die HauptadressatInnen zunächst sehr klar umrissen: Laut Konzeption sollten ehrenamtliche MitarbeiterInnen für aufsuchende Sozialarbeit gewonnen werden. Ansatzpunkt dafür waren Personen, die durch die Teilnahme an Gruppenangeboten – wie z.b. »Bewegung bis ins Alter«, »Stationärer Mittagstisch«, »Yoga für Senioren« und »Gedächtnistraining« – bereits einen festen Kontakt zum Roten Kreuz hatten. Sie sollten sensibilisiert werden für die Problemlagen allein stehender älterer und alter Menschen in ihrer Nachbarschaft, für die es z.b. aufgrund ihres gesundheitlichen Zustandes immer schwieriger wird, sich alleine zu versorgen, denen die Isolation droht und die mit den bisherigen Angeboten des DRK nicht erreicht werden konnten. Die Konzeption ging davon aus, dass es viele Menschen gibt, die unter einem Sinnverlust leiden, der mit dem Abschluss der Familienphase oder dem Ausscheiden aus dem Erwerbsleben einsetzt. Gezielte Informationen sollten bei der beschriebenen Zielgruppe das Interesse für diese neue Aufgabe wecken. Wichtig war hier, dass das Engagement an den Interessen und Fähigkeiten der potentiellen Ehrenamtlichen ansetzte. Die am Engagement Interessierten sollten in Regionalgruppen/Aktivkreisen zusammengefasst werden, in denen sie durch Hauptamtliche für ihr Aufgabenfeld qualifiziert werden sollten. Beispielsweise sollten sie dazu angeleitet werden, in Gesprächen mit alten Menschen vorsichtig vorzugehen, sie nicht mit Fragen zu überrollen und zu helfen, statt zu entmündigen. Es sollten »kleine Nachbarschaftshilfen« gegründet werden, in der Weise, dass sich immer eine Person für ihr Umfeld bzw. ihre Nachbarschaft zuständig fühlt und sich einen Überblick verschafft, welche Menschen Unterstützung benötigen, und sich dann um diese Menschen kümmert. Es war vorgesehen, die Ehrenamtlichen in ihrer Arbeit kontinuierlich durch Hauptamtliche zu begleiten.

Diese Konzeption war eine Ergänzung und Unterstützung der Arbeitsfelder, die von der Abteilung Sozialarbeit des Kreisverbandes bereits wahrgenommen wurden. Der Aufgabenschwerpunkt lag auf betreuenden und pflegenden – also klassisch weiblichen – Tätigkeiten. Mit der Umsetzung dieser Konzeption stärkte der DRK-Kreisverband das Profil seiner bereits vorhandenen Sozialarbeit.

Aufgrund seines abweichenden konzeptionellen Schwerpunktes wurde das Seniorenbüro Burgstadt nur noch lose an die wissenschaftliche Begleitung durch das ISAB angebunden, da diese den Bedingungen und Bedürfnissen des Burgstadter Seniorenbüros nicht gerecht wurde. Es wurde von der Bearbeitung der Fragebögen befreit

und teilte den Projektverlauf lediglich in Form der halbjährlichen Zwischenberichte
an das ISAB mit.

Die Leiterin der Abteilung Sozialarbeit im DRK-Kreisverband Burgstadt bemühte
sich deshalb um eine eigene wissenschaftliche Begleitung durch das Institut für Erziehungswissenschaft der Universität Tübingen (Abteilung Sozialpädagogik), die
prozessorientiert an den Gegebenheiten und individuellen Belangen vor Ort anset-
zen, für fachliche Beratung und Reflexion der Arbeit zur Verfügung stehen und
durch die größere räumliche Nähe leichter abrufbar sein sollte. Ziel war es, die Erfahrungen aus dem Projekt zu dokumentieren und auch für andere Kreisverbände des
DRK fruchtbar zu machen. Im Februar 1996 wurde die Finanzierung durch die Stiftung »Familie Josef Kreten« bewilligt, so dass die Begleitforschung im März 1996 be-
ginnen konnte.[3] Die wissenschaftliche Begleitung wurde von der Autorin durchgeführt unter der Projektleitung von Prof. Dr. Ulrich Otto[4] und Prof. Dr. Siegfried Müller.

5.3 Methodisches Vorgehen im Forschungsprozess

Die Vereinbarung zwischen dem Träger des Seniorenbüros und der wissenschaftlichen Begleitung umfasste die doppelte Aufgabe der wissenschaftlichen Dokumentation und der Auswertung des Projektverlaufs einerseits und der Praxisreflexion mit
der hauptamtlichen Projektmitarbeiterin andererseits. Diese Aufgabenstellung erforderte eine offene und prozessbezogene wissenschaftliche Begleitung, die auf Entwicklungen im Projektverlauf flexibel reagieren kann. Damit lag es nahe, als methodischen Zugang zum Forschungsprozess ein *Konzept der Praxis- bzw. Handlungsforschung* zu wählen (vgl. Gstettner 1995; Heiner 1988; Moser 1995; Munsch 2002;
Soukup 1996). Die wissenschaftliche Begleitung orientierte sich vor allem am Praxis-
forschungsverständnis, wie es beispielsweise von Dieter Filsinger und Wolfgang Hin-
te beschrieben wird (vgl. 1988): Praxisforschung ist Forschung über und in konkreten Praxisfeldern Sozialer Arbeit, die hauptsächlich in Kooperation mit den im Praxisfeld Tätigen realisiert wird. Dabei werden vor allem soziale Handlungsprozesse in ihrem spezifischen sozialen, strukturellen und institutionellen Kontext untersucht; das
besondere Augenmerk liegt dabei auf den professionellen Handlungsvollzügen. Im
Dialog zwischen ForscherInnen und PraktikerInnen werden gemeinsame Lernprozesse angestrebt, »die zu einer gültigen und praxisrelevanten Dokumentation, Analyse
und Evaluation sozialpädagogischer Projekte und dadurch zu einer Verbesserung der
sozialpädagogischen Praxis sowie zu neuen wissenschaftlichen Erkenntnissen führen« sollen (Munsch 2002: 915).

---

[3] Der Stellenumfang betrug ca. 20% für den Zeitraum von zweieinhalb Jahren.
[4] Zum Zeitpunkt der Begleitforschung war Ulrich Otto wissenschaftlicher Assistent von Siegfried Müller am In-
    stitut für Erziehungswissenschaft der Universität Tübingen, inzwischen hat er einen Lehrstuhl an der Universi-
    tät Jena inne.

Praxisforschung kann deshalb als Prozess- und Kontextforschung verstanden werden, die auf Anwendung hin orientiert ist. Die Forschung ist insofern ein von Forscherinnen und Forschern initiierter und mit wissenschaftlichen Methoden begleiteter kommunikativer Prozess. Im Verlauf dieses Prozesses werden Professionelle dazu angeregt, aufgrund von gemeinsam mit den Forschenden entwickelten Kriterien »ihre Arbeitsvollzüge zu reflektieren, deren Wirkung auf die eigene Person, die Institution und die ihnen anvertrauten Menschen wahrzunehmen, zu analysieren und, falls sie es für nötig halten, ihre Handlungskonzepte und ihr Interaktionsverhalten zu verändern« (Filsinger/Hinte 1988: 45). Im Grunde genommen verknüpft dieser Ansatz Praxisforschung mit Beratung, indem versucht wird »die in der Literatur auffindbaren Wissensbestände und die im Forschungsprozeß gewonnenen Erkenntnisse über personelle, strukturelle, sozialökologische und institutionelle Bedingungen des Handlungsfeldes zu verbinden mit konkreter Beratungs- und Unterstützungsarbeit bei der Handlungsplanung, der Erweiterung persönlicher Möglichkeiten und der strategischen Durchsetzung von Handlungszielen« (ebd.).

Zu betonen ist also, dass Praxis- bzw. Handlungsforschung ein Erkenntnis- und Handlungsinteresse impliziert, das auf die Demokratisierung der Gesellschaft gerichtet ist, d.h. sie beschäftigt sich zum einen mit konkreten gesellschaftlichen und pädagogischen Problemen, an deren Lösung sie aktiv mitarbeiten will; zum Zweiten analysiert sie die sozialen Bedingungen im jeweiligen Praxisfeld und versucht sie in Kooperation mit den Personen, die sich im Praxisfeld befinden, zu verändern – damit greift Handlungsforschung in die Praxis ein; schließlich versteht sich Handlungsforschung als gemeinsamer Lernprozess von Forschenden und Erforschten, indem sie das herkömmliche Subjekt-Objekt-Verhältnis aufheben und die Erforschten zu gleichberechtigten Teilnehmerinnen und Teilnehmern des Forschungsprozesses machen will (vgl. Becker 1993: 439).

Praxis- bzw. Handlungsforschung bedient sich verschiedener dialogischer Forschungsmethoden aus dem Bereich qualitativer Sozialforschung (vgl. ebd. sowie Flick 1995 a; Girtler 1984). Es ist sinnvoll, im Rahmen einer Untersuchung unterschiedliche qualitative Methoden miteinander zu kombinieren. Dadurch entsteht ein Methoden-Mix, der einen mehrperspektivischen Zugang zum Forschungsfeld ermöglicht, d.h. das Forschungsfeld kann aus mehreren Blickwinkeln betrachtet und so umfassender analysiert werden. Der konkrete Forschungsverlauf in der wissenschaftlichen Begleitung des Seniorenbüros Burgstadt wurde darum durch eine Kombination verschiedener Methoden gestaltet. Dazu gehörten – neben der regelmäßigen fachlichen Reflexion mit der Leiterin des Seniorenbüros über den Projektverlauf und seine Rahmenbedingungen – teilnehmende Beobachtung, leitfadengestützte Interviews mit

Ehrenamtlichen sowie Expertinneninterviews.[5] Auf diese Weise konnte die Komplexität der im Projekt ablaufenden Prozesse gut erfasst werden. Von einer großflächigen Befragung im Forschungsfeld wurde abgesehen, da das Feld der Zielgruppe so heterogen und diffus angelegt war, dass Aufwand und Ertrag einer solchen Befragung für das konkrete Projekt in keinem günstigen Verhältnis zueinander gestanden hätten.

Der konkrete Zugang der wissenschaftlichen Begleitung zum Projekt Seniorenbüro war zunächst bestimmt von dem lebensweltlich orientierten Blickwinkel, das Ehrenamt oder freiwillige soziale Engagement aus der Sicht der Ehrenamtlichen oder freiwillig Engagierten zu verstehen.[6] Ausgangspunkt war die These, dass Ehrenamtsförderung bzw. die Förderung von freiwilligem sozialem Engagement voraussetzt, die Perspektiven und Sinnorientierungen der Ehrenamtlichen ernst zu nehmen, dass es also darum geht, bei den Ehrenamtlichen und deren Blickwinkel anzusetzen und nicht bei der Wahrnehmung des Wohlfahrtsverbands oder der Hauptamtlichen: Nur so können durch die im Verband tätigen Fachkräfte Strukturen geschaffen werden, die den Ehrenamtlichen entsprechen – also deren Interessen, Fähigkeiten und Bedürfnisse berücksichtigen – und die sie motivieren, aktiv zu werden. Dies gilt auch für die Gewinnung von neuen Freiwilligen.

Es erschwerte den Forschungsprozess grundlegend, dass die Begleitforschung erst ca. eineinhalb Jahre nach Projektbeginn einsetzte. Der Verlauf der ersten Hälfte der Projektlaufzeit musste infolgedessen hauptsächlich in Gesprächen mit der Leiterin des Seniorenbüros ermittelt werden. Parallel dazu erfolgte eine intensive Auseinandersetzung mit der Konzeption des Seniorenbüros Burgstadt sowie mit der Zielsetzung des Modellprogramms Seniorenbüro, um klarer zu erfassen, wo genau die vom Träger des Seniorenbüros Burgstadt postulierten Unterschiede zwischen seiner Projektidee und dem Modellprogramm anzusiedeln waren.

Um ein klareres Bild über die Sichtweise der Ehrenamtlichen zu erhalten, wurden zunächst leitfadengestützte Interviews mit zwei Frauen geführt, die bereits langjährig in einem DRK-Ortsverein des Landkreises aktiv waren und sich nun auch im Kontaktbüro dieses Ortes engagierten, das im Rahmen der Arbeit des Seniorenbüros Burgstadt neu gegründet wurde (vgl. 6.2). In den beiden Interviews ging es um die persönliche Einschätzung der Ehrenamtlichen zu den Fragebereichen »Unter welchen Bedingungen kann ehrenamtliches Engagement stattfinden?« und »Wie muss nützliche Begleitung ehrenamtlichen Engagements gestaltet werden?«.

Die Interviews gaben Aufschluss über die Perspektive und verbandliche Einbindung von im traditionellen Ehrenamt langjährig Tätigen. Deutlich wurde, dass eine

---

[5] Zur teilnehmenden Beobachtung vgl. Flick 1995 b, Girtler 1984; zu qualitativen Interviews in der Sozialforschung vgl. Hopf 1995, Moser 1995, Flick 1995 b; zu ExpertInneninterviews als eigenständiger Interviewform vgl. Meuser/Nagel 1991 und 1994.

[6] Es wird hier der Begriff des »Ehrenamts« verwendet, da innerhalb des Verbandes DRK der traditionelle Ehrenamtsbegriff geläufiger und inhaltlich noch der stimmigere Ausdruck ist als alternative Begrifflichkeiten. Die

Auseinandersetzung mit neuen Formen ehrenamtlichen Engagements im Ortsverein noch kaum stattgefunden hatte. In den kontinuierlichen Gesprächen mit der Leiterin des Seniorenbüros und durch teilnehmende Beobachtung zeigte sich außerdem an vielen Stellen, dass die Strukturen innerhalb des Verbandes, sowohl auf Orts- als auch auf Kreisebene, so bestimmend – und teilweise v.a. hemmend – für die Umsetzung des Projekts Seniorenbüro waren, dass sich folgende zentrale Fragestellung für den Prozess der Begleitforschung herauskristallisierte: »*Welche Aspekte sind zu beachten, wenn neue Formen freiwilligen sozialen Engagements im Kontext eines Wohlfahrtsverbandes etabliert werden sollen?*«

Unter dieser übergeordneten Fragestellung wurden in der Folge – ca. sechs Monate nach Beginn der Begleitforschung – Expertinneninterviews mit der Projektmitarbeiterin und der Leiterin der Abteilung Sozialarbeit des DRK-Kreisverbands durchgeführt, die den bisherigen Projektverlauf und die Auswirkungen der Verbandsstrukturen auf das Projekt erfassten. Konkret beinhaltete der Leitfaden Fragenkomplexe zu den Themenbereichen Entstehungsgeschichte von Idee und Konzeption des Projekts Seniorenbüro im Kreisverband Burgstadt, Einschätzung des bisherigen Projektverlaufs und Umgang mit der Konzeption, Auswirkungen der Verbandsstrukturen auf das Seniorenbüro, Auseinandersetzung mit traditionellem versus neuem Ehrenamt innerhalb des Verbandes und im Blick auf das Seniorenbüro sowie Fragen zu Erfahrungen und Erwartungen im Umgang zwischen Hauptamtlichen und Ehrenamtlichen innerhalb des Verbandes. Alle Interviews wurden transkribiert, thematisch codiert (vgl. Moser 1995) und einer zusammenfassenden Inhaltsanalyse (vgl. Mayring 1995) unterzogen (vgl. auch Südmersen 1983). Im Projektverlauf wurden neben den vielfältigen Aktivitäten teilnehmender Beobachtung regelmäßige Beratungs- und Reflexionsgespräche mit der Projektmitarbeiterin geführt.[7] Im Frühjahr 1997 wurde ein Zwischenbericht mit ersten Ergebnissen aus dem bisherigen und Perspektiven für den weiteren Projektverlauf erstellt. Gegen Ende der geförderten wissenschaftlichen Begleitphase (nach ca. zwei Jahren) wurde in einem Expertinneninterview mit der Abteilungsleiterin der Abteilung Sozialarbeit der Projektverlauf auch aus der Verbandsperspektive nochmals reflektiert und die wesentlichen Einschätzungen festgehalten. Im Herbst 1998 wurde der Abschlussbericht über den bis dahin beforschten Projektzeitraum verfasst, und die Finanzierung der Begleitforschung endete. Im Anschluss an die geförderte Begleitforschung wurden im Frühjahr und Frühsommer 1999 weitere leitfadengestützte Interviews mit drei ehrenamtlich tätigen Frauen geführt, die über das Modellprojekt Zugang zum DRK-Seniorenbüro gefunden hatten und sich dort engagierten. Auch in diesen Interviews hatte die Erhebung der Per-

---

Begriffe »freiwilliges soziales Engagement« oder »bürgerschaftliches Engagement« deuten hingegen die Zielrichtung der Entwicklung an, die auch innerhalb des DRK angestrebt werden sollte.

[7]   Die Beobachtungen und Gespräche wurden jeweils protokolliert und im Anschluss schriftlich reflektiert.

spektive der Freiwilligen auf ihr Engagement und den DRK-Kreisverband eine zentrale Bedeutung. In diesem Zeitraum wurden auch nochmals zwei Expertinneninterviews mit der Seniorenbüroleiterin geführt, um u.a. ihre Erfahrungen und Einschätzungen zum Projektverlauf, zur Zusammenarbeit mit den Freiwilligen, zur Kooperation mit dem Verband zu erheben.

Die Datenbasis für diese Studie beinhaltet also neben zahlreichen Beobachtungs- und Gesprächsprotokollen fünf leitfadengestützte Interviews mit ehrenamtlich tätigen Frauen und fünf Expertinneninterviews. Dabei wurde der gesamte Zeitraum von fünf Jahren Projektlaufzeit (dreijährige Anschubphase zuzüglich zwei Jahre Verlängerung) erhoben.

Übersicht über den Zeitplan der Forschungsaktivitäten:

Herbst 1994	*Das Modellprojekt DRK-Seniorenbüro Burgstadt nimmt seine Arbeit auf*	
Frühjahr 1996	Beginn der wissenschaftlichen Begleitung	Regelmäßige
Sommer 1996	Leitfadengestützte Interviews mit zwei ehrenamtlich tätigen Frauen	Beratungs- und
Herbst 1996	Expertinneninterviews mit der Seniorenbüroleiterin und der Abteilungsleiterin	Reflexions-gespräche mit der
Frühjahr 1997	Erstellung eines Zwischenberichts	Seniorenbüro-
Frühjahr 1998	Expertinneninterview mit der Abteilungsleiterin	leiterin; teilnehmende Be-
Herbst 1998	Erstellung des Abschlussberichts; Finanzierungsende der wissenschaftlichen Begleitung	obachtung bei
Frühjahr 1999	Leitfadengestützte Interviews mit drei ehrenamtlich tätigen Frauen; zwei Expertinneninterviews mit der Seniorenbüroleiterin	verschiedenen Aktivitäten des Seniorenbüros
Herbst 1999	*Ende der geförderten Projektlaufzeit*	

5.4 Ausdifferenzierung der Forschungsfrage

Wie oben ausgeführt richtete sich die zentrale, jedoch noch sehr allgemeine Fragestellung für den Forschungsprozess auf die relevanten Aspekte der Förderung neuer Engagementformen durch Wohlfahrtsverbände. Die Entwicklung und Konkretisierung dieser Fragestellung erfolgte vor dem Hintergrund der Praxis- bzw. Handlungsforschung durch das Wechselspiel von vielfältigen Kontakten zwischen Forscherin und professionellen und freiwilligen Projektbeteiligten einerseits und der Beschäftigung mit theoretischen Konzepten andererseits. Deshalb soll hier nochmals darauf hingewiesen werden, dass die Auswahl der in Kapitel eins bis vier bearbeiteten theoretischen Zugänge zu dieser Fallstudie aus dem Prozess der wissenschaftlichen Begleitung heraus erfolgte: Nach ersten Gesprächen und Interviews wurde es für das Verständnis der ablaufenden Prozesse zunächst notwendig, einerseits Wohlfahrtsverbände aus der Perspektive der Wohlfahrtsverbändeforschung zu untersuchen und andererseits die Spezifika des traditionellen Ehrenamts sowie der neuen Engagementformen herauszuarbeiten. Im weiteren Projektverlauf zeigte sich dann zum einen, dass die Wohlfahrtsverbändeforschung nicht ausreichte für die Analyse der den Projektverlauf prägenden verbandlichen Strukturen. Hier Half die Betrachtung der Verbände als Organisation weiter. Zum anderen zeigte sich im Projektverlauf, dass die Frage nach den Aspekten, die *Wohlfahrtsverbände* bei der Förderung neuer Engagementformen berücksichtigen müssen, verkürzt formuliert war, da nicht in erster Linie der Kreisverband als Organisation freiwilliges Engagement fördert, sondern die damit beauftragten Fachkräfte. Dies machte die Beschäftigung mit den Charakteristika professionellen sozialpädagogischen Handelns notwendig, insbesondere im Hinblick auf die Professionellen in Wohlfahrtsverbänden, die mit der Unterstützung und Begleitung von freiwillig Tätigen beauftragt sind. Aus der theoretischen Auseinandersetzung mit Wohlfahrtsverbänden als sozialstaatlichen Akteuren und als Organisationen sowie mit den Spezifika des freiwilligen sozialen Engagements und des professionellen sozialpädagogischen Handelns wurden weitere Fragestellungen ausdifferenziert, die den Hintergrund für die Darstellung und Auswertung des Modellprojekts Seniorenbüro Burgstadt bilden. Dieser Prozess wird im Folgenden skizziert.

Die Rolle von Wohlfahrtsverbänden als sozialstaatlichen Akteuren wurde in Kapitel 1 zunächst historisch hergeleitet und dann aus verschiedenen Perspektiven der Wohlfahrtsverbändeforschung analysiert. Dabei wurde deutlich, dass das Verhältnis von Verbänden und Sozialstaat durch seine historischen Wurzeln maßgeblich geprägt ist (Stichwort Subsidiaritätsprinzip). Im Zuge des Modernisierungsprozesses unserer Gesellschaft unterliegen die Wohlfahrtsverbände jedoch einem erheblichen Veränderungs- und Profilierungsdruck (Stichwort Wohlfahrtspluralismus). Als Antwort auf diese Entwicklungen zeigt sich, dass die Herausforderung für Wohlfahrtsverbände darin liegt, ihr multifunktionales Profil zu schärfen. Dabei stellt die Förderung neuer Engagementformen einen wichtigen Faktor zur Profilschärfung im Sinne der Mitgliedschaftslogik dar, der die Verbände schützen kann, die betriebswirtschaftlich dominierte Einflusslogik überzubetonen. Vor dem Hintergrund dieser Erkenntnisse ist das Modellprojekt Seniorenbüro zum einen daraufhin zu befragen, *welche Auswirkungen sich aus der historisch begründeten Spezifik seines Trägers, des DRK, auf den Projektverlauf* ergeben, also wie die Verbandsgeschichte die heutigen Kreisverbandsaktivitäten prägt. Und zum andern ist zu untersuchen, *welche Logik* – Einfluss- oder Mitgliedschaftslogik – *seitens des Verbandes* mit diesem Projekt verfolgt wird und welche Bedeutung der *Schärfung des eigenen Profils* dabei zukommt.

Die Betrachtung der Wohlfahrtsverbände als Organisationen in Kapitel 2 verdeutlichte aus organisationssoziologischer Perspektive, dass die Möglichkeiten der rationalen Steuerung von Organisationen begrenzt sind und dass die Faktoren der Kultur und des kulturellen Wandels in einer Organisation, die Art und Weise, wie sie Politik

nach innen und außen betreibt, sowie ihre Fähigkeit, sich selbst zu verändern (Dynamisierung), für die Analyse von Organisationen und deren Strukturen von zentraler
Bedeutung ist. Mit Hilfe des integrativen Entwicklungsphasenmodells für Verbände
wurde herausgearbeitet, dass sich Wohlfahrtsverbände weiterentwickeln müssen, um
ihre Bedeutung als sozialstaatliche Akteure nicht zu verlieren. Zur Stärkung ihres
multifunktionalen Profils dürfen sie deshalb nicht nur der Einfluss- und Mitgliedschaftslogik folgen, sondern müssen diese mit der Entwicklungslogik, also der Bereitschaft zu organisationalem Wandel, ergänzen. Für die folgende Fallstudie lassen sich
daraus – bezogen auf den Träger des Modellprojekts – mehrere Fragestellungen ableiten: Welche *kulturellen Muster* lassen sich im DRK-Kreisverband beobachten, und
welche der kulturellen Ausprägungen sind eher stark, welche schwächer? Welche
Bedeutung hat das Modellprojekt unter *organisationspolitischen Gesichtspunkten*
für den Kreisverband und seine verschiedenen MitarbeiterInnen, also welche organisationspolitischen Ziele lassen sich beobachten und wie wird diesbezüglich mit
Macht umgegangen? Wie wirkt es sich auf den Projektverlauf aus, dass sich Kreisverband und Modellprojekt in *unterschiedlichen organisationalen Entwicklungsphasen* befinden, und welchen Stellenwert hat die *Entwicklungslogik* bei der Umsetzung des Modellprojekts? Und schließlich, als Parallele zu den auf Kapitel 1 basieren-
den Fragen, inwieweit wird eine *Schärfung des multifunktionalen Verbandsprofils
unter entwicklungslogischen Gesichtspunkten* angestrebt?

Die Auseinandersetzung mit dem freiwilligen sozialen Engagement in Kapitel 3
verdeutlichte anhand der Entstehungsgeschichte des traditionellen Ehrenamts dessen
enge Verknüpfung mit den Wohlfahrtsverbänden. Aufgezeigt wurde die durch Prozesse gesellschaftlichen Wandels bedingte Entstehung von neuen Engagementformen, der Rückgang der Zahlen ehrenamtlich Tätiger in Wohlfahrtsverbänden sowie
die Ausdifferenzierung des Ehrenamtsbegriffs. Gesondert herausgearbeitet wurden
die spezifischen Wurzeln und Inhalte des »bürgerschaftlichen Engagements«, als eine
Engagementform, deren Förderung seit rund zehn Jahren in Baden-Württemberg mittels verschiedener Modellprogramme in besonderer Weise vorangetrieben wurde und
die derzeit in der gesamten Bundesrepublik ausdrückliche politische Aufmerksamkeit
erfährt. Schließlich wurde mit Hilfe der biographischen und der geschlechterdifferenzierenden Perspektive verdeutlicht, dass freiwilliges Engagement von Einzelnen nur
verstanden werden kann, wenn deren persönliche Sinnstrukturen und Deutungsmuster in die Analyse einbezogen werden. Auf der Basis dieser Analyse des freiwilligen
sozialen Engagements ist das Modellprojekt Seniorenbüro Burgstadt zunächst daraufhin zu befragen, auf welche Weise der *Kreisverband durch das traditionelle Ehrenamt geprägt ist* und welches *Verständnis von Ehrenamt bzw. freiwilligem sozialem Engagement* bei verschiedenen AkteurInnen im Kreisverband vorzufinden ist.
Des Weiteren ist zu untersuchen, inwieweit eine *Auseinandersetzung mit neuen Engagementformen* innerhalb des Kreisverbands erfolgt und welche *Berücksichtigung*

geschlechtsspezifische Aspekte sowie die persönlichen Sinnstrukturen der Freiwilligen seitens der verschiedenen MitarbeiterInnen des Verbandes finden.

Die Diskussion des professionellen sozialpädagogischen Handelns in Wohlfahrtsverbänden in Kapitel 4 beschrieb zunächst die Charakteristika professionellen sozialpädagogischen Handelns, bevor zwei zentrale Spannungsfelder professionellen Handelns in Wohlfahrtsverbänden analysiert wurden: das Spannungsfeld von Organisations- und AdressatInnenorientierung sowie das Spannungsfeld des Verhältnisses von beruflich und freiwillig Tätigen. Die Komplexität der Berufsrolle von sozialpädagogischen Fachkräften wurde herausgearbeitet und als eine zentrale professionelle Herausforderung in Wohlfahrtsverbänden die Kooperation von Professionellen mit Freiwilligen benannt. Ausgehend davon ist die Arbeit der Professionellen im Modellprojekt zunächst daraufhin zu befragen, wie sie sich *im Spannungsfeld von Organisations- und AdressatInnenorientierung* positionieren, das heißt, inwiefern sie sich in ihrem Handeln an der Verbandslogik orientieren und inwieweit sie sich auf die Freiwilligen und deren individuelle Sinnstrukturen einlassen. Darüber hinaus ist zu fragen, welche *berufliche Identität* die Arbeit der Professionellen prägt und mit welcher *Haltung* sie den Freiwilligen begegnen. Schließlich ist zu untersuchen, *wie die Professionellen von den Freiwilligen erlebt werden*, z.B. ob sie als hilfreich und unterstützend wahrgenommen werden oder ob sie die Erwartungen der Freiwilligen enttäuschen.

Diese Ausdifferenzierung der Forschungsfrage war integraler Bestandteil des Forschungsprozesses und wurde durch das Wechselspiel aus Gesprächen, Interviews und Beobachtungen im Praxisfeld und der Auseinandersetzung mit den verschiedenen theoretischen Zugängen entwickelt. Insofern deuten diese differenzierten Fragestellungen bereits wesentliche Aspekte an, die im Kontext der Engagementförderung durch Wohlfahrtsverbände eine Rolle spielen. In der folgenden Dokumentation des Projektverlaufs (Kapitel 6) und vor allem in der anschließenden Auswertung (Kapitel 7) werden diese Aspekte aus der Logik des Projektverlaufs heraus im Einzelnen konkretisiert. Dabei wird sich zeigen, dass sich die Praxis des freiwilligen Engagements in Wohlfahrtsverbänden sehr komplex gestaltet und deshalb in die Analyse und Interpretation einer bestimmten Situation oft unterschiedliche theoretische Blickwinkel einfließen.

6 Dokumentation des Projektverlaufs

Am 1.11.1994 nimmt das Seniorenbüro Burgstadt seine Arbeit auf. Es wird von einer hauptamtlichen Sozialarbeiterin mit einer 50%-Stelle geleitet, 25% einer Verwaltungskraft stehen ihr zur Verfügung. In der Konzeption des Seniorenbüros war ursprünglich ein Stellenumfang von 100% einer sozialpädagogischen Fachkraft und 50% einer Verwaltungskraft vorgesehen, dies war vom Bundesministerium jedoch nicht bewilligt worden. Nach den Erfahrungen im Projektverlauf wird diese reduzierte Stellenbesetzung von seiten des Trägers als eines der größten Probleme für die Arbeit des Seniorenbüros bezeichnet.

Als die Leiterin des Seniorenbüros Burgstadt ihre Arbeit aufnimmt, findet keine offizielle Eröffnung des Seniorenbüros statt, da sich die Diensträume in der Kreisgeschäftsstelle des DRK-Kreisverbands befinden, die zu gründenden Aktivkreise aber im Landkreis vor Ort angesiedelt werden sollen. Die erste Arbeitsphase der Seniorenbüroleiterin ist einerseits von vielfältigen organisatorischen Aufgaben, wie z.b. der Einrichtung des Büros, geprägt. Andererseits besteht ihre Arbeit darin, das Seniorenbüro bekannt zu machen, indem sie Kontakte knüpft zu den MitarbeiterInnen der Bereiche innerhalb des DRK-Kreisverbands, die in ihrer Arbeit mit SeniorInnen zu tun haben (wie Betreutes Wohnen Burgstadt, Wohnberatung, Bewegungs- und Gesundheitsprogramm, Altenpflegezentren im Landkreis), sowie zu anderen Seniorenorganisationen im Landkreis, zum Sozialdezernenten und zur Altenhilfe-Fachberaterin des Landratsamts sowie zur Geschäftsstelle Bürgerschaftliches Engagement und Seniorengenossenschaften im Sozialministerium Baden-Württemberg.

Da dem Seniorenbüro nur 50% der beantragten Stelle einer Fachkraft zur Verfügung stehen, ist das erste inhaltliche Ziel zu klären, wie mit dieser Reduzierung vernünftig umgegangen werden kann. Zum damaligen Zeitpunkt ist für die Leiterin der Abteilung Sozialarbeit und die Projektmitarbeiterin sehr schnell klar, dass es wohl das Beste ist, die Arbeit auf einen ausgewählten Teil des Landkreises zu konzentrieren, um mit der reduzierten Kapazität auszukommen. Sie entscheiden sich für eine ländlich geprägte Region im Südwesten des Landkreises (hierzu gehören die Gemeinden Alldorf, Bellingen und Cellberg[1]). Entscheidungskriterium ist hierbei die Überlegung, ein Gebiet auszuwählen, in dem das Rote Kreuz noch wenig präsent ist, verbunden mit der Erwartung, auf diese Weise den Aktivitätsradius des DRK auszudehnen. Insofern folgt diese Entscheidung der Verbandslogik, möglichst flächendeckend vertreten zu sein.

Nach den vorliegenden Informationen wird zu Projektbeginn kaum darüber nachgedacht, ob es auch andere Möglichkeiten als die der räumlichen Eingrenzung gibt, um eine halbe Stelle sinnvoll zu nutzen. Ein mögliches Kriterium könnte hier z.B. die stärkere Berücksichtigung der Frage sein, welche Voraussetzungen gegeben sein

---

[1] Namen geändert.

müssen, damit die Umsetzung der Projektidee gelingen kann, und wo im Landkreis diese Voraussetzungen anzutreffen sind. Des Weiteren wäre es möglich, danach zu fragen, wo Menschen sind, die sich gerne für eine Sache engagieren möchten und dabei Unterstützung brauchen. Diese Überlegungen haben bei der Entscheidung, die Idee des Seniorenbüros in der ausgewählten Region zu platzieren, keine wesentliche Bedeutung; dennoch bleibt das Seniorenbüro offen für die Unterstützung andernorts vorhandener Aktivitätspotentiale. Im tatsächlichen Projektverlauf ergibt es sich dann schnell, dass das Seniorenbüro neben der Aufbauarbeit in der ausgewählten Region auch in einem anderen Ort (im Folgenden Zettfeld), der in einem anderen Teil des Landkreises liegt, aktiv wird. Dort wird seitens des Seniorenbüros die Idee des dortigen Bürgermeisters sowie zweier Frauen aus dem DRK-Ortsverein Zettfeld zur Gründung eines Kontaktbüros aufgenommen und gefördert.

Im Folgenden werden nun zunächst die Aktivitäten des Seniorenbüros in den Orten der ausgewählten Region und anschließend die Förderung des Kontaktbüros in Zettfeld dokumentiert. Zur besseren Übersicht über die Entwicklungen im Projektverlauf befindet sich am Ende dieses Kapitels ein Schaubild.

6.1 Aufbau des Seniorenbüros in einer ländlichen Region

Zur ausgewählten Region gehören sieben Gemeinden. Diese Region ist ein Randgebiet im Landkreis und in seinen dörflichen Strukturen sehr ländlich geprägt. Wegen der Nähe zur Autobahn und der damit verbundenen guten Anbindung an größere Ballungszentren gibt es in den letzten Jahren aber auch immer mehr Pendler, die in diesen Dörfern wohnen, außerhalb arbeiten und eher geringes Interesse an einer Einbindung in die Dorfstrukturen haben. Zum Zeitpunkt des Projektbeginns gibt es nur in einem der Orte (Alldorf) einen DRK-Ortsverein sowie in der Region fünf Gymnastikgruppen in der Trägerschaft des DRK. Es wird dort jedoch noch keinerlei Sozialarbeit durch das DRK angeboten. Teilweise sind kleine Nachbarschaftshilfen in kirchlicher Trägerschaft und sonstige kirchliche Gemeindearbeit sowie ein Krankenpflegeverein und eine Diakoniestation vorhanden, aber daneben keine von anderen Trägern durchgeführte Sozialarbeit im engeren Sinne.

Ihre Aktivitäten dort beginnt die Projektmitarbeiterin Anfang 1995, indem sie zunächst Kontakt aufnimmt zu den Multiplikatorinnen (Übungsleiterinnen der Gymnastikgruppen und IAV-Stelleninhaberin[2]) und alle Gymnastikgruppen in der Region besucht, um das Projekt vorzustellen. Außerdem knüpft sie Kontakt zum einzigen DRK-Ortsverein in der ausgewählten Region mit Sitz in Alldorf. Das Vorgehen der Seniorenbüroleiterin ist in erster Linie kommunikativ geprägt. In individuellen Kontakten macht sie sich und die Idee des Seniorenbüros mit den zur Zusammenarbeit in

---

[2] IAV steht für *Informations-, Vermittlungs-* und *Beratungs*stelle, eine Anlaufstelle für ältere Menschen und deren Angehörige, die über Hilfsmöglichkeiten für altersspezifische Problemlagen informieren und beraten und diese auch vermitteln soll.

Frage kommenden Personen und Gruppen bekannt. Dadurch erhält sie auch einen ersten Einblick in die Situation vor Ort. So wird in den Gesprächen mit einer der Gymnastik-Übungsleiterinnen z.b. deutlich, dass zwischen ihr und dem Vorsitzenden des Ortsvereins Alldorf Spannungen bestehen, die die Zusammenarbeit sehr hemmen. Die Projektmitarbeiterin setzt sich dort vermittelnd dafür ein, den Austausch zwischen der Übungsleiterin und dem Vorsitzenden zu aktivieren, um bessere Bedingungen für eine kooperative Zusammenarbeit mit beiden zu schaffen. Bei diesen ersten Erfahrungen zeigt sich für sie bereits, dass der Aufbau und die Pflege von Kontakten mit einem großen zeitlichen Aufwand verbunden sind, der in der Konzeption so gar nicht eingeplant ist. Dies erlebt die Seniorenbüroleiterin als ein Problem, das die direkte Umsetzung der Konzeption erschwert. Sie äußert sich dahingehend, dass die Konzeption eigentlich ergänzt werden müsste um den Faktor »Beziehungsarbeit«, die nötig ist, bevor überhaupt etwas Neues begonnen werden kann.

Nach diesen ersten Kontakten in dieser ländlichen Region erhält das Seniorenbüro im Frühjahr 1995 eine Anfrage aus Zettfeld, einem Ort in einer anderen Region des Landkreises, mit der Bitte, den Aufbau eines Kontaktbüros zu unterstützen (vgl. 6.2). Diese Bitte wird sofort aufgenommen, so dass die Aktivitäten der Projektmitarbeiterin in der ländlichen Region während der Aufbauphase des Kontaktbüros Zettfeld weitgehend ruhen.

Erst im Frühsommer 1996 nimmt sie ihre Verbindungen in der ländlichen Region wieder auf und knüpft vielfältige neue Kontakte. Sie besucht den Vorsitzenden des DRK-Ortsvereins, sämtliche Bürgermeister der sieben Dörfer, die Pfarrer, die IAV-Stelleninhaberin, das den Seniorenclub in Bellingen leitende Ehepaar sowie die erste Vorsitzende des Landfrauenvereins. In diesen Gesprächen geht es darum, für das Projekt Seniorenbüro zu werben und um Unterstützung zu bitten bei der Organisation von öffentlichen Informationsveranstaltungen über das Seniorenbüro (z.B. durch Vermittlung von weiteren AnsprechpartnerInnen, Bereitstellung von Räumlichkeiten, Mithilfe bei der Werbung).

Im Juli 1996 informiert die Projektmitarbeiterin die Einsatzleiterinnen von Krankenpflegeverein und Diakoniestation über das Konzept des Seniorenbüros, da sie in diesen Personen mögliche Multiplikatorinnen sieht, die die Idee des Seniorenbüros auch bei pflegebedürftigen Menschen und ihren Angehörigen bekannt machen könnten.

Im Herbst gibt es je einen Informationsnachmittag über das Seniorenbüro in den Orten Bellingen und Cellberg, an denen die wissenschaftliche Begleiterin beobachtend teilnimmt. Bei beiden Veranstaltungen stellt die Projektmitarbeiterin das Modellprogramm Seniorenbüro anhand eines vom BMFuS herausgegebenen Videofilms mit Praxisbeispielen aus fünf Seniorenbüros der ersten Modellphase vor. Daneben führt sie durch einen kurzen Vortrag in die – von den Filmbeispielen abweichende – Idee des Burgstadter Seniorenbüros ein. Sie wirbt für den Gedanken, dass Menschen im Vorruhestand und Ruhestand ihre Ideen, Interessen und ihr Wissen mit Unterstützung des Seniorenbüros in Aktivitäten umsetzen können, um so für sich und andere etwas zu tun, das lebensbereichernde Wirkung für sie selbst und andere hat. Die Leiterin des Seniorenbüros macht dabei immer sehr deutlich, dass es darauf ankomme, dass die Menschen sich überlegen, woran sie selbst Interesse haben, was sie selbst gern tun würden, dann könne eigenständig oder mit Unterstützung des Seniorenbüros nach Gleichgesinnten gesucht werden, die sich gerne beteiligen möchten, oder nach anderen, die das Angebot in Anspruch nehmen wollen.

Die beiden Veranstaltungen verlaufen aus verschiedenen Gründen sehr unterschiedlich:

Ende September 1996 findet die Informationsveranstaltung in Cellberg (ca. 7500 Einwohner) statt, zu der in den beiden Cellberger DRK-Gymnastikgruppen eingeladen wird. Leider folgen an diesem Nachmittag nur vier Personen der Einladung. Die vier TeilnehmerInnen (drei Frauen, ein Mann) nennen als möglichen Grund für die geringe Teilnahme, dass zum einen das ausgesprochen schöne Wetter sicherlich viele in ihren Garten locke und zum anderen der Seniorennachmittag der evangelischen Kirchengemeinde am selben Nachmittag stattfinde. Die Seniorenbüroleiterin hat den Termin der Info-Veranstaltung schon zwei Monate vorher mit dem Pfarrer abgesprochen, was diesen offensichtlich nicht daran hinderte, seine Veranstaltung auf denselben Nachmittag zu legen. Dies scheinen nicht untypische Schwierigkeiten beim Aufbau eines neuen Angebotes im ländlichen Raum zu sein. Die dörflichen Strukturen sind oft so verfestigt, dass neue Anbieter nur schwer Zugang finden. Sehr viel Energie muss in die Kooperation mit Trägern anderer Angebote und in den Abbau gegenseitiger Konkurrenzängste investiert werden.

Auch neu zugezogene Menschen haben Schwierigkeiten, Zugang zur Dorfgemeinschaft zu finden. Dies wird deutlich am Bericht eines teilnehmenden Ehepaares, das zwar schon seit mehr als 15 Jahren im Dorf wohnt, sich aber immer noch nicht zugehörig fühlt, weil sie eben keine Einheimischen sind. Aus unterschiedlichen Untersuchungen und Projekterfahrungen kann allerdings inzwischen der Schluss gezogen werden, dass freiwilliges soziales Engagement gerade für Zugezogene eine besonders nachhaltige Integrationschance beinhalten kann.[3] Insgesamt entsteht der Eindruck, dass es in Cellberg Menschen gibt, die grundsätzlich schon bereit wären, sich für etwas zu engagieren, dass es aber nicht einfach ist, diese Menschen zu gewinnen. Die Teilnehmenden äußern deutlich, dass sie selbst nicht in der Lage seien, etwas auf die Beine zu stellen, an Angeboten aber gerne teilnehmen würden; es müsse eben immer jemanden geben, der eine Sache in die Hand nehme, an diesen Menschen fehle es oft. Dies spricht durchaus für eine Strategie, die auf »Angebote« eher setzt als auf stark eigenorganisiertes bürgerschaftliches Engagement, wobei das Zutrauen in die

---

[3] Vgl. die Erfahrungen aus Modellprojekten von Bund und Ländern, dokumentiert beispielsweise in den Schriftenreihen »Materialien zum Modellprogramm Seniorenbüro« (hrsg. vom Bundesministerium für Familie, Senioren, Frauen und Jugend) und »Bürgerschaftliches Engagement« (hrsg. vom Sozialministerium Baden-Württemberg).

eigenen Fähigkeiten der Interessierten gestärkt werden sollte. Die Teilnehmenden äußern aber auch, dass die Leute manchmal davor zurückscheuten, Verantwortung für
eine Sache zu übernehmen, weil sie fürchteten, dass sie an ihnen allein hängenbleibe.
Eine Teilnehmerin berichtet, sie organisiere immer die Treffen ihres Jahrgangs und habe damit genug zu tun:»Irgendwo noch mitmachen ›ja‹, aber es in die Hand nehmen
›nein‹«. Aus den Äußerungen der wenigen Teilnehmenden werden Befürchtungen
erkennbar, dass mehr von ihnen verlangt werden könnte, als sie zu geben bereit sind,
wenn sie Engagementbereitschaft signalisieren. Nach Einschätzung der Teilnehmenden gebe es auf der anderen Seite in Cellberg aber auch viele Leute, die nicht viel tun
würden, die jedoch auch schwer zu motivieren seien, sich an Angeboten zu beteiligen. Es sei schwer, zu diesen Menschen einen Zugang zu finden. Schließlich ist »zwischen den Zeilen« zu hören, dass auch für Menschen etwas getan werden müsse, die
nicht mehr so rüstig seien. An dieser Stelle sehen die Teilnehmenden also einen Bedarf.

Mitte November 1996 wird das Seniorenbüro in Bellingen (ca. 5000 Einwohner)
vorgestellt. Dort können bereits im Vorfeld KooperationspartnerInnen für die Informationsveranstaltung gewonnen werden. So wird in Zusammenarbeit mit der evangelischen Kirchengemeinde, dem Seniorenclub und dem Landfrauenverein zu der
Veranstaltung eingeladen, die mit 50-60 Personen dann auch sehr gut besucht ist. Die
Kooperation mit anderen AnbieterInnen gelingt hier sehr gut: Die Kirchengemeinde
stellt einen Saal im Gemeindehaus zur Verfügung und der Landfrauenverein sorgt für
die Verpflegung mit Kaffee und Kuchen, so dass alles bestens vorbereitet ist. Durch
die Kooperation der verschiedenen Träger zum einen und den guten Besuch der Veranstaltung zum andern wird sichtbar, dass es in Bellingen ein recht gut funktionie-
rendes Netz der Kontakte einerseits zwischen den beteiligten Institutionen und Vereinen, andererseits zwischen den einzelnen Personen gibt. Es fällt auf, dass auch weniger rüstige Menschen, die nicht mehr in der Lage sind, selbst aktiv zu werden, an
Angeboten des öffentlichen Lebens noch teilnehmen und eingebunden sind.

Die Idee des Seniorenbüros stößt auf Interesse, das teils rege und teils eher verhalten ist. So werden einerseits konkrete Ideen formuliert – z.B. die Durchführung eines
Kurses für Gedächtnistraining im Landfrauenverein, der Aufbau eines Handwerker-
dienstes[4] für Männer – und andererseits wird geäußert, dass es in Bellingen so viele
Angebote gäbe – man schaue nur in das Mitteilungsblatt –, dass nichts Neues gebraucht werde, außerdem habe auf dem Land ja jeder noch sein »Gärtle«, das sei in der
Stadt ja anders.

Es ist zu fragen, ob der Erfolg dieser Veranstaltung nicht v.a. in dem gut besuchten
Kaffeenachmittag besteht, den die Bellinger Bürgerinnen und Bürger als Angebot
gerne in Anspruch genommen und für dessen Gelingen (durch Bereitstellen von Kaf-

---

[4] Gemeint ist ein Zusammenschluss von Männern mit handwerklichen Fähigkeiten, die von älteren Menschen
ohne diese Fähigkeiten für kleinere Reparaturen angefordert werden können.

fee und Kuchen) sie sich eingesetzt haben. Insgesamt entsteht der Eindruck, dass in
Bellingen durchaus Potential für freiwilliges soziales Engagement vorhanden sein
mag, aber es ergeben sich noch keine konkreten Anknüpfungspunkte. Dies kann dadurch bedingt sein, dass die Seniorenbüroleiterin mit ihrem Konzept für den Informationsnachmittag die Arbeit des Seniorenbüros sehr allgemein vorgestellt hat (mit Hilfe
eines Videofilms, der andere Seniorenbüromodelle vorstellt als die vom DRK-Kreisverband angestrebte Variante), die Gruppe zu groß gewesen ist, um richtig ins Gespräch
zu kommen mit den Menschen, und noch kein konkreter nächster Schritt in naher
Zukunft in Aussicht gestellt wird. Im Rückblick ist festzuhalten, dass der gute Besuch
des Nachmittags wohl geblendet hat und die Sicht dafür verstellte, dass einerseits die
Idee des Seniorenbüros noch nicht ausreichend vermittelt werden konnte und andererseits auch die Bedürfnisse der Menschen in Bellingen zu wenig herausgearbeitet
wurden.

Zum Jahreswechsel 1996/97 ergibt sich in der personellen Besetzung des Seniorenbüros eine gravierende Veränderung. Die Leiterin scheidet aus persönlichen
Gründen aus, und die Stelle wird neu besetzt. Dies stellt für ein solches Projekt eine
erhebliche Belastung dar. Durch die nötige Einarbeitungszeit gibt es Verzögerungen
im Arbeitsablauf. Die Einarbeitung wird außerdem dadurch behindert, dass die überwiegend kommunikative Vorgehensweise der ersten Leiterin – zumindest in der ländlichen Region – kaum Strukturen geschaffen hat, die die neue Projektmitarbeiterin für
ihre Arbeit nutzen kann. Ihre Vorgängerin hat durch ihr kommunikatives Vorgehen
gute persönliche Kontakte aufgebaut, die die Zusammenarbeit mit den KooperationspartnerInnen grundsätzlich sehr fördern. Solche Kontakte lassen sich jedoch nicht
ohne weiteres auf eine andere Person übertragen. Da die erste Phase der Projektlaufzeit Ende Oktober 1997 endet und die Verlängerungsbewilligung für weitere zwei
Jahre bis Anfang November auf sich warten lässt, steht die neue Leiterin von Anfang
an unter einem erheblichen Leistungsdruck, in kürzester Zeit möglichst viel auf die
Beine zu stellen, so dass ihr die Zeit zu einer gründlichen Einarbeitung eigentlich
nicht zur Verfügung steht.

Durch die personelle Veränderung kann auch nicht an allen Entwicklungen, die
von der ersten Leiterin in die Wege geleitet wurden, angeknüpft werden. So gibt es in
Bellingen, auf das die Hoffnung eines Durchbruchs für das Seniorenbüro gesetzt
wurde, größte Schwierigkeiten in der Kommunikation mit dem dortigen Bürgermeister, der sich über die Aufdringlichkeit des DRK beschwert und dem Seniorenbüro seine weitere Unterstützung komplett verweigert. Die Ursache der Probleme ist trotz
großer Bemühungen der Seniorenbüroleiterin und auch seitens der Abteilungsleiterin
Sozialarbeit des DRK-Kreisverbands nicht aufzuklären. Auch die Kontakte mit Bellinger MultiplikatorInnen verlaufen schleppend. Der Vorsitzende des Ortsvereins in
Alldorf distanziert sich z.B. vom Seniorenbüro, weil er sein gutes Verhältnis zum Bellinger Bürgermeister nicht aufs Spiel setzen will. Das Seniorenbüro zieht sich darauf-

hin aus Bellingen ganz zurück. Aus den Erfahrungen dort wird die *Konsequenz* gezogen, *dass der Aufbau eines neuen Projektes ohne Befürwortung des örtlichen Bürgermeisters nicht möglich ist.*
Das Seniorenbüro konzentriert die Aktivitäten in der ländlichen Region fortan auf Cellberg. Der dortige Bürgermeister sagt seine Unterstützung zu. Für ein Engagement in diesem Ort spricht aus der Verbandsperspektive auch, dass dort der Neubau eines Altenpflegeheims in Trägerschaft des DRK geplant ist. Auf diese Weise wird das DRK in Cellberg künftig sowieso präsent sein. Außer Gesprächen mit dem Bürgermeister und der Übungsleiterin der dortigen Gymnastikgruppen sowie einigen informellen Kontakten im Frühsommer 1997 gibt es seit der Informationsveranstaltung im Herbst 1996 keine weiteren konkreten Schritte in Cellberg. Mit dem Einstieg soll abgewartet werden, bis die Entscheidung über die Verlängerung des Projektes vorliegt. Bis dahin konzentriert die Seniorenbüroleiterin ihre Arbeit auf das in einem anderen Teil des Landkreises gelegene Zettfeld. Anfang November 1997 ist dann endlich klar, dass die Finanzierung des Projektes durch das BMFSFJ für weitere zwei Jahre bewilligt ist. Der Kreisverband entscheidet jedoch, den Vertrag mit der Seniorenbüroleiterin zunächst nur für ein Jahr zu verlängern. Sollten in diesem Zeitraum in Cellberg keine oder zu wenige Aktivitäten auf den Weg gebracht werden, wird der Kreisverband das Projekt beenden, da die finanzielle Eigenbeteiligung so hoch ist, dass eine weitere Förderung des Projektes dann nicht mehr vertretbar erscheint. Diese – der Verbandslogik folgende – Entscheidung bedeutet für die Seniorenbüroleiterin wiederum einen hohen Erfolgsdruck, bei gleichzeitiger Unsicherheit bezüglich der Fortsetzung ihres Anstellungsverhältnisses. Es wäre nicht verwunderlich, wenn sie sich – der Logik ihres persönlichen Interesses folgend – unter diesen Umständen eine andere Stelle suchen würde, doch sie nimmt die Herausforderung Seniorenbüro an. Aufgrund der sich schnell abzeichnenden positiven Entwicklungen entscheidet der Kreisverband im Verlauf des Jahres 1998, das Projekt bis Herbst 1999 weiter zu fördern.
Die Leiterin des Seniorenbüros wird in Cellberg mit zweierlei Aufgaben konfrontiert: Zum einen gilt es *die Vorstellungen der Abteilung Sozialarbeit des Kreisverbands umzusetzen*, die sich inzwischen – auch auf Wunsch des dortigen Bürgermeisters – dahingehend konkretisiert haben, dass Menschen gewonnen werden sollen, die sich beispielsweise in Form eines Besuchsdienstes um die BewohnerInnen des geplanten Altenpflegeheims kümmern. Der Kreisverband plant, das neue Altenpflegeheim so zu konzipieren, dass es dort einen Raum geben wird, der vom Seniorenbüro genutzt werden kann, auch Sachmittel sollen dort zur Verfügung gestellt werden. Außerdem soll die langfristige fachliche Unterstützung des Seniorenbüros von MitarbeiterInnen des Altenpflegeheims geleistet werden. Es wird also seitens des Kreisverbands an eine ganz enge Verzahnung zwischen Altenpflegeheim und Aktivitäten des Seniorenbüros gedacht. Daneben sieht die Seniorenbüroleiterin in ihrer Arbeit den Auftrag – der sowohl im Konzept des Modellprogramms Seniorenbüros durch das

Bundesministerium vorgegeben ist als auch ihrem persönlichen Anliegen entspricht –, in einem offenen Rahmen ohne spezifische Vorgaben *tatsächlich freiwilliges soziales bzw. bürgerschaftliches Engagement zu ermöglichen*. Die Schwierigkeit besteht also darin, Wege zu finden, die sowohl der Förderung bürgerschaftlichen Engagements als auch der Umsetzung der Verbandsziele dienen. Das konkrete Vorgehen lässt sich wie folgt beschreiben:

- Zunächst werden seitens des Seniorenbüros Absprachen mit dem Bürgermeister getroffen in Bezug auf die Kooperation und die konkreten Unterstützungsmöglichkeiten durch die Gemeinde. Daraus ergeben sich folgende Rahmenbedingungen: Der Mehrzweckraum im Rathaus wird bis zur Fertigstellung des Altenpflegeheims für Veranstaltungen des Seniorenbüros kostenlos zur Verfügung gestellt. Das Büro der IAV-Stelle (ebenfalls im Rathaus) kann an zwei Vormittagen der Woche von der Seniorenbüroleiterin für Sprechzeiten genutzt werden, um eine regelmäßige Präsenz vor Ort zu gewährleisten. Im wöchentlich erscheinenden Mitteilungsblatt kann kostenlos für das Seniorenbüro geworben werden, und für das Werbefaltblatt verfasst der Bürgermeister ein Grußwort, um so seine Unterstützung des Seniorenbüros auch öffentlichkeitswirksam zu bekunden.

- Im Januar 1998 wird erstmals mit einer Anzeige für das Seniorenbüro im Mitteilungsblatt geworben. Daraufhin meldet sich bereits eine Frau mit dem Interesse zur Mitarbeit. Diese Frau wirbt einige Wochen später eine zweite Interessentin an.

- Im Februar erhält das Projekt Seniorenbüro dann auch die Zustimmung des Gemeinderats. Damit sind die Hürden des »Genehmigungsverfahrens« überwunden, und die grundsätzliche Akzeptanz des Projekts ist gewährleistet.

- Das Seniorenbüro strebt eine offene Zusammenarbeit mit anderen Trägern und Vereinen im Ort wird an. Daher informiert die Leiterin alle im Seniorenbereich aktiven Institutionen wie Vereine und Kirchengemeinden zunächst schriftlich über das Seniorenbüro und besucht die VertreterInnen der Institutionen später persönlich. Konkurrenzängste sollen so abgebaut und Kooperationsmöglichkeiten erschlossen werden. In den Gesprächen erlebt sie häufig die Haltung »wir haben doch schon alles in Cellberg, wir brauchen nichts Neues«. Diese Reaktion kann einerseits als Indiz für die großen Konkurrenzängste gedeutet werden und andererseits ein Hinweis dafür sein, dass sich die GesprächspartnerInnen noch nicht so richtig vorstellen können, was das Seniorenbüro eigentlich sein soll, weil die Idee für sie neu ist und die Leiterin zum Zeitpunkt der Besuche außer auf das Beispiel aus Zettfeld nur darauf verweisen kann, dass die konkreten Aktivitäten für Cellberg erst noch zu entwickeln sind.

- Die Seniorenbüroleiterin plant jedoch die Erstellung eines Kataloges, in dem die jeweiligen Institutionen ihre Angebote und Aktivitäten sowie ihren Bedarf an ehrenamtlichen MitarbeiterInnen darstellen, so dass über das Seniorenbüro in Form einer »Job-Börse« MitarbeiterInnen vermittelt werden können. Einige Institutionen unterstützen diese Idee im Gespräch, aber es wird keines der vom Seniorenbüro verteilten Formulare zurückgeschickt, so dass ein solcher Katalog nicht erstellt werden kann.

- Die Gespräche mit der IAV-Stelleninhaberin sind zunächst von großer Zurückhaltung bis hin zu konkurrierender Ablehnung geprägt. Dies hängt damit zusammen, dass der Erhalt der IAV-Stelle zu diesem Zeitpunkt noch nicht gesichert ist und die IAV-Stelleninhaberin fürchtet, dass ihre Arbeit durch das Seniorenbüro ersetzt werden könnte. Nachdem die Weiterfinanzierung ihrer Stelle langfristig gesichert ist, entwickelt sich die Zusammenarbeit zwischen IAV-Stelleninhaberin und Seniorenbüroleiterin zu einer kooperativen Unterstützungsbeziehung.
- Die Nachbarschaftshilfe reagiert auf einen Zeitungsartikel über das Seniorenbüro, in dem auch die Förderung der nachbarschaftlichen Beziehungen erwähnt wird, etwas irritiert, da die Nachbarschaftshilfe im Ort doch gut funktioniere. Auch hier wird ein klärendes Gespräch geführt.
- In Cellberg wohnende Mitglieder des Alldorfer DRK-Ortsvereins verhalten sich gegenüber dem Seniorenbüro sehr kritisch, was nach Einschätzung der Seniorenbüroleiterin der Befürchtung entspringt, vereinnahmt zu werden und »noch mehr machen zu müssen«. In dieser Haltung kommt ein traditionelles Ehrenamtsverständnis zum Ausdruck, in dem man »seinem Verein« eine lebenslang geltende Zusage erteilt und deswegen für alle anfallenden Arbeiten herangezogen werden kann. Hinter neuen Projekten wird folglich eine drohende Mehrarbeit vermutet, so dass eine vorbehaltlose Auseinandersetzung mit Neuem schwer möglich ist.
- Gemeinsam mit den zwei Frauen, die sich bereits im Seniorenbüro engagieren, entwirft die Seniorenbüroleiterin ein Werbefaltblatt für das Seniorenbüro, das in Arztpraxen ausgelegt wird.
- Im Mai 1998 findet zum ersten Mal das als monatliche Veranstaltung vorgesehene »Info- und Kontaktcafé« statt. Dieser Veranstaltungstypus wird geplant, um über ein offenes Angebot zunächst überhaupt Menschen zu erreichen und über die Idee des Seniorenbüros mit seinen vielfältigen Aspekten zu informieren. Daneben soll die Veranstaltung einerseits einen Informations- und Bildungscharakter haben, indem jedes Mal ein Vortrag zu einem Thema allgemeinen Interesses angeboten wird, und andererseits die Möglichkeit des sich Treffens und der Kontaktpflege bei Kaffee und Kuchen bieten. Bei der Konzeption des Info- und Kontaktcafés ist das Bemühen sehr groß, ein Angebot zu planen, das in dieser Form weder bereits von einem anderen Träger angeboten wird noch zu große Konkurrenzängste schürt. Als gutes Mittel der Kontaktaufnahme mit den BesucherInnen erweist sich eine vorbereitete Karte zum Ankreuzen, auf der verschiedenste Engagement- bzw. Teilnahmemöglichkeiten aufgeführt sind:

DRK-Seniorenbüro Cellberg
Lassen Sie sich von unseren Beispielen anregen …

Ich würde teilnehmen / in Anspruch nehmen   **Ich würde mitarbeiten / anbieten**
❑ Kulturelle Veranstaltungen in Cellberg   ❑
❑ Bildungsveranstaltungen (Erfahrungen und Kenntnisse an andere weitergeben)   ❑
❑ Gemeinsame Theater- und Konzertbesuche   ❑
❑ Kontakttreffen / Spiel- und Bastelnachmittage, Vorlesen   ❑
❑ Kontakt zwischen den Generationen, z.B. Kinderbetreuung, Hausaufgabenhilfe   ❑
❑ Handwerkerdienst für kleinere Reparaturen   ❑
❑ Gedächtnistraining, Gymnastik, Tanz   ❑
❑ Hilfe bei Schriftverkehr und Behördengängen   ❑
❑ Stationärer Mittagstisch   ❑
❑ Haben Sie darüber hinaus eigene Vorstellungen? Welche?   ❑

Fast alle Anwesenden füllen diese Karte aus und geben sie mit ihrer Anschrift zurück. Die Teilnehmenden zeigen nicht nur am Info- und Kontaktcafé Interesse, sondern auch an der Idee des Seniorenbüros als solchem. Bei den ersten vier bis fünf Veranstaltungen des Kontaktcafés kommen zwischen sieben und 15 BesucherInnen. Die beiden oben genannten Frauen engagieren sich bei Vorbereitung und Durchführung der Veranstaltungen mit Freude. Die eine übernimmt die Verantwortung für die Organisation. Die andere unterstützt sie dabei und erklärt sich darüber hinaus bereit, die Verantwortung für die wöchentlich im Mitteilungsblatt erscheinenden Bekanntmachungen zum Seniorenbüro zu übernehmen. Sowohl in den Veranstaltungen als auch angeregt durch die in Arztpraxen ausliegenden Werbefaltblätter und dank Mundpropaganda melden sich weitere sieben bis acht Personen mit dem Interesse, sich für eine sinnvolle Aufgabe zu engagieren. Im zweiten Halbjahr des Bestehens des Info- und Kontaktcafés gehen die Besucherzahlen jedoch sehr zurück. Es kommt vor, dass nur ein oder zwei Leute kommen. Dies ist für die Veranstaltenden sehr frustrierend. Eine der interviewten Mitarbeiterinnen formuliert dies so: »Wenn vier Mitarbeiterinnen auf eigene Kosten Kuchen backen, zwei Referenten kommen und nur zwei Besucher, da denkt man sich dann schon, dass man die Zeit auch hätte besser nutzen können«. Konkrete Gründe für den Besucherschwund sind schwer auszumachen. Inzwischen entsteht jedoch immer mehr der Eindruck, dass die Kirchengemeinde ihren Altennachmittag seit einiger Zeit bewusst auf denselben Termin legt und dem Info- und Kontaktcafé damit Konkurrenz macht. Hier muss erneut das Gespräch gesucht werden, da bereits 1996 bei der ersten Infoveranstaltung des Seniorenbüros in Cellberg, trotz langfristiger Vorabsprache mit dem Pfarrer, am selben Termin der Altennachmittag der Kirchengemeinde stattfand. Es ist Überzeugungsarbeit zu leisten, dass das Seniorenbüro mit seinem Angebot eben nicht in Konkurrenz zu den bestehenden Angeboten gehen, sondern die Angebotspalette im Ort nur erweitern will.

- Die Seniorenbüroleiterin trifft sich ab Sommer 1998 regelmäßig in Form eines Arbeitskreises mit den Personen, die Interesse an einem Engagement geäußert haben. Dabei macht sie die Beobachtung, dass die InteressentInnen anfangs oft unsicher wirken in Bezug auf das, was auf sie zukommen wird, sich dann aber im Gespräch öffnen und an Selbstsicherheit gewinnen. Als eine Hauptschwierigkeit erweist es sich für die Seniorenbüroleiterin, dass es für die engagementwilligen Personen sehr ungewohnt ist, eigene Aktivitätsideen zu entwickeln; sie erwarten eher, dass ihnen eine Tätigkeit vorgeschlagen wird. Die Leute wollen schnell etwas Konkretes tun und sich nicht erst auf langwierige Planungs- und Entwicklungsprozesse einlassen. Die auf der oben abgebildeten Karte angeführten Aktivitäten werden für die InteressentInnen zur Anregung dafür, dass sie sich als erstes Projekt für einen stationären Mittagstisch[5] in Cellberg einsetzen und dort mitarbeiten wollen.

- Die Seniorenbüroleiterin nimmt bei der Planung des stationären Mittagstischs die Aufgabe wahr, sich um die finanziellen und organisatorischen Voraussetzungen zu kümmern, indem sie auch das Erfahrungspotential der anderen Orte, in denen das DRK einen stationären Mittagstisch anbietet, nutzt.[6] Hier gelingt es nun auch, eine engere Zusammenarbeit mit dem DRK-Ortsverein in Alldorf zu entwickeln. Der Ortsvereinsvorsitzende aus Alldorf erklärt sich bereit, den stationären Mittagstisch sowohl finanziell zu unterstützen als auch unter dem Dach des Alldorfer Ortsvereins anzusiedeln, was dieses Angebot unabhängiger macht vom Seniorenbüro und es so gegen ein mögliches Scheitern des Seniorenbüros sichert. Somit wird der stationäre Mittagstisch in Cellberg als ein Angebot geplant, das vom Seniorenbüro initiiert und durchgeführt und vom DRK-Ortsverein Alldorf getragen wird. Selbst wenn das Seniorenbüro als solches nach Ablauf der geförderten Projektlaufzeit nicht fortbestehen sollte, wäre es durch die gewählte Organisationsform möglich, den stationären Mittagstisch als Angebot des DRK zu erhalten.

- Der stationäre Mittagstisch findet seit Januar 1999 einmal wöchentlich im Mehrzweckraum des Cellberger Rathauses statt. Eine Freiwillige übernimmt im Wesentlichen die gesamte Organisation dafür (Erstellen der Speisekarte, Planung und Bestellung des Einkaufs, Abrechnung, Überwachung des Bestands etc.). Sie kann hier ihre Erfahrungen aus der Gaststättenverwaltung gut einbringen. Es gibt ein Helferinnenteam von elf Frauen. Dabei erweist es sich als recht einfach, die Mitarbeiterinnen für eine ganz konkrete und abgegrenzte Aufgabe zu finden, wie Küchenhilfe oder Bedienung. Bei klar abgegrenzten Tätigkeitsfeldern wissen die

---

[5] Einmal pro Woche soll im Mehrzweckraum ein günstiges Mittagessen angeboten werden, zu dem vor allem ältere Menschen eingeladen werden. Dieses Angebot bietet die Möglichkeit aus dem Haus zu kommen, andere Menschen zu treffen und erspart das eigene Kochen, das für manche ältere Menschen immer beschwerlicher wird.

[6] Hier besteht die Möglichkeit, dass der Ortsverein Zettfeld, als zweiter Projektort des Seniorenbüros, in Cellberg »Entwicklungshilfe« leistet und seine Erfahrungen mit dem stationären Mittagstisch weitergibt. Dadurch können auch Kontakte zwischen beiden Orten entstehen, von denen sowohl die Arbeit des Kontaktbüros Zettfeld als auch die des Seniorenbüros Cellberg profitieren kann.

Leute, auf was sie sich einlassen, die Situation ist nicht so offen und diffus, wie wenn die Aufgaben erst noch entwickelt werden müssen. Es wird nun überlegt, aus dieser großen Zahl von Helferinnen zwei Teams zu bilden, da aber einige gerne jede Woche mitarbeiten möchten, gelingt dies vorerst nicht. Der stationäre Mittagstisch wird meist von ca. 20 Personen besucht. Das Team hätte gerne noch fünf bis zehn weitere Gäste, womit die räumlichen Kapazitäten dann auch erschöpft wären.

• Der DRK-Ortsvereinsvorsitzende aus Alldorf pflegt den Kontakt zum Seniorenbüro Cellberg, indem er ab und zu am Mittagstisch teilnimmt.

• Neben dem stationären Mittagstisch versuchen die Cellberger Freiwilligen eine Tausch- und Wissensbörse aufzubauen. Ein halbes Jahr lang werden Angebote im wöchentlich erscheinenden Mitteilungsblatt abgedruckt. Es gibt jedoch keine Reaktionen darauf. Zwei der Freiwilligen, die gemeinsam an einer Fortbildung teilgenommen haben, kommen über die dort gehörten Erfahrungen anderer Seniorenbüros zu der Überzeugung, dass Cellberg für eine Tausch- und Wissensbörse zu klein sei, das würde wohl nur in Städten funktionieren. Deshalb wird dieses Projekt zunächst nicht weiter verfolgt.

• Überlegt wird auch, ein generationenübergreifendes Projekt in Zusammenarbeit mit der Schule (z.B. Hausaufgabenbetreuung) aufzubauen. Hier werden von der Seniorenbüroleiterin erste Gespräche mit der Schule geführt, die auf Interesse stoßen. Eine Umsetzung dieses Vorhabens gelingt vor Ablauf der geförderten Laufzeit des Seniorenbüros im Oktober 1999 jedoch nicht mehr.

Da sich der Bau des Altenpflegeheims bis mindestens zum Ende des Jahres 2000 verzögern wird, ist es nicht mehr möglich, während der geförderten Laufzeit des Projekts die Arbeit des Seniorenbüros in den dortigen Räumen genauer zu konzipieren. Es wird seitens des Kreisverbands aber nach wir vor an eine enge Verzahnung zwischen Seniorenbüro und dem neuen Altenpflegeheim gedacht, so dass das Seniorenbüro von dort aus langfristige Unterstützung erhält. Ob und in welcher Form diese Verzahnung gelingen wird, ist aus Sicht der Abteilungsleiterin der Sozialarbeit jedoch zu einem großen Teil abhängig von dem Kollegen im Kreisverband, der für die Altenpflegeheime zuständig ist. Wenn er die Idee des Seniorenbüros nicht mittrage und mit Überzeugung dahinterstehe und somit die neu einzustellende Heimleitung nicht auf den Auftrag der Förderung des Seniorenbüros vorbereitet werde, dann habe dieser Ansatz wenig Chancen. Hier wird – unter organisationalen Gesichtspunkten – deutlich, dass im Fall der Eingliederung des Seniorenbüros in das Altenpflegeheim – sowohl bezüglich der Räumlichkeiten als auch der fachlichen Begleitung – ein Ressortwechsel innerhalb des Kreisverbands erfolgen würde. An dieser Stelle bedarf es also zunächst einer Überzeugungsarbeit innerhalb des Verbandes. Der Verband ist hier konkret vor die Frage gestellt, ob er diese Mischung aus traditionellen und neuen Engagementformen tatsächlich fördern und damit auch seine multifunktionalen Möglichkeiten nutzen und stärken *will*. Die Seniorenbüroleiterin und vor allem ihre Vorgesetzte sind an dieser Stelle gefordert, innerhalb des Kreisverbands Lobbyarbeit zu betreiben.

In der konkreten Arbeit vor Ort macht die Seniorenbüroleiterin jedoch die Beobachtung, dass die freiwilligen Mitarbeiterinnen des Seniorenbüros immer wieder Vorbehalte äußern gegenüber einem Engagement in den Räumen eines Altenpflegeheims. Sie fürchten, dass die Menschen die Angebote des Seniorenbüros nicht mehr wahrnehmen könnten, wenn diese in einem Altenpflegeheim stattfänden. Die Hemmschwelle könnte zu hoch sein, man möchte den Pflegebedürftigen lieber nicht begegnen. Ein anderer Grund für diese Vorbehalte könnte jedoch darin liegen, dass die Mitarbeiterinnen selbst die Konfrontationen mit Pflegebedürftigen scheuen, da diese Lebensphase die nächste sein könnte, die auf sie selbst zukommt. Die engagierten Frauen sind um die 60 Jahre alt (nur eine ist erst 50), so dass die Distanz zu einer möglichen eigenen Pflegebedürftigkeit nicht mehr sehr groß ist. Jüngere MitarbeiterInnen würden dieses Problem vermutlich nicht sehen, weil das Alter für sie noch weiter in der Ferne liegt. Die Mitarbeiterinnen des Seniorenbüros wünschen sich eher ein Seniorenzentrum in eigenen Räumlichkeiten, die sie selbst gestalten können und das als Anlaufstelle dient, wo man immer jemanden treffen kann, es Kleinigkeiten zu trinken und zu essen gibt sowie Zeitungen und Spiele auslegen etc. Die Verwirklichung dieser Idee wird jedoch vermutlich daran scheitern, dass die Gemeinde hierfür weder Räume noch sonstige finanzielle Unterstützung zur Verfügung stellt. Es kann also höchstens versucht werden, die Idee eines solchen Seniorenzentrums im Altenpflegeheim umzusetzen. Gegen Ende der geförderten Projektlaufzeit hat die Seniorenbüroleiterin jedoch keine Kapazitäten mehr, um mit den Mitarbeiterinnen diese Idee weiterzuverfolgen. Es geht ihr in diesem Zeitraum vor allem darum, die vorhandenen Projekte so weit zu stabilisieren, dass sie auch nach ihrem Ausscheiden weiter bestehen können. Dazu unterstützt sie die Freiwilligen darin, ein möglichst selbständiges Team zu bilden und die Hilfe einzufordern, die sie brauchen. Folgende konkrete Schritte werden hierfür unternommen:

- Mit Hilfe von Supervisionssitzungen für das Seniorenbüroteam wird herausgearbeitet, welche Form der Unterstützung das Team braucht, um ohne hauptamtliche Leitung weiterzuarbeiten und bestehende Angebote aufrechterhalten zu können.
- Es wird zunächst vereinbart, dass alle Mitarbeiterinnen die Aufgaben, die sie bisher im Seniorenbüro übernommen haben, schriftlich beschreiben. Auf diese Art und Weise entstehen »Stellenprofile« der bisher vorhandenen Jobs. Durch diesen Prozess der Aufgabenbeschreibungen wird innerhalb des Seniorenbüroteams Transparenz hergestellt über die Tätigkeitsbereiche der einzelnen Mitarbeiterinnen. Dabei kommt es auch zu »Aha-Erlebnissen«, indem z.B. für das Team erst dadurch deutlich wird, wie umfangreich der Verantwortungsbereich der Organisatorin des Mittagstisches ist. Diese Frau erhält Anerkennung aus dem Team für die Arbeit, die sie

leistet, und es entsteht auch Verständnis dafür, dass sie anderen manchmal Aufgaben zuteilt wie eine »Chefin«. Es entwickelt sich eine Akzeptanz gegenüber dem
Verhalten dieser Frau, das manchmal auch für Missmut gesorgt hat, da die anderen
nun erkennen »die hat wirklich was zu sagen«. Neben solchen Klärungsprozessen
innerhalb des Teams, bieten die Aufgabenbeschreibungen auch den Vorteil, dass es
anhand dieser »Stellenprofile« leichter möglich ist, Ersatz zu suchen, für den Fall,
dass eine Mitarbeiterin ausfällt.[7]

• Die Mitarbeiterinnen äußern klar die Notwendigkeit, eine AnsprechpartnerIn für
die Belange des Seniorenbüros zu haben. Mit Hilfe der Supervision wird geklärt,
welchem Anforderungsprofil diese Person genügen sollte. Aus Sicht der Freiwilligen müsste es jemand sein, der im Grunde die Aufgaben übernimmt, die bisher die
Hauptamtliche übernommen hat. Jemand, der den Überblick über die Aktivitäten
des Seniorenbüros hat, der die Kontakte pflegt zum DRK-Kreisverband, dem Bürgermeister des Ortes und dem DRK-Ortsverein, außerdem soll diese Person die sonstigen Außenkontakte, z.B. zu Vereinen, wahrnehmen. Aus dem Mitarbeiterinnenteam heraus möchte niemand diese Aufgaben wahrnehmen. Zum einen haben alle
schon ihr Aufgabengebiet, das ihnen gefällt, zum anderen möchte niemand diese
herausgehobene Stellung einnehmen, weil die Gefahr bestünde zur Außenseiterin
zu werden. Tendenzen in dieser Richtung gab es bereits bei der Organisatorin des
Mittagstisches (s.o.). Die Mitarbeiterinnen wollen gerne an der von ihnen als insgesamt gleichberechtigt erlebten Zusammenarbeit festhalten. Eine Leitungsperson
soll von außen kommen. Das Seniorenbüroteam hat für diese Aufgabe einen Vor-
ruheständler im Blick, der von Anfang an an allen Aktivitäten des Seniorenbüros
teilgenommen hat und über gute rhetorische Fähigkeiten verfügt. Die Seniorenbüroleiterin geht auf Wunsch des Teams auf ihn zu und kann ihn für diese Aufgabe
gewinnen. In einer weiteren Supervisionssitzung, an der der neue Ansprechpartner
teilnimmt, werden die wechselseitigen Vorstellungen und Erwartungen an die Zusammenarbeit geklärt. Auffallend ist, dass das Seniorenbüroteam für die Leitungs-
aufgabe einen Mann auswählt. Bei einem Blick auf das Umfeld des Seniorenbüros
ist dies jedoch nicht weiter verwunderlich. Von den Frauen aus dem Team traut
sich keine zu, Verhandlungen mit dem Bürgermeister oder den Vorsitzenden der
örtlichen Vereine (alles Männer) zu führen, weil sie davon ausgehen, als Frau – ohne den fachlichen und institutionellen Hintergrund, über den die Hauptamtliche
verfügt – dort nicht ernst genommen zu werden. Ein Mann hat es in diesen Strukturen sicherlich leichter. Außerdem entspricht es dem tradierten Rollenbild, dass die
nach außen orientierten Aufgaben, die herausgehobenen, leitenden Positionen,
von Männern besetzt werden.

---

[7] Vgl. hierzu auch das von Paulwitz beschriebene »Good Job Design« (1988: 163-165) sowie die Ausführungen
von Bartjes/Otto 2000.

- Obwohl ein Freiwilliger für die Leitung des Seniorenbüros gefunden wird, äußern einzelne Mitarbeiterinnen deutlich die Sorge, dass ein Ehrenamtlicher mit dieser Aufgabe überfordert sein könnte, weil ihm z.b. der Zugang zu vielen Informationen im Kreisverband fehle. Außerdem wird Bezug genommen auf die in den Fortbildungen vermittelten Erfahrungsberichte anderer Seniorenbüros, von denen man weiß, dass solche Projekte häufig auseinander fallen, wenn kein hauptamtliches Personal mehr da ist.

Die Seniorenbüroleiterin versucht in ihrer Ablösungsphase Strukturen zu schaffen, die es dem Seniorenbüro Cellberg ermöglichen, auch ohne ihre Unterstützung die Arbeit fortzusetzen. Durch den Einsatz professioneller Methoden wie der Supervision, scheint dies auch zu gelingen. Ob diese Strukturen wirklich tragfähig sein werden, muss sich aber im Prozess erst noch zeigen, ist doch das Aufgabenspektrum, mit dem der neue Seniorenbüroleiter beauftragt wird, für eine freiwillige Tätigkeit sehr umfangreich und ohne gezielte Einarbeitung und Schulung sehr anspruchsvoll. Gerade in der Ablösungsphase der professionellen Leiterin wird deutlich spürbar, dass es in Cellberg nicht die Tradition eines DRK-Ortsvereins gibt. Ein Ortsverein wäre in dieser Situation ein wichtiger stabilisierender Faktor, dessen eingespielte Kooperationsformen mit dem Kreisverband aber auch der Gemeinde und Vereinen vor Ort von großem Nutzen wären. Für den stationären Mittagstisch übernimmt zwar der DRK-Ortsverein Alldorf Verantwortung, für die vielen kleinen konkreten Dinge vor Ort sowie die Interessenvertretung des Seniorenbüros als Ganzes ist dieser Ortsverein jedoch zu weit weg.

Zusammenfassend lässt sich festhalten, dass es innerhalb von nur zwei Jahren in Cellberg gelungen ist, eine große Zahl von MitarbeiterInnen zu aktivieren und einige konkrete Projekte zu entwickeln, von denen zumindest der stationäre Mittagstisch gut angenommen wird. Die Erkenntnisse aus den anderen Orten der untersuchten ländlichen Region während der ersten Phase der Projektlaufzeit waren eine hilfreiche Basis, um in Cellberg manche Fehler zu vermeiden. Vor dem Hintergrund der in der ländlichen Region gewonnenen Erfahrungen sind folgende Aspekte für das Gelingen eines neuen bürgerschaftlichen Projekts zu berücksichtigen:

- Die Zustimmung und Unterstützung des örtlichen Bürgermeisters ist notwendige Voraussetzung zum Aufbau eines neuen Projektes.
- Organisatorische Absprachen mit wichtigen Personen des Ortes (z.B. Bürgermeister, Pfarrer, Vorsitzende von Vereinen) sowie der Prozess der Genehmigung durch den Gemeinderat müssen *parallel* stattfinden zu den vielen ganz konkreten Schritten des Werbens für die Sache und um die Unterstützung der Menschen vor Ort (z.B. Anzeigen schalten, Handzettel auslegen). Wenn Genehmigungsverfahren, Information über und Werbung für das Projekt nicht gleichzeitig und kontinuierlich verfolgt werden, dauert der Entwicklungsprozess länger, verläuft zäher und potentielle MitarbeiterInnen springen möglicherweise entmutigt wieder ab. Allerdings

liegt in diesem Vorgehen auch die Gefahr, Menschen vor den Kopf zu stoßen, weil sie sich nicht rechtzeitig oder nicht ausreichend informiert fühlen (z.b. die Irritationen bei der Nachbarschaftshilfe).

Insgesamt ist also seitens der hauptamtlichen Mitarbeiterin neben fundierten Kenntnissen im Projektmanagement ein ausgeprägtes Fingerspitzengefühl für den Umgang mit verschiedenen Personenkreisen und deren Interessenlagen nötig.

6.2 Förderung des Kontaktbüros in Zettfeld

Parallel zu den ersten Schritten in der ländlichen Region erhält die Leiterin der Abteilung Sozialarbeit des DRK-Kreisverbands Burgstadt im Winter 1995 Kenntnis davon, dass ehrenamtlich tätige Frauen aus dem DRK-Ortsverein Zettfeld, einer aufstrebenden Gemeinde (ca. 3500 Einwohner) mit guter Verkehrsanbindung zur Kreisstadt, in Kooperation mit dem dortigen Bürgermeister ein Kontaktbüro aufbauen wollen und sich dabei die Unterstützung des Kreisverbands wünschen. Gedacht ist an eine Anlauf- und Koordinationsstelle für Menschen verschiedener Altersgruppen, die Kontakt zu anderen suchen und Interesse daran haben, zusammen mit anderen Menschen gemeinsame Ideen umzusetzen. Die Abteilungsleiterin sieht hierin Verbindungsmöglichkeiten mit dem Seniorenbüro und die Chance, die Idee dieses Projekts auch dort zu platzieren. Sie beauftragt deswegen die Seniorenbüroleiterin, sich neben der ländlichen Region auch in Zettfeld zu engagieren.

Die erste Kontaktaufnahme erfolgt, indem die Projektmitarbeiterin an einer Exkursion zu einem bereits bestehenden Bürgerbüro teilnimmt, die von den zwei interessierten ehrenamtlich tätigen Frauen, den Vorsitzenden des DRK-Ortsvereins und dem Bürgermeister unternommen wird, um das Arbeitsfeld Bürgerbüro und die Erfahrungen der dortigen MitarbeiterInnen kennen zu lernen.[8] Diese Exkursion wird durch den Bürgermeister angeregt, der großes Interesse daran hat, das bürgerschaftliche Engagement nach dem Vorbild des baden-württembergischen Sozialministeriums in Zettfeld zu fördern und etwas Ähnliches wie das besuchte Bürgerbüro auch in seiner Gemeinde einzurichten. In den Sondierungsgesprächen über eine mögliche Zusammenarbeit von Gemeinde und Seniorenbüro erlebt die Seniorenbüroleiterin, dass das vom Bürgermeister favorisierte bürgerschaftliche Engagement und das Seniorenbüro sich zwar inhaltlich gut treffen könnten, dass in den Begriffen aber eine sozialpolitische Spannung liegt. Diese Spannung wird für sie besonders spürbar, weil sie als Projektmitarbeiterin mit dem Titel »Seniorenbüro« auftreten muss, auch wenn sie die Eingrenzung auf die Zielgruppe Senioren selbst als einschränkend erlebt.[9] Dennoch

---

[8]   Näheres zu den baden-württembergischen Bürgerbüros findet sich in Bullinger u.a. 1995.
[9]   Das Spannungsverhältnis zwischen Seniorenbüro und bürgerschaftlichem Engagement lässt sich aber auch mit der Konkurrenz eines Landes- und eines Bundesprojekts begründen. Hinzu kommt, dass die Vorgesetzte der Seniorenbüroleiterin sich eher von den baden-württembergischen Bestrebungen der Förderung bürgerschaftlichen Engagement abgrenzt: »Das ist nicht so neu, wie die das verkaufen, das machen wir doch schon lange.« – Hintergrund dieser Äußerung ist vermutlich eine gescheiterte Kooperation mit dem Sozialministerium Baden-

ist das Ergebnis dieser Exkursion die Vereinbarung, dass es eine Zusammenarbeit zwischen DRK-Ortsverein, Gemeinde und Seniorenbüro (und somit dem DRK-Kreisverband als dessen Träger) zum Aufbau eines Kontaktbüros[10] geben soll. Die Projektmitarbeiterin vertieft in der folgenden Zeit ihre Kontakte zu den beiden ehrenamtlich tätigen Frauen, zum Vorstand des Ortsvereins und zum Bürgermeister, um die jeweiligen Vorstellungen der Beteiligten zu bündeln.

Es zeigt sich, dass die Vorstandsmitglieder des Ortsvereins, die v.a. im Bereitschaftsdienst aktiv sind und der Sozialarbeit insgesamt eher skeptisch gegenüberstehen, auch der Idee des Kontaktbüros mehr Vorbehalte entgegenbringen, als es zunächst den Anschein hat. Die Leiterin des Seniorenbüros nimmt hier eine vermittelnde Rolle ein und leistet viel Überzeugungsarbeit, um bei ihnen die Bereitschaft zur Unterstützung des Engagementinteresses der beiden Frauen zu wecken und dem Aufbau eines Kontaktbüros zuzustimmen. Seitens des Vorstandes gibt es erhebliche Bedenken, ob der kleine Ortsverein, der große Mühe hat, die Bereitschaftsarbeit aufrechtzuerhalten, in der Lage sei, in einem neuen Arbeitsfeld aktiv zu werden und dafür genügend MitarbeiterInnen zu finden, denn die Erfahrung der letzten Jahre hat gezeigt, dass es äußerst schwierig ist, Personen für den Bereitschaftsdienst zu gewinnen. Die Seniorenbüroleiterin vermutet, dass auch die Befürchtung bestehe, Mitglieder des Bereitschaftsdienstes könnten zur Sozialarbeit abwandern.

An dieser Stelle ist zu fragen, ob die Vorbehalte der im Bereitschaftsdienst tätigen Vorstandsmitglieder gegenüber den sozialarbeiterischen Aktivitäten nicht als Indiz für einen *typischen Konfliktherd* im Roten Kreuz als Verband gewertet werden können: Innerhalb des DRK – mit seiner Doppelfunktion als nationale Hilfsorganisation *und* als Wohlfahrtsverband im Feld Sozialer Arbeit im weiteren Sinne – besteht ein Ungleichgewicht zwischen dem traditionell starken ehrenamtlichen Bereitschaftsdienst zuungunsten der immer noch schwächeren ehrenamtlichen Sozialarbeit. In Zeiten, in denen die Verbände mit rückläufigen Zahlen der an traditionellem Ehrenamt Interessierten konfrontiert sind, kann dies innerhalb des DRK zur Konkurrenz zwischen Bereitschaftsdienst und Sozialarbeit führen.

Der Vorstand des Ortsvereins lässt sich schließlich auf eine gemeinsame Trägerschaft des Kontaktbüros in Form einer Kooperation von DRK-Ortsverein, Gemeinde Zettfeld und Seniorenbüro ein. Die Gemeinde erklärt sich bereit, kostenlos Räume im alten Rathaus und einen Telefonanschluss zur Verfügung zu stellen.

Am 7. Oktober 1995 wird das Kontaktbüro eröffnet. Es verfolgt das Ziel, neue Möglichkeiten der Kommunikation und der gegenseitigen Unterstützung für Men-

---

Württemberg, verbunden mit dem Gefühl der mangelnden Anerkennung der Arbeit des DRK. Die Seniorenbüroleiterin selbst sieht in der Kooperation mit Initiativen bürgerschaftlichen Engagements durchaus die Möglichkeit, hilfreiche Anregungen für ihre eigene Arbeit zu bekommen. Hier stimmen ihre Haltung und die ihrer Vorgesetzen nicht überein.

schen jeden Alters, bevorzugt aber der älteren Generation, zu schaffen. Vor Ort soll Raum zur Verfügung gestellt werden, in dem Austausch, Gemeinschaft und Aktivität verwirklicht werden können. Hier liegen Anknüpfungspunkte zur ursprünglichen Konzeption des Seniorenbüros Burgstadt: Gerade Menschen, die nicht so stark ins Gemeinwesen eingebunden sind, sollen angesprochen und zur Teilnahme an Angeboten oder zur eigenen Mitarbeit angeregt werden, daneben soll die Nachbarschaft gestärkt werden.[11]

Nachfolgend werden die Aktivitäten des Kontaktbüros in Zettfeld und die im Projektverlauf gewonnenen Erfahrungen geschildert:

- An zwei Vormittagen in der Woche gibt es seit der Eröffnung des Kontaktbüros regelmäßige Bürozeiten, in denen jeweils eine der beiden ehrenamtlichen Mitarbeiterinnen telefonisch und persönlich erreicht werden kann. Während dieser Bürozeiten ist es möglich, Anfragen und Angebote an das Kontaktbüro zu richten, Ideen anzuregen, eigene Mitarbeit anzubieten etc. Anfangs werden die Bürozeiten von der Bevölkerung in Anspruch genommen, um zu erfahren, um was es sich bei dem Kontaktbüro eigentlich handelt. Als dieser erste Informationsbedarf gedeckt ist, meldet sich jedoch nur noch selten jemand während der Bürozeiten.
- Das nächste Angebot, das ins Leben gerufen wird, sind einmal monatlich stattfindende Treffen mit gemeinsamem Frühstück und anschließendem Referat zu einem aktuellen Thema (z.B. Pflegeversicherung, Patientenverfügung etc.). Von Anfang an ist die Inanspruchnahme dieses Angebotes gut. In der Regel kommen ca. 20 BesucherInnen, vor allem Frauen im Alter von ca. 55 bis 70 Jahren. Im Sommer 1996 steigt die BesucherInnenzahl deutlich an auf ca. 30 TeilnehmerInnen – nach wie vor fast ausschließlich Frauen –, und es sind über »Mundpropaganda« Menschen hinzugekommen, die solchen Angeboten gegenüber bisher eher zurückhaltend waren. Eine informelle Befragung durch die Seniorenbüroleiterin ergibt, dass ungefähr die Hälfte der Frauen am Frühstückstreffen v.a. wegen der Möglichkeit, unter Menschen zu sein, teilnimmt, während die andere Hälfte v.a. wegen der Referate kommt. Die Organisation und Durchführung der Frühstückstreffen wird von einem Team getragen, in dem drei Frauen zwischen 30 und 40 Jahre und drei Frauen zwischen 55 und 65 Jahre alt sind. Damit ist das Frühstückstreffen auch ein Angebot, bei dem jüngere Frauen etwas für Ältere tun.
- Ein weiteres Angebot sind Badefahrten alle 14 Tage in die Mineraltherme der Kreisstadt. Für die Durchführung dieses Angebotes wird sehr schnell eine ca. 30 Jahre alte Frau gewonnen, die vorher noch nicht im DRK-Ortsverein engagiert war. Im Jahr 1996 nehmen ca. neun Personen regelmäßig an den Badefahrten teil.

---

[10] Sehr schnell ist klar, dass sich der Titel Seniorenbüro in Zettfeld als Name nicht durchsetzen lässt, weil v.a. seitens des Bürgermeisters an eine breitere Zielgruppe gedacht wird. Der Name Seniorenbüro wird deshalb nur als einer der Träger des Kontaktbüros auftauchen.

[11] Insgesamt entsprechen die Ziele des Kontaktbüros jedoch eher der Idee des Bundesmodellprogramms Seniorenbüros als der Burgstadter Konzeption.

Das Kontaktbüroteam äußert sich insgesamt zufrieden über die Resonanz, die das Angebot der Badefahrt in der Bevölkerung gefunden hat. Im Frühjahr 1997 läuft das Angebot nach einer Winterpause sehr schleppend wieder an und wird vorübergehend eingestellt. Die Mitarbeiterin engagiert sich nun bei den Frühstückstreffen und interessiert sich auch für andere Möglichkeiten der Mitarbeit im Kontaktbüro. Im Mai 1998 wird das Angebot der Badefahrt wieder aufgegriffen und nun von einer neuen Mitarbeiterin durchgeführt.

- Im Frühjahr 1996 wird geplant, einen Börsenbrief ins Leben zu rufen, der die Angebote des Kontaktbüros enthält und in dem Menschen ihre Engagementbereitschaft in unterschiedlichen Bereichen anbieten können (z.b. Hilfe bei der Gartenarbeit) oder die Möglichkeit haben, jemanden zu suchen, der bereit ist, eine bestimmte Hilfeleistung zu übernehmen. Der Börsenbrief erscheint 1996 einmal. Die Resonanz ist eher mäßig. Deshalb wird das Angebot zunächst nicht weiterverfolgt, es soll aber zu einem späteren Zeitpunkt wieder aufgenommen werden. Aus dem Börsengedanken heraus entsteht jedoch ein »Wertstoffabholdienst«. Dessen Initiator holt auf Anfrage und gegen einen geringen Kostenbeitrag recyclebare Materialien bei Menschen ab, die selbst nicht mehr dazu in der Lage sind, diese zu entsorgen, und bringt sie zum Wertstoffhof. Dieses Angebot wird gut angenommen.

- Ebenfalls im Frühjahr 1996 wird ein Friedhofsbegleitdienst geplant für Menschen, die nicht mehr gut zu Fuß sind oder nicht alleine zu dem relativ weit außerhalb des Ortes gelegenen Friedhof gehen möchten. Da zunächst keine MitarbeiterInnen für dieses Angebot gefunden werden, ruht die Idee einige Zeit. 1997 wird dann zwar eine Mitarbeiterin gefunden und ein Werbefaltblatt für dieses Angebot vorbereitet, nachgefragt wird das Angebot jedoch nicht.

- Im Frühherbst 1996 finden Gespräche zwischen MitarbeiterInnen des Kontaktbüros und des Krankenpflegevereins statt. Die Konsequenzen des Pflegeversicherungsgesetzes bringen die MitarbeiterInnen des Krankenpflegevereins immer wieder in die Situation, Notwendigkeiten, die über die häusliche Pflege hinausgehen, nicht erfüllen zu können. Weil eine traditionelle Nachbarschaftshilfe im Ort nicht mehr existiert, gibt es Überlegungen, ob über das Kontaktbüro Menschen gefunden werden können, die sich für die soziale Betreuung von Pflegebedürftigen gewinnen lassen. Es wird dabei auch überlegt, ob es Aufgaben gibt, die der Krankenpflegeverein an andere Personen delegieren kann und die dann über die Pflegeversicherung bezahlt werden können, so dass die Möglichkeit eines kleinen Verdienstes besteht für die Menschen, die diese Aufgaben übernehmen. Die Konkretisierung einer möglichen Zusammenarbeit zwischen Kontaktbüro und Krankenpflegeverein ist jedoch nicht zustande gekommen. Die im öffentlichen Raum inzwischen immer differenzierter diskutierte Frage, inwiefern pflegenahe Aktivitäten für bürgerschaftliches Engagement in Frage kommen (vgl. Steiner-Hummel 1994), wird im Rahmen dieser Gespräche eher oberflächlich aus einer aktuellen Bedarfslogik heraus aufgegriffen, ohne die Probleme *und* Chancen solcher Tätigkeiten im Kontext des Kontaktbüros detaillierter zu erörtern.

Im Januar 1997 nimmt die neue Leiterin des Seniorenbüros ihre Arbeit auf. Für die freiwillig Engagierten in Zettfeld bedeutet die Neubesetzung der Stelle, dass sie sich auf die Zusammenarbeit mit einer neuen Person – d.h. auch auf andere Kommunikationsformen – einstellen müssen. Es sei nochmals darauf hingewiesen, dass dies vor dem Hintergrund geschieht, dass für alle Beteiligten noch völlig unklar ist, ob das Projekt über den 31.10.97 hinaus verlängert oder ob es enden wird. Für den Fall der Beendigung könnte dann auch das Kontaktbüro nicht mehr mit kontinuierlicher professioneller Unterstützung rechnen. Insofern ist bereits die Neubesetzung der Stelle für das Kontaktbüro ein großer Unsicherheitsfaktor. In Zettfeld gelingt die Übergabe der Arbeit jedoch gut, sicher nicht zuletzt deshalb, weil ein zuverlässiges Aktivitätspotential vor Ort bereits vorhanden ist. Die neue Leiterin setzt in ihrer Arbeit, neben der Fortführung des Vorgefundenen, auch eigene Akzente, so dass neue Entwicklungen von ihr angeregt werden. Aus ihrer Kooperation mit dem Kontaktbüroteam erwachsen folgende Aktivitäten:

- Im Frühjahr 1997 erfolgt ein Austausch der Kontaktbüromitarbeiterinnen mit MitarbeiterInnen einer Bürgeraktion aus einer Stadt im Nachbarlandkreis, der der Vernetzung mit anderen Initiativen dient. Die MitarbeiterInnen der Bürgeraktion sind im Kontaktbüro zu Gast. Verhandelt werden vor allem Fragen nach den Unterschieden zwischen bürgerschaftlichen Initiativen in ländlichen oder städtischen Regionen sowie zwischen rein freiwillig organisierten und professionell unterstützten Projekten. Für die Beteiligten ist dieser »Blick über den eigenen Tellerrand« eine wertvolle Erfahrung, ein Gegenbesuch wird ins Auge gefasst, kommt aber aufgrund von Umstrukturierungen bei der Bürgeraktion dann doch nicht zustande.

- Ebenfalls im Frühjahr 1997 wird Kontakt zum Kindergarten und der Grundschule aufgenommen mit der Überlegung, Engagementformen zu entwickeln, die eine Brücke zwischen den Generationen schlagen. Gedacht ist zunächst z.B. an Märchen Erzählen im Kindergarten oder an eine Hausaufgabenbetreuung für Schulkinder, für die über das Kontaktbüro Menschen gewonnen werden sollen. Sowohl Kindergarten als auch Schule zeigen sich offen für diese Ideen. Zeitgleich zu diesen Überlegungen kommt der Bürgermeister des Ortes auf das Kontaktbüro zu mit der Anfrage, ob das Kontaktbüro Möglichkeiten sähe, unter eigener Regie eine Kernzeitbetreuung aufzubauen. Dieser Anfrage wird nachgegangen. Die Seniorenbüroleiterin unterstützt zwei besonders aktive Frauen aus dem Kontaktbüro intensiv bei den weiteren konzeptionellen Planungen und vor allem auch bei den teilweise schwierigen Aushandlungsprozessen mit dem Rektor der Schule, dem Bürgermeister und den Erzieherinnen des Kindergartens, die einen Teil der Betreuung abdecken sollen. Vor den Sommerferien wird eine schriftliche Umfrage bei allen Eltern durchgeführt, um den genauen Bedarf für eine Kernzeitbetreuung zu erheben. Es ist für das Kontaktbüro ein großer Erfolg, dass nach den Sommerferien im September 1997 mit der Kernzeitbetreuung begonnen werden kann. Folgendes Modell wird entwickelt: Die Zeit morgens vor der Schule (ab 7.00 Uhr) decken die Erzieherinnen des Kindergartens in ihren Räumlichkeiten ab. Für die Zeit nach der Schule (bis 13.00 Uhr) wird eine Frau gewonnen, die für eine Aufwandsentschädigung die Betreuung der insgesamt sieben angemeldeten Kinder in einem Raum der Schule übernimmt. Für den Fall, dass Schulstunden ausfallen, wird eine Regelung gefunden, auch diese Zeit durch Betreuung abzudecken (z.B. indem Frauen aus dem Kontaktbüroteam einspringen). Finanziert wird die Betreuung durch Elternbeiträge. Die Schule stellt in begrenztem Rahmen Materialien zur Verfügung. Die Gemeinde beteiligt sich finanziell gar nicht. Das Land Baden-Württemberg erteilt für die ersten zwei Jahre einen Zuschuss in Höhe von 2.400,- DM/Jahr.

Die Einführung der Kernzeitbetreuung als solcher entspricht allerdings noch nicht der ursprünglichen Idee des Kontaktbüroteams, auch generationenübergreifend tätig zu werden. Diese Idee wird aber insofern weiterverfolgt, dass sich einzelne – auch ältere – Frauen überlegen, welchen Beitrag sie als Person für die Kinder leisten können (z.B. Märchen erzählen; der Betreuerin anbieten, dass sie mit den Kindern einen Spaziergang zu ihnen macht und sie dann dort etwas zu Trinken bekommen etc.). Diese Ideen sind ein ausbaufähiger Ansatz, zeigt sich daran doch, dass gerade auch ältere Frauen gerne bereit sind, sich für eine Sache, die sie gut finden, im Rahmen ihrer Möglichkeiten zu engagieren. Die Kernzeitbetreuerin distanziert sich nach kurzer Zeit jedoch von der Idee, ältere Frauen in ihre Arbeit einzubeziehen, da sie dies während der Einarbeitungsphase als zusätzliche Belastung für sich empfindet. Nach und nach werden auch die Seniorinnen zurückhaltender in Bezug auf ihre Engagementangebote. Die Seniorenbüroleiterin vermutet, dass die Schwierigkeiten auf persönlicher Ebene liegen könnten, und will versuchen darüber mehr Klarheit zu gewinnen. Dennoch sind die Erfahrungen mit der Kernzeitbetreuung für das Kontaktbüro insgesamt ermutigend. Es wird überlegt, auch noch eine Hausaufgabenbetreuung zu organisieren. Dieses Angebot wird jedoch während der geförderten Projektlaufzeit nicht verwirklicht.

• Durch ihre eigene türkische Nationalität gelingt es der neuen Seniorenbüroleiterin im Sommer 1997, auf einem Dorffest Kontakte zu türkischen Frauen zu knüpfen und deren Aufmerksamkeit für die Institution Kontaktbüro zu wecken. Es zeigt sich, dass einige türkische Frauen das Interesse haben, Deutsch zu lernen bzw. ihre Deutschkenntnisse zu verbessern. Daraus entsteht die Idee der Seniorenbüroleiterin, über das Kontaktbüro einen Deutschkurs für Ausländerinnen zu organisieren. Das Team des Kontaktbüros nimmt diese Idee interessiert auf und beginnt nach einer Kursleiterin zu suchen. Diese Suche gestaltet sich allerdings in den Reihen der bisher vorhandenen engagementwilligen Frauen als sehr schwierig, da es sich hier um eine Tätigkeit handelt, für die spezifische Kenntnisse erforderlich sind. Bis Frühjahr 1998 findet sich niemand für diese Aufgabe.

• Durch die Kontakte zu den türkischen Frauen ergibt sich eine konkrete Anfrage einer türkischen Familie an das Kontaktbüro, die darum bittet, ihre Tochter schulisch durch – möglichst kostenlose Nachhilfe – zu unterstützen. Diese Anfrage entfacht im Kontaktbüroteam eine Diskussion darüber, wie mit der Kostenfrage umgegangen werden soll. Es werden die Möglichkeiten diskutiert, Nachhilfe und andere Angebote nur gegen Geld anzubieten, damit auch etwas eingenommen werden könne zur Sicherung des Kontaktbüros, oder aber die Anfrage um Nachhilfe als eine Möglichkeit zu nutzen, den Börsen- und Tauschgedanken wieder aufzugreifen, so dass die Familie nicht mit Geld bezahlen, sondern in anderer Form eine Gegenleistung erbringen solle. Genauere Planungen werden an dieser Stelle noch nicht erzielt. In Bezug auf die konkrete Anfrage dieser Familie wird die Seniorenbüroleiterin selbst als Vermittlerin aktiv, indem sie ein Gespräch zwischen der Familie und der Schule anregt und als Dolmetscherin tätig wird. Dabei wird deutlich, dass die Probleme anders gelagert und nicht in erster Linie durch Nachhilfe zu lösen sind. Das Kontaktbüroteam verfolgt die Sache daher nicht weiter.

• Als Schritt niedrigschwelliger Aktivierung wird im Herbst 1997 versucht, die TeilnehmerInnen des Frühstückstreffens stärker in die Gestaltung der Treffen mit einzubeziehen. Da das Kontaktbüro bis dahin überwiegend angebotsorientiert arbeitet – d.h. ein konstantes Mitarbeiterinnenteam organisiert Veranstaltungen mit ReferentInnen von außen –, sollen nun die TeilnehmerInnen angeregt werden, ihre eigenen Potentiale einzubringen, selbst Ideen zur Programmgestaltung zu entwickeln und Referate zu übernehmen. Es erfolgt allerdings keine Umsetzung dieses Gedankens, vermutlich weil diese Idee in erster Linie von der Seniorenbüroleiterin angeregt wird, die sich ansonsten aber nicht einmischt in die Organisation der Frühstückstreffen. Vom Kontaktbüroteam wird an der einmal gefundenen Struktur festgehalten.

• Um ausländische Frauen in die Arbeit des Kontaktbüros einzubeziehen und da ein Sprachkurs noch nicht zustande gekommen ist, entwickelt das Kontaktbüroteam die Idee, ein »Kontaktcafé für Frauen aus verschiedenen Ländern« zu veranstalten. Die Seniorenbüroleiterin teilt diese Idee den türkischen Frauen mit. Diese reagieren begeistert und äußern ihrerseits die Idee, dass sie selbst die deutschen Frauen einladen und mit nationalen Spezialitäten bewirten könnten. Im Mai 1998 findet das erste »Kontaktcafé für Frauen aus verschiedenen Ländern« statt, an dem sich sechs bis acht ausländische und vier bis fünf deutsche Frauen beteiligen. An ihrer Zahl wird deutlich, dass die deutschen Frauen auf diese Einladung noch zurückhaltend reagieren, trotzdem wird diese Veranstaltung als Erfolg erlebt und soll nun regelmäßig einmal im Monat stattfinden. Seitens der ausländischen Frauen wird die Anfrage nach einem Deutschkurs wiederholt. Um diesem Interesse nachzukommen und die Möglichkeit zu erhöhen, dass diese Frauen auch sonst stärker eingebunden werden können, beginnt die Seniorenbüroleiterin, zusätzlich zu ihrer regulären Arbeit, im Juni 1998 selbst mit der Durchführung eines solchen Kurses als Honorarkraft. Sechs Frauen (türkischer und portugiesischer Nationalität) nehmen gegen Bezahlung daran teil. Schließlich wird eine andere Honorarkraft als Kursleiterin gefunden, die den Kurs ab September 1998 fortführt. Mit der Einbindung der Migrantinnen in Angebote des Kontaktbüros öffnet sich das Kontaktbüro für kulturübergreifende Projekte. Darin stecken vielfältige Chancen zur Stärkung der wechselseitigen sozialen Mitverantwortung im Gemeinwesen, die – trotz mancher Vorbehalte in einem schwäbischen Dorf – genutzt werden sollten.

• Seit längerem ist geplant, der Öffentlichkeitsarbeit ein stärkeres Gewicht zu verleihen. Ein neues Faltblatt soll entworfen werden, das vom Ansatz her u.a. generationen- und kulturübergreifende Aspekte stärker hervorheben soll. Die Einführung der Kernzeitbetreuung bindet jedoch über längere Zeit die Kapazitäten des Kontaktbüros in so starkem Maße, dass konkrete Schritte dazu nicht stattfinden. Die Planungen bekommen im Winter 1997/98 dann eine etwas andere Richtung: Das Kontaktbüroteam will im Ort eine Fragebogenaktion bei allen BürgerInnen durchführen, um so in der Öffentlichkeit Neugier zu wecken für die Arbeit des Kontaktbüros und Menschen zur Mitarbeit zu motivieren sowie Anregungen dafür zu bekommen, für welche Aktivitäten in Zettfeld ein Bedarf besteht. Der Fragebogen wird von der Seniorenbüroleiterin gemeinsam mit der wissenschaftlichen Begleitung erstellt mit dem Ziel, diese Aktion auch für Forschungszwecke zu nutzen. Anschließend wird er im Kontaktbüroteam diskutiert. Hier distanziert sich das Team allerdings vehement von jeglichen »wissenschaftlich« anmutenden Fragestellungen. Es wird deutlich, dass sich die Frauen lediglich mit eher oberflächlichen Fragestellungen identifizieren, weil ihre Sorge sehr groß ist, den Menschen zu nahe zu treten. So wird es z.B. abgelehnt, anonym nach grundsätzlichen Einstellungen zum freiwilligen sozialen Engagement zu fragen, weil das ja die Privatangelegenheit jedes Einzelnen sei. Der schließlich verabschiedete Fragebogen enthält im Wesentlichen lediglich Fragen zur Sammlung von Engagementideen mit der Möglichkeit, dass Menschen, die daran interessiert sind, sich selbst zu engagieren, dies rückmelden können. Fragen, die beispielsweise auf die Bedarfe in Zettfeld ausgerichtet sind oder die erheben, unter welchen Umständen Zettfelder BürgerInnen bereit sind, sich selbst zu engagieren, werden nicht gestellt. Es zeigt sich am Ende dieses Klärungsprozesses, dass der Sinn des Fragebogens für das Kontaktbüroteam v.a. darin liegt, durch diese Aktion in der Öffentlichkeit in Erscheinung zu treten, verbunden mit der Hoffnung, auf diese Weise die eine oder andere Person auf das Kontaktbüro aufmerksam zu machen und dazu anzuregen, sich dort zu engagieren. Geplant wird, an einem Tag der offenen Tür des DRK-Ortsvereins im Frühsommer 1998 mit Plakaten für das Kontaktbüro zu werben und die Fragebögen dort zu verteilen, zusätzlich sollen sie im Ort ausgetragen werden. Letztendlich werden dann aber doch nur 50 Fragebögen für InteressentInnen ausgelegt, von denen etliche übrig bleiben und bis Herbst 1998 auch keiner an das Kontaktbüro zurückgeschickt wird. Hier gelingt es auch der wissenschaftlichen Begleitung nicht, das Kontaktbüroteam für die Durchführung einer auch unter Forschungsgesichtspunkten brauchbaren Umfrage zu gewinnen. Doch gerade im Sinne des hier zugrunde liegenden Ansatzes der Handlungsforschung ist es unabdingbar, die Grenzsetzungen der Akteurinnen ernst zu nehmen und zu respektieren, um sie nicht zum Forschungsobjekt zu degradieren bzw. sie als »Handlanger« für Forschungsinteressen zu instrumentalisieren.

Die erste Leiterin des Seniorenbüros hat das Kontaktbüro während der Aufbauphase (ab Frühjahr 1995) mit ca. der Hälfte ihres Arbeitsauftrags unterstützt, seit der Eröffnung (Oktober 1995) hat sie ca. fünf bis sechs Wochenstunden dort investiert. Die zweite Leiterin widmet sich bis zum Verlängerungsentscheid im Herbst 1997 – neben ihrer Einarbeitung in die verbandlichen Gepflogenheiten und den arbeitsintensiven Verwaltungsaufgaben v.a. bezüglich des Verlängerungsantrags – primär der Unterstützung des Kontaktbüros (mit ca. zwölf bis 16 Wochenstunden). Wichtiger Bestandteil der Förderung des Kontaktbüros sind die Leitung der Teambesprechungen, die fachliche Beratung bei konzeptionellen Überlegungen sowie die Unterstützung bei Öffentlichkeitsarbeit, Programmplanung, ReferentInnensuche für die Frühstückstreffen und Vernetzung mit anderen Initiativen. Mit dem Eintreffen der Verlängerungsbewilligung reduziert die zweite Seniorenbüroleiterin ihren Einsatz für das Kontaktbüro Zettfeld, um verstärkt in Cellberg tätig zu werden. Im Kontaktbüro fördert sie v.a. noch den Aufbau des »Kontaktcafés für Frauen aus verschiedenen Ländern« sowie das Zustandekommen eines Deutschkurses für Ausländerinnen. Ab Sommer 1998 zieht sie sich aus Zettfeld dann mehr und mehr zurück. So ist sie nicht mehr regelmäßig mindestens einmal pro Woche vor Ort präsent, sondern nur noch, wenn seitens des Kontaktbüros ein konkreter Bedarf besteht. Folgende Unterstützungsangebote stellt sie dem Kontaktbüroteam zur Verfügung: Sie nimmt jährlich an zwei Teambesprechungen mit dem Kontaktbüroteam teil, um die Arbeit mit dem Team zu reflektieren und weitere Perspektiven zu planen. Daneben organisiert sie pro Jahr zwei Fortbildungen sowie einen gemeinsamen Ausflug für die MitarbeiterInnen aus Zettfeld und Cellberg. Insgesamt soll damit die Verselbständigung des Kontaktbüros gefördert werden, flankiert von Maßnahmen, die einerseits der Qualifizierung der MitarbeiterInnen dienen und andererseits als Anerkennung des Engagements gedacht sind. Das Ziel ist, die freiwilligen Mitarbeiterinnen darin zu stärken, die Belange des Kontaktbüros zunehmend selbständig zu regeln, damit das Kontaktbüro langfristig gesehen ohne kontinuierliche professionelle Begleitung bestehen kann.

Die Seniorenbüroleiterin versucht einen klaren Abschied zu gestalten, indem sie dem Kontaktbüroteam vorschlägt, Supervision in Anspruch zu nehmen, um offene

Fragen, aber auch Spannungen zu klären, damit Perspektiven für die Weiterarbeit des Kontaktbüros ohne Hauptamtliche entwickelt werden können. Hier stößt sie jedoch auf keinerlei Interesse bei den Mitarbeiterinnen. So macht sie die Erfahrung, dass sich Klarheit nicht erzwingen lässt.

Die Abnabelung vom Kontaktbüro Zettfeld verläuft insgesamt eher ungünstig. Die Seniorenbüroleiterin sieht sich ab Sommer 1998 mit der wachsenden Unzufriedenheit zweier Ehrenamtlicher konfrontiert, die ihren allmählichen Rückzug aus dem Kontaktbüro seit Anfang 1998 bemängeln. Es wird von den freiwillig Tätigen als Vernachlässigung erlebt, dass die Hauptamtliche sich um die gut funktionierenden Aktivitäten in Zettfeld weniger kümmert und stattdessen in Cellberg aktiv ist, um Neues aufzubauen. Insbesondere eine Mitarbeiterin, die die Hauptverantwortung im Kontaktbüro übernommen hat und die Arbeit dort insgesamt dominiert, reagiert sehr enttäuscht und persönlich gekränkt darauf, dass sich der Kreisverband nur noch so wenig um ihre Arbeit kümmert. Es kommt zu einer Krise, die von einer Gemengelage verschiedener Aspekte verursacht ist. In mehreren Krisengesprächen zwischen Seniorenbüroleiterin, Leiterin der Abteilung Sozialarbeit des Kreisverbands und dieser Kontaktbüromitarbeiterin gelingt es nicht, eine gemeinsame Ebene zu finden. Die Kontaktbüromitarbeiterin signalisiert Enttäuschung über die Zusammenarbeit zwischen Kreisverband und Ortsverband, zwischen Bereitschaftsdienst und Sozialarbeit, aber auch zwischen Haupt- und Ehrenamtlichen sowie zwischen Seniorenbüro und Kontaktbüro. In ihrer Enttäuschung wirkt sie blockierend auf die Zusammenarbeit, die Konflikte können nicht gelöst werden. Die Seniorenbüroleiterin sieht sich verschiedentlich dem Vorwurf ausgesetzt, nicht genügend Unterstützungsleistungen für das Kontaktbüro erbracht zu haben. Die erwarteten Leistungen liegen aus ihrer Sicht aber weder in ihrer Zuständigkeit, noch wurden sie als Bitte an sie herangetragen. So wird in diesem Konflikt für sie offensichtlich, dass es in der Zusammenarbeit mit dem Kontaktbüro – insbesondere jedoch mit dieser einen Mitarbeiterin – nicht gelungen ist, die gegenseitigen Erwartungen zu klären und diesbezüglich eine realistische Basis zu schaffen. Durch die Spannungen dieses Konflikts ist es dann auch nicht möglich, gemeinsam – Seniorenbüroleiterin und Kontaktbüroteam – Perspektiven für eine Zukunft ohne kontinuierliche professionelle Begleitung zu entwickeln.

Trotz dieser Grundstimmung der Enttäuschung im Kontaktbüroteam hat die Seniorenbüroleiterin keine Sorge, dass die Arbeit nach ihrem Ausscheiden nicht weiterläuft. Ihr Eindruck ist der, dass die Frauen trotz Enttäuschung die Arbeit fortsetzen werden, da sie – jedenfalls die langjährigen Ortsvereinsmitglieder – es bereits gewohnt sind, Enttäuschungen zu erleiden (z.b. durch den DRK-Kreisverband, aber auch durch den eigenen Ortsverein). Hier erlebt die Seniorenbüroleiterin den DRK-Ortsverein als sehr stabilisierendes Element. Die Mitarbeiterinnen haben mit diesem Verein schon so manche Krise erlebt und sind ihm trotzdem treu geblieben, so dass sie auch jetzt ihr Engagement für das Kontaktbüro nicht grundsätzlich in Frage stellen. Die Seniorenbüroleiterin spürt, dass die Schuld für die Enttäuschung einerseits ihr als *Person* zu-geschoben wird (sie sei zu unqualifiziert), andererseits – und zwar zu einem weitaus größeren Teil – ihre *Funktion* als vom Kreisverband eingesetzte Hauptamtliche be-trifft. Daraus lässt sich schließen, dass die Enttäuschung der Ehrenamtlichen in gro-ßem Maße strukturell bedingt ist. In der Auswertung des Projektverlaufs wird darauf ausführlich eingegangen (vgl. Kapitel 7).

Zusammenfassend lässt sich festhalten, dass es trotz des ungünstigen Verlaufs des Ausscheidens der Hauptamtlichen aus dem Kontaktbüro gelungen ist, in den fünf Jahren geförderter Projektlaufzeit innerhalb des DRK-Ortsverbands Zettfeld entge-gen vieler Widerstände ein neues Arbeitsfeld aufzubauen. Einige Angebote wurden entwickelt, die gut angenommen werden, manche Versuche sind gescheitert. Den Wechsel der Seniorenbüroleiterin hat das Kontaktbüro im Grunde unbeschadet über-standen. Die monatlichen Frühstückstreffen sind seit Jahren das Kernstück der Kon-taktbüroarbeit. Die Mitarbeiterinnen haben sich aber auch an die Organisation einer Kernzeitbetreuung sowie an kulturübergreifende Angebote herangewagt. Inwieweit diese beiden Angebote erhalten werden können ist offen, die Prognose für den Be-stand der monatlichen Frühstückstreffen ohne Hauptamtliche ist jedoch gut.

Im folgenden Schaubild wird die Entwicklung des Modellprojekts DRK-Senioren-büro Burgstadt nochmals graphisch dargestellt.

SENIORENBÜRO BURGSTADT
Eröffnung: November 1994

LÄNDLICHE REGION		ZETTFELD
Erste Kontaktaufnahme mit Übungsleiterinnen, IAV-Stelle, OV-Vorsitzendem	Anfang 1995	
	Frühjahr 1995	Kontaktaufnahme von Bürgermeister und zwei OV-Vertreterinnen mit dem Seniorenbüro Burgstadt mit dem Ziel der Gründung eines Kontaktbüros
	Oktober 1995	**Eröffnung des Kontaktbüros Zettfeld**
	seit November 1995	• Frühstückstreffen • Badefahrten
Kontaktaufnahme mit »wichtigen« Persönlichkeiten (Pfarrer, Bürgermeister)	Frühjahr 1996	• Einführung des Wertstoffabholdienstes
	Sommer 1996	• Beteiligung am Sommerferienprogramm
Infoveranstaltungen über das Seniorenbüro in Bellingen und Cellberg	Herbst 1996	
	Jahreswechsel 1996/97 Leitungswechsel im Seniorenbüro	
Erneute Kontaktaufnahmen in Bellingen scheitern	Frühjahr 1997	
	seit September 1997	• Kernzeitbetreuung • Friedhofsbegleitdienst
	November 1997 Bewilligung der Verlängerung des Projektes	
Eröffnung des DRK-Seniorenbüros Cellberg	Frühjahr 1998	
• Erstes »Info- und Kontaktcafé« (dann monatlich)	Mai 1998	• Erstes »Kontaktcafé für Frauen aus verschiedenen Ländern«
	Juni 1998	• Beginn eines Deutschkurses für Ausländerinnen
Vorbereitungen zur Einführung eines stationären Mittagstischs	ab Sommer 1998	Planung einer Hausaufgabenbetreuung
• Planung einer Tausch- und Wissensbörse sowie Veröffentlichung der Angebote im Mitteilungsblatt		
Gespräche mit der Schule, zur Planung eines generationsübergreifenden Projekts (z.B. Hausaufgabenbetreuung)		
• Einführung des stationären Mittagstischs	Januar 1999	
	31. Oktober 1999 Beendigung des Modellprojekts DRK-Seniorenbüro Burgstadt	

7 Auswertung des Projektverlaufs im Kontext der Begleitforschung und Perspektiven für die Förderung neuer Engagementformen

Die folgende Auswertung des Projektverlaufs erfolgt in erster Linie aus dem Blickwinkel der Begleitforschung vor dem Hintergrund der theoretischen Grundlagen aus den Kapiteln eins bis vier. Es wird dabei aber auch immer wieder Bezug genommen auf die Perspektiven der beiden Seniorenbüroleiterinnen, der freiwilligen MitarbeiterInnen sowie des DRK-Kreisverbands Burgstadt. Den grundsätzlichen Fokus für die Auswertung der Erfahrungen im Projektverlauf bildet jedoch die Hauptfragestellung: Welche Aspekte müssen beachtet werden, wenn neue Formen freiwilligen sozialen Engagements im Kontext eines Wohlfahrtsverbandes etabliert werden sollen? Vor dem Hintergrund der in Abschnitt 5.4 vorgenommenen Ausdifferenzierung dieser Hauptfragestellung werden im Folgenden konkrete Ergebnisse herausgearbeitet. Am Beispiel des vorgestellten Seniorenbüros in Trägerschaft des DRK-Kreisverbands Burgstadt konnten vielfältige Erfahrungen zur Besonderheit neuer Formen freiwilligen sozialen Engagements in Verbänden aufgezeigt werden, die zwar teilweise für das DRK als Wohlfahrtsverband und teilweise für den untersuchten Kreisverband spezifisch sind, dennoch aber auch die Übertragung auf andere Verbände der freien Wohlfahrtspflege und deren Untergliederungen zulassen.

Allgemein lässt sich zunächst feststellen, dass *freiwilliges soziales Engagement* in einem Wohlfahrtsverband wie dem DRK auf andere Voraussetzungen stößt als z.B. in einer bürgerschaftlichen Initiative oder Freiwilligenagentur, weil der Wohlfahrtsverband – im Gegensatz zu einer relativ jungen Initiative – kein »unbeschriebenes Blatt« in Sachen freiwilliges Engagement darstellt. Er ist geprägt vom traditionellen Ehrenamt und wird diese Erfahrungswerte auch in seine Auseinandersetzung mit neuen Formen freiwilligen sozialen Engagements einbringen. So zeichnet sich beispielsweise das Engagement von vielen Freiwilligen innerhalb eines Wohlfahrtsverbandes durch ein hohes Maß an Kontinuität aus, indem ein großer Teil der freiwillig Tätigen langjährige Mitglieder des Verbandes sind und ihr Engagement von traditionellen Werten wie Pflichtethik und Opferbereitschaft geprägt ist (vgl. Jakob 1993: 27). Dieser Typus von Freiwilligen ist für Wohlfahrtsverbände sehr nützlich, mit diesen Ehrenamtlichen kann gerechnet werden (vgl. 3.1.1). Freiwillige des neuen Typus stellen jedoch andere Ansprüche an ihr Engagement und wollen sich auch seltener mit dieser traditionellen Kontinuität an einen Verband binden (vgl. 3.2.2). Damit sind sie für den Verband unbequemer, weil ihre Einsatzbereitschaft schwieriger zu kalkulieren ist und sie spezifische Anforderungen an eine Förderung von freiwilligem sozialem Engagement stellen. Angesichts des zahlenmäßigen Rückgangs der traditionellen Ehrenamtlichen empfiehlt es sich jedoch für Wohlfahrtsverbände, sich mit den Ansprüchen der neueren Engagementformen auseinander zu setzen, um den Veränderungen in diesem Bereich besser gewachsen zu sein.

Im Folgenden wird nun – ausgehend von den Erfahrungen im Projektverlauf – zunächst das spezifische Verhältnis zwischen Sozial- und Rot-Kreuz-Arbeit im DRK analysiert, das für diesen Wohlfahrtsverband prägend ist (7.1). In einem weiteren Schritt wird die Organisation »Kreisverband« fokussiert und daraufhin untersucht, welche organisationalen Gegebenheiten in diesem Kreisverband neuen Formen freiwilligen sozialen Engagements dienlich sind und welche Hemmnisse aus dem Weg geräumt werden sollten (7.2). Anschließend wird die Notwendigkeit eines flexiblen Umgangs mit der Konzeption in Projekten freiwilligen sozialen Engagements diskutiert (7.3), bevor schließlich – quasi als Zwischenergebnis – aus den Projekterfahrungen Herausforderungen für die Förderung neuer Engagementformen durch Wohlfahrtsverbände und deren Fachkräfte herausgearbeitet werden (7.4).

7.1 Soziale Arbeit in einer nationalen Hilfsorganisation

Bei der Beschäftigung mit Formen des Ehrenamts und des freiwilligen sozialen Engagements innerhalb des Deutschen Roten Kreuzes ist die Spezifik dieses Verbandes zu berücksichtigen: die *Doppelfunktion als nationale Rot-Kreuz-Gesellschaft und als Spitzenverband der freien Wohlfahrtspflege*. Im Bild der Öffentlichkeit vom DRK ist die Rot-Kreuz-Arbeit (besonders der Rettungs- und Bereitschaftsdienst) viel stärker präsent als die Sozialarbeit. Im Forschungsverlauf gab es verschiedentlich Anzeichen dafür, dass auch intern die Aktivitäten als nationale Hilfsorganisation den Verband stärker prägen und höher bewertet werden als die wohlfahrtsverbandlichen Belange.[1] In seiner Doppelfunktion vereint das DRK damit zweierlei unterschiedlich mächtige und teilweise konkurrierende Ehrenamtstraditionen unter einem Dach: den Bereitschaftsdienst und die Sozialarbeit.

Gründe für das Ungleichgewicht liegen zum einen in der *Entstehungsgeschichte* des Verbandes: Die durch den Französisch-Österreichischen Krieg 1859 ausgelöste Idee Henry Dunants, eine Versorgung für die Verletzten und Verwundeten zu organisieren, führte mit der »Genfer Konvention« (1864) zur Gründung der Rot-Kreuz-Bewegung. Das humanitäre Anliegen der Rot-Kreuz-Bewegung wurde mit dem militärischen Zweckinteresse verbunden, die Kampfkraft der Truppe zu stärken. Die schnelle Entwicklung der Rot-Kreuz-Gemeinschaften wurde dadurch gefördert. Mit wohlfahrtspflegerischen Aktivitäten begann das DRK erst nach 1919, diese blieben aber eher marginal. Seit der Neugründung des DRK 1950 hat seine Funktion als Wohlfahrtsverband zwar an Bedeutung gewonnen, doch gegenüber den anderen Spitzenverbänden der freien Wohlfahrtspflege ist das DRK der zweitkleinste (vgl. Boeßenecker 1995; 1.1). In seiner Funktion als nationale Hilfsorganisation ist es je-

---

[1] So wurde z.B. im DRK-Landesverband Baden-Württemberg vor ca. 20 Jahren seitens der Führungsspitze stärker darum gekämpft, den Rettungsdienst in DRK-Trägerschaft zu erhalten, als Sozialstationen zu bilden. Damit erfolgte eine klare Prioritätensetzung gegen den Bereich Sozialarbeit. Das hatte für den Kreisverband Burgstadt zur Folge, dass er zwar beim Rettungsdienst die Monopolstellung einnahm, sich aber keine Sozialstation in seiner Trägerschaft befand.

doch in vielen Bereichen noch nahezu konkurrenzlos. Das öffentliche Bewusstsein
prägt im Übrigen die internationale Vernetzung der Hilfsorganisation Rotes Kreuz –
auch mit dem Roten Halbmond – durch die Präsenz in den Medien bei Katastrophen
in aller Welt. Dies macht es nachvollziehbar, dass die Sozialarbeit neben der »eigentlichen« Rot-Kreuz-Arbeit keine leichte Stellung im Verband hat.

Zum Zweiten darf nicht übersehen werden, dass unter *geschlechtsspezifischen
Gesichtspunkten* das Ungleichgewicht von Bereitschaftsdienst und Sozialarbeit noch
verstärkt wird. Das DRK ist hierarchisch strukturiert und in den Spitzenpositionen
von Männern dominiert, die sich in der Regel stärker mit der Funktion der nationalen
Hilfsorganisation identifizieren als mit dem Wohlfahrtsverband. Gerade im Bereitschaftsdienst gilt die – möglicherweise nicht nur zahlenmäßige – Dominanz der Männer auch im ehrenamtlichen Bereich. Die Wohlfahrtspflege – mit ihren typisch »weiblichen« Aufgabenfeldern – ist dagegen der Bereich, in dem auch Frauen stärker vertreten sind, sowohl im Ehren- als auch im Hauptamt. Hier spiegeln sich in der ge-
schlechtstypischen Rollenverteilung die gesellschaftlichen Machtverhältnisse wider.[2]

Zum Dritten ist es ein typisches Merkmal der Sozialen Arbeit in unserer Gesellschaft, dass sie eine *geringere Anerkennung* erfährt *als andere Professionen* wie beispielsweise Medizin und Rechtswissenschaft (vgl. hierzu 4.1.3). Auch aus diesem
Grund genießt möglicherweise der der Medizin nahestehende Rettungs- und Bereitschaftsdienst innerhalb des DRK mehr Anerkennung als die Soziale Arbeit.

Neue Formen freiwilligen sozialen Engagements[3] entwickeln sich allerdings innerhalb des untersuchten Kreisverbands bislang v.a. in Bereichen, die der Wohlfahrtspflege zuzuordnen sind. Die Förderung freiwilligen sozialen und bürgerschaftlichen Engagements ist ein Aufgabenfeld, das meist – nicht nur im DRK – von der Sozialen Arbeit wahrgenommen wird. Aufgrund des beschriebenen spezifischen Stel-
lenwertes der Sozialen Arbeit im DRK kann davon ausgegangen werden, dass es
neue Formen freiwilligen sozialen und bürgerschaftlichen Engagements in diesem
Verband besonders schwer haben. Innovationen im Bereich Sozialarbeit, der – wie
gezeigt wurde – innerhalb des Verbandes weniger Anerkennung genießt, werden
vom dominanteren Bereich der RotKreuz-Arbeit möglicherweise nicht so leicht als
Vorbild wahrgenommen. Gleichzeitig tut sich die Sozialarbeit schwer, ihre Innovationen innerhalb des Verbandes so zu vertreten, dass sie auch in anderen Bereichen Beachtung finden. Am Beispiel des DRK-Ortsvereins in Zettfeld wurde dargestellt, dass
die (männlichen) Vorstandsmitglieder, deren Bezug zum DRK durch die Rot-Kreuz-
Arbeit definiert ist, nur äußerst schwer dafür gewonnen werden konnten, einer neuen

---

[2]   Das Organigramm des DRK-Generalsekretariats in Bonn (Stand 1. Juli 1996) zeigt, dass es dort auf Abtei-
      lungsleiterebene keine einzige Frau gab. Selbst die Abteilung Sozialarbeit wurde dort von einem Mann gelei-
      tet, erst in den Untergliederungen dieser Abteilung waren drei Stellen durch Frauen besetzt (vgl. DRK-
      Jahrbuch 95/96). Im Kreisverband Burgstadt hingegen sind Frauen deutlich besser repräsentiert.

[3]   Gemeint sind hier Engagementformen, die nicht den Typus des traditionellen Ehrenamts voraussetzen, sondern
      den veränderten Bedürfnissen und Sinnorientierungen Freiwilliger gerecht werden.

Engagementform unter ihrem Dach auch nur zuzustimmen. Konkurrenzbefürchtungen mögen dabei eine wichtige Rolle gespielt haben. Diese Beobachtung lässt sich bezogen auf die Organisationskultur und die Machtstrukturen so deuten, dass im DRK-Ortsverband Zettfeld die Rot-Kreuz-Arbeit gegenüber der Sozialarbeit sowohl die stärkere Kultur als auch den mächtigeren Arbeitsbereich verkörpert. Die Interviews mit den Kontaktbüromitarbeiterinnen in Zettfeld bestätigen diese Einschätzung insofern, als beide sich vor dem Hintergund ihrer langjährigen Bindung an den Verband und ihrer Prägung durch die Rot-KreuzArbeit immer wieder ambivalent gegenüber ihren eigenen sozialarbeiterischen Bestrebungen äußerten. Beispielhaft wurde hier deutlich, dass die Implementierung von neuen Formen freiwilligen sozialen Engagements in einem Verband somit nicht nur einer Lobbyarbeit nach außen, sondern auch – im Sinne der Mikropolitik – nach innen bedarf.

Es ist während der Projektlaufzeit nicht gelungen, das Seniorenbüro als Vehikel dafür zu nutzen, eine breite Auseinandersetzung mit neueren Engagementformen innerhalb des gesamten DRK-Kreisverbands anzuregen. Die Stellung des Seniorenbüros im Kreisverband war relativ isoliert, was auch am geringen Interesse des Vorstands und der Gremien des Kreisverbands an der Arbeit des Seniorenbüros sichtbar wurde.[4] Die notwendige Lobbyarbeit wurde vernachlässigt, so dass auch innerhalb des Kreisverbands kaum Anerkennung dafür erreicht werden konnte, dass es sich beim Seniorenbüro um ein gefördertes Bundesmodellprojekt handelte, das dem Renommee des Verbandes und der Schärfung seines multifunktionalen Profils hätte dienen können (vgl. 1.4). Da die übrigen Arbeitsbereiche des Kreisverbands separiert nebeneinanderher arbeiteten und ihr wechselseitiges Verhältnis eher von Konkurrenz als von Kooperation geprägt war, war es auch seitens des Seniorenbüros sehr schwierig, in diesen starren Strukturen andere Akzente zu setzen. Als die Projektförderung Ende Oktober 1999 auslief, der Arbeitsvertrag der Seniorenbüroleiterin endete und keine andere hauptamtliche Mitarbeiterin mehr mit der Zuständigkeit für das Seniorenbüro betraut wurde, wurde dessen Position völlig geschwächt, mehr noch: auf Kreisverbandsebene war es praktisch nicht mehr vorhanden, nur in den beiden Projektorten versuchten Freiwillige die Arbeit aufrechtzuerhalten. Es wird deutlich, dass die Organisation eines Verbandes (z.B. Organisationspolitik, –kultur, Entwicklungsbereitschaft) große Auswirkungen auf das Gelingen eines Projektes wie das des Seniorenbüros hat. Die Organisation kann fördern, aber – wie es im vorgestellten Projekt vor allem der Fall war – auch hemmen. Dies wird im Folgenden analysiert.

---

[4] Hier lässt sich die Parallele festhalten zum geringen Interesse des Zettfelder Ortsvereinsvorstands an der Arbeit des Kontaktbüros.

7.2 Auswirkungen der Organisation »Kreisverband« auf den Projektverlauf

Innerhalb des DRK-Kreisverbands Burgstadt waren *organisationale Spezifika* zu beobachten, die den Aufbau des Projekts Seniorenbüro gehemmt haben. Beispielsweise musste das Seniorenbüro aus verbandsinternen Gründen mehrmals in andere Räume umziehen, bis endlich ein Raum zur Verfügung stand, in dem konzentriertes Arbeiten möglich war. Des Weiteren wurde die erste Seniorenbüroleiterin als kompetente, DRK-erfahrene Mitarbeiterin auch in andere verbandliche Tätigkeiten eingebunden, indem sie – mit etwas erhöhtem Stellenumfang – die Zuständigkeit für die Durchführung von sogenannten »Vernetzungstagen« erhielt, an denen die Hauptamtlichen aus den verschiedenen Bereichen des Kreisverbands in jeweils gemischten Gruppen über die Vielzahl der Angebote des DRK informiert werden sollten. Die Projektmitarbeiterin erhielt auf diese Weise zwar einen genauen Überblick über die Aktivitäten des gesamten Kreisverbands und lernte viele der Hauptamtlichen kennen. Langfristig gesehen könnten sich solche Kenntnisse im Seniorenbüro auch nutzen lassen, einerseits um bei bestimmten Fragestellungen innerhalb des Seniorenbüros die zuständigen Hauptamtlichen gezielt ansprechen zu können und andererseits um an den DRK-Angeboten Interessierte breit informieren zu können. Kurzfristig gesehen hat diese Tätigkeit jedoch von den eigentlichen Aufgaben eher abgehalten, weil sie die Kapazitäten der Seniorenbüroleiterin doch stark gebunden hat. Das Seniorenbüro bot als Modellprojekt durchaus die Chance, Erfahrungen zu gewinnen, die für den Kreisverband als Ganzes hätten nutzbar gemacht werden können (z.B. für die Entwicklung von Strategien zur Engagementförderung). Dabei ist jedoch darauf hinzuweisen, dass *Synergieeffekte planvoll gestaltet* werden müssen: Die Vorteile möglicher Synergieeffekte und die Nachteile einer Schwächung des Projekts müssen vor der Inanspruchnahme der Mitarbeiterin des Seniorenbüros für andere verbandliche Aufgaben sorgfältig geprüft werden.

Die Konzeption des Seniorenbüros sah vor, die *Verbandsstrukturen des DRK für den Aufbau eines neuen Angebotes zu nutzen.* Es zeigte sich aber im Projektverlauf, dass dies *nur begrenzt möglich war*, weil zum einen die vereinsinternen Spannungen zu groß waren (in Zettfeld waren dies beispielsweise die Schwierigkeiten innerhalb des Vorstandes vor dessen Neuwahl und in der ländlichen Region die Probleme zwischen Vereinsvorsitzendem und Übungsleiterin der Gymnastikgruppen) und zum andern die Strukturen nicht in der Art ausgebaut waren, wie es die Konzeption vorsah (in der ländlichen Region gab es nur in Alldorf einen Ortsverein, aber keine Gymnastikgruppe, die für das neue Projekt geworben werden konnte, und in den Orten, in denen Gymnastikgruppen des DRK existierten, gab es keinen Ortsverein; in Zettfeld waren die Strukturen innerhalb des Ortsvereins – zumindest in der ersten Zeit – so instabil, dass sie dem Kontaktbüro eher im Wege standen als nützten, eine Ambivalenz auch des neuen Vorstands gegenüber dem Kontaktbüro war nach fünf Jahren immer

noch vorhanden). Die lückenhafte Verbandsstruktur in der ländlichen Region wurde
für die erste Leiterin des Seniorenbüros erst sichtbar, als sie dort ihre Arbeit aufnahm.
Bei der Entscheidung, der Kapazität einer halben Stelle durch eine regionale Begren-
zung gerecht zu werden, wurde also übersehen, dass die konzeptionell vorgesehene
Nutzung der Verbandsstrukturen das Vorhandensein dieser Strukturen voraussetzt.
So wurde im Vorfeld weder eine Struktur- noch eine Bedarfsanalyse durchgeführt,
was die Arbeit v.a. in der ländlichen Region sehr mühsam machte, da dort von außen
kommend – aus einer expansiven Verbandslogik heraus (vgl. die Ausführungen zur
Einflusslogik in 1.3.3) – versucht wurde, das Bedürfnis und die Engagementbereitschaft für ein neues Aufgabenfeld »von oben nach unten« zu wecken. Aus den frus-
trierenden Erfahrungen in Bellingen wurde jedoch insofern gelernt, als die zweite Seniorenbüroleiterin in Cellberg ihre Bemühungen zunächst auf den Aufbau tragfähiger
Strukturen verlagerte (wie z.b. durch das Werben um die Zustimmung von Bürgermeister und Gemeinderat). In Zettfeld waren die Voraussetzungen insofern günstiger,
als das Interesse und die Bereitschaft, ein Kontaktbüro aufzubauen und zu unterstützen, vom Bürgermeister vor Ort ausging, der zudem mit dieser Anregung bei Bürgerinnen, die bereits langjährig im DRK aktiv waren, sofort auf offene Ohren stieß.

Innerhalb des DRK-Kreisverbands Burgstadt als hierarchisch durchstrukturiertem
Verband war die Neigung zu beobachten, Prozesse von oben nach unten durchsetzen zu wollen (vgl. die Entwicklungen in der ländlichen Region, 6.1). Diese Vorgehensweise eignet sich jedoch für den Aufbau von Projekten freiwilligen sozialen und
bürgerschaftlichen Engagements nur sehr bedingt. *Die Bedeutung hierarchischer
Strukturen* im DRK zeigt sich auch in der Analyse der Fortbildungsprogramme für ehrenamtliche Mitarbeiterinnen und Mitarbeiter: Dort wird großer Wert darauf gelegt,
ehrenamtliche Führungskräfte auszubilden, die gegenüber anderen Ehrenamtlichen
Leitungsfunktionen wahrnehmen. Ehrenamtskarrieren werden auf diese Weise gefördert und somit auch die hierarchische Verbandsstruktur. Dies sind aus der Verbandslogik heraus sicherlich wichtige Qualifizierungsmaßnahmen und auch Formen der
Anerkennung des ehrenamtlichen Engagements, die die Leistungsfähigkeit des DRK
– im Sinne der Einflusslogik – steigern können, sie bergen aber auch die Gefahr der
Instrumentalisierung von Ehrenamtlichen. Deshalb muss hier die Frage gestellt werden, ob Aspekte der Teamarbeit dabei nicht zu kurz kommen und im Umgang zwischen Haupt- und Ehrenamtlichen noch zu wenig gelebt werden. Aus den Perspektiven der Mitgliedschafts- und der Entwicklungslogik (vgl. 2.3 sowie 4.3) muss ein
Prozess des Umdenkens bezüglich der Formen der Zusammenarbeit einsetzen, da gerade in Initiativen freiwilligen sozialen und bürgerschaftlichen Engagements die
gleichwertige und gleichberechtigte Kooperation für die Beteiligten eine wichtige
Rolle spielt.

Es lässt sich festhalten, dass neue Formen freiwilligen sozialen und bürgerschaftlichen Engagements durch *stark hierarchische Strukturen und starre Bereichsgren-*

zen innerhalb des Verbandes ausgebremst werden. Die konkurrenzbehaftete Abgrenzung zwischen Sozial- und Bereitschaftsarbeit – wie sie im DRK-Kreisverband Burgstadt beobachtet werden konnte – macht die Etablierung neuer Engagementformen ganz besonders schwer, mögliche Überschneidungen der Bereiche und damit verbundene Synergieeffekte der jeweiligen Kompetenzen – die z.b. beim damals neu eingerichteten »Notfallnachsorgedienst« möglich gewesen wären – wurden zumindest während der Projektlaufzeit noch nicht fruchtbar gemacht. Neue Engagementformen sind eine organisationale und professionelle Herausforderung für den Verband, der nur durch Öffnung festgefahrener Strukturen, Bereitschaft zur Integration neuer Kulturen, wechselseitige Transparenz und interne Vernetzungsarbeit bezüglich ehrenamtlicher Tätigkeitsfelder sinnvoll begegnet werden kann (vgl. 4.2 und 4.3).

7.3 Zur Notwendigkeit von Konzeptionsflexibilisierungen

Der Umgang mit der Konzeption des Seniorenbüros war – wie schon verschiedentlich angedeutet – ein Knackpunkt im Projektverlauf. Es zeigte sich, dass der flexible Umgang mit der Seniorenbürokonzeption seitens der Seniorenbüroleiterin eine wesentliche Voraussetzung dafür war, Anknüpfungspunkte für Neues zu finden. In diesem Zusammenhang stellte sich für die erste Seniorenbüroleiterin in Zettfeld allerdings immer wieder die Frage, inwieweit es für sie im Rahmen des Modellprojektes überhaupt »erlaubt« war, von der ursprünglichen Konzeption abzuweichen bzw. sie zu ergänzen. So ging es in der Reflexion des Mitarbeiterinnenteams im Kontaktbüro immer wieder darum, ob diese Art Angebote zu machen, etwa in Form der Frühstückstreffen in Zettfeld, auch der Seniorenbürokonzeption mit ihrer Zielsetzung – Aufbau von kleinen Nachbarschaften bzw. aktives Zugehen auf Menschen – gerecht würde. Man einigte sich darauf, die weitere Entwicklung zu beobachten und vorerst dabei zu bleiben, situationsangemessen zu handeln und über Angebote neue Freiwillige zu gewinnen. Die Seniorenbüroleiterin befand sich hier im Spannungsfeld von Organisations- und AdressatInnenorientierung, das sich für sie konkretisierte als Konflikt zwischen dem durch den Träger vermittelten Erwartungsdruck einer geradlinigen Umsetzung der Konzeption einerseits und den Entwicklungen und Handlungsbedarfen, die sich im Kontaktbüro ergaben, andererseits.

Innerhalb des Kreisverbands war in Bezug auf *Konzeptionsflexibilisierungen* eine gewisse Ängstlichkeit gegenüber dem Zuwendungsgeber zu beobachten, so dass eher versucht wurde, die konkreten Entwicklungen der Konzeption anzupassen als umgekehrt. Auf diese Weise konnten abweichende positive Entwicklungen nicht entsprechend gewürdigt und weiter vorangetrieben werden. Das heißt, dass in den ersten beiden Jahren der Projektlaufzeit die AdressatInnenorientierung immer wieder durch die Organisationsorientierung in Form eines relativ starren Umgangs mit der Konzeption ausgebremst wurde. Erst im Dezember 1996 gab es ein Gespräch zwischen Träger und Zuwendungsgeber über die Entwicklung des Projektes, in dem klar wurde, dass das Bundesministerium die Öffnung der Konzeption sehr begrüßte. In der Zeit davor wurde durch den Träger immer wieder betont, dass das Seniorenbüro Burgstadt mit dem Ziel der Förderung der kleinen Nachbarschaften eine Sonderkonzeption[5] habe, die es so zu erfüllen gelte. Mit dieser Sonderkonzeption wurde auch die Abgrenzung gegenüber den baden-württembergischen Projekten zur Förderung des bürgerschaftlichen Engagements begründet (vgl. Klie/Roß u.a. 1998; Otto 1998 b). Es gab zwar Kontakte zu einem Arbeitskreis Bürgerschaftliches Engagement, doch wurde eine Öffnung und Erweiterung der Konzeption nicht offensiv vorangetrieben und entsprechend mögliche Lern- und Synergieeffekte im Kontext der überaus lebendigen »Landesszene« im Feld bürgerschaftlicher Projekte weniger fruchtbar gemacht als möglich. Schritte in diese Richtung gab es erst seit 1997, als sich die zweite Seniorenbüroleiterin um die *Vernetzung mit anderen Initiativen* bemühte, wie der in Abschnitt 6.2 erwähnten Bürgeraktion in einem Nachbarlandkreis und um die Unterstützung durch die »ARBES« (Arbeitsgemeinschaft Bürgerschaftliches Engagement/Seniorengenossenschaften Baden-Württemberg). Mit dieser Zusammenarbeit wurden gute Erfahrungen gemacht. Gleichzeitig wurde deutlich, dass solche Vernetzungsbemühungen sehr viel Zeit in Anspruch nehmen, die – besonders in so kleinen Projekten mit einem Stellenumfang von nur 50% – häufig nicht zur Verfügung steht. Dies ist ein grundsätzliches Dilemma des Vernetzungsanspruchs.

Im Projektverlauf zeichnete sich schon früh ab, dass auch *Angebote als Maßnahmen der Engagementförderung* – im Sinne der AdressatInnenorientierung – unentbehrlich sind, um Menschen zu gewinnen, die dann wiederum bereit sind, in ihrer Umgebung die Augen offen zu halten und Menschen anzusprechen, die diesen Impuls annehmen und daraufhin Schritte in Richtung eines freiwilligen Engagements wagen. In der Konzeption wurde zu wenig berücksichtigt, dass die Menschen, die für das Engagement in ihrer »kleinen Nachbarschaft« gewonnen werden sollten, nicht einfach da sind, sondern dass erst um sie geworben werden muss. Darum hat die erste Seniorenbüroleiterin nach ihren Erfahrungen in Zettfeld auch in der ländlichen Region mit einem erweiterten Konzept mit Angebotscharakter geworben, indem sie die Aktivitäten anderer Seniorenbüros als (Videofilm-)Beispiele anführte. Allerdings war diese Werbung so breit bzw. so diffus angelegt, dass die ermutigende Anregung durch das Befremden – vielleicht auch Überforderung – gegenüber der neuen Idee dominiert wurde. Die Ambivalenz im Umgang mit der Flexibilisierung der Konzeption war so groß, dass die Darstellung des Seniorenbüros nicht konkret genug wurde und damit widersprüchlich blieb (vgl. 6.1). In der zweiten Phase der Projektlaufzeit wurde dann in Cellberg ein neuer Versuch zum Aufbau eines Seniorenbüros in der ländli-

---

[5] Abweichend von der konzeptionellen Idee des Bundesmodellprogramms waren in der ursprünglichen Seniorenbürokonzeption des Kreisverbands beispielsweise die Aufgaben für die Freiwilligen – ganz im Geiste des traditionellen Ehrenamts – bereits vorgegeben. Dies stand im Widerspruch zu dem ebenfalls formulierten Anspruch, dass die Interessen und Fähigkeiten der potentiellen Ehrenamtlichen berücksichtigt werden sollen; dafür blieb konzeptionell wenig Spielraum.

chen Region gestartet. Dabei konnte die neue Seniorenbüroleiterin zum einen bisherige Erfahrungen nutzen, indem sie z.b. die Zustimmung des Bürgermeisters zur wichtigsten Bedingung dafür machte, ob sich das Engagement in Cellberg überhaupt lohnen würde. Zum andern öffnete sie aber auch die Konzeption klarer für alle Ideen, die sich unter dem Stichwort freiwilliges soziales oder bürgerschaftliches Engagement fassen lassen. Auf diese Weise war es ihr möglich, tatsächlich offen zu sein für die AdressatInnen, ihre Sichtweisen, Wünsche und Ideen.

Interessant war hier nun die Entwicklung, dass über das neu eingerichtete Info- und Kontaktcafé des DRK-Seniorenbüros in Cellberg Menschen zusammengefunden haben, die an einem sinnvollen Engagement interessiert waren, dabei aber *eher darauf warteten, ein mögliches Betätigungsfeld genannt zu bekommen*, als eigene Ideen zu entwickeln. Die Seniorenbüroleiterin verfolgte dort dennoch das Ziel, selbständiges Aktivwerden zu stärken, und versuchte mit den InteressentInnen deren eigene Wünsche und Ideen und damit das passende Aufgabenfeld herauszuarbeiten. Sie erlebte in Cellberg neben dem Wunsch, möglichst schnell eine konkrete Aufgabe zugewiesen zu bekommen, trotzdem auch sehr viel Offenheit und Lust, Neues zu versuchen. Dies lässt sich möglicherweise damit erklären, dass in Cellberg zum einen die Strukturen des Seniorenbüros erst noch aufgebaut werden mussten und es zum andern keine tradierten DRK-Ortsvereinsstrukturen und -aufgabenfelder gab, an denen sich die InteressentInnen hätten orientieren können. Da die konkreten Aufgaben anfangs noch fehlten, war der Entwicklungsprozess aber auch von viel Unverbindlichkeit geprägt. Für die Engagementwilligen war die ausgeteilte Karte mit verschiedenen Engagementideen (siehe 6.1) eine wichtige, aber offensichtlich auch kanalisierende Anregung, um eigene Erwartungen an ihr freiwilliges Tätigwerden zu konkretisieren, mit dem Ergebnis, dass sie zunächst keine neuen Ideen entwickelten, sondern als erstes Projekt den Aufbau eines dort genannten stationären Mittagstischs anstrebten. Dieser Wunsch der AdressatInnen wurde von der Seniorenbüroleiterin ernst genommen und aufgegriffen. Dieser Rückgriff auf das traditionelle Aufgabenspektrum des DRK (stationäre Mittagstische gehören schon lange zur Angebotspalette) war somit der Anknüpfungspunkt für eine ganz konkrete Aufgabe, der es der Seniorenbüroleiterin auch ermöglichte vorhandene verbandliche Ressourcen – wie in der Konzeption vorgesehen – tatsächlich zu nutzen. Verallgemeinernd lässt sich in diesem Entwicklungsprozess eine Tendenz feststellen, dass Menschen, die sich von wohlfahrtsverbandlich initiierten Projekten ansprechen lassen, offenbar weniger danach streben, eigene Ideen zu entwickeln und umzusetzen, selbst wenn der konzeptionelle Rahmen dafür vorhanden ist, sondern eher aus einer vorhandenen Ideensammlung eine Aufgabe auswählen wollen, mit der sie sich identifizieren können, weil es eine sinnvolle Tätigkeit ist, für die sie einen Bedarf in ihrem Gemeinwesen sehen. Die Identifikation mit einem Projekt erfolgt also bei vielen freiwillig Tätigen innerhalb eines Wohlfahrtsverbandes weniger über die Verwirklichung eigener Ideen, sondern mehr über die

Einbettung des eigenen Interesses in ein für sinnvoll erachtetes Projekt, das – zumindest in diesem konkreten Beispiel – seine Sinnhaftigkeit maßgeblich über den Nutzen für andere erhält. Die Sinnhaftigkeit des Engagements basiert hier somit nicht vorrangig auf dem Bezug zur eigenen Person, sondern auf der Indienststellung der eigenen Person für die Gemeinschaft (vgl. 3.3.2). Es ist davon auszugehen, dass sich der Charakter eines Wohlfahrtsverbandes in dem von ihm geförderten Projekt in einer Weise niederschlägt, von der sich eine bestimmte Personengruppe angesprochen fühlt.[6] Es kann vermutet werden, dass freiwillig Engagierte, die in ihrer Tätigkeit einen starken Bezug zur eigenen Person suchen, sich eher einer Bürgerinitiative oder einer Selbsthilfevereinigung als einem Wohlfahrtsverband zuwenden werden.

Neue Formen freiwilligen sozialen Engagements stellen für einen Verband wie das DRK und seine MitarbeiterInnen insofern eine Herausforderung dar, weil sie der oft gegebenen *Instrumentalisierung der Ehrenamtlichen für Verbandsziele* entgegenstehen. Die ursprüngliche Seniorenbürokonzeption des Kreisverbands Burgstadt enthielt das Bemühen um eine Erneuerung des Ehrenamtsverständnisses. Aber das dort formulierte Ziel des Aufbaus von Aktivkreisen und kleiner Nachbarschaftshilfen sollte erreicht werden, indem die Teilnehmerinnen der Gymnastikgruppen dafür gewonnen werden sollten, sich dieses Verbandsziel zur Aufgabe zu machen. Hier blieb wenig Spielraum für die eigenen Engagementideen der (potentiellen) Freiwilligen. Damit widersprach die vorhandene Konzeption den neuen Formen freiwilligen sozialen und bürgerschaftlichen Engagements, es ließen sich sogar deutliche Instrumentalisierungstendenzen ausmachen. Von der Leiterin der Abteilung Sozialarbeit des Kreisverbands wurde jedoch die Ansicht vertreten, dass mit dieser Konzeption bürgerschaftliches Engagement gefördert werde. Dies ist ein Indiz dafür, dass innerhalb des Kreisverbandes – zumindest in der Abteilung Sozialarbeit – ein anderes Verständnis bürgerschaftlichen Engagements vorherrschte, als das vom Sozialministerium Baden-Württemberg und seinen Initiativen vertretene (vgl. 3.2.2).[7] Es ist hier auch zu erwähnen,

---

[6] Allerdings war es für die Seniorenbüroleiterin in Cellberg trotzdem schwierig, den Mitarbeiterinnen zu vermitteln, warum das Seniorenbüro auch nach Projektende noch in der Trägerschaft des DRK bleiben sollte, obwohl sich der DRK-Kreisverband nicht mehr darum kümmern würde. Die in Aussicht gestellte Zusammenarbeit mit dem neu zu bauenden DRK-Altenpflegeheim war offenbar noch in zu weiter Ferne, als dass eine Identifikation mit dem Verband erreicht worden wäre. Die Mehrzahl der Mitarbeiterinnen identifizierte sich viel mehr damit, für die eigene Gemeinde etwas zu tun. Nach deren Empfinden wäre eine Trägerschaft des Seniorenbüros durch die Gemeinde Cellberg stimmiger gewesen.

[7] Es lässt sich jedoch auch im DRK ein Bewusstsein für die Gefahren der Instrumentalisierung Freiwilliger wahrnehmen. Berthold Becher, als Vertreter des DRK-Generalsekretariats in Bonn, macht am Beispiel der Seniorenbüros deutlich, dass auch bei einer dezidiert nicht-instrumentalisierenden Grundhaltung bei der Unterstützung einer bürgerschaftlichen Initiative dennoch verbandsbezogene Interessen angemessene Berücksichtigung finden können: Projekte wie die Seniorenbüros dürfen keine verbandsspezifische Engführung erfahren, da sonst die Chance vertan wird, als Seniorenbüro breit an die Menschen heranzutreten und aus einer großen Anzahl von Menschen auch welche für verbandsbezogene Tätigkeiten zu gewinnen. Wichtig ist jedoch, dass dies in Form einer Kooperation zwischen Seniorenbüro und Verband geschieht und nicht in der Weise, dass ein verbandsgetragenes Seniorenbüro durch die Hintertür instrumentalisierend arbeitet. Das Seniorenbüro muss etwas Eigenes sein und selbstbestimmt – nicht verbandsbestimmt – arbeiten, um Zugang zu Menschen zu finden, die sich vorher noch nicht engagiert haben (vgl. Becher 1996).

dass die Gruppen, aus denen Engagierte gewonnen werden sollten, fast ausschließlich von Frauen besucht wurden. Somit bot die Seniorenbürokonzeption gerade für Frauen Möglichkeiten, sich zu engagieren und damit auch etwas für sich selbst zu tun (z.b. gegen den Sinnverlust nach Abschluss der Familienphase). Die vorgesehenen Tätigkeiten – wie Beziehungen knüpfen, Einsame betreuen und pflegen – entsprachen jedoch typisch weiblichen Aufgabenbereichen. Damit erfolgte bereits konzeptionell für die zu werbenden Frauen eine *geschlechtsrollentypische Festschreibung und Engführung* ihrer Zuständigkeit für den »Gemeinsinn« (vgl. Notz 1997). Unter geschlechtsspezifischem Blickwinkel wäre es jedoch wünschenswert, wenn die Förderung neuer Formen freiwilligen sozialen Engagements durch einen Wohlfahrtsverband emanzipatorische Gesichtspunkte stärker berücksichtigen würde.

7.4 Zwischenfazit: Herausforderungen für die Förderung neuer Formen freiwilligen sozialen Engagements durch Wohlfahrtsverbände und deren Fachkräfte

Aufgezeigt wurden die Doppelfunktion des DRK und die daraus erwachsende spezifische Ehrenamtstradition in diesem Wohlfahrtsverband sowie die Auswirkungen der Organisation »Kreisverband« auf den Projektverlauf. Außerdem wurde auf die Notwendigkeit hingewiesen, die Konzeption des Seniorenbüros flexibel den Bedürfnissen und Interessen der Freiwilligen sowie den Bedingungen vor Ort anzupassen. Um die Entwicklung neuer Formen freiwilligen sozialen Engagements innerhalb des Kreisverbands nicht nur im Kontext des Seniorenbüros voranzutreiben, ist vor diesem Hintergrund eine *fachliche Auseinandersetzung* der hauptamtlichen MitarbeiterInnen darüber, welche gesellschaftlichen Zusammenhänge den Rückgang des traditionellen Ehrenamts und die Entwicklung neuer Engagementformen bedingen und wie sich traditionelles Ehrenamt und neue Formen freiwilligen sozialen Engagements voneinander unterscheiden, unabdingbar (vgl. hierzu 3.1). Zu klären ist in diesem Zusammenhang auch, *welches Verständnis neuer Formen freiwilligen sozialen Engagements innerhalb des Verbandes insgesamt zu Grunde gelegt werden soll* und inwieweit es sich dabei überhaupt um »neue« Engagementformen handelt. Diese Klärung fand in dem im Rahmen dieser Arbeit dargestellten und reflektierten Modellprojekt Seniorenbüro nur unzureichend statt, was für die Förderung von *neuen* Formen freiwilligen Engagements von erheblichem Nachteil war. So weisen beispielsweise die für diese Studie durchgeführten Expertinneninterviews deutliche Differenzen bezüglich des Verständnisses von neuen Formen freiwilligen Engagements auf: Es werden einerseits sehr differenziert die verschiedenen Facetten der neuen Engagementformen beschrieben und die Notwendigkeit benannt, dass Hauptamtliche die Bereitschaft entwickeln müssen, sich darauf einzulassen. Andererseits wird eine Definition von neuen Engagementformen dargestellt, die eher einem progressiven Verständnis des traditionellen Ehrenamts entspricht. Danach heißt »neues Ehrenamt«, dass die Haupt-

amtlichen ganz gezielt auf solche Menschen zugehen, die sie für eine von ihnen kon-
zipierte Aufgabe für geeignet halten, und um deren Mitarbeit bitten. Durch den Verband erfolgt dann eine zielgerichtete Schulung der neu gewonnenen MitarbeiterInnen. In diesem Verständnis von neuen Formen freiwilligen sozialen Engagements
wird der kreativen Ausgestaltung einer Tätigkeit entsprechend der eigenen Interessen
und Sinnorientierungen der Freiwilligen wenig Raum gegeben, für viele Interessierte
sicherlich zu wenig Raum.

Erfolgreiches freiwilliges soziales Engagement bedarf außerdem der *professionellen Unterstützung* durch BeraterInnen und KoordinatorInnen.[8] So lässt sich aus den
bei der ersten Vorstellung des Seniorenbüros in Cellberg geäußerten Befürchtungen
nach dem Motto »wenn ich den kleinen Finger reiche, wollen die gleich die ganze
Hand« die Konsequenz ziehen, dass es bei der Werbung um Engagementbereitschaft
sehr wichtig ist, den Menschen zu verdeutlichen, dass sie weder vereinnahmt werden
sollen noch allein etwas auf die Beine stellen müssen, dass sie Unterstützung erhalten,
die nicht nur am Anfang zur Verfügung steht, sondern eine kontinuierliche Begleitung der Eigeninitiativen längerfristig gewährleistet ist. Es muss vermittelt werden,
dass die Professionellen auch darauf achten, dass die Organisationsarbeit nicht an
einzelnen Engagierten hängen bleibt, sondern von den Hauptamtlichen unterstützt
wird. Das Potential zur Selbstorganisation der Freiwilligen darf nicht überstrapaziert,
sondern sollte langsam gefördert werden. Im Übrigen ist ein entsprechender Lernprozess auch bei sehr engagierten »AktivistInnen« häufig besonders notwendig, da auch
sie – beispielsweise durch ihre Dominanz – andere leicht überfordern.[9] So war z.B. im
Kontaktbüro Zettfeld zu beobachten, dass eine der engagierten Frauen sich besonders stark mit dem Kontaktbüro identifizierte und manche Dinge im Alleingang entschied. Als ihr Handeln nicht die gewünschte Anerkennung durch die hauptamtlichen Mitarbeiterinnen von Seniorenbüro und Kreisverband fand, reagierte sie enttäuscht und gekränkt. Durch die Dominanz einer Freiwilligen können sich aber auch
andere Engagierte übergangen fühlen. Wichtig ist, seitens der professionellen Unterstützung solche Vorgänge in einer Art und Weise zu thematisieren, die keine der Beteiligten in ihrem Engagement entmutigt und den Teamgedanken stärker ins Bewusstsein rückt. Im Kontaktbüro gelang dies nur sehr bedingt, da die Mitarbeiterinnen dort die Möglichkeit der Supervision ablehnten. Gerade in solchen schon verfes-
tigten Strukturen ist jedoch Supervision ein professioneller Ansatz – und vielleicht
auch die einzige Möglichkeit –, um Konflikte mit neutraler Unterstützung zu klären.
Allerdings setzt dies die Bereitschaft der Beteiligten voraus. Im Kontaktbüroteam bestanden hier möglicherweise Schwellenängste gegenüber »dieser unbekannten Methode mit dem fremden Namen« und der Seniorenbüroleiterin gelang es nicht, diese

---

[8]   Vgl. zum Folgenden auch Otto 1998 a; zur Komplexität professionellen sozialpädagogischen Handelns vgl.
      insgesamt Kapitel 4.

abzubauen. Im Seniorenbüroteam in Cellberg wurden mit der Supervision sehr gute
Erfahrungen gemacht, indem auf diese Weise die Aufgabenbereiche der einzelnen
Mitarbeiterinnen transparent gemacht wurden, die Einzelnen ihre Interessen und Erwartungen an die Arbeit und an den zu gewinnenden Ansprechpartner für das Seniorenbüro formulieren konnten und so das Ausscheiden der Seniorenbüroleiterin vorbereitet wurde.

Um der Gefahr der Überlastung der Freiwilligen zu begegnen ist es darüber hinaus
zum einen wichtig, *auch kurzfristig erreichbare Ziele* zu verfolgen, die dem Bedürfnis nach zeitnahen Erfolgen entgegenkommen. Daneben braucht ein Projekt auch
konzeptionell vorbereitete langfristige Ziele, die jedoch durch punktuelle Initiativen,
die zeitnahe Erfolge ermöglichen, gestützt werden können. Zum anderen sollten die
an freiwilligem Engagement Interessierten die Möglichkeit haben, eine Tätigkeit zu
übernehmen und mitzugestalten, die auch zu ihnen passt. D.h. *das Aufgabenfeld
muss konkreten Situationen und Personen angepasst werden.*[10] Entsprechende
Suchbewegungen von Engagementwilligen – auch solche, die (noch) diffus und rich-
tungslos sind – sind ernst zu nehmen und in produktiv-kreativen Settings zu unterstützen. Schließlich ist zu fragen, was als Erfolg gewertet wird in einem Projekt, das
darauf abzielt, Menschen zur Aktivität zu ermutigen. Im traditionellen Ehrenamt ist
die Dauerhaftigkeit des Engagements ein Erfolgskriterium, doch bei den neuen Formen freiwilligen sozialen Engagements gilt es, sich von diesem Erfolgskriterium zu
verabschieden. Gerade kurzzeitiges Tätigwerden oder das Wechseln der Tätigkeitsbereiche kann für viele die richtige Passform des Engagements im Rahmen ihrer individuellen Biographie in unserer pluralen Gesellschaft sein (vgl. Otto 1997; Otto 1998 a;
Glinka/Jakob/Olk 1994; Steinbacher/Otto 2000 b). In Cellberg wurde die Erfahrung
gemacht, dass Engagementwillige sich unter Umständen damit schwer tun, eigene
Ideen zu entwickeln, und sich lieber für eine ganz bestimmte Aufgabe gewinnen lassen. Diese Erfahrung steht zunächst im Widerspruch zu den Kriterien neuer Engagementformen, jedoch in Einklang mit dem in der Seniorenbürokonzeption geplanten
Vorgehen. Da sich das Seniorenbüro jedoch an ältere Menschen in einer ländlichen
Region richtete, ist es nicht verwunderlich, dass die Menschen mit einem eher traditionellen Ehrenamtsverständnis an die Sache herangingen. Gerade bei älteren Menschen ist die Schwellenangst vor neuen Aufgabenfeldern oft besonders groß (vgl.
Ueltzhöffer/Ascheberg 1995). Dies muss in die Überlegungen zur Engagementförderung mit einbezogen werden, um sie niedrigschwellig zu gestalten. In Cellberg war zu
beobachten, dass nach dem Einstieg in ein Engagement – durch die Übernahme einer
konkreten Aufgabe (Aufbau eines stationären Mittagstischs) einerseits sowie die
Teilnahme an Fortbildungen und der damit verbundenen Horizonterweiterung ande-

---

[9] Vgl. hierzu auch die baden-württembergischen Befunde u.a. zur Engagementbereitschaft von Ueltzhöffer/
Ascheberg 1995.

[10] Das bedeutet auch, dass mit Konzeptionen flexibel umgegangen werden muss (vgl. 7.3).

rerseits – von den Freiwilligen sehr schnell viele neue Ideen entwickelt wurden. Das heißt die Anpassung des Aufgabenfeldes an die konkreten Situationen und Personen war dadurch gelungen, dass zunächst dem Bedürfnis nach konkreten Aufgaben Raum gegeben wurde. Wichtig war jedoch auch, die Freiwilligen nicht auf die einmal übernommene Aufgabe festzulegen, sondern den sich neu entwickelnden Ideen Raum zu geben und ihre Umsetzung zu unterstützen. Hier muss Engagementförderung also flexibel agieren.

Zur Kompensation der Belastungen durch das Engagement sind ausreichende und *geeignete materielle und immaterielle »Entschädigungen«* bereitzustellen. In manchen Aufgabenbereichen nimmt für die freiwillig Engagierten auch die Bedeutung monetärer Gratifikationen zu. Ein Beispiel ist die in der Kernzeitbetreuung tätige Frau in Zettfeld: Die Betreuerin hätte als allein erziehende Mutter gerne einen Teilzeitjob entsprechend ihrer Ausbildung im betriebswirtschaftlichen Bereich gefunden. Dies gelang nicht. So entschied sie sich nun, mangels besserer Alternativen, für geringfügig honoriertes soziales Engagement. Ihre Situation ist sicherlich kein Einzelfall: Mangels geeigneter Erwerbsarbeitsplätze und mit Wünschen wie »etwas Sinnvolles tun«, »unter Menschen kommen«, »wenigstens etwas eigenes Geld verdienen wollen« usw. engagieren sich Frauen geringfügig honoriert und ohne Sozialversicherung im sozialen Bereich (vgl. 3.3.3). Unter Berücksichtigung von sozial- und arbeitsmarktpolitischen Dimensionen sind solche »Beschäftigungsverhältnisse« für Frauen äußerst ambivalent zu beurteilen.

Freiwillig Tätige des »neuen« Typus sind meist nicht motiviert und kompetent, Standard- und Routinetätigkeiten aus dem Aufgabenbereich von Hauptamtlichen auf Dauer zu übernehmen (vgl. Olk 1987). Konzepte, die neue Aufgabenfelder für neue Engagierte beschreiben, müssen darum zum einen so offen sein, dass Raum bleibt für die Vorstellungen derer, die die Konzepte umsetzen sollen. Zum anderen dürfen die Konzepte nicht so offen sein (oder so offen dargestellt werden), dass die InteressentInnen keinerlei Anknüpfungspunkte für sich darin sehen (wie es in Bellingen möglicherweise der Fall war). Am günstigsten ist es, wenn *Konzepte gemeinsam von den zuständigen Fachkräften mit den freiwillig Engagierten erarbeitet werden*, wie es in Cellberg seit Anfang 1998 versucht wurde. Diese Prozesse brauchen viel Zeit, gestehen den freiwilligen HelferInnen aber mehr Eigenständigkeit zu und führen dadurch zu verantwortlicher, selbständiger Übernahme von Aufgaben und damit auch zu einer hohen Identifikation mit der Tätigkeit. Gleichzeitig ist seitens der begleitenden Fachkräfte darauf zu achten, dass die freiwillig Tätigen nicht überfordert werden: Bei der Gratwanderung zwischen selbständigem Handeln als befriedigender Herausforderung und zu großem Aufgabenspektrum als unbefriedigender Überforderung dürfen die Freiwilligen nicht allein gelassen werden.

Bezüglich der Interessen der Freiwilligen ist der Frage nachzugehen, welche *Möglichkeiten der konzeptionellen Einbindung von freiwillig Engagierten* im Kontext

des DRK-Seniorenbüros Burgstadt realisiert werden konnten. Um den heutigen Bedingungen freiwilligen sozialen Engagements auch in diesem DRK-Kreisverband besser gerecht zu werden, war es von großer Bedeutung, dass beide Seniorenbüroleiterinnen – wenn auch in unterschiedlichem Ausmaß – eine Erweiterung und Öffnung
der ursprünglichen Konzeption (Gründung von Aktivkreisen) für die konkreten Ide-
en und Bedürfnisse der am Engagement Interessierten anstrebten. Ein solches Vorgehen ist gerade darum wichtig, weil das Engagement nur noch bei einer abnehmenden
Zahl von Menschen als ein dauerhaft an eine Person gebundenes Amt verstanden
werden kann. Vielmehr ist freiwilliges soziales Engagement als Prozess zu sehen, zu
dem Wechsel, Neuorientierung und Aussteigen gehören. Das Engagement kann für
die Betroffenen so ein wichtiger Faktor in der biographischen Balancierung sein. Dies
kann z.b. durch die Ermöglichung eigener Arbeitszusammenhänge in selbst organisierten Gruppen erfolgen oder durch das Schaffen von Foren zur Selbstthematisie-
rung und biographischen Reflexion. Die Realisierung eigener biographischer Themen
muss den freiwillig Engagierten durch die Verbände darum ausdrücklich zugestanden
werden (vgl. Otto 1996: 19 f.; Steinbacher/Otto 2000 a: 161; 3.3.2). Für die Organisatorin des Mittagstisches in Cellberg beispielsweise war diese Aufgabe, die sie höchst
kompetent, selbständig und verantwortlich durchführte, eher eine Notlösung. Lieber
wäre sie einer bezahlten Arbeit nachgegangen – eine solche in ihrem Alter nochmals
zu finden war ihr damaliges biographisches Thema. Da sich dies nicht verwirklichen
ließ, erfüllte sie ihre ehrenamtlichen Aufgaben mit einem so großen Verantwortungs-
bewusstsein, als würde sie dafür bezahlt. Im Gespräch äußerte sie, dass sie zwar einerseits den dadurch entstehenden Arbeitsrhythmus schätze, sich aber andererseits selbst
immer wieder frage, wie sehr sie sich eigentlich an diese Aufgabe binden wolle, wo sie
doch auch ihre Freiheit genießen könne. Es wurde spürbar, dass ihre Motivation für
dieses Engagement dann ihre Grenzen haben würde, wenn sie sich vom Träger des
Seniorenbüros in ihrer Arbeit allein gelassen fühlen würde. Sie befürchtete, dass dies
mit dem Ausscheiden der Seniorenbüroleiterin eintreten könnte. Eine andere Cellberger Mitarbeiterin hatte die Organisation des Info- und Kontaktcafés verantwortlich
übernommen und forderte hier bei der Suche nach ReferentInnen ganz klar die Unterstützung des Trägers ein (z.B. in Form einer ReferentInnenliste). Sie formulierte deutlich, dass sie nicht bereit sei, im Rahmen einer ehrenamtlichen Tätigkeit die Referen-
tInnenrecherche selbst zu übernehmen.

Dennoch wird es innerhalb eines Wohlfahrtsverbandes – und vermutlich nicht nur
dort – immer auch Menschen geben, die für ihre eigene Tätigkeit die traditionellen
Engagementformen und Sinnorientierungen (Tätigkeit im Dienst für andere als
Pflichterfüllung) bevorzugen (vgl. 3.3.2). *Traditionelle und neue Engagementformen dürfen insofern nicht gegeneinander ausgespielt werden.* Es muss daran gear-
beitet werden, dass sowohl Hauptamtliche als auch Freiwillige sich in ihrer jeweiligen
Auffassung von sozialem Engagement respektieren und ihre Arbeit gegenseitig wert-

schätzen. Menschen, die sich über Jahre hinweg im traditionellen Ehrenamt engagieren, darf nicht vermittelt werden, dass ihre Form der Tätigkeit überholt und darum
nichts mehr wert sei. Andererseits dürfen Engagierte mit dem Anspruch, auch selbst
einen Nutzen aus ihrer Tätigkeit zu ziehen und Aufgaben beispielsweise in zeitlich
klar begrenztem Ausmaß auszuführen, nicht als zu wenig aufopferungsbereit abge-
wertet werden.[11] Von ganz entscheidender Bedeutung ist in diesem Zusammenhang
die Haltung der Professionellen gegenüber den Freiwilligen und wie sie ihre Beziehung zu den freiwillig Tätigen gestalten (vgl. 4.3).

Ein wichtiger Aspekt ist jedoch auch, welche *Haltung der Wohlfahrtsverband* als
Organisation bezüglich der *Wertschätzung der unterschiedlichen Formen freiwilligen Engagements* einnimmt, weil sich das dadurch entstehende Klima auch auf den
Umgang der Freiwilligen untereinander auswirkt. Das Kontaktbüro in Zettfeld gibt
hierfür ein Beispiel: Dort waren zwei Frauen maßgeblich aktiv, die traditionelles Ehrenamt durch jahrzehntelange Mitgliedschaft im DRK verinnerlicht hatten. In Gesprächen brachten sie ihre Identifikation mit dem Verband und ihre innere Bindung an das
DRK häufig zum Ausdruck. Ihre Arbeit in dem neuen Aufgabenfeld Kontaktbüro
drohte jedoch immer wieder daran zu scheitern, dass der Ortsvereinsvorstand »seinen
Segen« nicht dazu gab und es für beide Frauen sehr schwierig war, sich von der Einstellung des Vorstandes, dem sie sich verbunden fühlten, unabhängiger zu machen.
Das vermittelnde Begleiten und v.a. die ermutigende Unterstützung der beiden Frau-
en durch die Leiterin des Seniorenbüros war hier unabdingbar. Es zeigte sich jedoch
in der weiteren Entwicklung des Projektes, nachdem die beiden Frauen durch Neu-
wahlen im Vorstand des Ortsvereins an führende Positionen aufgerückt waren, dass
ihr eigenes Verhalten von großer Ambivalenz geprägt war – zwischen dem Erhalt der
Traditionen auf der einen und dem Aufbau eines neuen, zukunftsträchtigeren Arbeitsfeldes auf der anderen Seite. Deutlich wird hier, wie schwierig es für einen traditions-
geprägten DRK-Ortsverein sein kann, neue Engagementformen unter seinem Dach zu
akzeptieren und nicht z.B. aus Konkurrenzängsten heraus zu blockieren, selbst wenn
sie – oder vielleicht gerade weil sie – von langjährigen Ehrenamtlichen aus den eigenen Reihen gewollt werden. Vor diesem Hintergrund stellt sich die Frage, wie hoch
wohl die Schwelle für nicht vereinsgebundene Interessierte ist, wenn sie einen Zugang zu neuen Aufgabenfeldern in einem Wohlfahrtsverband suchen? Ist innerhalb
der Ortsvereine überhaupt Raum für sie vorhanden? Wenn ja, wie kann er nutzbar
gemacht werden? Wenn nein, wie kann er geschaffen werden? Welche Möglichkeiten sieht beispielsweise der DRK-Kreisverband Burgstadt, solche Prozesse zu aktivieren und zu begleiten? Mit solchen Fragen muss sich ein Verband beschäftigen, wenn
er neue MitarbeiterInnen für neue Engagementformen ernsthaft gewinnen will. Sie

---

[11] Im Übrigen ziehen auch »traditionelle« Ehrenamtliche einen Gewinn aus ihrer Tätigkeit, nur wird dieser
Aspekt im Ehrenamt häufig nicht so offen verhandelt.

berühren unmittelbar die Organisationspolitik, die Kultur sowie die Entwicklungsbereitschaft eines Wohlfahrtsverbandes und seiner Untergliederungen (vgl. 2.2). Entwicklungsprozesse von Initiativen freiwilligen sozialen Engagements sind langwierig. Der Aufbau eines Seniorenbüros innerhalb eines Wohlfahrtsverbandes, der – auf der Ebene der Professionellen wie der freiwillig Tätigen – verbunden ist mit einem *Prozess des Umdenkens und Neudenkens von freiwilligem Engagement und sozialer Mitverantwortung* (Dynamisierung von Organisationen), erfordert einen langen Atem und viel Zeit. Notwendig ist aber auch die *klare Einsicht in die damit verbundenen Herausforderungen und der von einer breiten Basis getragene Wille, sich diesen zu stellen* (Organisationspolitik). Dies wird durch den Projektverlauf belegt. Der personelle Wechsel in der Leitung des Seniorenbüros stellte zwar eine immense Belastung im Projektverlauf dar, in dieser Entwicklung lag jedoch auch eine große Chance. Als langjährige Mitarbeiterin im DRK war die erste Leiterin des Seniorenbüros in die Strukturen und Logiken des verbandlichen Vorgehens »sozialisiert« (Organisationskultur). Ihre Verbandssozialisation machte ihr die Außensicht auf verbandlich geprägte Prozesse innerhalb des Projektes teilweise unmöglich. Ihrer Nachfolgerin wiederum war die Innensicht des DRK so fremd, dass ihr als von außen Kommender ganz andere Dinge ins Blickfeld rückten als einer »Insiderin«. Weil sie den Verband noch nicht gut kannte, konnte sie vorhandene Ressourcen möglicherweise nicht voll ausschöpfen, und in den hierarchischen Strukturen musste sie sich erst zurechtfinden. Aber als Außenstehende konnte sie unbefangen Selbstverständlichkeiten – beispielsweise im Ehrenamtsverständnis des Verbandes – hinterfragen und neue Impulse geben.[12] Dies ist gerade für die Förderung von neuen Formen freiwilligen sozialen Engagements innerhalb eines Wohlfahrtsverbandes eine große Chance. Dennoch kann nicht erwartet werden, dass eine einzelne Person – in einem einzelnen Projekt stellvertretend für den Verband – die Frage nach den künftig vom Verband angestrebten Zielen im Umgang mit neuen Formen freiwilligen sozialen Engagements löst. Eine befristet angestellte Projektmitarbeiterin hat i.d.R. nicht die Machtposition, um die Organisationspolitik des Verbandes bzw. der entsprechenden Untergliederung dahingehend zu bestimmen, dass die Förderung neuer Engagementformen tatsächlich zu einem von einer breiten Basis getragenen Verbandziel wird, auch sind ihre Möglichkeiten, die Organisationskultur mit zu prägen, sehr begrenzt. Sie kann als von außen Kommende also lediglich versuchen verbandliche Weiterentwicklungen anzustoßen. Daraus lässt sich folgern, dass die Förderung neuer Engagementformen in einem Wohlfahrtsverband *organisationspolitisch gewollt* werden muss, d.h. sie ist als wichtiges Organisationsziel zu bestimmen. Des Weiteren ist davon auszugehen, dass neue Engagementformen andere Kulturen herausbilden als das tra-

---

[12] Einer dieser Impulse war beispielsweise die Einbeziehung von Migrantinnen in das Kontaktbüro Zettfeld. Wobei gerade dieser neue Anstoß trotz Wohlwollen der Freiwilligen stark an die Person der Seniorenbüroleiterin gebunden war und nach Ende der geförderten Projektlaufzeit wenig Chancen auf Fortführung hatte.

ditionelle Ehrenamt. Um neue Engagementformen in einem Wohlfahrtsverband zu verankern, ist also eine Weiterentwicklung des Verbandes in organisationspolitischer und -kultureller Hinsicht nötig, weil dessen Beharrungstendenzen neue Ansätze sonst sehr schnell ersticken können.

8 Die Förderung freiwilligen sozialen Engagements durch Wohlfahrtsverbände

In diesem Kapitel werden zunächst die Ergebnisse der Auseinandersetzung mit den verschiedenen Theoriesträngen dieser Arbeit – Wohlfahrtsverbändeforschung, Organisationstheorie, freiwilliges soziales Engagement und sozialpädagogische Professionalität – zusammenfassend vorgestellt. Diese Zusammenfassung erfolgt – anders als die Darstellung in den Kapiteln eins bis vier – unter dem spezifischen Fokus des *Verhältnisses* von Wohlfahrtsverbänden und freiwilligem sozialem Engagement, um dieses im Hinblick auf die *Förderung* freiwilligen sozialen und bürgerschaftlichen Engagements durch Wohlfahrtsverbände zu analysieren und um neue Schlussfolgerungen für die Engagementförderung daraus abzuleiten. Dabei werden die in der Theorie gezogenen Verbindungslinien durch kurze Seitenblicke auf die Fallstudie illustriert.

Das Verhältnis von Wohlfahrtsverbänden und freiwilligem Engagement wird also als Erstes aus dem Blickwinkel der Wohlfahrtsverbändeforschung betrachtet (8.1). In einem zweiten Schritt wird dieses Verhältnis vor dem Hintergrund der Organisationstheorie diskutiert (8.2), bevor es drittens auf der personalen Ebene unter dem Aspekt des Verhältnisses von Professionellen und Freiwilligen vertieft wird (8.3). Im Anschluss daran werden – abgeleitet aus den Ergebnissen dieser theoretischen Analyse in Verbindung mit den Folgerungen aus der Fallstudie – konkrete Konsequenzen für die Engagementförderung durch Wohlfahrtsverbände und deren Fachkräfte zusammengefasst (8.4). Weil die Förderung freiwilligen sozialen und bürgerschaftlichen Engagements schließlich immer auch eingebettet in sozialpolitische Strukturen erfolgt und diese die Ausgestaltung des Engagements entscheidend mitprägen, wird im nächsten Abschnitt die *sozialpolitische Rahmung* freiwilligen Engagements knapp skizziert (8.5). In einem Ausblick wird abschließend auf die grundsätzliche Bedeutung von Vernetzungsstrategien im Kontext der Förderung freiwilligen sozialen Engagements – nicht nur durch Wohlfahrtsverbände – hingewiesen (8.6).

8.1 Zum Verhältnis von Wohlfahrtsverbänden und freiwilligem sozialem Engagement aus Perspektive der Wohlfahrtsverbändeforschung

Wohlfahrtsverbände wurden in Abschnitt 1.3.1 als *intermediäre Organisationen* beschrieben, die sich in einem Zwischenbereich von Markt, Staat und informellen Gemeinschaften bewegen und dort verschiedene Funktionen gleichzeitig erfüllen. So sind Wohlfahrtsverbände politische Organisationen, lokale Vereine, Weltanschauungsverbände und Dienstleistungsproduzenten. Als Organisationen des »intermediären Sektors« bzw. des »Dritten Sektors« sind sie in zweifacher Weise intermediär, nämlich Erstens auf horizontaler Ebene im Hinblick auf ihre Handlungslogik, die durch eine spezifische Kombination der Handlungslogiken der Sektoren Markt, Staat und informelle Gemeinschaften gekennzeichnet ist, und zweitens durch die Vermittlung zwischen »Einfluss-« und »Mitgliedschaftslogik« auf vertikaler Achse. Die Stellung der Wohlfahrtsverbände in einem Zwischenbereich erfordert die Vermittlung zwischen der eher erfolgsorientierten »Einflusslogik« in der Kooperation als formale Institution neben anderen formalen Institutionen auf der einen Seite sowie der eher konsensorientierten »Mitgliedschaftslogik« in der Kommunikation mit Mitgliedern oder im Umgang mit der Klientel auf der anderen Seite. Die horizontale Ebene der spezifischen Handlungslogik von intermediären Organisationen ist sich mit Hilfe der *Dritte Sektor-Forschung* als Dienstleistungsarbeit konkretisiert worden (vgl. 1.3.2). Die vertikale Perspektive der Vermittlung zwischen zwischen Einfluss- und Mitgliedschaftslogik, wird durch die *Korporatismusforschung* vertieft (vgl. 1.3.3). Bezogen auf die Förderung freiwilligen Engagements in Wohlfahrtsverbänden kommt der Realisierung der Mitgliedschaftslogik eine besondere Bedeutung zu, weil es für (potentielle) Freiwillige eine große Rolle spielt, dass sie sich bei einem Träger mit ihren Interessen und ihrem Engagement akzeptiert und wertgeschätzt fühlen. Nur so entsteht die Bereitschaft, sich mit diesem Träger zu identifizieren.

Um das Verhältnis von Wohlfahrtsverbänden und freiwilligem sozialem Engagement vor dem Hintergrund der Wohlfahrtsverbändeforschung zu verstehen, ist es jedoch wichtig, nochmals einen Blick auf die historische Entwicklung des Verhältnisses von Verbänden und Ehrenamt zu werfen: Bei der Gründung der Wohlfahrtsverbände ist das Ehrenamt konstitutives Element der verbandlichen Arbeit gewesen. Mit zunehmender Verberuflichung der Sozialen Arbeit ist das Ehrenamt jedoch unter Legitimationsdruck geraten. Im Zuge der starken Expansion professioneller sozialer Dienstleistungen in den 60er und Anfang der 70er Jahre hat das Ehrenamt in einem entsprechenden sozial- und fachpolitischen Klima an Stellenwert verloren (vgl. 3.1.1). Auch die Wohlfahrtsverbände haben sich zu hierarchisch strukturierten, bürokratischen Organisationen entwickelt, die von einer korporatistischen Verflochtenheit mit dem Staat geprägt sind und in denen im Zuge des Professionalisierungsprozesses die Ressource Ehrenamt geschwächt und an den Rand gedrängt worden ist (vgl. 1.2.3 und 1.3.3).

Es ist zu betonen, dass diese Entwicklung von vielen Bürgerinnen und Bürgern nicht unhinterfragt hingenommen wird. Parallel zur Expansion professioneller Dienstleistungen ist ihre Unzufriedenheit mit den zentral gestalteten professionellen Diensten im Sozial- und Gesundheitsbereich gewachsen. Die Kritik richtet sich vor allem »auf deren überwiegend monetären Leistungscharakter, auf die bürokratische Bearbeitung sowie auf die von Professionellen bestimmten Definitionen und Bearbeitungsformen von sozialen und gesundheitsbezogenen Problemen« (Braun/Röhrig 1987: 22). Zweierlei Entwicklungen verstärken diese Kritik: Zum einen nehmen in der sich ausdifferenzierenden und individualisierenden Gesellschaft soziale Probleme wie z.B. Armut und Arbeitslosigkeit zu. Zum andern ist demgegenüber ein Funktionsverlust primärer Netze zu verzeichnen, dessen Ursachen neben der zunehmenden Individualisierung u.a. in den veränderten Geschlechtsrollen zu suchen sind – viele Frauen beispielsweise sind nicht mehr bereit, sich ausschließlich der Sorge um die Familie zu widmen (vgl. 3.3.3). Als Folge der Kritik an und der Unzufriedenheit mit professionellen Formen der Leistungserbringung einerseits und der gestiegenen Erwartungen der Sozialstaatsklientel andererseits sowie aufgrund des gewachsenen Selbstentfaltungsinteresses und des erhöhten Leidensdrucks der Betroffenen entwickeln sich außerhalb der Wohlfahrtsverbände neue Engagementformen im Sozial- und Gesundheitsbereich (vgl. 3.1.2).[1] Die Entstehung der neuen Engagementformen ist also unter anderem eine Reaktion auf die Kritik am Sozialstaat sowie auf Defizite der professionalisierten Wohlfahrtsverbände, die durch ihre zunehmende Inkorporierung kaum in der Lage sind, den SozialstaatskritikerInnen Alternativen zu bieten. In der Folge ist einerseits eine Neuentdeckung des Ehrenamts zu verzeichnen und wird andererseits die öffentliche Aufmerksamkeit auf die neuen Formen freiwilligen sozialen Engagements gelenkt, die in den 70er und 80er Jahren zunächst besonders in der Selbsthilfebewegung zum Ausdruck gekommen sind. Seitens der Wohlfahrtsverbände muss aber anerkannt werden, dass das Ehrenamt in seiner traditionellen Form immer weniger zur Verfügung steht und die Mitgliederbindung für die Verbände schwieriger wird (vgl. 3.1.2 sowie 1.3.3). Insgesamt wird also die »Mitgliederpflege« für die Verbände aufwändiger.

Wohlfahrtspluralistische Entwicklungen – zu denen u.a. auch die »neuen sozialen Bewegungen« der 70er und 80er Jahre zu rechnen sind – weisen nun darauf hin, dass die institutionellen Arrangements wohlfahrtsstaatlicher Systeme einem Prozess der Neuordnung unterliegen (vgl. 1.3.4). In diesem Prozess müssen sich auch die Wohlfahrtsverbände als Teil des intermediären Sektors neu verorten. Durch neue Mischungsverhältnisse der an der Wohlfahrtsproduktion beteiligten Sektoren und ihren spezifischen Handlungslogiken soll das Niveau der kollektiven Wohlfahrt erhalten oder sogar verbessert werden. *Wohlfahrtspluralismus* ist in diesem Zusammenhang *als Konzept einer sozialen Entwicklungspolitik* zu verstehen mit dem Ziel, die gesellschaftlichen Wohlfahrtsbeiträge zu stärken. Dabei geht es um eine Reform der Beziehungen zwischen Markt, Staat, intermediärem und informellem Sektor, die eine Entwicklungsperspektive für den zivilgesellschaftlichen und gemeinschaftlichen Bereich bietet. In diesem Zusammenhang greifen beispielsweise die sozialpolitischen Strategien von Bund, Ländern und Kommunen die Kommunitarismusdebatte und den Zivilgesellschaftsdiskurs auf und rufen seit den 90er Jahren vielfältige Projekte zur Förderung bürgerschaftlichen Engagements ins Leben (vgl. 3.2). Der Staat hat dabei großes Interesse an einer möglichst breiten Beteiligung wohlfahrtsproduzierender Akteure

---

[1] Braun/Röhrig führen das gestiegene Interesse an freiwilligem sozialem Engagement, an eigenverantwortlichem Handeln und bürgerschaftlicher Mitwirkung auch auf Einstellungsveränderungen zurück, die sich aus den Folgen des sozialen Wandels in Arbeit, Familie und Freizeit entwickelt haben. Besonders das »im Wertewandel zum Ausdruck kommende Interesse an selbstbestimmten Lebensformen« habe sich ausgewirkt auf die Bereitschaft sich zu engagieren und so zu neuen Engagementformen geführt (ebd.: 22; vgl. Klages/Gensicke 1999).

und setzt nicht nur auf die Leistungen der Wohlfahrtsverbände zur Erhaltung der kollektiven Wohlfahrt. Die *Vernetzungs- und Kooperationsstrategien zwischen den Sektoren* gewinnen insofern große Bedeutung, während ihre Abgrenzung voneinander immer weniger interessiert. Damit werden die Grenzen zwischen den Sektoren durchlässiger. In den Wohlfahrtsverbänden schlagen sich diese Entwicklungen in der Form nieder, dass sie gegenüber dem Staat weniger ihre Autonomie und mehr das kooperative Verhältnis betonen, dass sie sich die Strategien des betriebswirtschaftlichen Managements und der Organisationsentwicklung des Marktes zum Vorbild nehmen für die eigenen Strukturen und dass sie offener werden gegenüber dem informellen Sektor mit seinen neuen Formen freiwilligen sozialen und bürgerschaftlichen Engagements.

Die wohlfahrtspluralistische Öffnung der verbandlichen Grenzen gegenüber den Handlungslogiken der anderen Sektoren macht deutlich, dass das Aufgabenfeld der Wohlfahrtsverbände ein äußerst komplexes ist. Eine Ausdifferenzierung – bzw. innere Pluralisierung – der zentralen Aufgaben und Funktionen der Verbände ist deshalb die Folge. Die *Multifunktionalität der Wohlfahrtsverbände* umschließt insofern drei Aufgabenbereiche: Zum Ersten die Dienstleistungsfunktion, zum Zweiten die sozialanwaltschaftliche Interessenvertretung und als Drittes die Förderung freiwilligen sozialen und bürgerschaftlichen Engagements (vgl. 1.4). Es lässt sich feststellen, dass in der Multifunktionalität der Wohlfahrtsverbände ihre eigentliche gesellschaftspolitische Stärke liegt. Die Wahrnehmung dieser Aufgabenvielfalt schärft das spezifische Profil der Wohlfahrtsverbände und macht sie leistungsstark in der Konkurrenz mit den staatlichen Sozialverwaltungen und den privatgewerblichen Anbietern. Zu betonen ist dabei, dass die Multifunktionalität nur leistungsfähig ist, wenn sich *die verschiedenen Aufgabenbereiche in einer Balance* befinden. D.h., dass sich die Wohlfahrtsverbände nicht nur um den Ausbau ihrer Dienstleistungen bemühen dürfen, sondern sich genauso für die Skandalisierung von gesellschaftlichen Missständen einsetzen müssen sowie für die Förderung und Einbindung neuer Formen freiwilligen sozialen und bürgerschaftlichen Engagements unter ihrem Dach.

Doch das *Verhältnis zwischen den Wohlfahrtsverbänden und den neuen Engagementformen* wird häufig als spannungsreich erlebt. Die neuen Formen freiwilligen sozialen Engagements folgen einer anderen Handlungslogik als das den Verbänden vertraute Ehrenamt, sie lassen sich nicht in derselben Weise von den Verbänden vereinnahmen (vgl. 3.1.2). Damit tun sich zumindest die großen Wohlfahrtsverbände oft noch schwer. Viele selbst organisierte Initiativen und Projekte vermuten dennoch in den Wohlfahrtsverbänden durchaus Ansprechpartner und Anlaufstellen für freiwilliges soziales und bürgerschaftliches Engagement. Auch wenn sie ihre Eigenständigkeit und Unabhängigkeit sehr schätzen, schließen sich viele von ihnen als korporative Mitglieder dem System der freien Wohlfahrtspflege an, um die hiermit verbundenen Unterstützungsleistungen in Form von Fachberatung und Zugängen zu öffentlichen

Mitteln nutzen zu können (vgl. Backhaus-Maul/Olk 1997: 30; Olk 1996 a: 31; Kulbach 2002: 59).

Aus Sicht der Wohlfahrtsverbände ist jedoch festzustellen, dass die Förderung von sozialem Engagement als eine Form sozialer Entwicklungspolitik in jedem Falle verbandliche Ressourcen bindet. Deshalb konkurriert die Unterstützung freiwilligen sozialen Engagements oft mit anderen wohlfahrtsverbandlichen Aufgaben. Unter dem Gesichtspunkt der Multifunktionalität erscheint die Förderung neuer Formen freiwilligen sozialen und bürgerschaftlichen Engagements allerdings als adäquate Antwort auf die nachlassende Mitgliederbindung der Verbände. Dabei reicht es nicht mehr aus, lediglich vorhandene Einrichtungen zur Verfügung zu stellen. Es müssen vielmehr »entsprechende organisatorische und politische Rahmenbedingungen geschaffen und Strukturen für fachliche Unterstützung und Fortentwicklung gebildet werden« (Olk 1996 a: 30). Die Förderung neuer Engagementformen bedeutet für die Verbände damit auch, sich zu öffnen für die veränderten Bedürfnisse der Menschen, die sich nicht mehr mit dem traditionellen Ehrenamt identifizieren können, aber durchaus motiviert sind, einen Teil ihrer Energie (für begrenzte Zeit) in freiwilliges Engagement zu investieren.[2] Indes sollten sich die Wohlfahrtsverbände »selbst davor schützen, das zu fördernde freiwillige gesellschaftliche Engagement von Menschen im Sinne eigener Verbandsegoismen zu instrumentalisieren« (Boeßenecker 1999: 92). Es gilt also Handlungsfelder für Bürgerinnen und Bürger zu eröffnen, die ihnen die tatsächliche Mitwirkung und Beteiligung an der Gestaltung der Gesellschaft ermöglichen. »Eine solche auf das Gemeinwohl bezogene Förderung von Bürgermitarbeit wäre eine Investition in die Zukunftsfähigkeit unserer Gesellschaft, an der Wohlfahrtsverbände ebenso mitzuwirken hätten wie andere gesellschaftliche Organisationen auch« (ebd.). Ob es der freien Wohlfahrtspflege gelingt, bürgerschaftlich sozialengagierten Artikulationsformen langfristig Raum zu bieten, hängt unter wohlfahrtspluralistischen Gesichtspunkten insofern letztlich davon ab, ob eine erfolgreiche Balance zwischen den verschiedenen Aufgabenbereichen der Wohlfahrtsverbände realisiert werden kann (vgl. Olk 1996 a: 30).

Das Beispiel der Fallstudie zeigt an dieser Stelle, dass der DRK-Kreisverband Burgstadt mit dem vorgestellten Seniorenbüro den Versuch unternommen hat, über ein Modellprojekt Neues zu erproben. Es kann jedoch nicht davon geredet werden, dass es dem Kreisverband konzeptionell tatsächlich darum ging, neue Engagementformen

---

[2] Merchel (1990) weist darauf hin, dass die Strukturen der einzelnen Wohlfahrtsverbände samt ihrer Arbeitsformen und -schwerpunkte die Resultate von komplexen Entwicklungsprozessen sind. Er beschreibt, dass das Veränderungspotential der Verbände eingeschränkt ist durch »Traditionen, Wertmuster und die Nähe zu einem bestimmten gesellschaftlichen Umfeld«, die einen Wohlfahrtsverband in einer Weise prägen, »die ihn nicht ohne weiteres aufnahmefähig macht für innovationsorientierte Anregungen von außen« (Merchel 1990: 289). Das Sozialministerium in NRW fordert darum von den Verbänden, sich »stärker als bisher auf die Veränderung der Rahmenbedingungen sozialer Arbeit« einzustellen (zitiert nach Merchel 1990: 280). Dies erfordere eine größere Innovationsbereitschaft, eine verstärkte Qualifizierung der Arbeit und eine Profilierung der »historisch gewachsenen verbandspolitischen Identität« (ebd.).

unter seinem Dach zu integrieren. Eine von der Mitgliedschaftslogik getragene Öffnung für die veränderten Bedürfnisse der Menschen, die sich zwar engagieren wollen, aber nicht im Sinne von Dienst und Pflichterfüllung, erfolgte erst in der zweiten Projektphase durch die neue Seniorenbüroleiterin, die ohne eigene Verbandssozialisation auf die Menschen zugehen konnte. Es gelang dem Kreisverband letztlich nicht, das Modellprojekt nachhaltig zur Stärkung seines multifunktionalen Profils zu nutzen. Zu sehr war die Konzeption des Projekts von der tradierten Verbandslogik durchdrungen, neue Freiwillige zu rekrutieren, um die eigene Position und somit den eigenen Einfluss zu stärken. Der Verband hat also aus der Perspektive der Wohlfahrtsverbändeforschung betrachtet und auf das untersuchte Projekt bezogen die wohlfahrtspluralistische Herausforderung noch nicht angenommen.

Im Folgenden wird nun dargestellt, welche Folgerungen sich neben der wohlfahrtspluralistischen Betrachtung aus der organisationstheoretischen Perspektive für das Verhältnis von Wohlfahrtsverbänden und freiwilligem sozialem Engagement ableiten lassen.

8.2 Zum Verhältnis von Wohlfahrtsverbänden und freiwilligem sozialem Engagement aus dem Blickwinkel der Organisationssoziologie

Die Betrachtung von Wohlfahrtsverbänden als Organisationen ist für die Frage nach der Förderung neuer Formen freiwilligen sozialen Engagements durch Wohlfahrtsverbände insofern äußerst fruchtbar, als durch die organisationstheoretische Perspektive die Analyse der wohlfahrtsverbandlichen Strukturen bezüglich ihrer Rationalität, ihrer kulturellen Ausprägung, ihrem politischen Agieren nach innen und außen sowie ihrer Entwicklungsbereitschaft ermöglicht wird. Diese Analyse dient zum einen dazu, die Verbandsstrukturen und ihre Wirkungen auf neue Formen freiwilligen Engagements zu erschließen, und zum andern kann sie Aufschluss darüber geben, welches Verhalten eines Wohlfahrtsverbandes bzw. seiner Untergliederungen für die Förderung neuer Engagementformen günstig ist. Entlang der in Kapitel 2 ausgeführten neueren Forschungsperspektiven der Organisationssoziologie – Rationalitätsmythos, Organisationskultur, Politik in und von Organisationen sowie Dynamisierung der Organisationstheorie – wird im Folgenden deren Bedeutung für freiwilliges Engagement in Wohlfahrtsverbänden knapp zusammengefasst.

In der neueren Organisationssoziologie werden *rationalistische Organisationsmodelle*, die auf der Annahme begründet sind, Organisationen und die in ihnen tätigen Menschen handelten überwiegend auf der Grundlage rationaler, sachorientierter Überlegungen, *entmythologisiert*. Es wird also aufgedeckt, dass die rein rational geleitete Steuerung von Organisationen – u.a. aufgrund ihrer hohen Komplexität – nicht möglich ist. Das Rationalitätsparadigma ist jedoch trotzdem von großer Bedeutung, da in unserer rationalitätsgläubigen Gesellschaft allem, was rational begründet wird, Richtigkeit und Effizienz unterstellt wird. Eine Organisation muss demzufolge ihr Handeln rational begründen, damit es von der Gesellschaft als ordnungsgemäßes Handeln akzeptiert wird und ihr kein Legitimationsentzug droht. Auf der Grundlage der Rationalität werden in Organisationen deshalb Strukturen und Verfahren für bestimmte Abläufe eingeführt, die dann eine Art Eigenleben entwickeln und nicht mehr auf ihre Nützlichkeit hinterfragt werden (vgl. 2.2.1). Die großen Wohlfahrtsverbände haben beispielsweise solche rationalen Strukturen entwickelt, indem sie sich seit den 70er Jahren stark professionalisiert und in ihrer Organisationsform den staatlichen Bürokratien immer mehr angenähert haben, was u.a. einen Rückgang der Zahl der Ehrenamtlichen in Wohlfahrtsverbänden zur Folge hatte (vgl. 1.2.3). Die beschriebene Entmythologisierung der Rationalitätsannahme ist die Grundlage für die weiteren organisationssoziologischen Forschungsperspektiven.

So ist die Auseinandersetzung mit der *Organisationskultur* ein weiterer Ansatz bei der Analyse der Organisiertheit von Wohlfahrtsverbänden. Die Organisationskultur umfasst sämtliche Verhaltensnormen, Denkmuster und Wertüberzeugungen, die sich in einer Organisation herausgebildet und bewährt haben und die deshalb über spezifische Mechanismen der Weitervermittlung an neue Organisationsmitglieder tradiert werden. Die Organisationskultur kann als sozial konstruiertes, kollektives Phänomen verstanden werden, das Sinn und Orientierung stiftet und so das Handeln der einzelnen Mitglieder prägt und bis zu einem gewissen Grad vereinheitlicht. Die Aneignung von Organisationskultur erfolgt über einen Sozialisationsprozess, bei dem besonders erfolgreiche Problemlösungsstrategien zu selbstverständlichen Orientierungsmustern des organisationalen Handelns werden (vgl. 2.2.2). Der arationalistische, emergente Charakter des Organisationskulturkonzepts und dessen Betonung des Stellenwerts organisationaler Lebenswelten mit der damit verbundenen Rehumanisierung der Organisationstheorie sorgt für die gegenwärtige Konjunktur dieses Forschungszweigs. Zwei Aspekte der Organisationskulturforschung sind für die Analyse der Verbandsstrukturen von besonderer Bedeutung: zum einen das *Verhältnis zwischen »starken« und »schwachen« Kulturen* bzw. zwischen Haupt- und Subkulturen in einer Organisation und zum andern die Frage nach den *Prozessen des Kulturwandels* in Organisationen und deren Steuerung. Wohlfahrtsverbände, die sich auf die Förderung von neuen Formen freiwilligen Engagements einlassen, müssen offen sein für neue kulturelle Strömungen. Neben die bereits bestehenden Verbandskulturen, von denen eine die des traditionellen Ehrenamts ist, treten die Kulturen der neuen Formen freiwilligen sozialen und bürgerschaftlichen Engagements. Dadurch kann ein Prozess der kulturellen Irritation im Verband ausgelöst werden, die Frage nach Haupt- und Subkultur kann sich neu stellen und/oder ein kultureller Wandlungsprozess ausgelöst werden.

In Bezug auf die Frage, ob eher *»starke« oder »schwache« Verbandskulturen* die Förderung neuer Engagementformen begünstigen, ist festzuhalten, dass die Homogenität einer starken Organisationskultur gegenüber den Ansprüchen, die die Umwelt in einer Zeit zunehmender Dynamik und Instabilität an die Organisation richtet, dysfunktional sein kann. Stärke kann dann bedeuten, dass der Wohlfahrtsverband nicht über die Fähigkeit verfügt, sich auf sich verändernde Umwelten schnell und flexibel einzulassen. Insofern wäre zu folgern, dass eine starke Verbandskultur die Förderung neuer Engagementformen eher behindert. Ist die Hauptkultur eines Verbandes jedoch geprägt durch verschiedene, auch widersprüchliche Subkulturen, kann aus dieser »multikulturellen« Organisationskultur eine besondere Stärke erwachsen: Sie ist offen für eine Pluralität von Subkulturen; im Zentrum steht nicht die Ausprägung eines ganz spezifischen Wert- und Orientierungssystems, sondern vielmehr eine verbandsspezifische Mischung von Subkulturen. Bei einer polarisierenden Betrachtungsweise haben schwache Organisationskulturen tendenziell eine flexibilisierende und dynamisierende Wirkung, während starke Organisationskulturen eher beharrend, bewahrend und stabilisierend wirken. D.h. Wandlungsprozesse einer Organisation werden insofern von schwachen Organisationskulturen eher befördert als von starken, es sei denn, die starke Kultur zeichnet sich durch ihre Offenheit gegenüber kulturellem Wandel aus.

Das Beispiel des untersuchten Seniorenbüros zeigt, dass im dortigen Kreisverband eine starke Kultur des traditionellen – von der Rot-Kreuz-Arbeit dominierten – Ehrenamts vorherrschte, die sowohl die Konzeption des Modellprojekts deutlich geprägt hat wie auch die erste Seniorenbüroleiterin und zwei der ehrenamtlich tätigen Frauen in Zettfeld. Die bewahrenden Tendenzen dieser starken Kultur ließen sich beispielsweise in der Ambivalenz der ehrenamtlichen Frauen gegenüber ihrem neuen Tätigkeitsfeld beobachten (vgl. 7.1).

Es ist davon auszugehen, dass Wohlfahrtsverbände als intermediäre Organisationen für ihre verschiedenen Funktionen – als politische Organisation, lokaler Verein, Weltanschauungsverband und Dienstleistungsproduzent – jeweils andere Subkulturen ausbilden. Für den Verband stellt sich hier die Herausforderung, sein »multifunktionales« Profil (vgl. hierzu 1.4) durch eine (Haupt-)Kultur zu schärfen, die in der Lage ist, die Besonderheiten und Akzentuierungen der einzelnen Funktionen und ihrer (Sub-)Kulturen in den verschiedenen Organisationsbereichen zu fördern und zu integrieren. So kann die Hauptkultur eine »integrative Klammer« bilden für die Funktions- und Kulturvielfalt des Wohlfahrtsverbands.

Bezogen auf den *Kulturwandel* in Wohlfahrtsverbänden ergibt sich für die Verbände – wiederum anknüpfend an ihr multifunktionales Profil – die Herausforderung, ihre Organisationskulturen dahingehend kritisch zu reflektieren, ob die Wahrnehmung ihrer verschiedenen Funktionen durch diese Kulturen eher gefördert oder eher gehemmt wird. Die Entwicklung eines starken multifunktionalen Profils in der gegenwärtigen gesellschaftspolitischen Situation erfordert aufgrund des gesellschaftlichen Wandels (wie z.B. Individualisierung, Pluralisierung, Wertewandel etc.) auch kulturelle Neuorientierungen der Wohlfahrtsverbände, um diesem Wandel bzw. den Ansprüchen, die sich aus ihm ergeben, gewachsen zu sein. Ein konkretes Beispiel der gesellschaftlichen Veränderungsprozesse ist die Entstehung der neuen Formen freiwilligen sozialen und bürgerschaftlichen Engagements. Projekte, die von diesem veränderten Engagementverständnis (z.b. weniger Dienst – mehr Selbstbezug; für andere *und* für mich; vgl. 3.1.2) geprägt sind, entwickeln ein anderes kulturelles Selbstverständnis als das in Wohlfahrtsverbänden vorfindbare. Im beschriebenen Forschungsprojekt war dies besonders gut zu beobachten im Vergleich der beiden Seniorenbüroleiterinnen: Die erste Leiterin war vor dieser Projektarbeit bereits lange Jahre im Verband tätig gewesen und entsprechend kulturell sozialisiert. In ihrer Argumentation bezüglich der Projektinhalte orientierte sie sich nun zwar auch an den Merkmalen neuer Engagementformen, trotzdem entstand in der forschungsbegleitenden Praxisberatung immer wieder der Eindruck, dass sie innerlich der vertrauten Verbandskultur und den dazugehörigen Orientierungsmustern sehr verhaftet war. Ganz anders die zweite Leiterin. Sie war vorher noch nie in einem Wohlfahrtsverband tätig gewesen, aber sowohl freiwillig als auch beruflich in verschiedenen Initiativen und Projekten. Die Verbandsstrukturen waren ihr fremd, immer wieder trat sie auch in »Fettnäpfchen«, weil sie noch nicht in die kulturellen Orientierungsmuster »einsozialisiert« war. Sie war gerade aufgrund ihrer andersartigen Sozialisation in der Lage, einerseits die Kultur neuer Engagementformen zu unterstützen, aber andererseits auch unbefangen, die Verbandskultur kennen zu lernen und zwischen beiden zu vermitteln. Wenn also Wohlfahrtsverbände Projekte der neuen Engagementformen unter ihrem Dach integrieren wollen, muss ihre Kultur des traditionellen Ehrenamts eine Kurskorrektur erfahren, damit sich auch andere, neue Personenkreise von den Wohlfahrtsverbänden angesprochen fühlen. Das Einlassen auf die Kulturen neuer Engagementformen kann auch eine befruchtende Wirkung haben für die Hauptkultur des Verbandes und somit gerade sein multifunktionales Profil schärfen.

Ein dritter Ansatz zur Analyse organisationaler Strukturen beschäftigt sich mit dem *politischen Handeln der Organisation nach innen und außen.* Grundlage hierfür ist die Auffassung, dass die Strukturen und Regeln einer Organisation nicht als statisch zu verstehen sind, sondern als Bedingungen, Objekte und Ressourcen von politischen Prozessen wahrgenommen werden. Organisationen sind infolgedessen ein Geflecht von AkteurInnen sowie deren Handlungen, und organisationale Strukturen sind demnach die Strategien der jeweils herrschenden Koalitionen (vgl. 2.2.3). Auch eine politikorientierte Konzeptionierung von Organisation steht – wie die Organisationskulturkonzepte – immer in Bezug zum jeweiligen historisch-gesellschaftlichen Kontext mit seinen typischen Konfliktlagen und Schwierigkeiten, Brüchen und Reibungsflächen; sie ist verflochten mit den Veränderungen in der Gegenwartsgesellschaft, die eine Reaktion der Organisationen erfordern. Politikorientierte Konzepte gehen nicht davon aus, dass sich innerorganisationale Herrschaftsverhältnisse ohne

Einschränkung durchsetzen lassen, vielmehr wird die tägliche Auseinandersetzung um die Kontrolle (um Macht, Einfluss, Prestige und Ressourcen) und die sich daraus ergebenden Machtspiele untersucht. Es geht also darum, Organisationsnormen in ihrem Entstehungskontext – in den z.B. die Weltsichten, Problemdefinitionen und Handlungsstile unterschiedlicher Subkulturen einfließen – zu analysieren und als Produkte von Handlungen wahrzunehmen.

Organisationale Politik erfolgt als Makro-, Meso- und Mikropolitik (vgl. 2.2.3). Auf der *Makroebene* geht es um die Politik *von* Organisationen bezüglich der Gesamtgesellschaft und des Einflusses von Organisationen auf die staatliche Politik. Diese Politikebene wird hinsichtlich der Wohlfahrtsverbände unter der Perspektive der Korporatismusforschung als Einflusslogik analysiert (vgl. 1.3.3). Das Verhältnis von Verbänden und Staat wird als enge Verflechtung beschrieben, die von Interdependenz geprägt ist, so dass sowohl die Verbände den Staat beeinflussen können (z.B. bezüglich der Sozialpolitik) als auch der Staat die Verbände (v.a. aufgrund deren finanzieller Abhängigkeit).

Die Ebene der *Mesopolitik* kann als Strukturpolitik verstanden werden, hier wird die politische Funktion organisationaler Formalstrukturen untersucht. Es wird aufgezeigt, dass sich Formalstrukturen von Organisationen in einem Korrespondenzverhältnis zu Kontexten entwickeln, indem sie eingelagert sind in gesellschaftliche Machtstrukturen und sich in einer internen und externen Umwelt bewähren müssen. Im Blick auf Wohlfahrtsverbände als Förderer von Projekten freiwilligen sozialen und bürgerschaftlichen Engagements ist unter mesopolitischer Perspektive zu fragen, welchen Raum die strukturell gestützte Verbandslogik und -kultur unter gegebenen gesellschaftspolitischen Bedingungen (z.B. staatlich bereitgestellte Fördergelder, hohe öffentliche Anerkennung bürgerschaftlichen Engagements) der Projektlogik und ihren kulturellen Besonderheiten grundsätzlich zugesteht. Nur wenn der Verband einem solchen Projekt genügend Spielräume gewährt – beispielsweise indem er einen flexiblen Umgang mit der Projektkonzeption unterstützt und zulässt, dass diese entsprechend der Interessen der Zielgruppe optimiert wird (vgl. 7.3) –, kann es sich entfalten und für den Verband als Ganzes fruchtbar werden. Deshalb geht es dabei auch um die Frage, inwieweit der Verband bereit und in der Lage ist, sich von der Projektlogik anregen zu lassen um die Verbandsstrukturen zu modernisieren und anschlussfähig zu machen an gegenwärtige gesellschaftliche Entwicklungen. Im untersuchten Modellprojekt lässt sich als organisationspolitisches Ziel jedoch weniger die Anschlussfähigkeit an aktuelle gesellschaftliche Entwicklungen ausmachen, als vielmehr das Bestreben des DRK-Kreisverbands Burgstadt, mit dem Modellprojekt Seniorenbüro neue Ehrenamtliche zu gewinnen und in Teile des Landkreises zu expandieren, in denen das DRK noch wenig vertreten war.

Auf der Ebene der Mikropolitik schließlich geht es darum, wie die Organisationsmitglieder mit den Strukturen der Organisation umgehen. Die Rolle der Subjekte mit ihren »eigensinnigen« Vorstellungen vom Aufbau und Einsatz von Macht rückt dabei in den Mittelpunkt des Interesses. Die in Organisationen ablaufenden Entscheidungsprozesse spiegeln Machtkämpfe wider, die nicht rational geplant und wertfrei verlaufen. Mikropolitisches Handeln besteht dabei in solchem Verhalten, das andere Personen für die Erreichung eigener Ziele einsetzt (vgl. 2.2.3). Für Wohlfahrtsverbände stellt sich auf der mikropolitischen Ebene die wichtige Frage, welcher Stellenwert demokratischen Grundsätzen bei Entscheidungsprozessen und Strategiebildung eingeräumt wird.[3] Bezogen auf die Förderung neuer Formen freiwilligen und bürgerschaftlichen Engagements durch Wohlfahrtsverbände konkretisiert sich dies in der Kooperation von professionellen und freiwilligen MitarbeiterInnen im Verband. Dass die Zusammenarbeit zwischen Professionellen und Freiwilligen oft von wechselseitigen Vorbehalten belastet ist, wurde in Kapitel 4 dargestellt. Aus mikropolitischer Perspektive ist vor allem die Frage nach dem Ablauf von Entscheidungsprozessen in der Zusammenarbeit von ehrenamtlichen Vorständen und hauptamtlichen MitarbeiterInnen besonders interessant. Je nach Verband und Personenkonstellation wird es hier ganz unterschiedliche Szenarien geben: Vorstände, die im Wesentlichen die Geschäfte an die Professionellen delegieren und diesen auf der Basis ihrer Fachlichkeit die Entscheidungen überlassen, aber auch Vorstände, die einen ausgeprägten eigenen Gestaltungswillen haben und die Aufgabe der Professionellen darin sehen, ihre Aufträge zu erfüllen.[4] Aber auch das Verhältnis zwischen den Freiwilligen vom Typus »traditionelles Ehrenamt« und solchen vom Typus »neues Ehrenamt« oder »bürgerschaftliches Engagement« kann von Spannungen und Hierarchiedenken belastet sein, das sich z.B. um die Frage dreht, welcher Freiwilligentypus »der bessere« ist und deshalb mehr Mitspracherecht erhält. Hauptamtlichen, die mit der Engagementförderung und -begleitung beauftragt sind, wird gerade auf mikropolitischer Ebene ein ganz besonderes Fingerspitzengefühl im Umgang mit den Freiwilligen abverlangt, aber auch ein ausgeprägtes Reflexionsvermögen bezüglich der eigenen Rolle in diesen Konstellationen.

Beim Ansatz der *Dynamisierung der Organisationstheorie* steht die Frage im Zentrum, nach welchen Regeln sich Organisationen »von selbst« verändern (vgl. 2.2.4).

---

[3] Mikropolitisches Handeln äußert sich z.B. auch in der Art und Weise, wie die unter der Perspektive der Korporatismusforschung beschriebene Mitgliedschaftslogik in einem Verband realisiert wird (vgl. 1.3.3).

[4] Diese zweite Variante ist dann besonders brisant, wenn beispielsweise in einem Jugendverband 20jährige Vorstandsmitglieder einer 40jährigen Fachkraft vorschreiben, was sie zu tun hat.
Es lässt sich in Verbänden auch ein Typus von Vorständen ausmachen, der den Hauptamtlichen gegenüber vor allem skeptisch eingestellt ist. Wird solche Skepsis nicht artikuliert und bearbeitet, besteht die Gefahr, dass aus Misstrauen und Unsicherheit der ehrenamtlichen EntscheidungsträgerInnen gegenüber den Hauptamtlichen sinnvolle und notwendige Entscheidungen blockiert werden. Hauptamtliche, deren gut gemeinte Aktivitäten so ausgebremst werden, erleben den Vorstand als »trägen Haufen«, der sich jeglichen Innovationen verschließt. Wenn Hauptamtliche selbst so darum kämpfen müssen, einen Vorgesetzten anerkannt zu werden und ihre Kompetenzen umzusetzen, kann sich dies auch auf ihre Zusammenarbeit mit den praktisch tätigen Ehrenamtlichen auswirken, indem es ihnen schwerfällt, deren Kompetenzen anzuerkennen und zu fördern. Fühlen sich Ehrenamtliche wiederum in ihrer Wertschätzung beeinträchtigt, führt dies häufig zu ihrem Rückzug (Pradel 1993: 98; vgl. zum Verhältnis zwischen Professionellen und Freiwilligen auch Kapitel 4 und Abschnitt 8.3).

Ausgangspunkt ist dabei die Feststellung, dass rational geplante Veränderung von Organisationen nur bedingt möglich ist. Drei Grundmodelle von Veränderung lassen sich unterscheiden: Entwicklungsmodelle, Selektionsmodelle und Lernmodelle. Lernmodelle erfahren in der aktuellen Diskussion besondere Aufmerksamkeit unter dem Stichwort der »lernenden Organisation«. Organisationales Lernen erfolgt auf drei interdependenten Ebenen: als individuelles, mikro- und makrosoziales Lernen. Dabei ist das individuelle Lernen unbedingte Komponente des organisationalen Lernens. Grundlegend für organisationales Lernen ist der Aufbau eines gemeinsamen Wissensbestandes, über den die Organisationsmitglieder kommunizieren können und der im Prinzip konsensfähig sowie in Organisationsprozesse und -strukturen integrierbar ist. Die Konsensfähigkeit muss allerdings immer wieder neu hergestellt werden, da gerade über kontroverse Auseinandersetzungen neue Lernerfolge erzielt werden können. Lernvorgänge und Machtausübung gehören in Organisationen eng zusammen und es kann davon ausgegangen werden, dass Entscheidungen und Veränderungen in Organisationen häufig durch das Wissen der Mächtigen bestimmt werden, die auf diese Weise Mikropolitik betreiben und ihre Einflusschancen sichern. Infolgedessen besteht die Gefahr, dass Machtstrukturen in Organisationen durch den Begriff Organisationslernen verschleiert werden. Deshalb sind (mikro-)politische Aspekte des organisationalen Lernens im Interesse der Stärkung der kollektiven Handlungsfähigkeit transparent zu machen.

Für die Förderung und Begleitung von neu gegründeten Projekten freiwilligen Engagements durch Hauptamtliche in Wohlfahrtsverbänden ist es von besonderer Bedeutung, dass nicht nur die beruflich-instrumentelle Seite organisationaler Lernvorgänge betont, sondern auch der *individuell-subjektiven Seite* Rechnung getragen wird. Die Hauptamtlichen in solchen Projekten haben es mit neuen, komplexen und sich verändernden Situationen zu tun, die die regelhafte und ergebnissichere Anwendung von »fertigem« Wissen und Können nicht zulassen. Zur Stärkung ihres multifunktionalen Verbandsprofils ist es für das organisationale Lernen in Verbänden erfolgversprechend, wenn die einzelnen Organisationsmitglieder – Professionelle wie Freiwillige – neben ihrer rationalen und strategischen Ausrichtung auch mit ihren Lebensgeschichten und in ihren verschiedenen sozialen Bezügen wahrgenommen werden.

Nach den Ausführungen über Organisationslernen als in der aktuellen Diskussion populärstes Dynamisierungsmodell wird nun nochmals Bezug genommen auf ein Entwicklungsmodell, das sich nicht mit Organisationen im Allgemeinen, sondern ausdrücklich mit Verbänden befasst und aus diesem Grund zur Analyse von Verbandsstrukturen und ihrem Wandel einen besonderen Beitrag leistet. Das *integrative Entwicklungsphasenmodell für Verbände* – wie es in Abschnitt 2.3 vorgestellt wurde – geht davon aus, dass Wohlfahrtsverbände im Laufe ihres Bestehens aufgrund sich verändernder Anforderungen und Probleme verschiedene Phasen und Krisen durchlaufen. Es beinhaltet Aspekte aus allen drei oben genannten Grundmodellen der Dynamisierung und beschäftigt sich mit quantitativen und qualitativen Veränderungsprozessen im Zeitablauf bezogen auf die Dimensionen Organisation, Führung, Leistungsprogramm und Verbandskultur. In diesen vier Dimensionen lassen sich Verbindungen zu den organisationssoziologischen Perspektiven (vgl. 2.2.1 bis 2.2.4) assoziieren: Am augenfälligsten sind die Parallelen bei den Dimensionen Führung und Leistungsprogramm mit der Politik in und von Organisationen sowie bei der Dimension Verbandskultur mit der organisationssoziologischen Beschäftigung hinsichtlich der Organisationskultur (vgl. 2.3.2).

Mit dem integrativen Entwicklungsphasenmodell lässt sich die Einfluss- und Mitgliedschaftslogik der Verbände (vgl. Korporatismusforschung in 1.3.3) ergänzen mit einer dritten Intention, der Entwicklungslogik, als Interaktion nach vorn. Dieses Modell geht von einer Abfolge von vier idealtypischen Entwicklungsphasen aus: der Entstehungs-, Entfaltungs-, Etablierungs- und Erneuerungsphase. Die Betrachtung von Wohlfahrtsverbänden unter Verwendung des integrativen Entwicklungsphasenmodells ist insofern sehr interessant, als anhand der Entwicklungsphasen spezifische Probleme von Verbänden bei der Förderung freiwilligen sozialen Engagements analysiert und in den Gesamtkontext des Verhältnisses zwischen Wohlfahrtsverbänden und neuen Formen freiwilligen sozialen Engagements eingeordnet werden können.

Am Beispiel der *Entstehungsphase* wird erkennbar, dass ein neu gegründetes Projekt wie ein Seniorenbüro viele Merkmale von verbandlichen Vorformen aufweist, auch dann, wenn es sich in Trägerschaft eines etablierten Verbandes befindet, der seinerseits die Entstehungsphase längst überwunden hat. Der Verband kann sich stattdessen z.B. in der Erneuerungsphase befinden, in der es für ihn eine Verbandsstrategie ist, neue Projekte aufzubauen. Die Ungleichzeitigkeit der Entwicklungsphasen kann zu Spannungen führen zwischen Trägerverband und Projekt. Zur idealtypischen Ausformung der Entstehungsphase gehört, dass die Ausprägungen in den Dimensionen Organisation, Führung, Leistung und Kultur eher extrem sind, was für die Entstehung auch förderlich ist (vgl. 2.3.3). Bei Projekten in verbandlicher Trägerschaft ist jedoch davon auszugehen, dass manche dieser Ausprägungen tendenziell nicht so extrem sind wie im idealtypischen Modell, da über den Verband beispielsweise eine gewisse Organisations- und Führungsstruktur sowie bestimmte Aspekte des Leistungsprogramms festgelegt sind und auch die Verbandskultur in das Projekt hineinwirkt. Der Unterschied zwischen Vor- und Hauptphase der Entstehung lässt sich hier infolgedessen oft nicht so klar ausmachen. Die weniger extreme Merkmalsausprägung spricht auf der einen Seite dafür, dass Projekte in Verbandträgerschaft einem geringeren Risiko des Scheiterns ausgesetzt sind. Anderseits können die verbandlichen Vorgaben die Projektentwicklung aber auch hemmen, weil diese der Entstehungsphase eines Projektes und ihren Notwendigkeiten nicht unbedingt entsprechen (z.B. auf der Ebene der Kultur). Für das in dieser Arbeit untersuchte Seniorenbüro war es z.B. sehr einengend, dass der Verband eine bezüglich des Leistungsprogramms relativ starre Konzeption vorgegeben hatte, was dazu führte, dass die erste Seniorenbüroleiterin immer wieder verunsichert war, welche neuen Ideen zugelassen werden können und welche aufgrund der mangelnden Passung zum Leistungsprogramm abgelehnt werden müssen (vgl. 7.3). Es kann aber auch zu Problemen kommen, wenn sich ein neues Projekt nicht ausreichend in die Verbandssatzung einpassen lässt. Schließlich ist es möglich, dass der Verband das Projekt ganz bewusst im Projektstatus belässt, um es z.B. bei Misserfolg leichter beenden zu können. Solange die Finanzierung des Projektes über Projektmittel weitgehend gewährleistet ist, hat das Projekt für den Verband – neben anderen Zielen – zumindest eine Prestigefunktion, so dass die Wahrscheinlichkeit des Scheiterns eher gering ist. Es könnte vermutet werden, dass Projekte in Verbandsträgerschaft selbst nach Ablauf der Förderphase einen so starken Rückhalt haben, dass der Verband die nötigen Mittel zur Weiterführung aufbringt. Die Gefahr des Scheiterns ist jedoch dann sehr hoch, wenn der Verband nicht bereit oder in der Lage ist, die anfallenden Personalkosten zu übernehmen. Hauptamtliches Personal steht dann nicht mehr oder in deutlich geringerem Umfang für die Förderung und Begleitung von freiwilligem Engagement zur Verfügung, so dass die Freiwilligen sich gegebenenfalls vom Verband im Stich gelassen oder überfordert fühlen, was zur Beendigung des Engagements führen kann.

Neben der Entstehungsphase lassen sich auch aus der *Etablierungsphase* wichtige Aspekte ableiten, die das Verhältnis zwischen Wohlfahrtsverbänden und freiwilligem sozialem Engagement erklären. Während der Etablierungsphase, die sich in der historischen Verbandsentwicklung zwischen 1945 und 1990 ansiedeln lässt, wurden die Verbände stark geprägt von der korporatistischen Verflochtenheit mit dem Staat. In dieser Phase hatte die Einflusslogik einen besonders großen Stellenwert für die Wohlfahrtsverbände, was zu einer Vernachlässigung der Mitgliedschaftslogik und einer nachlassenden Mitgliederbindung führte. Weil die Verbände in dieser Phase große Anerkennung durch den Staat erfuhren, wurde das Krisenpotential der sinkenden Zahl von Ehrenamtlichen zunächst verkannt oder ignoriert; eine gewisse Schwerfälligkeit in Bezug auf die verbandliche Entwicklungsfähigkeit war – begünstigt durch die staatliche Unterstützung der Verbände[5] – eingetreten. In der Etablierungsphase konserviert ein Verband erfolgreiche Strategien, doch je länger er dies tut, umso stärker wird auch seine Kultur von diesem Vorgehen geprägt und umso schwieriger werden Reformen. Dies wirkt sich unmittelbar auf den Umgang mit neuen Formen freiwilligen Engagements aus, z.B. in der Weise, dass Verbände – wie im untersuchten Projekt – zunächst versuchen, das ihnen vertraute traditionelle Ehrenamt wieder zu stärken, und nicht offen sind für neue Engagementformen. Dem DRK-Kreisverband

---

[5] Die staatliche Unterstützung der Verbände beruht auf dem Nutzen, den der Staat aus der Weitergabe der an ihn gestellten sozialstaatlichen Ansprüche an die Wohlfahrtsverbände und andere Nonprofit-Organisationen zieht (vgl. Grunwald 2001: 36).

Burgstadt ist es letztlich weder gelungen, während der geförderten Projektlaufzeit das Modell Seniorenbüro zur Schärfung seines multifunktionalen Profils sinnvoll zu nutzen, noch es über die geförderte Laufzeit hinaus auf sichere Beine zu stellen.

Entsprechend der historischen Einordnung der Entwicklungsphasen ist davon auszugehen, dass sich die Wohlfahrtsverbände heute tendenziell in der *Erneuerungsphase* befinden. Die Entwicklungslogik als nach vorn gerichtete Interaktion hat an Bedeutung gewonnen, so dass die Verbände neben der Herausforderung durch die Konkurrenz mit erwerbswirtschaftlichen Organisationen ihr Profil auch dadurch zu schärfen versuchen, indem sie der Mitgliedschaftslogik wieder einen eigenen Stellenwert einräumen. Wenn Wohlfahrtsverbände in dieser Phase, die unter dem Vorzeichen von Reformen steht, Träger von Projekten freiwilligen sozialen und bürgerschaftlichen Engagements werden, haben sie die Chance, sich dadurch modellhaft neue Erfahrungshorizonte zu eröffnen und Handlungsspielräume zu erproben, von denen der Verband als Ganzes lernen kann. Ob jedoch der DRK-Kreisverband Burgstadt die Chance genutzt und aus dem Modellprojekt Seniorenbüro für seinen weiteren Umgang mit neuen Engagementformen nach Ablauf der geförderten Projektlaufzeit noch Lernerfahrungen erschlossen hat, konnte im Rahmen der vorliegenden Studie nicht mehr untersucht werden.

Zusammenfassend lässt sich festhalten, dass eine Weiterentwicklung für die Verbände unabdingbar ist, um in der gegenwärtig erfolgenden Neuordnung der institutionellen Arrangements wohlfahrtsstaatlicher Systeme aller westlicher Staaten bestehen zu können. Wie schon mehrfach betont kann dies nur über die Schärfung ihres multifunktionalen Profils gelingen. Unter organisationstheoretischem Blickwinkel ist das organisationale Lernen der Weg, um dem veränderten Gesellschaftssystem gerecht zu werden. Eine große Chance der Verbände liegt dabei – im Sinne der Mitgliedschaftslogik – in der Einbindung freiwilliger bürgerschaftlicher Mitwirkung in die Wohlfahrtsproduktion. Dieses Vorgehen kann sogar im Sinne der Einflusslogik sein, weil den neuen Formen freiwilligen sozialen Engagements derzeit eine hohe sozialpolitische Anerkennung zuteil wird, die den Wohlfahrtsverbänden, die solche Engagementformen fördern, zugute kommen kann. Aber auch in der gegenwärtigen Erneuerungsphase besteht für die Wohlfahrtsverbände die Gefahr, dass die Mitgliedschaftslogik wieder zu kurz kommt, da Einfluss-, Entwicklungs- und Marktlogik im Zuge der Beeinflussung durch betriebswirtschaftliche Managementstrategien ein starkes Trio bilden können, das den Blick der Verbände vor allem auf ihre Marktfähigkeit in Konkurrenz zu öffentlichen oder privatgewerblichen Anbietern richtet. Zum Erhalt ihrer Leistungsfähigkeit müssen sich die Wohlfahrtsverbände aber aller ihrer Funktionen – sie sind betriebswirtschaftlich gesteuerte Dienstleistungsproduzenten, Mitgliederverbände und als solche politische Akteure sowie lokale Vereinigungen mit assoziativen Strukturen – bewusst sein. In dieser *Multifunktionalität* brauchen sie sowohl betriebswirtschaftliches Know-how, glaubwürdige normative und kulturell-ethische Wurzeln, eine Verankerung in den Lebenswelten ihrer AdressatInnen, Mitglieder und MitarbeiterInnen wie auch die Bereitschaft in Bewegung zu bleiben, sich weiterzuentwickeln und zu lernen.

8.3 Zum Verhältnis zwischen Professionellen und Freiwilligen in Wohlfahrtsverbänden

Das Verhältnis von freiwilligem sozialem Engagement und Wohlfahrtsverbänden wurde bei der bisherigen Auseinandersetzung mit den Perspektiven der Wohlfahrtsverbändeforschung und der Organisationssoziologie vor allem unter verbandspolitischen und organisationsbezogenen Gesichtspunkten erörtert. Für die Förderung neuer Formen freiwilligen Engagements durch Wohlfahrtsverbände genügt die Auseinandersetzung mit diesen Perspektiven jedoch nicht, da für eine gelingende Einbindung neuer Engagementformen in Verbände gerade die *personale Ebene* zwischen beruflich-professionell und freiwillig Tätigen von entscheidender Bedeutung ist. Dabei nehmen die Professionellen eine Schlüsselfunktion ein. Wie in Kapitel 4 gezeigt wurde, bewegen sie sich in ihrer Tätigkeit in verschiedenen Spannungsfeldern:

- Zum Ersten müssen professionelle SozialpädagogInnen/SozialarbeiterInnen sich grundsätzlich im *Spannungsfeld von Organisations- und AdressatInnenorientierung* verorten, d.h. sie müssen sich als MitarbeiterInnen des Verbandes einerseits an dessen organisationalen Rahmenbedingungen ausrichten (Relation Professionelle – Organisation) und sich andererseits an den AdressatInnen des Verbandes orientieren (Relation Professionelle – AdressatInnen). Insofern ist die Beschäftigung mit der Beziehung zwischen Professionellen und ihrer Organisation (also nach »innen« gerichtet) sowie mit der Beziehung der Professionellen zur Umwelt der Organisation (nach »außen« gerichtet) – von der die AdressatInnen der für diese Betrachtung wichtigste Teilbereich sind – für die Analyse des professionellen Handelns in Wohlfahrtsverbänden von größter Bedeutung.
- Zum Zweiten erfolgt das professionelle sozialpädagogische Handeln, das dem Ziel der Engagementförderung dient, zusätzlich in dem besonderen *Spannungsfeld von Professionellen und Freiwilligen*. In der Zusammenarbeit mit Freiwilligen wird die professionelle Identität der beruflich Tätigen auf spezifische Weise herausgefordert. Dies hat wiederum Auswirkungen auf deren Aktivitäten zur Förderung von freiwilligem Engagement.

Die genannten Spannungsfelder, in denen professionelles sozialpädagogisches Handeln erfolgt, verweisen auf ein charakteristisches Merkmal der Sozialen Arbeit: *Sie findet in einem Tätigkeitsbereich statt, für den widersprüchliche Erwartungen ebenso kennzeichnend sind wie das Fehlen eindeutiger Regeln und Standardisierungen.* Das bedeutet, dass SozialpädagogInnen/SozialarbeiterInnen bei der Ausübung ihres Berufes immer wieder neu mit Situationen der Ungewissheit konfrontiert werden, in denen sie sich bezüglich der Ausprägung der eigenen Berufsrolle nicht auf verbindliche kollektive Vorstellungen beziehen können. Stattdessen ist ihr persönliches professionelles Selbstverständnis stark geprägt von ihren jeweiligen Berufsvollzügen, in denen sie ihre Berufsrolle gewissermaßen selbst inszenieren. Eine kollektive Identität, die in einen einheitlichen professionellen Habitus mündet, ist in der Sozialen Arbeit nicht, oder nur gering, ausgeprägt. Das führt zu einem geschwächten Selbstbewusstsein gegenüber anderen Professionen. Sozialpädagogische Professionalität lässt sich, wie in Abschnitt 4.1 ausgeführt, jedoch weder allein aus den Attributen der klassischen Professionen ableiten oder an ihnen messen noch entspricht sie dem Expertentum. Sie folgt vielmehr dem Modell der »stellvertretenden Deutung«, das sich durch eine doppelte Bezugnahme auf einerseits wissenschaftliches Wissen sowie andererseits Erfahrungswissen und hermeneutische Sensibilität für den Fall auszeichnet. Sozialpädagogische Professionalität konstituiert sich also aus dem situativ und reflexiv auszuhandelnden Widerspruch einer dialogischen Praxis des gleichzeitigen Theorie- und Fallverstehens sowie – aufgrund ihrer Abhängigkeit von staatlicher Steuerung und Einbindung in bürokratische Organisationen – dem handlungslogischen Dilemma eines »doppelten Mandats« aus Hilfe und Kontrolle.

(1) Die dialogische Praxis des gleichzeitigen Theorie- und Fallverstehens weist auf die *AdressatInnenorientierung* sozialpädagogischer Professionalität hin. Die Einbindung der Sozialen Arbeit in Organisationen und ihre Abhängigkeit von staatlicher Steuerung verweist demgegenüber auf die *Organisationsorientierung* des professionellen Handelns. So lässt sich aus den charakteristischen Merkmalen Sozialer Arbeit das für professionelles sozialpädagogisches Handeln signifikante *Spannungsfeld von Organisations- und AdressatInnenorientierung* ableiten: Die professionell Handelnden befinden sich in den Diensten und Einrichtungen der Sozialen Arbeit an der Schnittstelle zwischen der Organisation und den AdressatInnen als relevantem Teil der Organisationsumwelt. Im Hinblick auf die Förderung neuer Formen freiwilligen Engagements durch Wohlfahrtsverbände bedeutet dies, dass die kulturellen Besonderheiten des Wohlfahrtsverbands, seine politischen Strategien nach innen (Organisationsorientierung) und außen (AdressatInnenorientierung) sowie die Dynamik seiner Entwicklungsprozesse den formellen und informellen Rahmen für den Umgang der Professionellen nicht nur mit den AdressatInnen, sondern auch mit den Freiwilligen bilden. Insofern erwachsen aus der jeweiligen Ausrichtung der Professionellen an organisationalen Vorgaben und Interpretationsschemata auch die verbandsstrukturellen Handlungsspielräume für eine – durch Wissenschaftswissen und hermeneutisches Fallverstehen untermauerte – Orientierung an den AdressatInnen und Freiwilligen sowie deren Deutungsmuster und Sinnorientierungen. Bezogen auf die Förderung freiwilligen sozialen Engagements ist die Beschäftigung mit dem Spannungsfeld von Organisations- und AdressatInnenorientierung von großer Bedeutung, weil eine reflektierte Balance aus Organisations- und AdressatInnenorientierung der Professio-

nellen die Grundlage dafür ist, freiwilliges Engagement nicht für Verbandszwecke zu instrumentalisieren.

In der Beziehung von Organisationen nach außen (Umwelt) und innen (MitarbeiterInnen) – also sowohl zwischen Wohlfahrtsverbänden und ihren Umwelten als auch zwischen Wohlfahrtsverbänden und ihren MitarbeiterInnen – laufen Gestaltungs-, Selektions- und Retentionsprozesse ab, die die Entwicklung des Verbandes und die damit verbundene konkrete Ausformung der Professionalität beeinflussen (vgl. 4.2.1 und 4.2.2).

In der *Beziehung des Verbandes zu seiner Umwelt* (AdressatInnenorientierung) verlaufen *Gestaltungsprozesse* auf die Weise, dass die MitarbeiterInnen von den vielfältigen Informationen aus der Umwelt manche wahrnehmen und andere nicht – z.b. bezüglich neuer Engagementpotentiale und Bedarfslagen von Freiwilligen. Informationen, die brauchbar erscheinen, werden aufgenommen und können im Verband weiterverarbeitet werden. Das hat zur Folge, dass nur Neues, das auch als Neues wahrgenommen wird, innerhalb des Wohlfahrtsverbandes innovative Entwicklungen anregen kann. In den *Selektionsprozessen* werden mit Hilfe von Interpretationsschemata und Deutungsmustern, die aus Erfahrungen gewonnen werden, die vielfältigen und mehrdeutigen Informationen aus dem Gestaltungsprozess ausgewertet, und es wird entschieden, welche davon zur Weiterverarbeitung zugelassen werden. Ziel ist dabei die Komplexitätsreduktion. Dieser Vorgang ist allerdings mit der Gefahr verbunden, dass der Verband, bzw. dessen AkteurInnen, beispielsweise neue Engagementpotentiale und Bedarfslagen gar nicht wahrnimmt, da sie mit den aus den Erfahrungen mit dem traditionellen Ehrenamt entstandenen Deutungsmustern nicht zu erkennen sind. *Retentionsprozesse* schließlich legen fest, welche Informationen als so nützlich erachtet werden, dass sie als zukünftige Bezugspunkte beibehalten werden. Durch Retentionsprozesse entstehen neue Routinen, die die Professionellen entlasten. Retention wirkt sich auch wiederum auf Gestaltung und Selektion aus, da durch Retentionsprozesse gesteuert wird, welche neuen Informationen aus der Umwelt überhaupt zugelassen werden. Ein Wohlfahrtsverband und seine MitarbeiterInnen können infolgedessen veränderte Umwelten bezüglich der Bereitschaft von Menschen, sich freiwillig zu engagieren, nur dann erkennen und auf geänderte Bedarfslagen nur dann reagieren, wenn sie sich zum einen Sensoren dafür schaffen, diese wahrzunehmen (z.B. durch Fachwissen), sowie zum andern für entsprechende organisationsinterne Verarbeitungsmöglichkeiten sorgen (z.B. durch Ressourcen in Form von Personal und Sachmitteln), um die Förderung neuer Engagementformen als Aufgabe in Angriff zu nehmen.

Die durch Retention erfolgende Steuerung des Verbandes, welche neuen Informationen aus der Umwelt zugelassen werden sollen, vollzieht sich jedoch nur *bedingt rational*. Organisationen und ihre Mitglieder neigen dazu, auf vertrauten Deutungsmustern und Routinen zu beharren und neue Interpretationen in das Vertraute einzupassen. Dies kann als »struktureller Konservatismus« bezeichnet werden (Girschner 1990: 91). Hiermit lässt sich teilweise begründen, weshalb Wohlfahrtsverbände und ihre MitarbeiterInnen so große Schwierigkeiten haben, sich auf neue Engagement-formen tatsächlich einzulassen (vgl. 7.2). Um sich weiterzuentwickeln muss ein Wohl-fahrtsverband deshalb *Irritationen durch Umweltinformationen* zulassen – jedoch in Maßen, weil zu viele neue Umwelterfahrungen die MitarbeiterInnen verunsichern und zu Chaos führen können. Alle Organisationen müssen mehr oder weniger stark auf Umweltveränderungen reagieren. Sie dürfen dabei stets nur so strukturkonserva-tiv sein, wie ihre Routinen von ihrer Umwelt toleriert werden, ohne dass es zu großen Einbußen von Ressourcen und/oder Legitimation kommt.[6] Ein Wohlfahrtsverband, der sich gegenüber den veränderten Gegebenheiten der Gesellschaft verschließt und seine Angebote den neuen sozialen Erfordernissen nicht ausreichend anpasst, wird folglich über kurz oder lang Legitimation und damit Aufträge und Ressourcen verlie-ren.[7] Werden insofern die veränderten Erwartungen von (potentiellen) Freiwilligen an ihre Tätigkeit von den Wohlfahrtsverbänden nicht wahr- und ernst genommen, ist zu erwarten, dass immer mehr engagementwillige Menschen sich solchen Projekten und Organisationen anschließen, bei denen sie sich mit ihren Bedürfnissen besser auf-gehoben fühlen als in wohlfahrtsverbandlichen Strukturen.

Wird das Modell von Gestaltung, Selektion und Retention auf die Praxis des un-tersuchten Projekts heruntergebrochen[8], so lässt sich veranschaulichen, dass es dem DRK-Kreisverband zunächst nicht gelungen ist, sich den veränderten Umwelten ge-genüber so zu öffnen, dass die neuen Engagementformen in der Konzeption des Se-niorenbüros ihren Niederschlag gefunden hätten – vielmehr wurde versucht, neue Freiwillige mit einem Konzept zu gewinnen, dessen Wurzeln im traditionellen Ehren-amt lagen und das deutliche Instrumentalisierungstendenzen aufwies. Erst im Pro-jektverlauf zeigte sich, dass die erste Seniorenbüroleiterin aufgrund ihrer Umwelt-wahrnehmung (Gestaltung) in der Umsetzung des vorgegebenen Konzeptes immer wieder verunsichert wurde. In Selektionsprozessen wurde zwischen Seniorenbüro- und Abteilungsleiterin entschieden, ob und wie auf die Gegebenheiten der Umwelt reagiert werden sollte. Eine Folge der Retention war es, dass im Kontaktbüro Zettfeld dann auch aktiv Angebote gemacht wurden, um überhaupt Zugang zu Menschen zu bekommen, die sich später gegebenenfalls in den konzeptionell vorgesehenen Aktiv-kreisen engagieren könnten.

---

[6] Die Geschichte des Ehrenamts in Wohlfahrtsverbänden hat aber auch gezeigt, dass der Wandel der Verbände zu professionalisierten Dienstleistungsproduzenten zu einem Rückgang der Ressource Ehrenamt geführt hat. Hier folgten die Verbände den veränderten fachlichen, gesellschaftlichen und sozialpolitischen Anforderungen in so starkem Ausmaß (vgl. Einflusslogik in 1.3.3), dass das Ehrenamt in weiten Bereichen überflüssig wurde. In-zwischen stehen die Verbände aber vor der Aufgabe, auf neue gesellschaftliche Erfordernisse zu reagieren. Hier-bei zeigen sie jedoch oft die genannten Beharrungstendenzen.

[7] Zur soziokulturellen Rationalität vgl. Grunwald 2001: 55 f.

[8] Dieses Vorgehen führt allerdings zwangsläufig zu einer vereinfachenden Darstellung des relativ komplexen Modells.

In der *Beziehung von Wohlfahrtsverbänden und ihren MitarbeiterInnen* (Organisationsorientierung) werden – ebenfalls über die Prozesse der Gestaltung, Selektion und Retention – in der Organisation *Veränderungen von innen heraus* angestoßen. Die einzelnen MitarbeiterInnen bringen eine Fülle persönlicher Erfahrungen und (Fach-)Kenntnisse in ihre Arbeit im Verband ein und gestalten, selektieren und agieren vor diesem Erfahrungshintergrund. Einzelne MitarbeiterInnen nehmen den Verband und dessen Umwelt gegebenenfalls ganz anders wahr (Gestaltung), als es die kollektiven Deutungs- und Interpretationsschemata der Organisation vorgeben (Selektion), und generieren auf diese Weise neue »Routinen« (Retention), die einerseits die Weiterentwicklung des Verbandes vorantreiben können, aber andererseits die Komplexität möglicherweise so weit erhöhen, dass sie zu innerorganisatorischer Desorientierung führen. Das damit verbundene Spannungsfeld zwischen individueller Abweichungsbereitschaft und kollektiver Handlungsprogrammierung muss also reguliert werden. Dies erfolgt bei neuen Mitgliedern einer Organisation in der Weise, dass sie mit der Übernahme der Mitgliedsrolle gewisse formale Mitgliedserwartungen anerkennen und sich darüber hinaus den Sozialisationsbestrebungen der Organisation aussetzen. Dieser Vorgang bezieht sich in Wohlfahrtsverbänden aber nicht nur auf professionelle MitarbeiterInnen, sondern auch auf Menschen, die sich für ein freiwilliges Engagement in einem Verband entscheiden. Auch sie sind mit bestimmten Mitgliedserwartungen konfrontiert und lassen sich – zumindest bezogen auf ihr Tätigkeitsfeld – auf die Sozialisation durch den Verband ein.

Aus organisationstheoretischer Perspektive sind *Anpassungsleistungen seitens der MitarbeiterInnen* für das Funktionieren eines Wohlfahrtsverbands sehr wichtig. Wohlfahrtsverbände müssen deshalb bezüglich ihrer Toleranz gegenüber individuellen Abweichungen – und den darin zum Ausdruck kommenden Mitgestaltungswünschen – einzelner professioneller wie freiwilliger MitarbeiterInnen genau abwägen, wie viel Flexibilität sie sich einerseits leisten *können*, um als Organisation noch funktionsfähig zu sein (Organisationsorientierung), und wie viel Flexibilität sie sich andererseits leisten *müssen*, um attraktiv zu sein für möglichst viele (potentielle) Freiwillige (AdressatInnenorientierung). Eine relativ bedingungslose Bejahung der Mitgliederwartungen des Verbandes ist indessen eines der charakteristischen Merkmale des traditionellen Ehrenamts – bis dahin, dass Ehrenamtliche sich mit ihrer Zeit und Arbeitskraft dem Verband zur Verfügung stellen und die ihnen übertragenen Aufgaben, die je nach Bedarf des Verbandes wechseln können, aufgrund ihrer starken Identifikation mit dem Verband über lange Jahre hinweg ausführen (vgl. 3.1.1). Freiwillige des neuen Typus hingegen sind kritischer geworden gegenüber den Sozialisationsbestrebungen von Wohlfahrtsverbänden. Es kann dabei davon ausgegangen werden, dass die Identifikationsbereitschaft mit dem Verband in engem Zusammenhang damit steht, wie attraktiv die Organisationskultur des Wohlfahrtsverbandes und die dort vorhandenen Möglichkeiten zur Mitgestaltung (vgl. 2.2.3) erlebt werden. Am Beispiel der zweiten Seniorenbüroleiterin wird deutlich, dass sie u.a. durch ihre mitgebrachten Erfahrungen mit neuen Engagementformen und aufgrund ihrer sich erst am Anfang befindenden kollektiven Handlungsprogrammierung den DRK-Kreisverband und dessen Umwelt anders wahrnahm als beispielsweise die erste Seniorenbüroleiterin oder die beiden Ehrenamtlichen in Zettfeld. Sie war sehr offen gegenüber den Interessen und Sinnstrukturen der (potentiellen) Freiwilligen und zeigte dabei auch eine relativ große individuelle Abweichungsbereitschaft. Weil der Verband inzwischen auch vom Geldgeber des Projektes grünes Licht erhalten hatte für die Modifizierung der Konzeption, zeigte sich auch dieser – in Person der Leiterin der Abteilung Sozialarbeit – in der Folge flexibler bezüglich der Vorstellungen der Seniorenbüroleiterin und der Bedürfnisse der (potentiellen) Freiwilligen in Cellberg.

Zusammenfassend lässt sich festhalten, dass in den verschiedenen Wahrnehmungen einzelner MitarbeiterInnen (Professionelle und Freiwillige) bezüglich der Organisation und ihrer Umwelt eine Ursache für Spannungen und Konflikte innerhalb des Wohlfahrtsverbandes liegt: Die professionellen MitarbeiterInnen großer Wohlfahrtsverbände kommen aus unterschiedlichen Berufsgruppen und bringen verschiedene Vorerfahrungen mit. Außerdem arbeiten sie auf verschiedenen Hierarchieebenen, wodurch die Wahrnehmung der Organisationsumwelt beeinflusst wird. Auch freiwillige MitarbeiterInnen kommen mit ganz unterschiedlichen Vorerfahrungen und arbeiten auf verschiedenen Hierarchieebenen, haben also als ehrenamtliche Vorstände einen anderen Status als in unmittelbar dienstleistenden Tätigkeiten (vgl. 4.3.2). Aufgrund der unterschiedlichen Wahrnehmungen und Erfahrungen der professionellen und freiwilligen Organisationsmitglieder und ihrer verschiedenen Positionen innerhalb des Verbandes können die Einschätzungen bezüglich notwendiger Veränderungen in Aufgaben, Zielen und Arbeitsorganisation erheblich differieren. Machthierarchien und bestehende Regeln und Routinen drängen die MitarbeiterInnen zwar einerseits zur Anpassung, sie fordern aber auch zu strategischem Handeln in Form von Koalitionsbildung zwischen MitarbeiterInnen sowie offenem oder verdecktem Widerstandshandeln heraus. Daraus entstehende Konflikte und ungelöste Diskrepanzen können ein wichtiges Motiv für eine nachlassende Engagementbereitschaft von – professionellen und freiwilligen – MitarbeiterInnen in Wohlfahrtsverbänden sein.

Damit die MitarbeiterInnen in Verbänden eine angemessene Balance im Spannungsfeld von Organisations- und AdressatInnenorientierung finden können, brauchen sie also *Instrumente für die Reflexion und kontrollierte Destabilisierung* der spezifischen internen Logiken des Wohlfahrtsverbandes. Diese Instrumente sind von der Organisation z.B. in Form von Supervision, (Selbst-)Evaluation und Fortbildungen bereitzustellen. Für die professionell Handelnden ergeben sich an der Schnittstelle von Organisation und Umwelt, wobei die AdressatInnen ein besonders relevanter Teil der Umwelt sind, jedoch noch andere *Herausforderungen*, in denen sie sich individuell und fachlich positionieren müssen. So zeichnet sich professionelles Handeln durch die *dialogische Praxis* des gleichzeitigen Theorie- und Fallverstehens aus, das sich in *professionellen Paradoxien* wie dem doppelten Mandat aus Hilfe und Kontrolle bewährt. Es findet seinen Ausdruck in einer *professionellen Haltung*, die den Respekt vor der Autonomie der AdressatInnen wahrt und eine angemessene Balance aus Nähe und Distanz findet. Darüber hinaus berücksichtigt es *betriebswirtschaftliche Vorgaben der Organisation*, indem es wirtschaftliche Notwendigkeiten in den Kontext fachlicher Überlegungen einbezieht. Und schließlich lässt sich professionelles Handeln reflektiert auf die *Sozialisationsbestrebungen der Organisation* ein, indem es sich zum Teil mit den kollektiven Erfahrungen identifiziert, aber auch teilweise davon abweicht. Die Bewältigung dieser multidimensionalen Anforderungen erfolgt einerseits durch die Prozesse der Gestaltung, Selektion und Retention (organisationstheoretische Perspektive) sowie andererseits durch die »Institutionalisierungspraxis der Relationierung von Urteilsformen« (Dewe/Otto 2001 a: 1419), die sich in modernen Dienstleistungsprofessionen herausbilden (professionstheoretische Perspektive).

Aus der Beschäftigung mit dem Spannungsfeld der Organisations- und AdressatInnenorientierung lässt sich für die Förderung neuer Formen freiwilligen sozialen Engagements durch Wohlfahrtsverbände folgern, dass die internen Logiken eines Verbandes die mit der Engagementförderung beauftragten Professionellen in ihrem Handeln sowohl unterstützen als auch hemmen können (vgl. 7.1 bis 7.3). Dies ist einerseits von der Irritations- und Innovationsbereitschaft des Verbandes und andererseits von der persönlichen Abweichungsbereitschaft der einzelnen Fachkräfte von kollektiven Handlungsroutinen abhängig – wie am Beispiel des Umgangs mit der Konzeption seitens des Verbandes bzw. der verantwortlichen Abteilungsleitung sowie den unterschiedlich vorgeprägten Seniorenbüroleiterinnen deutlich wurde. Wie sehr die organisationalen Strukturen und Logiken das Handeln der MitarbeiterInnen prägen, hängt davon ab, wie stark diese durch den Verband sozialisiert sind, also inwieweit Verbandsidentität und professionelle Identität der MitarbeiterInnen übereinstimmen. Wohlfahrtsverbände und deren MitarbeiterInnen müssen also kognitiv und emotional in der Lage sein, die Spezifik des Engagements von freiwillig Tätigen wahrzunehmen (Gestaltung) und als wertvoll anzuerkennen (Selektion). Nur dann können sie unter Berücksichtigung der Merkmale neuer Engagementformen und der geänderten Bedürfnisse von Freiwilligen neue, dem Bedarf entsprechende Handlungsroutinen (Retention) zur Förderung freiwilligen sozialen Engagements entwickeln, um der Instrumentalisierung von freiwilligem Engagement vorzubeugen.

(2) Wie an verschiedenen Stellen bereits deutlich wurde, ergeben sich für Professionelle aus der Zusammenarbeit mit Freiwilligen weitere Herausforderungen, die weder in der Professionalisierungsdebatte noch in den organisationstheoretischen Auseinandersetzungen ausreichend berücksichtigt werden. Hauptamtliche SozialpädagogInnen/SozialarbeiterInnen in Wohlfahrtsverbänden, die mit der Förderung und Be-

gleitung von Freiwilligen beauftragt sind, bewegen sich – neben dem Spannungsfeld der Organisations- und Adressatenorientierung – auch im *Spannungsfeld des Verhältnisses von beruflich und freiwillig Tätigen* (vgl. 4.3). In der Zusammenarbeit mit und in Abgrenzung von Freiwilligen stellt sich für Professionelle in besonderer Weise die Frage nach ihrer beruflichen Identität bzw. nach ihrem spezifischen professionellen Handlungsprofil. Auf der personalen Ebene der Kooperation von Professionellen und Freiwilligen wird die Förderung von freiwilligem Engagement durch Wohlfahrtsverbände konkret. Deshalb ist die Berücksichtigung dieser Beziehung für die Analyse des Verhältnisses von freiwilligem Engagement und Wohlfahrtsverbänden von besonderer Bedeutung. Verschiedene Gründe – die im Folgenden zusammengefasst werden – tragen dazu bei, dass das Handlungsprofil sozialpädagogischer Professionalität gerade auch angesichts der Zusammenarbeit mit Freiwilligen schwierig zu definieren ist und auch immer wieder – z.B. von den Freiwilligen, von der Gesellschaft, von anderen Professionen oder sogar von den SozialpädagogInnen/SozialarbeiterInnen selbst – in Frage gestellt wird.

Zunächst ist – wie in der Professionalisierungsdebatte schon angedeutet – die *Berufsrolle* von SozialpädagogInnen/SozialarbeiterInnen außerordentlich *komplex* (vgl. 4.3.1). Ein mehrdimensionales Beziehungsgeflecht ist für das Berufsbild der Sozialen Arbeit charakteristisch. Die professionelle Identität wird gebildet aus der individuellen Beziehung zur Klientel, aus der beruflichen Auftragsbeziehung zum Arbeitgeber, aus der gesellschaftlichen Funktion als Berufsstand, aus dem individuellen Selbstverständnis der eigenen Professionalität sowie aus der individuellen Beziehung zu ehrenamtlich bzw. freiwillig Tätigen. Neben diesem mehrdimensionalen Beziehungsgeflecht ist auch die Vielfalt der Arbeitsfelder mit ihren jeweiligen konkreten Aufträgen an die professionellen SozialpädagogInnen/SozialarbeiterInnen sehr groß. Die Bearbeitung von Komplexität ist demzufolge ein zentrales Kennzeichen von Sozialer Arbeit,[9] die die Fähigkeit der differenzierten Betrachtung und des reflektierten Umgangs mit den komplexen Berufsanforderungen voraussetzt.

Daneben ist für die Zusammenarbeit mit Freiwilligen von Bedeutung, dass *freiwillig Tätige keinen festgelegten Status* haben (vgl. 4.3.2). Das Verhältnis von Freiwilligen zu der Organisation, in der sie tätig sind, ist ein anderes als das der Erwerbstätigen. Freiwillige können unabhängiger und »eigensinniger« arbeiten als die Hauptamtlichen. Je nachdem, welchem Organisationstypus die Freiwilligen angehören, ist ihr Status ein anderer: es können entweder Freiwillige mit *Mitgliederstatus* oder Freiwillige mit *MitarbeiterInnenstatus* sein. Zudem können Professionelle innerhalb eines Wohlfahrtsverbandes mit beiden Typen von Freiwilligen konfrontiert sein – was bedeutet, dass sie sich in einer »Sandwichposition« zwischen Freiwilligen auf unterschiedlichen Hierarchieebenen befinden. Die freiwillig Tätigen in Organisationen in

---

[9] Vgl. hierzu auch die Ausführungen zur »dialogischen Praxis des gleichzeitigen Theorie- und Fallverstehens« im handlungslogischen Dilemma des »doppelten Mandats« (4.1.5 und 4.1.3).

freier Trägerschaft sind aus Perspektive der Professionellen außerdem in der Regel weder ganz den KollegInnen noch der Klientel zuzuordnen. So sind die freiwillig Tätigen auf der einen Seite *MitarbeiterInnen*, die ebenfalls in die Organisation eingebunden sind und sich für deren Ziele einsetzen. Auf der anderen Seite sind sie jedoch die *AdressatInnen* der Aktivitäten Hauptamtlicher, die auf die Förderung und Begleitung der Freiwilligen ausgerichtet sind. Damit bekommen die Freiwilligen einen Doppelstatus, der bei den professionellen SozialpädagogInnen/SozialarbeiterInnen im spezifischen Verhältnis von beruflich zu freiwillig Tätigen die Berufsrollenunsicherheit in besonderer Intensität spürbar werden lassen kann.

Weitere Gründe für das spannungsvolle Verhältnis zwischen Professionellen und Freiwilligen liegen in der *historischen Entwicklung der Sozialen Arbeit und in damit in Beziehung stehenden identitätstheoretischen Faktoren* (vgl. 4.3.3). Die professionelle Soziale Arbeit ist aus der bürgerlichen Frauenbewegung und dem Ehrenamt heraus entstanden. Insofern ist historisch gesehen die Nähe der beruflichen, bezahlten Sozialen Arbeit zum freiwilligen, unbezahlten sozialen Engagement sehr groß. Mit dem Prozess der Qualifizierung und Professionalisierung der Sozialen Arbeit seit den 70er Jahren des 20. Jahrhunderts ging auch eine Spezialisierung, Ausdifferenzierung, Rationalisierung und Monetarisierung der helfenden Berufe einher, die u.a. zur Entzauberung, Funktionalisierung und politischen Vergesellschaftung helfender Prozesse führte. In der Sozialen Arbeit beruflich Tätige mussten und müssen sich also den professionspolitischen, sozialstaatlich und marktwirtschaftlich geprägten Entwicklungen ihres Arbeitsfeldes anpassen und ihre berufliche Identität an neuen Bedingungen ausrichten. Kritisiert wurden diese Entwicklungen von den »neuen sozialen Bewegungen« (z.B. Selbsthilfe-, Bürgerinitiativen-, Frauen- und Ökologiebewegung) der 70er Jahre, in denen sich eine Vielzahl von Freiwilligen engagierte, während die Zahl der Ehrenamtlichen in den bürokratischer werdenden Wohlfahrtsverbänden abnahm. Diese »Gegenbewegungen« zur professionalisierten Sozialen Arbeit haben zu einer Verunsicherung des beruflichen Selbstbewusstseins der sozialpädagogischen Fachkräfte beigetragen. Stellte sich damit – insbesondere durch die Selbsthilfebewegung – doch die Frage, wer von beiden, Professionelle oder Freiwillige, die bessere Hilfe zu leisten vermag. Besonders problematisch für die Identität der professionellen SozialpädagogInnen/SozialarbeiterInnen ist die Tatsache, dass für die professionalisierte Soziale Arbeit eine völlige Emanzipation von ihrer Herkunft und die Überwindung der Ehrenamtlichkeit nicht möglich ist, stattdessen muss sie nach wie vor zumindest mit ihr kooperieren und – z.B. aus verbandsstrategischen Gesichtspunkten – sogar immer häufiger das freiwillige Engagement fördern. Freiwilliges soziales Engagement ist in gewisser Weise eine Infragestellung der beruflichen Sozialen Arbeit: Da Soziale Arbeit auch ungelernt und unbezahlt zu haben ist, findet sie als Profession und Erwerbstätigkeit nur schwer die angemessene gesellschaftliche Anerkennung.

Die Frage nach der gesellschaftlichen Anerkennung von Sozialer Arbeit als Beruf beeinflusst zudem unmittelbar die *berufliche Identität* von SozialpädagogInnen/SozialarbeiterInnen, weil Identität in engem Zusammenhang mit Anerkennung steht und deshalb dialogischen Charakter hat. Berufliche Identität ist eine Teilidentität der sozialpädagogischen Fachkräfte, die neben den Professionalisierungsprozessen Sozialer Arbeit ebenso den Prozessen gesellschaftlichen Wandels (u.a. Pluralisierung, Individualisierung) unterworfen ist. Mit den gesellschaftlichen Veränderungsprozessen sind Professionelle in der Sozialen Arbeit gleich mehrfach konfrontiert: Zum einen in ihrer eigenen Identitätsarbeit, darüber hinaus ist es aber auch ihre Aufgabe, ihre Klientel und gegebenenfalls – je nach deren Status – die Freiwilligen in ihrer von denselben gesellschaftlichen Veränderungsprozessen beeinflussten Identitätsarbeit zu unterstützen. Das bedeutet, dass sozialpädagogische Fachkräfte in der Lage sein müssen – und auch dies ist ein Indiz der Komplexität professionellen sozialpädagogischen Handelns – gesellschaftliche Veränderungsprozesse, von denen sie selbst ebenso betroffen sind wie ihre Klientel und die freiwillig Tätigen, auf einer Metaebene zu reflektieren, um eine adäquate Begleitung und Unterstützung sowohl der Klientel als auch der Freiwilligen leisten zu können. Gerade die Befunde aus der biographischen und geschlechterdifferenzierenden Ehrenamtsforschung verdeutlichen, dass das freiwillige Engagement für die einzelnen Aktiven eine Form des Umgangs mit gesellschaftlichen Wandlungsprozessen darstellen kann (vgl. 3.3.2 und 3.3.3). Die Kenntnis darüber kann den Professionellen die Begleitung von Freiwilligen erleichtern.

Bezüglich der *oft mangelnden gesellschaftlichen Anerkennung* der Sozialen Arbeit und der dadurch erschwerten beruflichen Identitätsfindung muss außerdem darauf hingewiesen werden, dass SozialpädagogInnen/SozialarbeiterInnen seitens der Gesellschaft oft mit ihren Aufgabenfeldern und ihrer Klientel identifiziert werden. Auch die Wurzeln der Sozialen Arbeit in der Frauenbewegung und die Tatsache, dass an der sozialpädagogischen Basis in der Mehrzahl Frauen diesen tätig sind, führen dazu, dass der Beruf noch heute als Frauenberuf gilt, was nicht zu seinem Renommee beiträgt.[10] Schließlich schürt die öffentliche Anerkennung und die breite politische Förderung von freiwilligem sozialem und bürgerschaftlichem Engagement die Vorbehalte der Fachkräfte gegenüber den Freiwilligen, weil diese im Zuge der Sozialstaats- und Arbeitsmarktkrise nun auch eine *Konkurrenz* und eine mehr oder weniger reale Bedrohung des Arbeitsplatzes der Professionellen darstellen. Verschärft wird diese Konkurrenz und die Verunsicherung der beruflichen Identität der Erwerbstätigen durch die Tatsache, dass immer mehr Freiwillige – v.a. Frauen – inzwischen genauso einschlägig qualifiziert sind wie die beruflich Tätigen und sich unter anderem deshalb unentgeltlich engagieren, weil sie sich dadurch positive Auswirkungen bei der Suche nach einer bezahlten Tätigkeit erhoffen.

---

[10] Vgl. hierzu auch das spezifische Verhältnis von Rot-Kreuz- und Sozialarbeit im DRK (7.1).

In der Zusammenarbeit mit Freiwilligen werden also die verschiedenen Ebenen, die die Berufsidentität der sozialpädagogischen Fachkräfte beeinflussen, in besonderer Weise spürbar. Deshalb ist es für die Analyse des spannungsvollen Verhältnisses von Professionellen und Freiwilligen wichtig, auch die *Unterschiede beider Tätigkeitsformen* herauszuarbeiten (vgl. 4.3.4). Die Tatsache, dass berufliche Tätigkeiten im Gegensatz zur Freiwilligenarbeit bezahlt werden, hat Folgen in struktureller, sozialer und psychologischer Hinsicht. Erwerbsarbeit ist unmittelbar eingebunden in spezifische organisationale Handlungslogiken, Leistungserwartungen, Zeit- und Erledigungsstrukturen. Auf professionelle soziale Dienstleistungen haben Menschen in sozialen Notlagen einen Rechtsanspruch. Sie werden zu den festgelegten Dienstzeiten der Fachkräfte auf dem Hintergrund von beruflichen Regeln, Fachwissen und wissenschaftlich geklärter Reflexion erbracht. Die Professionellen müssen sich für ihre Arbeit verantworten. In der unmittelbaren Arbeit mit der Klientel kann es zwar Parallelen zwischen beruflichem und freiwilligem Handeln geben, dennoch arbeiten Erwerbstätige in ihrer Arbeitszeit, Freiwillige in ihrer Freizeit. Für Fachkräfte hat die professionelle Distanz einen hohen Stellenwert – sie gilt quasi als Qualitätsstandard –, während Freiwillige oft emotionale Beziehungen zu den Hilfesuchenden eingehen. So kritisieren Professionelle häufig die ihrer Einschätzung nach mangelnde Distanz der Freiwilligen als Gefährdung des Qualitätsstandards, während Freiwillige die Fachkräfte als zu distanziert empfinden. Für Fachkräfte ist ein ganz offensichtliches Motiv ihrer Arbeit der Gelderwerb, während die vielschichtigen, teilweise widersprüchlichen Motive und Sinnorientierungen von Freiwilligen nur im Einzelfall analysiert werden können.[11]

Je nach organisationalem Setting, Zielsetzung der Einrichtung und Aufgabenbereich der Freiwilligen einerseits sowie der persönlichen – von deren professionellem Selbstverständnis geprägten – Haltung der Fachkräfte gegenüber den Freiwilligen andererseits werden den freiwillig Tätigen *unterschiedliche, teilweise auch widersprüchliche Erwartungen und Wertschätzung* zuteil. Zum einen erfahren Freiwillige viel Wertschätzung, weil sie eine zusätzliche Ressource darstellen, zum andern wird ihre mangelnde Bereitschaft oder Fähigkeit, sich in den Verband einzufügen und unterzuordnen, kritisiert. Gerade in Wohlfahrtsverbänden ist die Versuchung, die Ehrenamtlichen für die Interessen des Verbandes zu instrumentalisieren, besonders groß (vgl. 4.3.5 und 7.3). Die Partizipation der Freiwilligen z.B. an Zielfindungsprozessen ist in Wohlfahrtsverbänden häufig unerwünscht, in Organisationen wie beispielsweise

---

[11] Wie aufgezeigt ist für Professionelle das Erwerbsmotiv ein ganz zentrales. Die spezifische wertgebundene Ausrichtung des Verbandes kann hingegen eine untergeordnete Rolle spielen. Für Freiwillige jedoch kann gerade in der wertgebundenen Ausrichtung des Verbandes ein wichtiges Motiv dafür liegen, sich ausgerechnet dort zu engagieren. Das kann zur Folge haben, dass die Bereitschaft zur Sozialisation durch den Verband und zur Übernahme der kollektiven Interpretationsschemata bei Freiwilligen – vor allem bei solchen vom Typus des traditionellen Ehrenamts – höher ist als bei den Professionellen. Die Professionellen indessen verfolgen möglicherweise eher das Ziel, durch Abweichung von kollektiven Deutungsmustern neue Routinen zu generieren und so Veränderungen anzuregen (vgl. hierzu 4.2.2).

den Hospizvereinen jedoch ein zentraler Bestandteil der Arbeit. Allgemein gilt, dass Freiwillige nicht in gleicher Weise von der Organisation abhängig sind wie die erwerbstätig Beschäftigten, jedoch sind sie in vielen Fällen auch Mitglieder des Trägervereins und deshalb in besonderer Weise mit dem Verband identifiziert. Die Organisation hat demzufolge auf die Freiwilligen weniger Zugriff als auf die Erwerbstätigen.

Werden die hier aus Organisations- bzw. Verbandsperspektive formulierten Einstellungen und Erwartungen kontrastiert mit den in Abschnitt 3.1.2 genannten Merkmalen neuer Engagementformen – wie z.B. der Wunsch nach einer Tätigkeit, in der eine persönliche Weiterentwicklung möglich ist, die Gestaltungsräume offen lässt und deren Dauer begrenzt werden kann –, so zeigt sich, dass es zwischen den Wünschen der Freiwilligen an ihre Tätigkeit, an den Wohlfahrtsverband und an die Fachkräfte sowie den Erwartungen des Verbandes und der Professionellen an die Freiwilligen leicht zu Kollisionen kommen kann. Eine Ursache für *Spannungen* liegt in der unterschiedlichen Einbindung in und Abhängigkeit der Professionellen und Freiwilligen vom Verband und dessen strukturellen und organisationalen Zwängen. Spannungen und Vorbehalte zwischen Professionellen und Freiwilligen entstehen aber auch, wenn die wechselseitigen Erwartungen nicht offen gelegt werden oder aus Unkenntnis – z.B. der Handlungslogiken, denen das jeweilige Handeln folgt – unangemessene Erwartungen aneinander gerichtet werden. Die Spannungen zwischen beiden Personengruppen entstehen dabei häufiger über die Gefühlsebene als über sachlich-rationale Auseinandersetzungen. Werden gegenseitige Erwartungen zwischen Freiwilligen und Professionellen nicht offen gelegt, entstehen auf allen Seiten Unzufriedenheit und Vorbehalte. So können sich beispielsweise – wie im untersuchten Projekt in Zettfeld geschehen – Freiwillige vernachlässigt fühlen und zu dem Standpunkt kommen, dass die Professionellen ihrer Pflicht nicht nachkommen, wenn diese nicht jederzeit ansprechbar sind für die Belange der Freiwilligen. Eine derartige Anspruchshaltung von Freiwilligen, die nicht wahrnehmen, dass die beruflich Tätigen auch eine Fülle anderer Aufgabenbereiche zu bearbeiten haben, kann dazu führen, dass sich im Gegenzug bei den Professionellen ein Gefühl der Frustration einstellt. Gerade bezüglich der unterschiedlichen Logiken der bezahlten professionellen Sozialen Arbeit und der Freiwilligenarbeit muss *Transparenz* hergestellt werden, wenn die Kooperation zwischen beruflich und freiwillig Tätigen gelingen soll. Eine gelingende Engagementförderung schließt dabei auch die Berücksichtigung der individuellen Deutungsmuster und Sinnorientierungen der Freiwilligen bezüglich ihres Engagements mit ein. Diese Transparenz und Offenheit herzustellen ist Aufgabe der Professionellen und somit Teil ihres komplexen Handlungsprofils. Voraussetzung dafür ist, dass die Professionellen Erstens Kenntnis haben über die vielschichtigen Spannungsfelder, in denen sie agieren, dass sie sich zweitens über die Unauflösbarkeit dieser Spannungsfelder im Klaren sind und sich schließlich drittens der jeweils eigenen Verwicklungen in diesen widersprüchlichen Anforderungen bewusst werden. Auf diese Weise kann eine Re-

flexivität erzeugt werden, die die solchermaßen neu zu akzentuierende sozialpädagogische Professionalität in der Kooperation mit Freiwilligen auszeichnet.

Im Folgenden werden aus der Verbindung der Ergebnisse der theoretischen Analyse mit denen der Fallstudie konkrete Konsequenzen für die Förderung freiwilligen
sozialen Engagements durch Wohlfahrtsverbände abgeleitet.

8.4 Konsequenzen für die Engagementförderung durch Wohlfahrtsverbände

Als Ausgangspunkt für die Förderung freiwilligen sozialen Engagements in und
durch Wohlfahrtsverbände lässt sich zunächst festhalten, dass *freiwilliges soziales
Engagement in Wohlfahrtsverbänden seine Selbstverständlichkeit verloren hat.*
Die *vielschichtigen Faktoren,* die dazu beitragen, wurden in dieser Arbeit herausgearbeitet und analysiert. Zusammenfassend seien sie hier nochmals benannt:

• Die wohlfahrtspluralistische Neuordnung der institutionellen Arrangements wohlfahrtsstaatlicher Systeme aller westlicher Staaten stellt die Wohlfahrtsverbände vor
  die große *Herausforderung, ihr multifunktionales Profil zu entwickeln* und zu
  schärfen. In dieser Herausforderung liegt die Gefahr, dass freiwilliges Engagement
  in Verbänden aufgrund einer zunehmenden Orientierung an betriebswirtschaftlichen Managementstrategien und Marktlogiken immer mehr an den Rand gedrängt
  wird, aber auch die große Chance, durch das Einlassen auf neue Engagementformen und ihre Förderung, das eigene Profil in besonderer Weise zu konturieren.

• Die Entwicklung eines multifunktionalen Profils erfordert einen *organisationalen
  Wandel der Wohlfahrtsverbände,* der sich auch auf ihre Organisationskultur und
  ihre Politik- bzw. Machtstrukturen auswirken wird. Die Kultur des traditionellen
  Ehrenamts wurde mit zunehmender Professionalisierung der Sozialen Arbeit in den
  Wohlfahrtsverbänden geschwächt und die Zweckmäßigkeit der ehrenamtlichen
  Leitungsstrukturen ist immer mehr in Frage zu stellen. Um freiwilliges soziales Engagement in Wohlfahrtsverbänden wieder zu stärken, müssen sich die Verbände
  öffnen für die Vielfalt der neuen Engagementformen und die veränderten Bedürfnislagen und Sinnorientierungen der (potentiellen) Freiwilligen. Solche Wand-
  lungserfordernisse stoßen in Verbänden jedoch auf starke Beharrungstendenzen.

• Für das Gelingen der Förderung freiwilligen Engagements durch Wohlfahrtsverbände ist die *Haltung der Professionellen* gegenüber den Freiwilligen von ganz
  zentraler Bedeutung. Für die berufliche Identität der Fachkräfte stellt die Zusammenarbeit mit Freiwilligen – wie umfassend gezeigt wurde – eine besondere Herausforderung dar. Gerade im Verhältnis zwischen Professionellen und Freiwilligen
  liegen für den Verband besondere Stolpersteine, die der Einbindung neuer Engagementformen im Wege stehen können.

Aus diesen Herausforderungen lassen sich in Verbindung mit den Ergebnissen der Fallstudie *konkrete Konsequenzen* für die Engagementförderung durch Wohlfahrtsverbände und deren Fachkräfte ableiten:

(1) Ein erster Schritt der Engagementförderung besteht in der *Analyse*, welchen Stellenwert freiwilliges soziales Engagement im jeweiligen Wohlfahrtsverband bzw. seiner Untergliederung bisher einnimmt. Besonders zu beachten sind bei dieser Analyse *drei Fragen:*

• Welche Formen des freiwilligen Engagements lassen sich innerhalb des Verbandes gegenwärtig finden?

• Welche Mischformen aus traditionellem und neuem Engagement gibt es bereits, welche sind (noch) denkbar?

• Welchen Stellenwert hat die Engagementförderung innerhalb des Verbandes bisher? Soll sich das ändern?

(2) Die Förderung von freiwilligem sozialem Engagement stellt für die Fachkräfte eine verantwortungsvolle Aufgabe dar, die nicht nebenbei erledigt werden kann und die ein hohes Maß an Kompetenz von einer Fachkraft verlangt. Insofern besteht ein weiterer Aspekt der Förderung in der *Gestaltung von organisationalen Strukturen*, die die Fachkräfte bei der Ausübung dieser anspruchsvollen Aufgabe im Alltag sowie bei der Entwicklung von entsprechenden Kompetenzen und Haltungen gegenüber den Freiwilligen unterstützen. Zu solchen strukturellen Rahmenbedingungen in Wohlfahrtsverbänden gehört zunächst die Anerkennung durch die Organisation, dass eine ernst gemeinte Engagementförderung eine Querschnitts- und Strategieaufgabe ist und Arbeitszeitordnungen und Stellenbeschreibungen berührt (vgl. Wohlfahrt 2001 a: 327). Um freiwilliges soziales Engagement ernsthaft zu fördern, muss der Verband überdies den Hauptamtlichen im Rahmen ihrer Arbeitszeit genügend Raum zur Verfügung stellen zur Begleitung und Unterstützung freiwilliger MitarbeiterInnen – Engagementförderung kann nicht gleichsam nebenbei erledigt werden. Außerdem bedarf die Engagementförderung einer immer wieder neu vorzunehmenden *Auseinandersetzung mit der eigenen Rolle und der Haltung gegenüber den freiwillig Engagierten*, die auch in berufsbegleitenden Fortbildungen angestoßen werden und stattfinden kann: Ist die persönliche Haltung der Professionellen von Akzeptanz und Wertschätzung geprägt oder sind die Ehrenamtlichen eher lästiges Beiwerk? Zu bedenken ist dabei auch, dass Hauptamtliche, die durch den Einsatz von freiwilligen HelferInnen ihren Arbeitsplatz bedroht sehen, kein Interesse an der Engagementförderung haben werden. Ähnliches kann eintreten, wenn die Professionellen sich durch die vielfach im sozialen Bereich erfahrenen freiwillig Engagierten in ihrer Fachlichkeit in Frage gestellt oder der Konkurrenz ausgesetzt sehen (vgl. hierzu auch Bock 1996: 221; Pradel 1993: 98 f., Wessels 1997: 225; Bauer 1998 c; Kapitel 4).

(3) Insgesamt zeigte sich sowohl in der theoretischen Analyse als auch in der Fallstudie, dass die Förderung von freiwilligem sozialem Engagement durch Wohlfahrts-

verbände und ihre professionellen MitarbeiterInnen eines *großen Reflexionsvermö-
gens, differenzierter Kommunikationskompetenzen und einer erheblichen Sorgsam-
keit* im Umgang mit den freiwillig Engagierten bedarf. Es gibt eine Fülle von Aspekten, die gerade an dieser Schnittstelle zwischen Professionellen und freiwillig Engagierten eine besondere Achtsamkeit verlangen. Vor diesem Hintergrund sollen daher
im Folgenden einige *Kompetenzen und Anforderungen* benannt werden, die Hauptamtliche (und teilweise auch bereits tätige Ehrenamtliche) bei der Unterstützung von
freiwillig Engagierten beweisen müssen.[12] Zu ihnen gehören beispielsweise (vgl. u.a.
Bock 1996; Otto 1996; Paulwitz 1988: 158-180; Rieger 2000; Steinbacher/Otto 2000
a; Biedermann 2000):

- das *Schaffen von attraktiven und überschaubaren Tätigkeitsfeldern* für Freiwillige als tatsächliche Startmöglichkeiten, in die konkret Interessierte einsteigen können. In ihnen sollte einerseits Raum für das Aufgreifen und Unterstützen der eigenen Ideen vorhanden sein und doch sollten andererseits – wie im Projektverlauf
  sehr deutlich wurde – auch Anregungen seitens der Fachkräfte eingebracht werden;
- die *aktive Kontaktaufnahme zu potentiellen Freiwilligen* – z.B. auch aus dem
  Kreis von KlientInnen;
- die Fähigkeit, im *(Vor-)Gespräch* mit den am Engagement Interessierten herauszu-
  hören und herauszuarbeiten, wo die individuellen Interessen und Kompetenzen
  der Interessierten liegen, wie groß ihre Belastbarkeit ist und welche Vorstellungen
  sie in Bezug auf ihr künftiges Tätigkeitsfeld haben;
- die Schaffung eines *einladenden, niedrigschwelligen Settings des Erstkontaktes*,
  mit dem die Vermittlung von freiwillig Engagierten in passende Angebote erleich-
  tert werden kann (Schnupperbesuche, Probeaktivitäten, Einführungsseminare
  usw.);
- die *Begleitung* der freiwillig Engagierten vor allem bei der Einarbeitung, falls gewünscht und nötig (bis hin zu einer Lernzeit in einem »Paten«-Modell), aber auch
  im weiteren Engagementprozess. Diese Begleitung sollte sich auf fachliche und
  persönliche Themen sowie auf einzelne Personen und/oder Gruppen beziehen und
  kann auch die Organisation von Fortbildungen für freiwillig Tätige unter Einbezug
  von deren Interessen mit einschließen;
- das Achten auf strukturelle *Transparenz*;
- auch bei neuen Projekten das *Angebot kurzfristig erreichbarer Ziele*, die dem Bedürfnis nach zeitnahen Erfolgen entgegenkommen;
- das Setzen von klaren Signalen für eine *sorgfältige und gewissenhafte Begleitung*, damit die Interessierten weder etwas ganz allein auf die Beine stellen müssen
  noch später mit der Verantwortung »im Regen stehen gelassen werden«;

---

[12] Zu den vielfältigen Kompetenzen, die für die Unterstützung von freiwilligem Engagement gebraucht werden,
vgl. auch die Literatur aus der Selbsthilfeförderung wie z.B. Matzat 1991 und Thiel 1991.

- aber auch die *Förderung des selbstverantwortlichen Handelns und der Kompetenzentwicklung* der freiwillig Engagierten bei gleichzeitigem Augenmerk darauf, dass das Potential zur Selbstorganisation nicht überstrapaziert, sondern in eine Balance mit den Anforderungen gebracht wird;
- die *Anerkennung und Wertschätzung der Person der Freiwilligen*, um Gefühle der Degradierung oder der Austauschbarkeit ebenso zu vermeiden wie Tendenzen der Instrumentalisierung der Freiwilligen für den Verband;
- eine Unterstützung mit Blick auf die *Weiterentwicklung oder Veränderung von Engagementinteressen*, auf Aufgabenwechsel, Ausstiege und Wiedereinstiege, bei der das Erfordernis der Durchlässigkeit berücksichtigt wird;
- der fachliche Beistand bei der *Aushandlung angemessener und von allen akzeptierten Rollen* zwischen Hauptamtlichen, ehrenamtlich praktisch Tätigen und Leitungskräften, Engagementbereiten und gegebenenfalls Hilfsbedürftigen und Angehörigen (beispielsweise über den Weg von Zielvereinbarungen) sowie bei der Gestaltung der Kooperation und Kommunikation zwischen den einzelnen PartnerInnen;
- die Fähigkeit, *fachliche Zusammenhänge* , die für die Tätigkeit nötig sind, verständlich und trotzdem differenziert zu vermitteln;
- die *Vernetzung und Kooperation* mit anderen Organisationen und Einrichtungen für Freiwilligenengagement im kommunalen Raum[13].

Die Vielfalt und der hohe Anspruch an eine qualitativ hochwertige Unterstützung von freiwilligem sozialem Engagement durch Professionelle verweist darauf, dass auch die *Unterstützung der UnterstützerInnen* ein wichtiges Erfordernis ist, sei es in Form von Weiterbildungen (z.B. im Bereich Sozialmanagement, Lobbying, Öffentlichkeitsarbeit) oder in Gestalt von Supervision etc. (vgl. dazu auch Steiner-Hummel 1999).

Wollen Wohlfahrtsverbände also an ihre Ehrenamtstradition anknüpfen, sie entsprechend der heutigen veränderten Erfordernisse fortführen und freiwilliges Engagement als Bestandteil ihres multifunktionalen Profils nutzen, dann bedarf dies einer bewussten Entscheidung dafür,

- sich als Verband auf die geänderten Bedürfnisse Freiwilliger einzulassen,
- das veränderte sozialpolitische Klima und die gesellschaftlichen Entwicklungen einzubeziehen,
- die gezielte Schulung der Fachkräfte für die Zusammenarbeit mit Freiwilligen voranzutreiben,
- notwendige personelle, materielle und finanzielle Ressourcen bereitzustellen sowie
- Kooperationen mit anderen gesellschaftlichen und sozialpolitischen AkteurInnen einzugehen.

---

[13] Dies kann u.a. dadurch geschehen, dass die Landschaft bürgerschaftlichen Engagements in einem Gemeinwesen für Außenstehende so überschaubar dargestellt wird, dass InteressentInnen schnell finden was sie suchen.

Neben den vielschichtigen – in dieser Arbeit aus verschiedenen Perspektiven herausgearbeiteten – organisationalen und personalen Faktoren in Wohlfahrtsverbänden,
die zu einer gelingenden Engagementförderung beitragen, darf jedoch nicht übersehen werden, dass die Förderung freiwilligen sozialen Engagements durch Wohlfahrtsverbände immer auch von sozialpolitischen Rahmenbedingungen stark beeinflusst
wird. Deshalb werden im Folgenden die gesellschaftliche Dimensionierung der Engagementförderung und die Notwendigkeit entsprechender sozialpolitischer Verbesse-
rungen skizziert.

8.5 Sozialpolitische Rahmung der Engagementförderung

Die Förderung freiwilligen sozialen Engagements durch Wohlfahrtsverbände ist angewiesen auf *sozialpolitische Konzepte* für den Umgang mit den Potentialen freiwilligen Engagements in der Gesellschaft. Diesbezüglich ist zunächst grundsätzlich anzumerken, dass die Förderung von freiwilligem Engagement nicht nur vor dem Hintergrund eines gestiegenen Hilfebedarfs bei knapper werdenden Finanzen geschehen
darf, auch wenn dieses Argument nahe liegt. Als Leitbild für die Engagementförderung schlägt die Enquetekommission »Zukunft des bürgerschaftlichen Engagements«
deshalb die Entwicklung einer zukunftsfähigen Bürgergesellschaft vor, in dem Sinne,
dass BürgerInnen im Spannungsfeld von Markt, Staat und informellen Gemeinschaften Verantwortung für das Gemeinwesen übernehmen, indem sie sich zusammen-
schließen und Mitgestaltungsmöglichkeiten nutzen (vgl. Deutscher Bundestag 2002:
6 und 32 f.; Dettling 2000; Abschnitt 3.2.1). Bürgergesellschaft ist also zu verstehen
als »eine Gesellschaft selbstbewusster und selbstverantwortlicher Bürger, eine Gesellschaft der Selbstermächtigung und Selbstorganisation.[14] (...) Die Verwirklichung dieser Idee erfordert, die Kräfte bürgerschaftlicher Selbstorganisation zu stärken und sich
von der Vorstellung einer Staatsgesellschaft zu verabschieden. (...) Der Gedanke der
Selbstorganisation meint schließlich, die Bürgerinnen und Bürger als Akteure für das
Gemeinwohl ernst zu nehmen« (Deutscher Bundestag 2002: 33; vgl. auch Münkler
2002; Heinze/Strünck 2001 a).

Vor diesem Hintergrund müssen sozialpolitische Konzepte für die Engagementförderung entsprechende *Rahmenbedingungen* ermöglichen, die – wie im Konzept der
Lebensweltorientierung und in der Strategie des Empowerments gefordert – die
Selbstgestaltungskräfte und Ressourcen von Bürgerinnen und Bürgern so stärken,
dass diese sie zur produktiven Veränderung von unbefriedigenden Lebensumständen

---

[14] Zum Begriff der Bürgergesellschaft ist aus frauenpolitischer Perspektive kritisch anzumerken, dass sich dort bereits auf sprachlicher Ebene »die Ausblendung der Frauenpolitik und die Nichtberücksichtigung geschlechtsspezifischer Bedingungsfaktoren von Partizipation« widerspiegelt, die auch eine inhaltliche Entsprechung findet (Freer 1999: 186). Zur Entwicklung zukunftsweisender, nachhaltiger gesellschaftlicher Konzepte erscheint
der Begriff der Bürgergesellschaft aus frauenpolitischer Perspektive deshalb nicht sehr hilfreich (vgl. ebd.). Um
auch Frauen zur Beteiligung zu motivieren, müssen Politik und zivilgesellschaftliche Institutionen deutliche
Signale setzen, dass deren Partizipation ausdrücklich gewünscht ist. Die Schaffung von Beteiligungsstrukturen
hat dem Grundsatz der Geschlechtergerechtigkeit zu folgen (vgl. ebd.: 192 f.; Bitzan 1997).

einsetzen können (vgl. Thiersch 2002 a: 41; Keupp 2000: 79). Unter politischen Gesichtspunkten ist mit Empowerment auch der Prozess gemeint,»in dem Menschen aus
einer Position relativer Machtunterlegenheit« heraustreten und »sich ein Mehr an
Macht, Verfügungskraft und Entscheidungsvermögen aneignen« (Herriger 1997: 12;
vgl. Herriger 1995). Empowerment als sozialpolitische Strategie zur Förderung freiwilligen sozialen und bürgerschaftlichen Engagements impliziert also den politischen
Willen, Bürgerinnen und Bürgern mehr Einflussnahme zu ermöglichen, d.h. Demokratie zu stärken.[15] Deshalb sind entsprechend den Handlungsempfehlungen der Enquetekommission »Zukunft des bürgerschaftlichen Engagements« *Beteiligungsmöglichkeiten* für Bürgerinnen und Bürger auf breiter Basis zu schaffen, z.B. auf kommunaler
Ebene durch bessere Möglichkeiten der Partizipation von informellen Initiativen,
Stadtteilforen und sozialen Gruppen, aber auch durch die Einführung bzw. Stärkung
direktdemokratischer Verfahren wie Volksinitiativen, Volksbegehren und Volksent-
scheide (vgl. Deutscher Bundestag 2002: 7 f.; Wollmann 2002; Gabriel 2002). Ein erster Schritt dazu kann die stärker bürgerorientierte Gestaltung von Verwaltung sein,
mit dem Ziel des Aufbaus einer Bürgerkommune (vgl. Baer 2002; Bogumil/Holtkamp
2001; Roß/Klie 2002; Schindler 2002), aber auch den zivilgesellschaftlichen Organisationen sind mehr Partizipationsmöglichkeiten zu eröffnen. Verbände und Vereine
sowie Stiftungen, Kirchen und Gewerkschaften sollten ihre zivilgesellschaftliche
Rolle stärker wahrnehmen und das bürgerschaftliche Engagement zu einem systematischen Bestandteil ihrer Organisationsentwicklung machen.»Bei der Modernisierung
von Organisationsstrukturen und insgesamt bei der Organisationsentwicklung sind
vermehrt Möglichkeiten der Partizipation zu schaffen und kooperative Organisations-
und Führungsstrukturen zu etablieren. Im Kern geht es mit einer Profilierung der Organisationen als Akteure der Bürgergesellschaft um eine *Öffnung der Organisationen* nach innen und außen« (Deutscher Bundestag 2002: 7; Hervorhebung im Original). Die innerorganisatorische Öffnung meint »die Aufnahme des bürgerschaftlichen
Engagements in das Leitbild und die fachliche Konzeption der Organisation«, die
Öffnung nach außen umfasst »eine verstärkte Kooperation und Vernetzung mit anderen Akteuren im Gemeinwesen und die Verbesserung der Zugangswege zu einem
Engagement, insbesondere für Kinder und Jugendliche und für bislang unterrepräsen-
tierte Gruppen« (ebd.: 7 f.). Die Schaffung von Beteiligungsstrukturen als wichtige
Grundlage zur Ermöglichung von vielfältigen Formen des Engagements ist also eine
sozialpolitische Aufgabe sowohl auf der Ebene des Bundes als auch der Länder und

---

[15] Das Modellprogramm Seniorenbüro ist beispielsweise ein solches Rahmenkonzept, das es durch die Bereitstellung der finanziellen Mittel verschiedenen Trägern ermöglicht, unterschiedlichste Ideen der Engagementförderung umzusetzen. Im Rahmen eines solchen Projektes ist Spielraum vorhanden, Experimente zu wagen und
auch Fehler zu machen, aus denen wiederum andere Initiativen lernen können (vgl. hierzu auch Zimmermann
2000). – Zur Erprobung von Empowermentprozessen in der Praxis der Selbsthilfe vgl. Stark 1996.

Kommunen und darüber hinaus auch eine Notwendigkeit, der sich zivilgesellschaftliche Organisationen nicht verschließen dürfen.[16]

Neben der grundsätzlichen Forderung nach Beteiligungskonzepten, die ein förderndes Klima für freiwilliges Engagement erzeugen, wird im Zusammenhang mit der Verbesserung der Rahmenbedingungen für freiwilliges soziales und bürgerschaftliches Engagement in einschlägigen politischen Diskussionen immer wieder gefordert, *»die Nachteile auszugleichen und die Risiken zu mindern*, die engagementbereite Bürgerinnen und Bürger bei gegebener Rechtslage immer noch eingehen müssen, wenn sie sich engagieren« (Olk 2001 a: 53; Hervorhebung im Original). Themen sind z.b. die Verbesserung des Unfall- und Haftpflichtversicherungsschutzes für freiwillig Tätige sowie Vergünstigungen bezüglich Sozialversicherung und Steuerrecht (vgl. dazu Birk 2002; Stier 2002; Woitschell 2002).[17] So wichtig klare und engagementfördernde Rechtsgrundlagen zur Absicherung freiwillig Tätiger einerseits sind, so ambivalent sind sie in ihren Auswirkungen andererseits einzuschätzen. Als ein Problem dieser Debatte lässt sich zunächst ausmachen, dass als Maßstab für die Betrachtung freiwilligen Engagements unter versicherungs- und steuerrechtlichen Gesichtspunkten andere Beschäftigungsformen, insbesondere die Erwerbsarbeit, herangezogen werden. Bestrebungen, die rechtliche Ausstattung freiwilligen Engagements zu verbessern, hätten deshalb die Übertragung vergleichbarer rechtlicher Regelungen aus dem Bereich der Erwerbstätigkeit auf das freiwillige unentgeltliche Engagement zur Folge. »Auf diese Weise würden daher in letzter Konsequenz die Unterschiede zwischen entgeltlicher Beschäftigung und freiwilliger Tätigkeit eingeebnet und damit Eigensinn und Eigenlogik des Bürgerengagements – zumindest rechtlich – ausgeblendet« (Olk 2001 a: 53).

Ein weiteres Problem ist in diesem Zusammenhang, dass von einer stärkeren Verrechtlichung des freiwilligen Engagements vor allem solche Engagementformen profitieren würden, die in festen organisatorischen Strukturen in einem relativ klar umrissenen Aufgabenbereich erfolgen. Die große Vielfalt der unterschiedlichen Engagementformen könnte nicht angemessen berücksichtigt werden, während insbesondere das herkömmliche Ehrenamt von diesen rechtlichen Schutznormen einen Nutzen hätte, aber damit auch einer Tendenz der sozialrechtlichen Standardisierung und Konventionalisierung unterliegen würde (vgl. ebd.: 53 f.; Olk 2001 b). Einer Einebnung der Engagementvielfalt durch sozialrechtliche Absicherungen ist also einerseits ent-

---

[16] Die Förderung freiwilligen und bürgerschaftlichen Engagements wird in den letzten Jahren häufig auch im Zusammenhang mit der Veränderung und Umgestaltung der Arbeitsgesellschaft diskutiert (vgl. z.B. Kühnlein/ Mutz 1999; Mutz 2000; Mutz 2001). Auf diesen Diskurs kann in dieser Arbeit nicht näher eingegangen werden. Es sei an dieser Stelle jedoch angemerkt, dass eine Instrumentalisierung freiwilliger Engagementformen für die Bewältigung von gesellschaftlichen Problemen – wie die anhaltend hohe Arbeitslosigkeit und die Sozialstaatskrise – die besonderen Sinnstrukturen des Engagements zerstören würde. Gisela Jakob (vgl. 2001) zeigt dies anschaulich in ihrer Auseinandersetzung mit der Konstruktion der »Bürgerarbeit« von Ulrich Beck (1997; 1999).

[17] Zu einer grundsätzlichen Dokumentation der rechtlichen Rahmenbedingungen vgl. Igl 1996.

gegenzuwirken, aber eine Förderung der Chancengleichheit bei der Nutzung von Beteiligungsmöglichkeiten ist anzustreben. So wird beispielsweise eine »Korrektur der
Reglementierungen ehrenamtlicher Tätigkeiten im AFG [Arbeitsförderungsgesetz]
und für Sozialhilfeempfänger« gefordert, da die bisherigen Regelungen die Bürger-
rechte von Arbeitslosen und SozialhilfeempfängerInnen, die sich freiwillig und unbezahlt engagieren und so am gemeinschaftlichen Leben teilnehmen wollen, einschrän-
ken (Bock 1997 a: 172). Das Job-AQTIV-Gesetz hat die Möglichkeiten des freiwilligen Engagements zumindest für BezieherInnen von Arbeitslosengeld oder -hilfe er-
wietert (vgl. Kreisel 2002: 83). Freiwilliges Engagement darf dabei aber nicht als Er-
satzarbeitsplatz für Arbeitslose verstanden werden. Arbeitslosigkeit kann nicht durch
freiwilliges Engagement bekämpft werden, doch auch Arbeitslosen muss es ermöglicht werden, ihre Zeit für eine unentgeltliche Tätigkeit zu nutzen (vgl. Zinner 1999:
369).

Ein besonders wichtiges Element der Engagement fördernden Rahmenbedingungen sind *Formen der Anerkennung und Wertschätzung des freiwilligen Engage-*
ments. Häufig werden diese – vor dem Hintergrund der individuellen Nutzenerwar-
tungen von (potentiellen) Freiwilligen in einer expandierenden Spaß- und Freizeitkul-
tur – vor allem unter dem Gesichtspunkt der monetären Anreize diskutiert, wie Un-
kostenerstattungen, pauschale Aufwandsentschädigungen, Bonus-Systeme für Vergünstigungen im Nahverkehr und bei kulturellen und Freizeitangeboten, bis hin zu
den schon angedeuteten steuerlichen Vergünstigungen oder so genannten Sozialver-
sicherungsgutscheinen zur Anrechnung für die Leistungen der Rentenversicherung
(vgl. Keupp 2000: 86 f.; Olk 2001 a: 54).[18] Gerade Regelungen, die eine steuerliche
Freistellung bestimmter freiwilliger Tätigkeiten vorsehen oder die Anerkennung der
Zeiten freiwilligen Engagements im Rentenrecht, können aber schwierige und folgen-
reiche Fragen der Abgrenzung und Bewertung verschiedener Engagementformen zur
Folge haben. »Es stellt sich hier nämlich die Frage, welche Formen und Bereiche un-
entgeltlicher Tätigkeit in diese Regelungen mit welcher Gewichtung einbezogen
werden sollen, und welche dagegen – aus welchen Gründen auch immer – nicht in
den Genuß der staatlichen Privilegierung kommen sollen. Solche Grenzziehungen
werden von den mittelbar und unmittelbar Beteiligten unweigerlich als ein Ausdruck
differenzierender staatlicher Wertschätzung unterschiedlicher Engagementformen
gewertet und können daher (unbeabsichtigt) dazu beitragen, Konflikte und Konkur-
renzbeziehungen in den Bereich bürgerschaftlicher Aktivitäten hineinzutragen« (Olk
2001 a: 55; vgl. Deutscher Bundestag 2002: 6).

---

[18] Diesen Überlegungen liegt häufig das Menschenbild zugrunde, dass Menschen sich in der heutigen Gesellschaft
nur dann freiwillig engagieren, wenn es sich für sie rechnet. Wenn diese – auch durch Untersuchungen bestä-
tigten – Tendenzen im Verhalten (potentieller) Freiwilliger mit entsprechenden Anreizsystemen bedient werden, dann liegt darin die Gefahr, genau die Handlungsmotive mit zu erzeugen und zu verstärken, auf die nur
reagiert werden soll (vgl. Olk 2001 b: 16).

Für viele Freiwillige sind monetäre Anreize außerdem von eher nachrangiger Bedeutung, sie haben ganz andere Rückerstattungserwartungen. »Die Würdigung und Anerkennung freiwillig geleisteter Arbeit hat oft weniger mit Aufwandspauschalen, Entschädigungen oder finanziellen Flankierungen, sondern viel mit Kreativität, aufrichtigem Dank und einer professionellen Strategie für die Anerkennung und Qualifizierung freiwilligen Engagements zu tun« (Kreisel 2002: 85). Es geht also darum, eine *Kultur der Anerkennung* zu etablieren, die über eine »breite Palette von Maßnahmen und Instrumenten zu einer nachhaltigen Würdigung, Anerkennung und Ermutigung bürgerschaftlichen Engagements [verfügt] und damit zu dessen besserer Sichtbarkeit, Beachtung und Wertschätzung in der Gesellschaft« beiträgt (Olk 2001 b: 17). Bestandteile einer Anerkennungskultur können traditionelle und neue Formen der Würdigung und Auszeichnung sein. Die Bedeutung von zielgruppenangemessenen zeremoniellen Ehrungen als Ausdruck der gesellschaftlichen Anerkennung für Freiwillige, verbunden mit dem Sichtbarmachen des Engagements in der Öffentlichkeit und in den Medien, darf dabei nicht unterschätzt werden. Aber auch die Bereitstellung finanzieller, räumlicher, sachlicher und personeller Ressourcen für die jeweiligen Tätigkeiten, Partizipationsmöglichkeiten in Projekten, Einrichtungen und Organisationen sowie Angebote der Fort- und Weiterbildung und Supervision werden als Wertschätzung erlebt. Gerade die Qualifizierungsmaßnahmen für das Engagement greifen das Bedürfnis der Freiwilligen nach Persönlichkeitsentwicklung, Selbstentfaltung und Mitgestaltung auf. Die Schaffung einer Anerkennungskultur ist insofern genauso eine Aufgabe von Staat und öffentlicher Verwaltung wie von (Wohlfahrts-)Verbänden, Vereinen und anderen zivilgesellschaftlichen Organisationen (vgl. Deutscher Bundestag 2002: 8 f.).

Zu den Rahmenbedingungen zur Förderung freiwilligen Engagements gehören nicht zuletzt auch *finanzielle Mittel*, die von Bund, Ländern und Kommunen, aber auch von zivilgesellschaftlichen Organisationen bereitzustellen sind. Selbst wenn sie sich die Schaffung von Beteiligungsstrukturen auf die Fahnen schreiben, kann aber nicht davon ausgegangen werden, dass öffentliche oder freie Institutionen die Finanzierung von Ideen freiwilligen sozialen oder bürgerschaftlichen Engagements selbstverständlich übernehmen. Die Kommunen haben große Finanzierungsprobleme durch sinkende Einnahmen und die Verschiebung sozialer Zuständigkeiten, und auch die Wohlfahrtsverbände kämpfen mit Kürzungen, die zu erheblichen Planungsunsicherheiten auf allen Ebenen und zu Umstrukturierungen führen. Trotzdem darf BürgerInnenengagement nicht vernachlässigt oder gar entmutigt werden, indem es zwar politisch gewollt, aber finanziell nicht angemessen unterstützt wird. So müssen – auf den Ebenen von Bund, Ländern und Kommunen, in Initiativen, Vereinen und Verbänden etc. – kreative Wege gefunden werden, die die Umsetzung von guten Engagement- und Beteiligungsideen ermöglichen. Die häufig praktizierte Finanzierung von Projekten durch ein Modellprogramm stößt auch an Grenzen, da sie häufig zur Folge hat, dass nach Ablauf der Förderphase die Weiterfinanzierung gefährdet ist, weil der Träger des Projekts die nötigen Mittel nicht aufbringt. Die Beschaffung (weiterer) finanzieller Mittel okkupiert die zeitlichen Kapazitäten der ProjektmitarbeiterInnen zudem oft so stark, dass für die eigentliche Projektarbeit nur wenig Raum bleibt, was wiederum dem Erfolg des Projekts schaden kann. Als weiterer Aspekt ist in diesem Zusammenhang deshalb noch zu nennen, dass es für die Finanzierung von Projekten wichtig ist, dass auch die von unentgeltlich Tätigen erbrachten Leistungen als Eigenleistung in den Förderbedingungen für Projekte freiwilligen Engagements anerkannt werden (vgl. Bock 1997 a: 172). Ein anderer wichtiger Ansatzpunkt für die Finanzierung freiwilligen Engagements ist das Social-Sponsoring (vgl. Haibach 2000; Kleinemas/Rietz 1996; Lang/Haunert 1995; Schiewe 1994).[19] Dabei ist jedoch zu berücksichtigen, dass kleine Projekte oft weder die Kenntnis über mögliche Sponsorengelder haben noch den Zugang dazu. Deshalb ist hier die Politik gefordert, »als Makler und Moderator zwischen Unternehmen und Projekten aufzutreten«, aber auch Wohlfahrtsverbände könnten diese Rolle einnehmen (Keupp 2000: 96). Weitere Finanzierungsideen sind die Gründung von »Freiwilligenfonds« oder »Bürgerstiftungen« auf örtlicher oder regionaler Ebene, die politisch initiiert, aber auch von Unternehmen der freien Wirtschaft unterstützt werden.[20] Hintergrund ist hier der Ansatz der »Corporate Citizenship«, der anstrebt, im Sinne einer Kooperation zwischen Unternehmen und gemeinnützigen Organisationen das Leitbild der Bürgergesellschaft auch in Unternehmen der freien Wirtschaft zu verankern und so die Unternehmen in die Verantwortung für das Gemeinwesen einzubinden. Diese können dadurch einen Imagegewinn erzielen, neue KundInnen gewinnen und die Zufriedenheit und Motivation ihrer MitarbeiterInnen verbessern, denn auch Unternehmen sind auf funktionierende Gemeinwesen angewiesen (vgl. Roß/Klie 2002: 121 f.; Deutscher Bundestag 2002: 9).

Es lässt sich insgesamt festhalten, dass die Förderung bürgerschaftlichen Engagements derzeit politisch häufig thematisiert wird und große Beachtung erfährt. Engagementförderung wird als gesamtgesellschaftliche Aufgabe verstanden. Verfolgt wird das Ziel, bürgerschaftliches Engagement auf breiter Ebene zu unterstützen unter Einbezug möglichst vieler gesellschaftlicher Akteure. Diese Aufgabe kann nur bewältigt werden durch vielschichtige Vernetzungsstrategien. Die Wohlfahrtsverbände als eine wichtige Gruppe der gesellschaftlichen Akteure müssen sich also – dies sei nochmals betont – grundsätzlich entscheiden, wie sie sich in diesem (sozial-)politischen Gefüge

---

[19] Konkrete Beispiele und Vorschläge zur Projektfinanzierung finden sich im »Praxishandbuch der ARBES« (vgl. Trübenbach 1996: 151 ff.).

[20] Kritisch anzumerken ist jedoch, dass die Ursache dafür, dass die Reform des Stiftungs- und Gemeinnützigkeitsrechts kontrovers diskutiert wird, nicht der »Wunsch nach gesellschaftlichem Umbau, sondern die Suche nach Beiträgen zur Erfüllung öffentlicher, im Sinne staatlicher Aufgaben« ist (Strachwitz 2000: 325). Ziel der Bemühungen ist nicht das Engagement von Bürgerinnen und Bürgern als solches, sondern seine Staatsnützigkeit (vgl. ebd.).

positionieren und welche Rolle sie bei der Förderung bürgerschaftlichen Engagements in der Gesellschaft spielen wollen.

8.6 Ausblick: Engagementförderung durch Vernetzung

Die grundsätzliche Bereitschaft vieler Bürgerinnen und Bürger, sich freiwillig und unentgeltlich für soziale und andere gemeinwesenorientierte Belange einzusetzen, ist ein soziales Kapital, das auch im Zuge der zunehmenden Individualisierung der Lebensführung und Pluralisierung der Lebenslagen bislang noch und immer wieder neu in vielfältigen Ausprägungen vorhanden ist (vgl. 3.3.1). Sie bedarf aber der Förderung und Stärkung, um ihr Potential für die Gesellschaft nachhaltig nutzbar zu machen. »Die Unterstützung der Sozialbewegung ist ein Beitrag dazu, dass in der Gesellschaft die Solidarität mit Menschen in Not nicht untergeht und allein den dafür bezahlten Fachkräften überlassen bleibt, sondern auch unter heutigen Bedingungen bewahrt und weiterentwickelt wird« (Bock 1997 a: 172). Das Thema der Engagementförderung ist deshalb im Zusammenhang mit allgemeinen gesellschaftlichen Reformdebatten zu sehen. Die Enquetekommission »Zukunft des Bürgerschaftlichen Engagements« streicht diesbezüglich – wie oben gezeigt wurde – als Leitbild für die Engagementförderung die Entwicklung einer *zukunftsfähigen Bürgergesellschaft* heraus. Bürgergesellschaft wird demgemäß im Spannungsfeld von Staat, Markt und Familie »überall dort sichtbar, wo sich freiwillige Zusammenschlüsse bilden, wo Teilhabe- und Mitgestaltungsmöglichkeiten genutzt werden und Bürgerinnen und Bürger Gemeinwohlverantwortung übernehmen« (Deutscher Bundestag 2002: 6; vgl. Evers 2002: 120 f.; Abschnitt 3.2.1; zum Konzept der Bürgergesellschaft vgl. Heinze/ Olk 2001 a; Zimmer/Nährlich 2000 a).

Für die Förderung und Stärkung dieses sozialen Kapitals sind unter dem Leitbild der Bürgergesellschaft *sozialpolitische Konzepte* zu entwickeln *und entsprechende Rahmenbedingungen* zu schaffen, die zum einen auf eine Stärkung der Selbstgestaltungskräfte und Ressourcen von Bürgerinnen und Bürgern zielen, und von diesen zur produktiven Veränderung von unbefriedigenden Lebensumständen eingesetzt werden können. Insofern ist die *Schaffung von Ermöglichungs- und Beteiligungsstrukturen* für freiwilliges Engagement eine zentrale sozialpolitische Aufgabe auf den Ebenen des Bundes, der Länder und der Kommunen, der sich alle zivilgesellschaftlichen Organisationen stellen sollten (vgl. 8.5; Helmbrecht 2001 a).

Eine weitere wesentliche Voraussetzung für eine lebendige Landschaft freiwilligen sozialen und bürgerschaftlichen Engagements im lokalen Lebensraum ist zum andern die *Vernetzung* sowohl der verschiedenen Engagementformen als auch der dafür vorgesehenen Förderprogramme. Für eine erfolgreiche Engagementförderung ist es also unabdingbar, dass die verschiedenen bürgerschaftlichen AkteurInnen, Institutionen und Organisationen auf Bundes-, Länder- und kommunaler Ebene miteinander kooperieren, anstatt in – an Marktbeziehungen orientierte – Konkurrenz zueinander zu treten. Gebraucht wird also eine *Infrastruktur der Engagementförderung*.[21] Infrastruktureinrichtungen wie Selbsthilfekontaktstellen, Freiwilligenagenturen, Seniorenbüros etc. bieten für interessierte Bürgerinnen und Bürger Informationen, Beratung und Vermittlung in eine Tätigkeit, sie haben aber auch die Aufgabe, Organisationen zu beraten und zu unterstützen, wenn sie Beteiligungsstrukturen auf- oder ausbauen wollen, sowie die Kooperation und Vernetzung zwischen verschiedenen Organisationen voranzutreiben. Darüber hinaus ist die Öffentlichkeits- und Lobbyarbeit für das freiwillige und bürgerschaftliche Engagement von großer Bedeutung. Solche Infrastruktureinrichtungen sind entsprechend der lokalen und regionalen Bedingungen bedarfsgerecht auszubauen, und ihre Arbeit muss kooperativ aufeinander abgestimmt werden (vgl. Reinert/Kanther 2002: 187; Heinze/Strünck 2001 b; Helmbrecht 2001 b; Keupp 2000: 92 f.).[22]

Für Wohlfahrtsverbände stellt der Vernetzungsanspruch insofern eine besondere Herausforderung dar, da es in Bezug auf die Unterstützung freiwilligen sozialen und bürgerschaftlichen Engagements im kommunalen Raum nicht darum geht, die korporatistische Vorrangstellung gegenüber anderen AkteurInnen durch Abgrenzung zu bewahren (vgl. 1.3.3). Wollen Wohlfahrtsverbände ihre sozialpolitische Schlüsselstellung behalten, so müssen sie »sich anstrengen, damit auch in ihren Organisationsformen Bürgerwille sich repräsentiert« (Thiersch 1992 b: 194). Profilieren und neu legitimieren können sich die Verbände deshalb dadurch, dass sie ihre Fachlichkeit und ihre Zugangsmöglichkeiten zu öffentlichen Mitteln sowie sonstige ihrer – trotz der Kürzungen im Sozialbereich – privilegierten Ressourcen in der Kooperation mit anderen staatlichen und zivilgesellschaftlichen Institutionen und Initiativen zur Förderung des bürgerschaftlichen Engagements einsetzen, um so auch in diesem Bereich eine zentrale Rolle einzunehmen. Wohlfahrtsverbände können sich also als Sozialanwälte dafür einsetzen, dass bürgerschaftliche Initiativen gestärkt werden, u.a. indem sie ihnen verbandliche Ressourcen zur Verfügung stellen (vgl. ebd.; Backhaus-Maul/Olk 1997).[23] Dies bedeutet aber auch, dass sie sich auf die Handlungslogik der Menschen,

---

[21] Im Juni 2002 wurde beispielsweise als Ergebnis des Internationalen Jahres der Freiwilligen 2001 auf Bundesebene ein Netzwerk zur Förderung des bürgerschaftlichen Engagements gegründet. Zusammengeschlossen haben sich die Bundesarbeitsgemeinschaft der freien Wohlfahrtspflege, der Deutsche Sportbund, der Deutsche Feuerwehrverband, Bund, Länder und Kommunen, der Deutsche Kulturrat, die evangelische und katholische Kirche, der DGB, Selbsthilfegruppen, Freiwilligenagenturen sowie Organisationen aus den Bereichen Stiftungen, Medien, Naturschutz, Internationale Freiwilligenarbeit und Ausländerarbeit. Ziel ist die Verbindung relevanter gesellschaftlicher Gruppen und AkteurInnen zur Förderung bürgerschaftlichen Engagements, als Prinzip des Netzwerks gilt jedoch, keine Aufgaben zu übernehmen, die von Mitgliedsorganisationen und anderen Netzwerken bereits wahrgenommen werden (vgl. www.bmfsfj.de/dokumente/Artikel/ix_84236_4960.htm?; Klein/Hartnuß 2002).

[22] Konkrete Anregungen und Hilfestellungen für die Arbeit solcher Infrastruktureinrichtungen finden sich beispielsweise in Fels 1998 und Braun u.a. 2000.

[23] Aus den bisherigen Erfahrungen ist hierzu allerdings kritisch anzumerken, dass die Gründung von Freiwilligenzentren *innerhalb* eines Wohlfahrtsverbandes, wie es beispielsweise von der Caritas praktiziert wird, noch keine Öffnung des Verbandes gegenüber anderen sozialstaatlichen Akteuren ist, sie wird vielmehr als organisationsinterne Spezialisierung zu verbandspolitischen Zwecken verfolgt (vgl. Luthe/Strünck 1998: 171 f.; Heinze/Olk 1999: 97). Auch der Forschungsverbund im Auftrag der »Arbeitsgemeinschaft zur Förderung Bürger-

die sich vorwiegend aus einem biographischen Sinnbezug heraus bürgerschaftlich engagieren (wollen), einlassen (vgl. 3.3.2). Die Förderung freiwilligen sozialen Engagements bindet in jedem Falle verbandliche Ressourcen und konkurriert deshalb oft mit anderen verbandlichen Aufgaben. Das könnte – neben ihrer Bindung an Traditionen und Wertmustern – ein wesentlicher Grund dafür sein, dass sich Wohlfahrtsverbände als Anstifter und Kooperationspartner von Initiativen bürgerschaftlichen Engagements oft immer noch schwer tun.

Insgesamt betrachtet ist das Wesen bürgerschaftlichen Engagements also gegenläufig zu gegenwärtig zentralen sozialpolitischen Entwicklungen: Im sozialen Bereich droht die Orientierung an der betriebswirtschaftlichen Handlungslogik des Marktes derzeit zum vorherrschenden Paradigma zu werden. Aufgrund der zunehmend leistungsorientierten Förderungen durch die öffentliche Hand, müssen Wohlfahrtsverbände ihre Verwaltungsstrukturen immer effizienter gestalten. Dies wirkt sich auf das Verhältnis der Wohlfahrtsverbände untereinander insofern aus, dass sie in wohlfahrtspluralistischen Strukturen auf dem Markt sozialer Dienstleistungen neben privatgewerblichen Anbietern als Konkurrenten auftreten. Jeder einzelne Verband ist darum bemüht, seine Position zu stärken und sich gegen andere Verbände durchzusetzen (vgl. 1.3.3). Die Förderung bürgerschaftlichen Engagements hingegen stellt die Anforderung an die Verbände, eine paritätische Kooperation untereinander und mit den Kommunen zu entwickeln. Hierin liegt ein Spannungsfeld, das dadurch Verstärkung erfährt, dass innerhalb des Gesamtsystems sozialer Dienstleistungsproduktion ein staatlich forcierter Umsteuerungsprozess im Gange ist, »der auf der einen Seite zu Lasten der korporatistisch verfaßten freien Wohlfahrtspflege geht, auf der anderen Seite privaten Anbietern zu Gute kommt und zugleich staatliche Steuerungsmöglichkeiten vergrößert« (Klie u.a. 1997: 165).[24] Die Wohlfahrtsverbände, deren Vorrangstellung durch Umsteuerung und Kürzungen im Sozialbereich einerseits durch den Staat beschnitten wird, werden also andererseits im Bereich der Förderung freiwilligen sozialen und bürgerschaftlichen Engagements zu einer paritätischen Kooperation mit den Kommunen aufgefordert.

Wird nun nochmals der Bogen zum Ausgangspunkt dieser Arbeit gespannt, dann lässt sich festhalten, dass das wohlfahrtspluralistische Konzept einer sozialen Entwicklungspolitik zur Stärkung der gesellschaftlichen Wohlfahrt (vgl. 1.3.3) das freiwillige soziale und bürgerschaftliche Engagement als ein soziales Kapital der Gesell-

---

schaftlichen Engagements in Baden-Württemberg« (AG/BE) hat im Rahmen der wissenschaftlichen Begleitung des »Landesprogramms Bürgerschaftliches Engagement« die Beobachtung gemacht, dass bei bürgerschaftlichen Projekten, die von Verbänden getragen werden, »sowohl bezüglich der Bürger/innen als auch der Verwaltung/ Politik Kommunikation und Integration zögerlich« anlaufen (Klie u.a. 1997: IX). Die Arbeitsgruppe führt dies darauf zurück, dass »für die an den Initiativen beteiligten Orts- oder Kreisverbände (...) offensichlich die vertikale, innerverbandliche Abstimmung ihres Vorgehens Priorität [hat] vor der horizontalen Abstimmung mit Bürger/innen und Verwaltungen der jeweiligen Kommunen. Die Verbände agieren vor Ort eher als Teilgliederung ihres Gesamtverbandes, denn als Netzknoten im lokalen Gemeinwesen« (ebd.).

[24] Ein Beispiel hierfür ist die Pflegeversicherung.

schaft beschreibt, das der Wertschätzung und Pflege bedarf. Die anerkennende und fördernde Erneuerung dieses Kapitals durch die Schaffung von Beteiligungsstrukturen ist nicht nur als Voraussetzung für eine pluralistische Wohlfahrtsproduktion anzusehen, sondern stellt auch die Grundlage für die bessere Nutzbarmachung von familialen und nachbarschaftlichen Beiträgen bzw. des bürgerschaftlichen Engagements dar. In dieser Arbeit wurde vielfältig herausgearbeitet, dass die Unterstützung von freiwilligem sozialem und bürgerschaftlichem Engagement eine Aufgabe von Wohlfahrtsverbänden ist, die es ihnen ermöglichen kann, ihr multifunktionales Profil – im Sinne einer sozialen Entwicklungspolitik – zu schärfen und nicht auf die Seite der marktorientierten Dienstleistungen abzukippen. Wohlfahrtsverbände können sich dabei auch auf ihre soziale Anwaltschaft und ihre gemeinwohlorientierte Wertbindung berufen. Freiwilliges soziales und bürgerschaftliches Engagement darf dabei jedoch nicht überfordert oder missbraucht werden: »Bürgerschaftliches Engagement ist Engagement im modernen Sozialstaat, setzt also die Selbstverständlichkeit voraus, dass der Staat für die elementare Sicherung in sozialen Problemen zuständig ist. Bürgerschaftliches Engagement ist keine Alternative zu sozialstaatlichen Dienstleistungen, sondern ihre Ergänzung« (Thiersch 1997: 19). Im Blick auf die derzeitige Sparpolitik muss also betont werden, dass sich der Staat nicht auf die Möglichkeiten freiwilligen Engagements verlassen darf. Dennoch ist bei einer entsprechenden Gestaltung der fördernden Rahmenbedingungen von einem erheblichen Potential zur Optimierung des Zusammenspiels von sozialstaatlichen Verpflichtungen und bürgerschaftlichem Engagement auszugehen – gerade auch unter Einbeziehung der Wohlfahrtsverbände. Es ist diesbezüglich jedoch immer kritisch zu überprüfen, welche Intentionen hinter der Unterstützung des Engagements stehen.

Literatur

Anheier, Helmut K./Priller, Eckhard/Seibel, Wolfgang/Zimmer, Annette (Hrsg.) 1997: Der Dritte Sektor in Deutschland. Organisationen zwischen Staat und Markt im gesellschaftlichen Wandel, Berlin

Arbeitsgemeinschaft zur Förderung Bürgerschaftlichen Engagements in Baden-Württemberg AG/BE 1999: Wege zur Bürgergesellschaft. Ein Leitfaden zur Förderung Bürgerschaftlichen Engagements in Städten, Gemeinden und Landkreisen in Baden-Württemberg, Freiburg-Stuttgart 1999

Arbeitskreis Nonprofit-Organisationen (Hrsg.) 1998: Nonprofit-Organisationen im Wandel. Ende der Besonderheiten oder Besonderheiten ohne Ende?, Stuttgart u.a.

Argyris, Chris/Schön, Donald E. 1978: Organizational Learning: A Theory of Action Perspective, Reading, Mass. et.al. Addison-Wesley

Backes, Gertrud M. 1987: Frauen und soziales Ehrenamt. Zur Vergesellschaftung weiblicher Selbsthilfe, Augsburg

Backes, Gertrud M. 1991: Ehrenamtliche Arbeit älterer und alter Frauen – ein Beitrag zu ihrer sozialen Integration?, in: Zeitschrift für Frauenforschung, 9. Jg., Heft 3, S. 89-100

Backhaus-Maul, Holger/Olk, Thomas 1994: Von Subsidiarität zu »outcontracting«: Zum Wandel der Beziehungen von Staat und Wohlfahrtsverbänden in der Sozialpolitik, in: Streek, Wolfgang (Hrsg.), Staat und Verbände, Opladen, S. 100-135

Backhaus-Maul, Holger/Olk, Thomas 1997: Vom Korporatismus zum Pluralismus? – Aktuelle Tendenzen im Verhältnis zwischen Staat und Wohlfahrtsverbänden, in: Theorie und Praxis der Sozialen Arbeit, 48. Jg., Heft 3, S. 25-32

Badelt, Christoph 1997: Ehrenamtliche Arbeit im Nonprofit-Sektor, in: Badelt (Hrsg.), S. 359-386

Badelt, Christoph (Hrsg.) 1997: Handbuch der Nonprofit Organisation. Strukturen und Management, Stuttgart

Baer, Susanne 2002: Der Handlungsbedarf für eine bürgerschaftliches Engagement fördernde Verwaltungsreform, in: Enquete-Kommission »Zukunft des Bürgerschaftlichen Engagements« Deutscher Bundestag (Hrsg.), S. 167-183

Balke, Klaus/Thiel, Wolfgang (Hrsg.) 1991: Jenseits des Helfens. Professionelle unterstützen Selbsthilfegruppen, Freiburg i.B.

Balluseck, Hilde von 1984: Zum Verhältnis von unbezahlter und bezahlter Sozialarbeit in der Bundesrepublik und Berlin (West) von 1950-1980, in: Soziale Arbeit, 33. Jg., Heft 8/9, S. 390-404

Barber, Benjamin 1994: Starke Demokratie, Hamburg

Baron, Rüdeger 1995: Die Entwicklung der Armenpflege in Deutschland vom Beginn des 19. Jahrhunderts bis zum Ersten Weltkrieg, in: Landwehr/Baron (Hrsg.), S. 11-71

Bartjes, Heinz/Otto, Ulrich 2000: Mit Engagement können, in: Otto u.a. (Hrsg.), S. 51-77

Bartnitzke, Klaus 1995: Geld statt guter Worte, in: Socialmanagement, 5. Jg., Heft 1, S. 18-19

Bauer, Rudolph 1996: Wohlfahrtsverbände, in: Kreft/Mielenz (Hrsg.), S. 647-652

Bauer, Rudolph 1998: Ehrenbeamte, Freiwillige und Bürgerarbeiter. Über Ursprung, Politische Ökonomie und Aktualität des Ehrenamts – Vom »Elberfelder System« bis an »Das Ende der Arbeit und ihre Zukunft«, in: Sozial extra, 13. Jg., Heft 10, S. 3-7 (1998 a)

Bauer, Rudolph 1998: Ein Familiendrama. Kommentar zum Verhältnis von Sozialer Arbeit und Sozialem Ehrenamt, in: Sozial extra, 13. Jg., Heft 10, S. 13 (1998 b)

Bauer, Rudolph 1998: Macht das Ehrenamt arbeitslos? Oder hilft das Ehrenamt neue Arbeitsplätze zu schaffen? Freiwillige in der Sozialen Arbeit: Pioniere, Hilfstruppen und Jobkiller, in: Sozial extra, 13. Jg., Heft 10, S. 2 (1998 c)

Bauer, Rudolph 2002: Freie Träger, in: Thole (Hrsg.), S. 449-464

Becher, Berthold 1996: Sozialpolitische Leistungsqualitäten von Seniorenbüros, in: Braun/Lege (Red. Bearb.), S. 205-208

Beck, Ulrich 1986: Risikogesellschaft. Auf dem Weg in eine andere Moderne, Frankfurt/M.

Beck, Ulrich 1997: Erwerbsarbeit durch Bürgerarbeit ergänzen, in: Kommission für Zukunftsfragen der Freistaaten Bayern und Sachsen: Erwerbstätigkeit und Arbeitslosigkeit in Deutschland. Entwicklung, Ursachen und Maßnahmen. Teil III – Maßnahmen zur Verbesserung der Beschäftigungslage, Bonn, S. 146-168

Beck, Ulrich 1999: Modell Bürgerarbeit, in: Beck, Ulrich, Schöne neue Arbeitswelt. Vision: Weltbürgergesellschaft, Frankfurt/M. und New York, S. 7-189

Beck-Gernsheim, Elisabeth 1980: Das halbierte Leben. Männerwelt Beruf, Frauenwelt Familie, Frankfurt/M.

Becker, Albrecht/Küpper, Willi/Ortmann, Günther 1992: Revisionen der Rationalität, in: Küpper, Willi/Ortmann, Günther (Hrsg.), Mikropolitik. Rationalität, Macht und Spiele in Organisationen, Opladen, 2., durchgesehene Auflage, S. 89-113

Becker, Helmut 1993: Handlungsforschung, in: Deutscher Verein (Hrsg.), S. 439-440

Becker, Horst/Langosch, Ingo 1995: Produktivität und Menschlichkeit. Organisationsentwicklung und ihre Anwendung in der Praxis, Stuttgart, 4., erweiterte Auflage

Beher, Karin/Liebig, Reinhard 2002: Soziale Arbeit als Ehrenamt, in: Thole (Hrsg.), S. 745-754

Beher, Karin/Liebig, Reinhard/Rauschenbach, Thomas 1998: Das Ehrenamt in empirischen Studien. Ein sekundäranalytischer Vergleich, Stuttgart u.a. (BMFSFJ, Bd. 163)

Beher, Karin/Liebig, Reinhard/Rauschenbach, Thomas 2000: Strukturwandel des Ehrenamts. Gemeinwohlorientierung im Modernisierungsprozess, Weinheim u. München

Beher, Karin/Liebig, Reinhard/Rauschenbach, Thomas 2001: Vom Motivations- zum Strukturwandel – Analysen zum Ehrenamt in einer sich verändernden Umwelt, in: Heinze/Olk (Hrsg.), S. 255-281

Berger, Ulrike 1992: Rationalität, Macht und Mythen, in: Küpper, Willi/Ortmann, Günther (Hrsg.), Mikropolitik. Rationalität, Macht und Spiele in Organisationen, Opladen, 2., durchgesehene Auflage, S. 115-130

Biedermann, Christiane 2000: Was heißt Freiwillige managen? – Grundzüge des Freiwilligen-Managements, in: Nährlich/Zimmer (Hrsg.), S. 107-128

Birk, Ulrich-Arthur 2002: Rechtliche Rahmenbedingungen bürgerschaftlichen Engagements, in: Möller (Hrsg.), S. 225-235

Bitzan, Maria 1997: Der geschlechterdifferenzierende Blick: Zur Arbeit mit dem weiblichen Gemeinwesen, in: Widersprüche, Heft 65, 17. Jg., Nr. 3, S. 77-91

Blandow, J. 1998: Vom Bürgeramt zur Bürgerpflicht. Ein Essay zu den jüngeren Ehrenamtsdebatten im Sozialbereich, in: Widersprüche, Heft 67, 18. Jg., Nr. 1, S. 107-121

Blanke, Bernhard/Schridde, Henning 2001: Bürgerengagement und aktivierender Staat, in: Heinze/Olk (Hrsg.), S. 93-140

Blanke, Karen/Ehling, Manfred/Schwarz, Norbert 1996: Zeit im Blickfeld. Ergebnisse einer repräsentativen Zeitbudgeterhebung, Stuttgart u.a. (BMFSFJ, Bd. 121)

Bleicher, Knut 1992: Unternehmenskultur, in: Gaugler, Eduard/Weber, Wolfgang (Hrsg.), Handwörterbuch des Personalwesens, Stuttgart, 2., neubearbeitete und ergänzte Auflage, Sp. 2241-2252

Bock, Teresa 1993: Ehrenamtliche Tätigkeit im sozialen Bereich, in: Deutscher Verein (Hrsg.), S. 253-256

Bock, Teresa 1996: Ehrenamtliche gewinnen, vorbereiten und begleiten, in: Caritas, 97. Jg., Heft 5, S. 220-226

Bock, Teresa 1997: Bürgerschaftliches Engagement im Sozialstaat. Die Gesellschaft braucht Bürgerinnen und Bürger mit Gemeinsinn, in: Nachrichtendienst des Deutschen Vereins für öffentliche und private Fürsorge, 77. Jg., Heft 6, S. 170-174 (1997 a)

Bock, Teresa 1997: Ehrenamtliche/freiwillige Tätigkeit im sozialen Bereich, in: Deutscher Verein (Hrsg.), S. 241-244 (1997 b)

Bock, Teresa 2000: Ehrenamtliches Engagement in der Caritas – auf der Suche nach innovativen Konzepten, in: Zimmer/Nährlich (Hrsg.), S. 89-103

Bock, Teresa/Lowy, Louis/Pankoke, Monika u.a. 1980: Kooperation freitätiger und beruflicher Mitarbeiter in Sozialen Diensten, Freiburg i.B., 2. Auflage

Böhnisch, Lothar 1988: Das professionspolitische Dilemma der Sozialarbeit, in: Mehr Professionalität – mehr Lösungen? Die professionspolitische Zerreißprobe der Sozialarbeit, Frankfurt/M., S. 46-54

Böhnisch, Lothar 1998: Neue professionelle Herausforderungen: Empowerment, Persönlichkeitsbezug und kommunales Sozialklima, in: Wöhrle, Armin (Hrsg.), Profession und Wissenschaft Sozialer Arbeit, Positionen in einer Phase der generellen Neuverortung und Spezifika in den neuen Bundesländern, Pfaffenweiler, S. 150-161

Boeßenecker, Karl-Heinz 1995: Spitzenverbände der Freien Wohlfahrtspflege in der BRD. Eine Einführung in Organisationsstruktur und Handlungsfelder, Münster

Boeßenecker, Karl-Heinz 1998: Spitzenverbände der Freien Wohlfahrtspflege in der BRD. Eine Einführung in Organisationsstruktur und Handlungsfelder, Münster, 2., neubearbeitete und erweiterte Auflage

Boeßenecker, Karl-Heinz 1999: Ehrenamt und Wohlfahrtsverbände, in: Soziale Arbeit, 48. Jg., Heft 3, S. 87-93

Bogumil, Jörg/Holtkamp, Lars 2001: Kommunale Verwaltungsmodernisierung und bürgerschaftliches Engagement, in: Heinze/Olk (Hrsg.), S. 549-567

Bogumil, Jörg/Schmid, Josef 2001: Politik in Organisationen. Organisationstheoretische Ansätze und praxisbezogene Anwendungsbeispiele, Opladen

Braun, Joachim/Abt, Hans Günter/Bischoff, Stefan 2000: Leitfaden für Kommunen zur Information und Beratung über freiwilliges Engagement und Selbsthilfe, Köln und Leipzig

Braun, Joachim/Klemmert, Oskar (Red.) 1998: Selbsthilfeförderung und bürgerschaftliches Engagement in Städten und Kreisen, Köln und Leipzig

Braun, Joachim/Lege, Christiane (Red. Bearb.) 1996: Wegweiser in ein aktives Alter: Seniorenbüros, Tagungsbericht, hrsg. vom Bundesministerium für Familie, Senioren, Frauen und Jugend, Schriftenreihe Materialien zum Modellprogramm Seniorenbüro, Band 12, Köln

Braun, Joachim/Röhrig, Peter 1987: Praxis der Selbsthilfeförderung. Das freiwillige soziale Engagement am Beispiel von vier Städten, Frankfurt/M. und New York

Buck, Gerhard 1995: Die Entwicklung der freien Wohlfahrtspflege von den ersten Zusammenschlüssen der freien Verbände im 19. Jahrhundert bis zur Durchsetzung des Subsidiaritätsprinzips in der Weimarer Fürsorgegesetzgebung, in: Landwehr/Baron (Hrsg.), S. 139-172

Bullinger, Mathias u.a. 1995: Die Bürgerbüros. Bürgertreffpunkte und Projektgruppen, Zwischenbericht der Initiative 3. Lebensalter, hrsg. vom Ministerium für Arbeit, Gesundheit und Sozialordnung Baden-Württemberg, Reihe Bürgerschaftliches Engagement, Band 1, Stuttgart

Bundesarbeitsgemeinschaft für Straffälligenhilfe e.V. (Hrsg.) 1998: Die Förderung ehrenamtlichen Engagements in der Freien Straffälligenhilfe. Ein Handbuch zur Gewinnung, Aus- und Fortbildung ehrenamtlicher Mitarbeiterinnen und Mitarbeiter, Bonn

Bundesministerium für Familie, Senioren, Frauen und Jugend (Hrsg.) 1994: Neunter Jugendbericht. Bericht über die Situation der Kinder und Jugendlichen und die Entwicklung der Jugendhilfe in den neuen Bundesländern, Bonn

Bundesministerium für Familie und Senioren (Hrsg.) 1994: Materialien zum Modellprogramm Seniorenbüro, Band 2, Ausgangslage der Seniorenbüros, Bonn

Clausen, Gisela 2002: Vorstands- und Gremienarbeit aktiv gestalten. Ein Praxishandbuch für die Arbeit in Vereinen und Verbänden, Weinheim u. Basel

Combe, Arno/Helsper, Werner (Hrsg.) 1996: Pädagogische Professionalität. Untersuchungen zum Typus pädagogischen Handelns, Frankfurt/M. (1996 a)

Combe, Arno/Helsper, Werner 1996: Einleitung: Pädagogische Professionalität. Historische und aktuelle Entwicklungstendenzen, in: Combe/Helsper (Hrsg.), S. 9-48 (1996 b)

Combe, Arno/Helsper, Werner 2002: Professionalität, in: Otto u.a. (Hrsg.), S. 29-47

Crozier, Michel/Friedberg, Erhard 1993: Die Zwänge kollektiven Handelns. Über Macht und Organisation, Frankfurt /M. 1993

Dahrendorf, Ralf 1992: Der moderne soziale Konflikt. Essays zur Politik der Freiheit, Stuttgart

Depner, Rolf/Trube, Achim 2001: Der Wandel der Gesellschaft und die Qualitätsdebatte im Sozialsektor – Oder: Warum der Sozialen Arbeit der Wind ins Gesicht bläst, in: Schädler, Johannes/Schwarte, Norbert/Trube, Achim (Hrsg.), Der Stand der Kunst – Qualitätsmanagement Sozialer Dienste, Münster, S. 39-67

Dettling, Warnfried 2000: Der Wohlfahrtsstaat am Ende? Die Bürgergesellschaft als Antwort auf die neue soziale und demokratische Frage, in: Seckinger, Mike/Stiemert-Strecker, Sigrid/Teuber, Kirstin (Hrsg.), Qualität durch Partizipation und Empowerment, Tübingen, S. 27-33

Deutsches Rotes Kreuz – Präsidium – 1996 (Hrsg.): Jahrbuch 95/96, Bonn

Deutscher Bundestag 2002 (Hrsg.): Bericht der Enquete-Kommission »Zukunft bürgerschaftlichen Engagements«. Bürgerschaftliches Engagement: auf dem Weg in eine zukunftsfähige Bürgergesellschaft, Berlin, Bundestagsdrucksache 14/8900

Deutscher Verein für öffentliche und private Fürsorge (Hrsg.) 1993: Fachlexikon der sozialen Arbeit, Frankfurt/M. 3., erneuerte und erweiterte Auflage

Deutscher Verein für öffentliche und private Fürsorge (Hrsg.) 1997: Fachlexikon der sozialen Arbeit, Frankfurt/M. 4., vollständig überarbeitete Auflage

Dewe, Bernd 2000: Perspektiven der modernen Professionstheorie für sozialpädagogisches Handeln, in: Müller u.a. (Hrsg.), S. 289-302

Dewe, Bernd/Ferchhoff, Wilfried/Radtke, Frank-Olaf (Hrsg.) 1992: Erziehen als Profession. Zur Logik professionellen Handelns in pädagogischen Feldern, Opladen

Dewe, Bernd/Ferchhoff, Wilfried/Radtke, Frank-Olaf 1992: Auf dem Wege zu einer aufgabenzentrierten Professionstheorie pädagogischen Handelns, in: Dewe/Ferchhoff/Radtke (Hrsg.), S. 7-19

Dewe, Bernd/Ferchhoff, Wilfried/Scherr, Albert/Stüwe, Gerd 1995: Professionelles soziales Handeln. Soziale Arbeit im Spannungsfeld zwischen Theorie und Praxis, Weinheim u. München, 2., überarbeitete Auflage

Dewe, Bernd/Ferchhoff, Wilfried/Scherr, Albert/Stüwe, Gerd 1996: Sozialpädagogik, Sozialarbeitswissenschaft, Soziale Arbeit? in: Puhl, Ria (Hrsg.), S. 111-125

Dewe, Bernd/Ferchhoff, Wilfried/Stüwe, Gerd 1993: Sozialarbeit und Berufswissen, in: Pfaffenberger, Hans/Schenk, Manfred (Hrsg.), Sozialarbeit zwischen Berufung und Beruf. Professionalisierungs- und Verwissenschaftlichungsprobleme der Sozialarbeit/Sozialpädagogik, Münster und Hamburg, S. 189-204

Dewe, Bernd/Otto, Hans-Uwe 1987: Professionalisierung, in: Eyferth/Otto/Thiersch (Hrsg.), S. 775-811

Dewe, Bernd/Otto, Hans-Uwe 2001: Profession, in: Otto/Thiersch (Hrsg.), S. 1399-1423 (2001 a)

Dewe, Bernd/Otto, Hans-Uwe 2001: Wissenschaftstheorie, in: Otto/Thiersch (Hrsg.), S. 1966-1979 (2001 b)

Eberl, Peter 1996: Die Idee des organisationellen Lernens. Konzeptionelle Grundlagen und Gestaltungsmöglichkeiten, Bern und Stuttgart (1996 a)

Eberl, Peter 1996: Entwicklungsorientiertes Management. Anregungen für die Gestaltung von Veränderungsprozessen in Wohlfahrtsverbänden, in: Öhlschläger/Brüll (Hrsg.), S. 52-62 (1996 b)

Ebers, Mark 1995: Organisationskultur und Führung, in: Kieser, Alfred/Reber, Gerhard/Wunderer, Rolf (Hrsg.), Handwörterbuch der Führung, Stuttgart, 2. Auflage, Sp. 1664-1682

Ebert, Olaf/Janning, Heinz 2002: Freiwilligenagenturen, in: Möller (Hrsg.), S. 85-100

Effinger, Herbert 1999: Soziale Arbeit und Gemeinschaft, in: Effinger, Herbert (Hrsg.), Soziale Arbeit und Gemeinschaft, Freiburg i.B., S. 15-43

Effinger, Herbert 2000: Soziale Arbeit und soziales Engagement. Thesen zur Professionalisierung und Modernisierung Sozialer Arbeit, in: Sozialmagazin, 25. Jg., Heft 7/8, S. 46-50

Effinger, Herbert/Pfau-Effinger, Birgit 1999: Freiwilliges Engagement im Sozialwesen. Ausweg aus der Krise der Erwerbsgesellschaft und des Wohlfahrtsstaates?, in: Kistler u.a. (Hrsg.), S. 307-323

Elsik, Wolfgang 1999: Politik in Organisationen, in: Eckardstein, Dudo v./Kasper, Helmut/Mayrhofer, Wolfgang (Hrsg.), Management. Theorien - Führung - Veränderung, Stuttgart, S. 75-106

Endres, Gerhard L./Back, Ruth 1999: Ehrenamtlichkeit und Bürger-Arbeit unter den Bedingungen von hoher Arbeitslosigkeit und tendenziell steigender Kluft zwischen Reichen und Armen, in: Kistler u.a. (Hrsg.), S. 355-366

Engelke, Ernst 1992: Soziale Arbeit als Wissenschaft, Freiburg i.B.

Enquete-Kommission »Zukunft des Bürgerschaftlichen Engagements« Deutscher Bundestag (Hrsg.) 2002: Bürgerschaftliches Engagement und Zivilgesellschaft, Opladen (Band 1 der Schriftenreihe der Enquete-Kommission)

Erlinghagen, Marcel/Rinne, Karin/Schwarze, Johannes 1997: Ehrenamtliche Tätigkeiten in Deutschland – komplementär oder substitutiv? Analysen mit dem Soziooekonomischen Panel 1985-1996, Diskussionspapier Nr. 97-10 der Fakultät für Sozialwissenschaft der Ruhr-Universität Bochum

Etzioni, Amitai 1994: Jenseits des Egoismus-Prinzips. Ein neues Bild von Wirtschaft, Politik und Gesellschaft, Stuttgart

Evers, Adalbert 1999: Verschiedene Konzeptionalisierungen von Engagement. Ihre Bedeutung für Analyse und Politik, in: Kistler u.a. (Hrsg.), S. 53-65

Evers, Adalbert 2002: Engagement und seine Förderung. Über unterschiedliche Verständnisse einer Herausforderung, in: Kersting u.a. (Hrsg.), S. 115-126

Evers, Adalbert/Olk, Thomas (Hrsg.) 1996: Wohlfahrtspluralismus. Vom Wohlfahrtsstaat zur Wohlfahrtsgesellschaft, Opladen

Evers, Adalbert/Olk, Thomas 1996: Wohlfahrtspluralismus – Analytische und normativ-politische Dimensionen eines Leitbegriffs, in: Evers/Olk (Hrsg.), S. 9-60

Eyferth, Hanns/Otto, Hans-Uwe/Thiersch, Hans (Hrsg.) 1987: Handbuch zur Sozialarbeit/Sozialpädagogik, Studienausgabe, Neuwied und Darmstadt

Fels, Sylvia 1998: Qualität schaffen. Welches Know-how brauchen Freiwilligen-Agenturen?, Bonn (hrsg. vom Bundesministerium für Familien, Senioren, Frauen und Jugend in der Reihe QS, Materialien zur Qualitätssicherung in der Kinder- und Jugendhilfe, Heft 15)

Filsinger, Dieter/Hinte, Wolfgang 1988: Praxisforschung: Grundlagen, Rahmenbedingungen und Anwendungsbereiche eines Forschungsansatzes, in: Heiner (Hrsg.), S. 34-72

Flick, Uwe u.a. (Hrsg.) 1995: Handbuch qualitative Sozialforschung. Grundlagen, Konzepte, Methoden und Anwendungen, Weinheim, 2. Auflage

Flick, Uwe 1995: Stationen des qualitativen Forschungsprozesses, in: Flick u.a. (Hrsg.), S. 147-173 (1995 a)

Flick, Uwe 1995: Qualitative Forschung. Theorie, Methoden, Anwendung in Psychologie und Sozialwissenschaften, Reinbek bei Hamburg (1995 b)

Flösser, Gaby/Otto, Hans-Uwe (Hrsg.) 1996: Neue Steuerungsmodelle für die Jugendhilfe, Neuwied u.a.

Frank, Gerhard/Reis, Claus/Wolf, Manfred 1994 : »Wenn man die Ideologie wegläßt, machen wir alle das gleiche«. Eine Untersuchung zum Praxisverständnis leitender Fachkräfte unter Bedingungen des Wandels der freien Wohlfahrtspflege, Frankfurt/M. (Eigenverlag des Deutschen Vereins für öffentliche und private Fürsorge)

Freer, Doris 1999: Frauenpolitik und »Bürgergesellschaft«. Hindernisse und Chancen, in: Alemann, Ulrich von/Heinze, Rolf G./Wehrhöfer, Ulrich (Hrsg.), Bürgergesellschaft und Gemeinwohl, Analyse – Diskussion –Praxis, Opladen, S. 185-193

Frey, Birgit 1998: Zwischen Markt- und Staatsversagen – Die Dritte Sektor-Forschung im Überblick, in: Arnold, Ulli/Maelicke, Bernd (Hrsg.), Lehrbuch der Sozialwirtschaft, Baden-Baden, S. 80-94

Funk, Heide 1992: Das weibliche Ehrenamt im Patriarchat, in: Müller/Rauschenbach (Hrsg.), S. 119-126

Gabriel, Oskar W. 2002: Bürgerbeteiligung in den Kommunen, in: Enquete-Kommission »Zukunft des Bürgerschaftlichen Engagements« Deutscher Bundestag (Hrsg.), S. 121-160

Gängler, Hans/Rauschenbach, Thomas 1996: »Sozialarbeitswissenschaft« ist die Antwort. Was aber war die Frage?, in: Grunwald u.a. (Hrsg.), S. 157-178

Garhammer, Manfred 1997: Familiale und gesellschaftliche Arbeitsteilung – ein europäischer Vergleich, in: Zeitschrift für Familienforschung, 9. Jg., Heft 1, S. 28-71

Gaskin, Katherine/Smith, Justin Davis/Paulwitz, Irmtraud et.al. 1996: Ein neues bürgerschaftliches Europa. Eine Untersuchung zur Verbreitung und Rolle von Volunteering in zehn Ländern, herausgegeben von der Robert-Bosch-Stiftung, Freiburg

Geißler, Harald 1995: Organisationslernen - zur Bestimmung eines betriebspädagogischen Grundbegriffs, in: Arnold, Rolf/Weber, Hajo (Hrsg.), Weiterbildung und Organisation. Zwischen Organisationslernen und lernenden Organisationen, Berlin, S. 45-73

Gildemeister, Regine 1992: Neuere Aspekte der Professionalisierungsdebatte. Soziale Arbeit zwischen immanenten Kunstlehren des Fallverstehens und Strategien kollektiver Statusverbesserung, in: Neue Praxis, 22. Jg., Heft 3, S. 207-219

Gildemeister, Regine 1996: Professionalisierung, in: Kreft/Mielenz (Hrsg.), S. 443-445

Gildemeister, Regine/Robert, Günther 2000: Teilung der Arbeit und Teilung der Geschlechter. Professionalisierung und Substitution in der Sozialen Arbeit und Pädagogik, in: Müller u.a. (Hrsg.), S. 315-336

Girschner, Walter 1990: Theorie sozialer Organisationen. Eine Einführung in Funktionen und Perspektiven von Arbeit und Organisation in der gesellschaftlich-ökologischen Krise, Weinheim u. München

Girtler, Roland 1984: Methoden der qualitativen Sozialforschung. Anleitung zur Feldarbeit, Wien u.a.

Glinka, Jürgen/Jakob, Gisela/Olk, Thomas 1994: Ehrenamt und Caritas. Eine biographieanalytische Untersuchung ehrenamtlichen Engagements innerhalb des Deutschen Caritasverbandes (Kurzfassung der Ergebnisse), Manuskript, Halle

Graeff, Peter/Weiffen, Brigitte 2001: Das gestörte Verhältnis zwischen Haupt- und Ehrenamtlichen – was ist zu tun?, in: Theorie und Praxis der Sozialen Arbeit, 52. Jg., Heft 10, S. 368-375

Greiwe, Andreas 2000: Selbstsorge und Gemeinsinn. Der Beitrag der Selbsthilfe zum Bürgerengagement, in: Blätter der Wohlfahrtspflege, 147. Jg., Heft 11/12, S. 260-263

Grunwald, Klaus 1996: Management in der Sozialen Arbeit. Instrument betriebswirtschaftlicher Kolonialisierung der Sozialen Arbeit oder Innovationspotential?, in: Grunwald u.a. (Hrsg.), S. 189-200

Grunwald, Klaus 2001: Neugestaltung der freien Wohlfahrtspflege. Management organisationalen Wandels und die Ziele der Sozialen Arbeit, Weinheim u. München

Grunwald, Klaus/Ortmann, Friedrich/Rauschenbach, Thomas/Treptow, Rainer (Hrsg.) 1996: Alltag, Nicht-Alltägliches und die Lebenswelt, Beiträge zur lebensweltorientierten Sozialpädagogik, Weinheim u. München

Grunwald, Klaus/Schäfer, Gudrun 2001: Organisationswandel: Kurskorrektur, in: Socialmanagement, Zeitschrift für Sozialwirtschaft, 11. Jg., Heft 2, S. 15-17

Gstettner, Peter 1995: Handlungsforschung, in: Flick u.a. (Hrsg.), S. 266-268

Haibach, Marita 2000: Fundraising – die Kunst, Spender und Sponsoren zu gewinnen, in: Nährlich/Zimmer (Hrsg.), S. 65-83

Halves, Edith/Wetendorf, Hans-Wilhelm 1986: Verläufe von Selbsthilfegruppen, in: Trojan, Alf (Hrsg.), Wissen ist Macht. Eigenständig durch Selbsthilfe in Gruppen, Frankfurt/M., S. 137-162

Hanft, Anke 1996: Organisationales Lernen und Macht - Über den Zusammenhang von Wissen, Lernen, Macht und Struktur, in: Schreyögg, Georg/Conrad, Peter (Hrsg.), Managementforschung 6: Wissensmanagement, Berlin und New York, S. 133-162

Hansbauer, Peter 1995: Fortschritt durch Verfahren oder Innovation durch Irritation?, in: Neue Praxis, 25. Jg., Heft 1, S. 12-32

Harmsen, Tom 2001: Ökonomie zwingt die Soziale Arbeit, sich professionell zu positionieren. Professionelle Identität und Ökonomisierung sozialer Arbeit, in: Sozial extra, 16. Jg., Heft 4, S. 16-19

Hausen, Karin 1988: Die Polarisierung der »Geschlechtscharaktere« – Eine Spiegelung der Dissoziation von Erwerbs- und Familienleben, in: Rosenbaum, Heidi

(Hrsg.), Seminar »Familie und Gesellschaftsstruktur«: Materialien zu den sozioökonomischen Bedingungen von Familienformen, Frankfurt/M., 4. Auflage, S. 161-191

Heimerl-Wagner, Peter 1997: Organisation und NPOs, in: Badelt (Hrsg.), S. 189-209

Heiner, Maja (Hrsg.) 1988: Praxisforschung in der sozialen Arbeit, Freiburg i.B.

Heiner, Maja 1998: Lernende Organisation und Experimentierende Evaluation. Verheißungen Lernender Organisationen, in: Heiner, Maja (Hrsg.), Experimentierende Evaluation: Ansätze zur Entwicklung lernender Organisationen, Weinheim u. München, S. 11-54

Heinze, Rolf G./Olk, Thomas 1981: Die Wohlfahrtsverbände im System sozialer Dienstleistungsproduktion, in: Kölner Zeitschrift für Soziologie und Sozialpsychologie, 33. Jg., S. 94-114

Heinze, Rolf G./Olk, Thomas 1987: Wohlfahrtsverbände, in: Eyferth/Otto/Thiersch (Hrsg.), S. 1262-1277

Heinze, Rolf G./Olk, Thomas 1999: Vom Ehrenamt zum bürgerschaftlichen Engagement. Trends des begrifflichen und gesellschaftlichen Strukturwandels, in: Kistler u.a. (Hrsg.), S. 77-100

Heinze, Rolf G./Olk, Thomas (Hrsg.) 2001: Bürgerengagement in Deutschland. Bestandsaufnahmen und Perspektiven, Opladen (2001 a)

Heinze, Rolf G./Olk, Thomas 2001: Bürgerengagement in Deutschland – Zum Stand der wissenschaftlichen und politischen Diskussion, in: Heinze/Olk (Hrsg.), S. 11-26 (2001 b)

Heinze, Rolf G./Schmid, Josef/Strünck, Christoph 1997: Zur politischen Ökonomie der sozialen Dienstleistungsproduktion. Der Wandel der Wohlfahrtsverbände und die Konjunkturen der Theoriebildung, in: Kölner Zeitschrift für Soziologie und Sozialpsychologie, 49. Jg., Heft 2, S. 242-271

Heinze, Rolf G./Strünck, Christoph 1996: Kontraktmanagement im Windschatten des »Wohlfahrtsmix«? Neue kommunale Steuerungsmodelle für das System der Wohlfahrtsverbände, in: Evers/Olk (Hrsg.), S. 294-322

Heinze, Rolf G./Strünck, Christoph 1999: Das soziale Ehrenamt in der Krise – Wege aus dem Dilemma, in: Theorie und Praxis der Sozialen Arbeit, 50. Jg., Heft 5, S. 163-168

Heinze, Rolf G./Strünck, Christoph 2001: Freiwilliges soziales Engagement – Potentiale und Fördermöglichkeiten, in: Heinze/Olk (Hrsg.), S. 233-253 (2001 a)

Heinze, Rolf G./Strünck, Christoph 2001: Politik zur Entfaltung des bürgerschaftlichen Engagements, in: Theorie und Praxis der Sozialen Arbeit, 52. Jg., Heft 5, S. 163-166 (2001 b)

Helmbrecht, Michael 2001: Volunteer Organizing. Gestaltung des Politischen und Sozialen durch Soziale Arbeit, in: Sozialmagazin, 26. Jg., Heft 4, S. 29-31 (2001 a)

Helmbrecht, Michael 2001: Und sie bewegt sich doch... . Die Caritas auf neuen Wegen in der Förderung des freiwilligen Engagements, in: Sozialmagazin, 26. Jg., Heft 4, S. 44-48 (2001 b)

Hering, Sabine 1998: Zugluft für die soziale Arbeit. Weibliches Engagement zwischen Elitedenken und Selbstausbeutung – Historische Entwicklungslinien zur Gegenwart und Zukunft, in: Sozial extra, 13. Jg., Heft 10, S. 8-10

Hering, Sabine 2001: Der Einfluß der Frauenbewegung auf die Geschichte und Entwicklung der Sozialarbeit und ihrer Wissenschaft, in: Pfaffenberger (Hrsg.), S. 72-86

Hermann, Franz 1998: Jugendhilfeplanung als Balanceakt. Umgang mit Widersprüchen, Konflikten und begrenzter Rationalität, Neuwied

Herriger, Norbert 1995: Empowerment und das Modell der Menschenstärken. Bausteine für ein verändertes Menschenbild der Sozialen Arbeit, in: Soziale Arbeit, 44. Jg., Heft 5, S. 155-162

Herriger, Norbert 1997: Empowerment in der Sozialen Arbeit. Eine Einführung, Stuttgart u.a.

Höflacher, Stefan 1999: Wird ehrenamtliche Tätigkeit im Nonprofit-Sektor durch zunehmende Professionalisierung verdrängt? in: Witt u.a. (Hrsg.), S. 51-63

Hopf, Christel 1995: Qualitative Interviews in der Sozialforschung. Ein Überblick, in: Flick u.a. (Hrsg.), S. 177-182

Hummel, Konrad (Hrsg.) 1995: Bürgerengagement. Seniorengenossenschaften, Bürgerbüros und Gemeinschaftsinitiativen, Freiburg i.B.

Hummel, Konrad 2000: Chancen und Risiken politischer Förderung: »Landesnetzwerk bürgerschaftliches Engagement«, in: Zimmer/Nährlich (Hrsg.), S. 303-323

Hummel, Konrad 2001: Engagementförderung als politische Aufgabe – Am Beispiel eines Landesnetzwerkes, in: Heinze/Olk (Hrsg.), S. 379-396

Igl, Gerhard 1996: Rechtsfragen des freiwilligen sozialen Engagements. Rahmenbedingungen und Handlungsbedarf, Stuttgart u.a., 2., veränd. Auflage (Schriftenreihe des Bundesministeriums für Familie, Senioren, Frauen und Jugend, Band 123)

Jakob, Gisela 1993: Zwischen Dienst und Selbstbezug. Eine biographieanalytische Untersuchung ehrenamtlichen Engagements, Opladen

Jakob, Gisela 1999: Fallverstehen und Deutungsprozesse in der sozialpädagogischen Praxis, in: Peters, Friedhelm (Hrsg.), Diagnosen – Gutachten – hermeneutisches Fallverstehen, Rekonstruktive Verfahren zur Qualifizierung individueller Hilfeplanung, Frankfurt/M., S. 99-125

Jakob, Gisela 2001: Wenn Engagement zur ›Arbeit‹ wird ... – Zur aktuellen Diskussion um freiwilliges Engagement im Wandel der Arbeitsgesellschaft, in: Heinze/Olk (Hrsg.), S. 167-188

Jakob, Gisela/Janning, Heinz 2000: Freiwilligenagenturen. Eine erste Bilanz, in: Forschungsjournal NSB, 13. Jg., Heft 2, S. 64-76

Jakob, Gisela/Janning, Heinz 2001: Freiwilligenagenturen als Teil einer lokalen Infrastruktur für Bürgerengagement, in: Heinze/Olk (Hrsg.), S. 483-507

Jakob, Gisela/Olk, Thomas 1995: Professionelles Handeln und ehrenamtliches Engagement – ein »neuer« Blick auf ein »altes« Problem, in: Sozialmagazin, 20. Jg., Heft 3, S. 19-23

Kersting, Norbert/Brahms, Karin/Gerecht, Cerstin/Weinbach, Kerstin (Hrsg.) 2002: Ehre oder Amt? Qualifizierung bürgerschaftlichen Engagements im Kulturbereich, Opladen

Kessl, Fabian 2001: Zivilgesellschaft, in: Otto/Thiersch (Hrsg.), S. 2006-2016

Keupp, Heiner 1997: Diskursarena Identität: Lernprozesse in der Identitätsforschung, in: Keupp, Heiner/Höfer, Renate (Hrsg.), Identitätsarbeit heute, Klassische und aktuelle Perspektiven der Identitätsforschung, Frankfurt/M., S. 11-39

Keupp, Heiner 2000: Eine Gesellschaft der Ichlinge? Zum bürgerschaftlichen Engagement von Heranwachsenden, herausgegeben vom Sozialpädagogischen Institut im SOS-Kinderdorf e.V. München, Autorenband 3

Keupp, Heiner u.a. 1999: Identitätskonstruktionen. Das Patchwork der Identitäten in der Spätmoderne, Reinbek bei Hamburg

KGSt-Bericht 1999: Bürgerengagement – Chance für Kommunen, Bericht Nr. 6, Köln

Kieser, Alfred/Hegele, Cornelia/Klimmer, Matthias 1998: Kommunikation im organisatorischen Wandel, Stuttgart

Kieser, Alfred/Woywode, Michael 1999: Evolutionstheorethische Ansätze, in: Kieser, Alfred (Hrsg.), Organisationstheorien, Stuttgart u.a., 3., überarbeitete und erweiterte Auflage

Kistler, Ernst/Noll, Heinz-Herbert/Priller, Eckhard (Hrsg.) 1999: Perspektiven gesellschaftlichen Zusammenhalts. Empirische Befunde, Praxiserfahrungen, Meßkonzepte, Berlin

Klages, Helmut 1999: Zerfällt das Volk? Von den Schwierigkeiten der modernen Gesellschaft mit Gemeinschaft und Demokratie, in: Klages/Gensicke, S. 1-20

Klages, Helmut/Gensicke, Thomas 1999: Wertewandel und bürgerschaftliches Engagement an der Schwelle zum 21. Jahrhundert, Speyerer Forschungsberichte 193, Speyer

Klatetzki, Thomas 1993: Wissen, was man tut. Professionalität als organisationskulturelles System, eine ethnographische Interpretation, Bielefeld

Klein, Ansgar 2001: Der Diskurs der Zivilgesellschaft. Politische Hintergründe und demokratietheoretische Folgerungen, Opladen

Klein, Ansgar/Hartnuß, Birger 2002: Bundesweites Netzwerk zur Förderung des bürgerschaftlichen Engagements, in: Nachrichtendienst des Deutschen Vereins für öffentliche und private Fürsorge, 82. Jg., Heft 9, S. 305-307

Kleinemas, Uwe/Rietz, Michael 1996: Sponsoring bei generationsübergreifenden sozialen Projekten: Einstellungen, Potentiale und Perspektiven. Ausgewählte Ergebnisse einer explorativen Studie, Bonn (hrsg. vom Bundesministerium für Familie, Senioren, Frauen und Jugend)

Klie, Thomas 2000: Bürgerschaftliches Engagement – Perspektiven zivilgesellschaftlicher Entwicklung in der modernen Gesellschaft, in: Zeman (Hrsg.), S. 117-134

Klie, Thomas/Roß, Paul-Stefan 2000: Bürgerschaftliches Engagement in Baden-Württemberg. 4. Wissenschaftlicher Jahresbericht 1999/2000 – Abschlußbericht, hrsg. vom Sozialministerium Baden-Württemberg, Reihe Bürgerschaftliches Engagement, Band 23, Stuttgart

Klie, Thomas u.a. 1997: »Landesprogramm Bürgerschaftliches Engagement«. Wissenschaftlicher Zwischenbericht April 1996 bis Juni 1997, hrsg. vom Forschungsverbund im Auftrag der Arbeitsgemeinschaft zur Förderung Bürgerschaftlichen Engagements in Baden-Württemberg (AG/BE), Kontaktstelle für praxisorientierte Forschung an der Evang. Fachhochschule Freiburg, Projekt: Bürgerschaftliches Engagement – Beratung und Forschung, Freiburg i.B.

Klimecki, Rüdiger G./Probst, Gilbert J.B. 1990: Entstehung und Entwicklung der Unternehmungskultur, in: Lattmann, Charles (Hrsg.), Die Unternehmenskultur: Ihre Grundlagen und ihre Bedeutung für die Führung der Unternehmen, Heidelberg, S. 41-65

Klüsche, Wilhelm 1998: Theorieentwicklung der Sozialen Arbeit als Baustein des Identitätsbewußtseins von Sozialarbeitern/Sozialpädagogen, in: Wöhrle, Armin (Hrsg.), Profession und Wissenschaft Sozialer Arbeit, Positionen in einer Phase der generellen Neuverortung und Spezifika in den neuen Bundesländern, Pfaffenweiler, S. 129-149

Kohli, Martin u.a. 1993: Engagement im Ruhestand. Rentner zwischen Erwerb, Ehrenamt und Hobby, Opladen

Koring, Bernhard 1989: Eine Theorie pädagogischen Handelns. Theoretische und empirisch-hermeneutische Untersuchungen zur Professionalisierung der Pädagogik, Weinheim

Koring, Bernhard 1996: Zur Professionalisierung der pädagogischen Tätigkeit. Beiträge aus erziehungs- und sozialwissenschaftlicher Sicht, in: Combe/Helsper (Hrsg.), S. 303-339

Kreft, Dieter/Mielenz, Ingrid (Hrsg.) 1996: Wörterbuch Soziale Arbeit, Weinheim u. Basel, 4. Auflage

Kreisel, Michael 2002: Internationales Jahr der Freiwilligen – Bilanz und Ausblick, in: Nachrichtendienst des Deutschen Vereins für öffentliche und private Fürsorge, 82. Jg., Heft 3, S. 81-86

Krüger, Dorothea 1991: Soziales Ehrenamt und veränderte Familienformen, in: Neue Praxis, 21. Jg., Heft 3, S. 241-250

Krüger, Dorothea 1993: Struktureller Wandel des sozialen Ehrenamtes, in: Zeitschrift für Frauenforschung, 11. Jg., Heft 3, S. 82-93

Kühnlein, Irene/Mutz, Gerd 1999: Individualisierung und bürgerschaftliches Engagement in der Tätigkeitsgesellschaft, in: Kistler u.a. (Hrsg.), S. 291-306

Küpper, Willi/Ortmann, Günther (Hrsg.) 1992: Mikropolitik. Rationalität, Macht und Spiele in Organisationen, Opladen, 2. durchgesehene Auflage

Kulbach, Roderich 2002: Das Ehrenamt im Wohlfahrtsverband. Quantitative und qualitative Entwicklungen, in: Soziale Arbeit, 51. Jg., Heft 2, S. 55-60

Lamnek, Siegfried 1993: Qualitative Sozialforschung Band 1: Methodologie, Weinheim, 2., korrigierte und erweiterte Auflage

Landwehr, Rolf 1995: Funktionswandel und Fürsorge vom Ersten Weltkrieg bis zum Ende der Weimarer Republik, in: Landwehr/Baron (Hrsg.), S. 73-138

Landwehr, Rolf/Baron, Rüdeger (Hrsg.) 1995: Geschichte der Sozialarbeit. Hauptlinien ihrer Entwicklung im 19. und 20. Jahrhundert, Weinheim u. Basel 3., korrigierte Auflage

Lang, Reinhard/Haunert, Friedrich 1995: Handbuch Sozial-Sponsoring. Grundlagen, Praxisbeispiele, Handlungsempfehlungen, Weinheim u. Basel

Langnickel, Hans 1997: Vorstand oder Geschäftsführung: Wer soll die Krone tragen?, in: Theorie und Praxis der sozialen Arbeit, 48. Jg., Heft 8, S. 14-20

Langnickel, Hans 1999: Das Modell »Ehrenamtlicher Vorstand« ein Risikofaktor für die freie Wohlfahrtspflege? – Wege aus dem Dilemma, in: Theorie und Praxis der Sozialen Arbeit, 50. Jg., Heft 3, S. 83-88 (1999 a)

Langnickel, Hans 1999: Qualitätsentwicklung in der ehrenamtlichen Vorstandsarbeit. Der ehrenamtliche Vorstand als Zukunftsmodell, in: Soziale Arbeit, 48. Jg., Heft 6, S. 182-190 (1999 b)

Langnickel, Hans 2000: Ehrenamtliche Vorstandsarbeit – eine Frage der Qualität, in: Nährlich/Zimmer (Hrsg.), S. 147-174

Leif, Thomas 2001: Die Faszination der großen Zahl, in: Frankfurter Rundschau, 29.12.2001, S. 7

Luthe, Detlef/Strünck, Christoph 1998: Diversifizierte Barmherzigkeit. Organisationsformen freiwilligen Engagements im Strukturwandel, in: Arbeitskreis Nonprofit-Organisationen (Hrsg.), S. 155-176

Manderscheid, Hejo 2000: Solidarität stiften statt Fürsorge organisieren – Was Wohlfahrtsverbände lernen müssen, wenn sich Soziale Arbeit verändern soll, in: Wilken, Udo (Hrsg.), Soziale Arbeit zwischen Ethik und Ökonomie, Freiburg i.B., S. 119-149

Matzat, Jürgen 1991: Spezialistentum und Kooperation. Selbsthilfegruppen-Unterstützung als Element eines umfassenden regionalen Versorgungssystems, in: Balke/Thiel (Hrsg.), S. 201-220

Mayring, Philipp 1995: Qualitative Inhaltsanalyse, in: Flick u.a. (Hrsg.), S. 209-213

Merchel, Joachim 1990: Wohlfahrtsverbände müssen sich ändern. Veränderungsprozesse in der sozialen Arbeit als Innovationsanforderungen an die Wohlfahrtsverbände, in: Neue Praxis, 20. Jg., Heft 4, S. 283-295

Merchel, Joachim 1994: Kooperative Jugendhilfeplanung. Eine praxisbezogene Einführung, Opladen

Merchel, Joachim 1995: Wohlfahrtsverbände: Komplexe Berufsrolle, in: Socialmanagement, 5. Jg., Heft 3, S. 7-9

Merten, Roland 1997: Autonomie der Sozialen Arbeit. Zur Funktionsbestimmung als Disziplin und Profession, Weinheim

Merten, Roland 2001: Sozialarbeitswissenschaft als Praxiswissenschaft? Oder: Von der Quadratur des Kreises, in: Pfaffenberger (Hrsg.), S. 40-71 (2001 a)

Merten, Roland 2001: Wissenschaftliches und professionelles Wissen – Voraussetzungen für die Herstellung von Handlungskompetenz, in: Pfaffenberger (Hrsg.), S. 165-198 (2001 b)

Merten, Roland/Olk, Thomas 1999: Soziale Dienstleistungsberufe und Professionalisierung, in: Albrecht, Günter/Groenemeyer, Axel/Stallberg, Friedrich W. (Hrsg.), Handbuch soziale Probleme, Opladen und Wiesbaden, S. 955-982

Merten, Roland/Sommerfeld, Peter/Koditek, Thomas (Hrsg.) 1996: Sozialarbeitswissenschaft – Kontroversen und Perspektiven, Neuwied u.a.

Meuser, Michael/Nagel, Ulrike 1991: ExpertInneninterviews – vielfach erprobt, wenig bedacht. Ein Beitrag zur qualitativen Methodendiskussion, in: Garz, Detlef/Kraimer, Klaus (Hrsg.), Qualitativ-empirische Sozialforschung. Konzepte, Methoden, Analysen, Opladen, S. 441-471

Meuser, Michael/Nagel, Ulrike 1994: Expertenwissen und Experteninterview, in: Hitzler, Ronald/Honer, Anne/Maeder, Christoph (Hrsg.), Expertenwissen. Die institutionalisierte Kompetenz zur Konstruktion der Wirklichkeit, Opladen, S. 180-192

Möller, Kurt (Hrsg.) 2002: Auf dem Weg in die Bürgergesellschaft? Soziale Arbeit als Unterstützung bürgerschaftlichen Engagements, Opladen

Mollenhauer, Klaus/Uhlendorff, Uwe 1992: Sozialpädagogische Diagnosen. Über Jugendliche in schwierigen Lebenslagen, Weinheim u. München

Mollenhauer, Klaus/Uhlendorff, Uwe 1995: Sozialpädagogische Diagnosen II. Selbstdeutungen verhaltensschwieriger Jugendlicher als empirische Grundlage für Erziehungspläne, Weinheim u. München

Moser, Heinz 1995: Grundlagen der Praxisforschung, Freiburg i.b.

Müller, Burkhard 1994: Sozialpädagogisches Können. Ein Lehrbuch zur multiperspektivischen Fallarbeit, Freiburg i.B., 2., überarbeitete Auflage

Müller, C. Wolfgang 1991: Wie Helfen zum Beruf wurde, Band 1. Eine Methodengeschichte der Sozialarbeit1883-1945, Weinheim u. Basel, 3. Auflage

Müller, Siegfried 1996: Darf helfen, wer will? Notizen zum sozialen Ehrenamt, in: Grunwald u.a. (Hrsg.), S. 215-223

Müller, Siegfried/Rauschenbach, Thomas (Hrsg.) 1992: Das soziale Ehrenamt. Nützliche Arbeit zum Nulltarif, Weinheim u. München, 2. Auflage

Müller, Siegfried/Sünker, Heinz/Olk, Thomas/Böllert, Karin (Hrsg.) 2000: Soziale Arbeit. Gesellschaftliche Bedingungen und professionelle Perspektiven, Hans-Uwe Otto zum 60. Geburtstag gewidmet, Neuwied

Müller-Kohlenberg, Hildegard 1994: Sozialarbeiter: künftig mehr Sozialmanager, in: Sozial extra, 9. Jg., Heft 9, S. 15-17

Müller-Kohlenberg, Hildegard 1996: Laienkompetenz im psychosozialen Bereich, Opladen

Münchmeier, Richard 1992: Gemeinschaft als soziale Ressource. Von der symbolischen Bedeutung des Ehrenamtes für den Sozialstaat, in: Müller/Rauschenbach (Hrsg.), S. 57-69

Münder, Johannes 1987: Subsidiarität, in: Eyferth/Otto/Thiersch (Hrsg.), S. 1147-1160

Münkler, Herfried 2002: Bürgerschaftliches Engagement in der Zivilgesellschaft, in: Enquete-Kommission »Zukunft des Bürgerschaftlichen Engagements« Deutscher Bundestag (Hrsg.), S. 29-36

Munsch, Chantal 2002: Praxisforschung in der Sozialen Arbeit, in: Thole (Hrsg.), S. 911-921

Mutz, Gerd 2000: Die neue Arbeits- und Bürgergesellschaft: Wie können sich Träger der Wohlfahrtspflege auf die anstehenden Veränderungen einstellen?, in: SOS-Dialog, 6. Jg., S. 26-32 (hrsg. vom Sozialpädagogischen Institut (SPI) im SOS-Kinderdorf e.V.)

Mutz, Gerd 2001: Von der industriellen Arbeitsgesellschaft zur Neuen Arbeitsgesellschaft, in: Heinze/Olk (Hrsg.), S. 141-165

Nadai, Eva 1996: Gemeinsinn und Eigennutz. Freiwilliges Engagement im Sozialbereich, Bern u.a.

Nährlich, Stefan 1998: Was sind die und was bleibt von den Besonderheiten der Nonprofit-Organisationen? Eine ökonomische Betrachtung, in: Arbeitskreis Nonprofit-Organisationen (Hrsg.), S. 225-250 (1998 a)

Nährlich, Stefan 1998: Innerbetriebliche Reformen in Nonprofit-Organisationen. Das Deutsche Rote Kreuz im Modernisierungsprozess, Wiesbaden (1998 b)

Nährlich, Stefan/Zimmer, Annette (Hrsg.) 2000: Management in Nonprofit-Organisationen. Eine praxisorientierte Einführung, Opladen

Nörber, Martin 1999: Bürgerschaftliches Engagement, Ehrenamt, Freiwilligendienst, Freiwillig-soziales Engagement – oder was nun?, in: Sozialmagazin, 24. Jg., Heft 3, S. 18-23

Nörber, Martin 2001: Kooperation und Konkurrenz. Oder? Zum Verhältnis von Freiwilligen, Ehrenamtlichen und Hauptberuflichen in der Sozialen Arbeit, in: Sozialmagazin, 26. Jg., Heft 4, S. 12-22 (2001 a)

Nörber, Martin 2001: Kooperation oder Konkurrenz. Zur Verbesserung der Zusammenarbeit von Freiwilligen, Ehrenamtlichen und Hauptberuflichen in der Sozialen Arbeit, in: Sozialmagazin, 26. Jg., Heft 4, S. 23-28 (2001 b)

Nörber, Martin 2002: Kooperieren statt konkurrieren – Hauptberufliche und Freiwillige konstruktiv vernetzen, in: Theorie und Praxis der Sozialen Arbeit, 53. Jg., Heft 3, S. 197-205

Notz, Gisela 1987: Arbeit ohne Geld und Ehre. Zur Gestaltung ehrenamtlicher sozialer Arbeit, Opladen

Notz, Gisela 1989: Frauen im sozialen Ehrenamt. Ausgewählte Handlungsfelder: Rahmenbedingungen und Optionen, Freiburg i.B.

Notz, Gisela 1997: Was ist Gemeinsinn? Feministische Reflexionen, in: Sozialmagazin, 22. Jg., Heft 10, S. 27-33

Notz, Gisela 1999: Den Bürgern Amt und Ehre, den Bürgerinnen die Arbeit?, in: Sozialmagazin, 24. Jg., Heft 3, S. 24-29

Notz, Gisela 2000: Ehre(n)Amt und Arbeit. Wer ist der Engagierteste im Land?, in: Forschungsjournal NSB, 13. Jg., Heft 2, S. 48-57

Öhlschläger, Rainer 1995: Freie Wohlfahrtspflege im Aufbruch. Ein Managementkonzept für soziale Dienstleistungsorganisationen, Baden-Baden

Öhlschläger, Rainer/Brüll, Hans-Martin (Hrsg.) 1996: Unternehmen Barmherzigkeit, Identität und Wandel sozialer Dienstleistung. Rahmenbedingungen – Perspektiven – Praxisbeispiele, Baden-Baden

Olk, Thomas 1985: Der informelle Wohlfahrtsstaat – Beziehungsprobleme zwischen Sozialarbeit und nicht-professionellem Sektor, in: Olk, Thomas/Otto, Hans-Uwe (Hrsg.), Der Wohlfahrtsstaat in der Wende. Umrisse einer zukünftigen Sozialarbeit, Weinheim u. München, S. 122-151

Olk, Thomas 1986: Abschied vom Experten. Sozialarbeit auf dem Weg zu einer alternativen Professionalität, Weinheim u. München

Olk, Thomas 1987: Das soziale Ehrenamt, in: Sozialwissenschaftliche Literatur Rundschau, 10. Jg., Heft 14, S. 84-101

Olk, Thomas 1992: Zwischen Hausarbeit und Beruf. Ehrenamtliches Engagement in der aktuellen sozialpolitischen Diskussion, in: Müller/Rauschenbach (Hrsg.), S. 19-36

Olk, Thomas 1993: Sozialengagement als Lebensstil. Das Ehrenamt in der Bürgergesellschaft – Biographieanalytische Zugänge und sozialpolitische Schlußfolgerungen, in: Blätter der Wohlfahrtspflege, 140. Jg., Heft 9, S. 270-272

Olk, Thomas 1995: Zwischen Korporatismus und Pluralismus: Zur Zukunft der Freien Wohlfahrtspflege im bundesdeutschen Sozialstaat, in: Rauschenbach/Sachße/ Olk (Hrsg.), S. 98-122

Olk, Thomas 1996: Macht die Bürgergesellschaft Wohlfahrtsverbände überflüssig? ... Zur Zukunft des bürgerschaftlichen Engagements, in: Deutscher Paritätischer Wohlfahrtsverband Landesverband Baden-Württemberg e.V. (Hrsg.), Eine Dokumentation der Fachveranstaltung »Bürgerschaftliches Engagement« vom 13.7.1996 in Weinheim, Stuttgart, S. 13-33 (1996 a)

Olk, Thomas 1996: Ehrenamtliche Helfer, in: Kreft/Mielenz (Hrsg.), S. 150-152 (1996 b)

Olk, Thomas 2001: Sozialstaat und Bürgergesellschaft, in: Heinze/Olk (Hrsg.), S. 29-68 (2001 a)

Olk, Thomas 2001: Die Förderung des bürgerschaftlichen Engagements als gesellschaftspolitische Herausforderung, in: Forschungsjournal NSB, 14. Jg., Heft 3, S. 9-22 (2001 b)

Olk, Thomas/Rauschenbach, Thomas/Sachße, Christoph 1995: Von der Wertgemeinschaft zum Dienstleistungsunternehmen. Oder: über die Schwierigkeit, Solidarität zu organisieren. Eine einführende Skizze, in: Rauschenbach/Sachße/Olk (Hrsg.), S. 11-33

Opielka, Michael 2001: Freiwilliges soziales Engagement, in: Otto/Thiersch (Hrsg.), S. 600-609

Otto, Hans-Uwe/Rauschenbach, Thomas/Vogel, Peter (Hrsg.) 2002: Erziehungswissenschaft: Professionalität und Kompetenz, Opladen

Otto, Hans-Uwe/Thiersch, Hans (Hrsg.) 2001: Handbuch der Sozialarbeit/Sozialpädagogik, Neuwied, 2., völlig neu überarbeitete und aktualisierte Auflage

Otto, Ulrich 1995: Seniorengenossenschaften. Modell für eine neue Wohlfahrtspolitik?, Opladen

Otto, Ulrich 1996: Freiwillige Tätigkeit statt selbstlosem Dienst für andere? Perspektiven des verbandlichen Ehrenamts zwischen Ködern, Überreden und Ernstnehmen des Selbstbezuges, in: Diakonisches Werk der EKD (Hrsg.), Vom Ehrenamt zum Freiwilligen Sozialen Engagement, Diakonie-Dokumentation, Stuttgart 5/96, S. 16-24

Otto, Ulrich 1997: Bürgerschaftliches Engagement als Aktivitätschance im Alter. Neue Balance zwischen Freiwilligkeit und Verpflichtung?, in: Archiv für Wissenschaft und Praxis der sozialen Arbeit, 28. Jg., Heft 1, S. 42-54

Otto, Ulrich 1998: Gegeneinander, nebeneinander, miteinander. Wie wird Spannung zwischen Haupt- und Ehrenamtlichen produktiv?, in: Akademie der Diözese Rottenburg-Stuttgart (Hrsg.), Freiwilliges Engagement für das Gemeinwohl. Herausforderungen und Perspektiven für Freiwilligenarbeit in Kirche und Gesellschaft, Materialien 4/98, Stuttgart, S. 49-66 (1998 a)

Otto, Ulrich 1998: Daueranschub statt Finanzierung. Bürgerschaftliches Engagement als Innovationsprogramm in Baden-Württemberg, in: Schmidt, Roland u.a.

(Hrsg.), Neue Steuerungen in Pflege und sozialer Altenarbeit, Regensburg, S. 383-404 (1998 b)

Otto, Ulrich 1998: Innovative Qualität statt neues Etikett. Erste Erfahrungen mit einer konsequenten Programmatik Bürgerschaftlichen Engagements, in: Braun/Klemmert (Hrsg.), S. 215-235 (1998 c)

Otto, Ulrich 1998: Jugend und soziales Engagement im Verband, in: Unsere Jugend, Heft 3, S. 109-111 (1998 d)

Otto, Ulrich/Müller, Siegfried/Bcsenfelder, Christine (Hrsg.) 2000: Bürgerschaftliches Engagement, Eine Herausforderung für Fachkräfte und Verbände, Opladen

Paulwitz, Irmtraut 1988: Freiwillige in sozialen Diensten. Volunteers und Professionelle im Wohlfahrtssektor der USA, Weinheim u. München

Paulwitz, Irmtraut 1996: Wem gebührt die Ehre? Ehrenamtliche Arbeit im Vergleich zu anderen europäischen Ländern, in: Caritas, 97. Jg., Heft 5, S. 226-232

Pautzke, Gunnar 1989: Die Evolution der organisatorischen Wissensbasis. Bausteine zu einer Theorie organisatorischen Lernens, München

Petersen, Jendrik 1995: Organisationslernen als politisches Lernen in der Organisation und der Organisation, in: Geißler, Harald (Hrsg.), Organisationslernen und Weiterbildung. Die strategische Antwort auf die Herausforderungen der Zukunft, Neuwied, S. 385-411

Pfaffenberger, Hans (Hrsg.) 2001: Identität – Eigenständigkeit – Handlungskompetenz der Sozialarbeit/Sozialpädagogik als Beruf und Wissenschaft, Münster

Pfaffenberger, Hans 2001: Professionelle sozialpädagogische Handlungskompetenz – ein Schlüsselbegriff der Weiterentwicklung der Sozialarbeit/Sozialpädagogik zur Profession und zur Disziplin, in: Pfaffenberger (Hrsg.), S. 87-114

Pradel, Jochen 1993: Spannungsfelder zwischen Haupt- und Ehrenamtlichkeit, in: Theorie und Praxis der sozialen Arbeit, 44. Jg., Heft 3, S. 95-102

Priller, Eckard/Zimmer, Annette 2001: Wachstum und Wandel des Dritten Sektors in Deutschland, in: Priller, Eckard/Zimmer, Annette (Hrsg.), Der Dritte Sektor international. Mehr Markt – weniger Staat?, Berlin, S. 199-228

Probst, Gilbert J. B. 1994: Organisationelles Lernen und die Bewältigung von Wandel, in: Gomez, Peter u.a. (Hrsg.), Unternehmerischer Wandel. Konzepte zur organisatorischen Erneuerung, Knut Bleicher zum 65. Geburtstag, Wiesbaden, S. 295-319

Probst, Gilbert. J. B./Büchel, Bettina 1994: Organisationales Lernen – Wettbewerbsvorteil der Zukunft, Wiesbaden

Puch, Hans-Joachim 1994: Organisation im Sozialbereich. Eine Einführung für soziale Berufe, Freiburg i.B.

Puhl, Ria (Hrsg.) 1996: Sozialarbeitswissenschaft. Neue Chancen für theoriegeleitete Soziale Arbeit, Weinheim u. München

Rabe-Kleberg, Ursula 1992: Wenn der Beruf zum Ehrenamt wird. Auf dem Weg zu neuartigen Arbeitsverhältnissen in sozialen Berufen, in: Müller/Rauschenbach (Hrsg.), S. 87-101

Rabe-Kleberg, Ursula 1996: Professionalität und Geschlechterverhältnis. Oder: Was ist »semi« an traditionellen Frauenberufen?, in: Combe/Helsper (Hrsg.), S. 276-302

Rauschenbach, Thomas 1986: Bezahlte Nächstenliebe. Zur Struktur sozialpädagogischen Handelns, in: Sozialpädagogik, 28. Jg., Heft 5, S. 206-218

Rauschenbach, Thomas 1992: Soziale Arbeit und soziales Risiko, in: Rauschenbach, Thomas/Gängler, Hans (Hrsg.), Soziale Arbeit und Erziehung in der Risikogesellschaft, Neuwied u.a., S. 25-60

Rauschenbach, Thomas 1993: Soziale Berufe im Umbruch, in: Sozialmagazin, 18. Jg., Heft 4, S. 18-29

Rauschenbach, Thomas 2001: Ehrenamt, in: Otto/Thiersch (Hrsg.), S. 344-360

Rauschenbach, Thomas/Müller, Siegfried/Otto, Ulrich 1992: Vom öffentlichen und privaten Nutzen des sozialen Ehrenamtes, in: Müller/Rauschenbach (Hrsg.), S. 223-242

Rauschenbach, Thomas/Sachße, Christoph/Olk, Thomas (Hrsg.) 1995: Von der Wertgemeinschaft zum Dienstleistungsunternehmen. Jugend- und Wohlfahrtsverbände im Umbruch, Frankfurt/M.

Reber, Gerhard 1992: Lernen, organisationales, in: Frese, Erich (Hrsg.), Handwörterbuch der Organisation, Stuttgart, Sp. 1240-1255

Reinert, Adrian/Kanther, Stefan 2002: Modelle der Bürgerbeteiligung – Hintergründe, Herausforderungen, Ansätze, in: Möller (Hrsg.), S. 183-196

Reis, Claus/Dorenburg, Hermann (Red.) 1985: Selbsthilfe. Ausdruck sozialen Wandels, Sozialpolitisches Programm, Herausforderungen für die soziale Arbeit?, hrsg. vom Deutschen Verein für öffentliche und private Fürsorge, Frankfurt/M.

Rerrich, Maria S. 1990: Balanceakt Familie. Zwischen alten Leitbildern und neuen Lebensformen, Freiburg i.B., 2. Auflage

Rieger, Günter 2000: Sozialarbeit und Bürgerschaftliches Engagement – wechselseitige Innovationshilfe, in: Studium und Praxis, Zeitschrift der Berufsakademie Stuttgart, 1. Jg., Heft 1, S. 29-43

Rosenbladt, Bernhard von 1999: Zur Messung des ehrenamtlichen Engagements in Deutschland – Konfusion oder Konsensbildung?, in: Kistler u.a. (Hrsg.), S. 399-410

Rosenbladt, Bernhard von 2000: Freiwilliges Engagement in Deutschland – Freiwilligensurvey 1999. Ergebnisse der Repräsentativerhebung zu Ehrenamt, Freiwilligenarbeit und bürgerschaftlichem Engagement, Stuttgart u.a. (BMFSFJ, Bd. 194.1)

Rosenbladt, Bernhard von 2001: Freiwilliges Engagement in Deutschland – Ergebnisse der Infratest-Erhebung 1999, in: Theorie und Praxis der Sozialen Arbeit, 52. Jg., Heft 5, S. 167-173

Roß, Paul-Stefan/Klie, Thomas 2002: »Mehr Demokratie wagen« – Bürgerschaftliches Engagement und Soziale Kommunalpolitik, in: Nachrichtendienst des Deutschen Vereins für öffentliche und private Fürsorge, 82. Jg., Heft 4, S. 119-126

Roth, Roland 2000: Bürgerschaftliches Engagement – Formen, Bedingungen, Perspektiven, in: Zimmer/Nährlich (Hrsg.), S. 25-48

Roth, Silke/Simoneit, Gerhard 1993: Vergesellschaftung durch ehrenamtliche Tätigkeiten im sozialen Bereich, in: Kohli u.a., S. 143-179

Sachße, Christoph 1992: Ehrenamtlichkeit, Selbsthilfe und Professionalität. Eine historische Skizze, in: Müller/Rauschenbach (Hrsg.), S. 51-55

Sachße, Christoph 1995: Verein, Verband und Wohlfahrtsstaat: Entstehung und Entwicklung der »dualen« Wohlfahrtspflege, in: Rauschenbach/Sachße/Olk (Hrsg.), S. 123-149

Sachße, Christoph 1998: Entwicklung und Perspektiven des Subsidiaritätsprinzips, in: Strachwitz, S. 369-382

Sachße, Christoph 2000: Freiwilligenarbeit und private Wohlfahrtskultur in historischer Perspektive, in: Zimmer/Nährlich (Hrsg.), S. 75-88

Sachße, Christoph 2002: Traditionslinien bürgerschaftlichen Engagements, in: Enquete-Kommission »Zukunft des Bürgerschaftlichen Engagements« Deutscher Bundestag (Hrsg.), S. 23-28

Salomon, Alice 1927: Die Ausbildung zum sozialen Beruf, Berlin

Schaaf-Derichs, Carola 1999: Zehn Jahre »Neues Ehrenamt« – Ergebnisse und Erkenntnisse der Berliner Freiwilligenagentur Treffpunkt Hilfsbereitschaft, in: Sozialmagazin, 24. Jg., Heft 3, S. 33-36

Schanz, Günter 1992: Organisation, in: Frese, Erich (Hrsg.), Handwörterbuch der Organisation, Enzyklopädie der Betriebswirtschaftslehre Band 2, Stuttgart, 3.,völlig neu gestaltete Auflage, Sp. 1659-1471

Schein, Edgar H. 1991: Organisationskultur: Ein neues unternehmenstheoretisches Konzept, in: Dülfer, Eberhard (Hrsg.), Organisationskultur: Phänomen - Philosophie - Technologie, Stuttgart, S. 23-37

Scherr, Albert 2001: Soziale Arbeit – Profession oder ganz normaler Beruf?, in: Sozial extra, 16. Jg., Heft 4, S. 24-31

Schiewe, Kirstin 1994: Social-Sponsoring. Ein Ratgeber, Freiburg i.B.

Schindler, Gerhard 2002: Das Programm »Moderner Staat – moderne Verwaltung«, in: Enquete-Kommission »Zukunft des Bürgerschaftlichen Engagements« Deutscher Bundestag (Hrsg.), S. 161-165

Schmid, Josef 1995: Wohlfahrtsverbände in modernen Wohlfahrtsstaaten. Soziale Dienste in historisch-vergleichender Perspektive, Opladen

Schreyögg, Georg 1992: Organisationskultur, in: Frese, Erich (Hrsg.), Handwörterbuch der Organisation, Enzyklopädie der Betriebswirtschaftslehre Band 2, Stuttgart, 3.,völlig neu gestaltete Auflage, Sp. 1525-1537

Schreyögg, Georg 1998: Organisation. Grundlagen moderner Organisationsgestaltung, mit Fallstudien, Wiesbaden, 2., überarbeitete Auflage

Schreyögg, Georg/Noss, Christian 1995: Organisatorischer Wandel: Von der Organisationsentwicklung zur Lernenden Organisation, in: Die Betriebswirtschaft, 55. Jg., Heft 2, S. 169-185

Schütze, Fritz 1983: Biographieforschung und narrative Interviews, in: Neue Praxis, 13. Jg., Heft 3, S. 283-293 (1983 a)

Schütze, Fritz 1983: Kognitive Figuren des autobiographischen Stegreiferzählens, in: Kohli, Martin/Robert, Günther (Hrsg.), Biographie und soziale Wirklichkeit, Stuttgart, S. 78-117 (1983 b)

Schütze, Fritz 1992: Sozialarbeit als »bescheidene« Profession, in: Dewe/Ferchhoff/ Radtke (Hrsg.), S. 132-170

Schulze-Krüdener, Jörgen 1996: Berufsverband und Professionalisierung. Eine Rekonstruktion der berufspolitischen Interessenvertretung von Diplom-Pädagoginnen und Diplom-Pädagogen, Weinheim

Schuppert, Gunnar Folke 2002: Aktivierender Staat und Zivilgesellschaft – Versuch einer Verhältnisbestimmung, in: Enquete-Kommission »Zukunft des Bürgerschaftlichen Engagements« Deutscher Bundestag (Hrsg.), S. 185-207

Schwarz, Gotthart 1995: Sozialmanagement, Alling, 2. Auflage (Schwerpunkt Management)

Schwarz, Peter 1996: Management in Nonprofit-Organisationen. Eine Führungs-, Organisations- und Planungslehre für Verbände, Sozialwerke, Vereine, Kirchen, Parteien usw., Bern u.a., 2., aktualisierte Auflage

Seibel, Wolfgang 1992: Funktionaler Dilettantismus. Erfolgreich scheiternde Organisationen im ›Dritten Sektor‹ zwischen Staat und Markt, Baden-Baden

Seibert, Horst 1996: Markt oder Plan: Professionalität freigemeinnütziger Organisationen im Dritten Sektor. Organisationstheoretische Probleme kirchlicher Sozialarbeit, in: Öhlschläger/Brüll (Hrsg.), S. 25-38

Sengling, Dieter 1999: »Soziale Arbeit braucht Vertrauen«, in: Blätter der Wohlfahrtspflege, 146. Jg., Heft 5+6, S. 111-115

Soukup, Gunter 1996: Handlungsforschung, in: Kreft/Mielenz (Hrsg.), S. 269-271

Sozialministerium Baden-Württemberg (Hrsg.) 1995-2000: Reihe Bürgerschaftliches Engagement, Bände 1-24, Stuttgart

Staehle, Wolfgang H. 1999: Management. Eine verhaltenswissenschaftliche Perspektive, München, 8. Auflage, überarbeitet von Peter Conrad und Jörg Sydow

Stark, Wolfgang 1996: Empowerment. Neue Handlungskompetenzen in der psychosozialen Praxis, Freiburg i.B.

Steinbacher, Elke/Otto, Ulrich 2000: Bürgerschaftliches Engagement als Herausforderung für Wohlfahrtsverbände, in: Otto u.a. (Hrsg.), S. 145-165 (2000 a)

Steinbacher, Elke/Otto, Ulrich 2000: Neues Engagement Älterer in altem Verband? Herausforderungen für die Wohlfahrtspflege, in: Zeman (Hrsg.), S. 71-91 (2000 b)

Steiner-Hummel, Irene 1999: Lernen für alle, in: Socialmanagement, 9. Jg., Heft 1, S. 5-7

Steinert, Erika/Müller, Hermann 2000: Das professionelle Selbstverständnis von SozialarbeiterInnen in grenzüberschreitender Zusammenarbeit, Projektbericht Hochschule Zittau/Görlitz

Steinmann, Horst/Schreyögg, Georg 1993: Management. Grundlagen der Unternehmensführung, Konzepte – Funktionen – Fallstudien, Wiesbaden, 3., überarbeitete und erweiterte Auflage

Stiehr, Karin 2002: Unfall- und Haftpflichtversicherung im sozialen Ehrenamt, in: Kersting u.a. (Hrsg.), S. 175-180

Stolterfoht, Barbara 1998: Wem gebührt die Ehre?, in: Sozial Extra, 13. Jg., Heft 10, S. 10-11

Strachwitz, Rupert Graf (Hrsg.) 1998: Dritter Sektor – Dritte Kraft. Versuch einer Standortbestimmung, Stuttgart u.a.

Strachwitz, Rupert Graf 2000: Auf dem Weg in die Bürgergesellschaft. Anmerkungen zur Reform des Stiftungs- und Gemeinnützigkeitsrechts, in: Zimmer/Nährlich (Hrsg.), S. 325-337

Streeck, Wolfgang 1987: Vielfalt und Interdependenz. Überlegungen zur Rolle von intermediären Organisationen in sich ändernden Umwelten, in: Kölner Zeitschrift für Soziologie und Sozialpsychologie, 39. Jg., Heft 2, S. 471-495

Südmersen, Ilse M. 1983: Hilfe, ich ersticke in Texten! – Eine Anleitung zur Aufarbeitung narrativer Interviews, in: Neue Praxis, 13. Jg., Heft 3, S. 294-306

Thiel, Wolfgang 1991: Ethik, Methode, Beruf. Die Gratwanderung professioneller Selbsthilfegruppen-Unterstützung, in: Balke/Thiel (Hrsg.), S. 27-52

Thiersch, Hans 1984: Ehrenamtliche und Professionelle in der sozialen Arbeit – Verdrängung, Kooperation, Herausforderung, in: Sozialpädagogik, Heft 4, S. 166-174

Thiersch, Hans 1992: Lebensweltorientierte Soziale Arbeit. Aufgaben der Praxis im sozialen Wandel, Weinheim u. München

Thiersch, Hans 1992: Lebensweltorientierte Jugendhilfe – zum Konzept des 8. Jugendberichts, in: Thiersch, S. 13-40 (1992 a)

Thiersch, Hans 1992: Ansprüche an die Träger der Sozialen Arbeit – Folgen für die Verbände, in: Thiersch, S. 179-196 (1992 b)

Thiersch, Hans 1997: Zwischen Eigennutz und Gemeinsinn: Wenn Menschen sich engagieren in Selbsthilfe, Ehrenamt und Bürgerschaftlichem Engagement, in: Sozialministerium Baden-Württemberg (Hrsg.), Zwischen Eigennutz und Gemeinsinn, Dokumentation zum 2. Kongreß Bürgerschaftliches Engagement 20./21. September 1996 in Freiburg, Reihe Bürgerschaftliches Engagement, Band 9, Stuttgart, S. 15-22

Thiersch, Hans 2002:Positionsbestimmungen der Sozialen Arbeit. Gesellschaftspolitik, Theorie und Ausbildung, Weinheim u. München

Thiersch, Hans 2002: Lebensweltorientierung in der Sozialen Arbeit – als radikalisiertes Programm, in: Thiersch, S. 29-51 (2002 a)

Thiersch, Hans 2002: Profession und Person. Zur Berufsidentität der Sozialpädagog/innen, in: Thiersch, S. 191-201 (2002 b)

Thiersch, Hans 2002: Sozialpädagogik – Handeln in Widersprüchen, in: Otto u.a. (Hrsg.), S. 209-222 (2002 c)

Thole, Werner 1998: Die Zukunft des Sozialen und ihrer Profession. Unsortierte Anmerkungen und Reminiszenzen zum Thema »Soziale Arbeit im Aufbruch zum nächsten Jahrtausend«, in: Rundbrief Gilde Soziale Arbeit, Heft 2, S. 65-73

Thole, Werner (Hrsg.) 2002: Grundriss Soziale Arbeit. Ein einführendes Handbuch, Opladen

Thole, Werner/Cloos, Peter 2000: Soziale Arbeit als professionelle Dienstleistung. Zur »Transformation des beruflichen Handelns« zwischen Ökonomie und eigenständiger Fachkultur, in: Müller u.a. (Hrsg.), S. 547-567

Thränhardt, Dietrich 2001: Wohlfahrtsverbände, in: Otto/Thiersch (Hrsg.), S. 1987-1990

Trübenbach, Annegret (Red. Bearb.) 1996: Landschaft Bürgerschaftliches Engagement. Das Praxis-Handbuch der ARBES (Arbeitsgemeinschaft Bürgerschaftli-

ches Engagement/Seniorengenossenschaften Baden-Württemberg), Hrsg.: AR-
BES und Kontaktstelle für praxisorientierte Forschung e.V. an der Evang. Fach-
hochschule Freiburg, Projekt: Bürgerschaftliches Engagement – Beratung und
Forschung, Freiburg i.b.

Türk, Klaus 1992: Organisationssoziologie, in: Frese, Erich (Hrsg.), Handwörterbuch
der Organisation, Enzyklopädie der Betriebswirtschaftslehre Band 2, Stuttgart,
3., völlig neu gestaltete Auflage, Sp. 1633-1648

Ueltzhöffer, Jörg/Ascheberg, Carsten 1995: Engagement in der Bürgergesellschaft.
Die Geislingen-Studie, hrsg. vom Ministerium für Arbeit, Gesundheit und Sozia-
lordnung Baden-Württemberg, Reihe Bürgerschaftliches Engagement, Band 3,
Stuttgart

Uhlendorff, Uwe 1996: Sozialpädagogische Diagnosen III. Ein sozialpädagogisch-
hermeneutisches Verfahren für die Hilfeplanung, Weinheim u. München

Ulrich, Peter 1993: Unternehmenskultur, in: Wittmann, Waldemar u.a. (Hrsg.), Handwörterbuch der Betriebswirtschaft, Band 3, Stuttgart, 5., völlig neugestaltete
Auflage, Sp. 4351-4366

Vahl, Barbara 1996: Öffentlichkeitsarbeit in der Aufbauphase – ein Erfahrungsbericht,
in: Claussen, Frauke (Red.), Praxishandbuch für Seniorenbüros, hrsg. vom Bundesministerium für Familie, Senioren, Frauen und Jugend, Schriftenreihe Materialien zum Modellprogramm Seniorenbüro, Band 11, Köln, S. 274-278

Velsen-Zerweck, Burkhard von 1997: Dynamisches Verbandsmanagement. Phasen-
und krisengerechte Führung von Verbänden, Wiesbaden

Velsen-Zerweck, Burkhart von 1998: Anfang, Krisen und Ende von Verbänden. Ein
integratives Entwicklungsphasenmodell für Verbände, in: Strachwitz, S. 163-189

Velsen-Zerweck, Burkhard von 1999: Entwicklungsfähigkeit als Voraussetzung für
das Überleben von Verbänden unter Modernisierungsdruck, in: Witt u.a. (Hrsg.),
S. 213-237

Wallimann, Isidor 1993: Freiwillig Tätige im Sozialbereich und in anderen Bereichen.
Ergebnisse aus einer nationalen Befragung, Basel

Walzer, Michael 1992: Zivile Gesellschaft und amerikanische Demokratie, Berlin
(1992 a)

Walzer, Michael 1992: Sphären der Gerechtigkeit. Ein Plädoyer für Pluralität und
Gleichheit, Frankfurt/M. u.a. (1992 b)

Weick, Karl E. 1998: Der Prozess des Organisierens, Frankfurt/M., 2. Auflage (Original
von 1979)

Weidenmann, Bernd 1989: Lernen – Lerntheorie, in: Lenzen, Dieter (Hrsg.), Pädagogische Grundbegriffe, Band 2, Reinbek bei Hamburg, S. 996-1010

Weiffen, Brigitte/Graeff, Peter 2002: Haupt- und Ehrenamtliche in der Sozialen Arbeit.
Konfliktfelder und Lösungsansätze, in: Soziale Arbeit, 51. Jg., Heft 4, S. 146-149

Wendt, Wolf Rainer 1993: Zivil sein und sozial handeln. Das Projekt der Bürgergesellschaft, in: Blätter der Wohlfahrtspflege, 140. Jg., Heft 9, S. 257-261 (1993 a)

Wendt, Wolf Rainer 1993: Zielorientiert, aber ergebnisoffen. Professionelle Sozialarbeit muß sich zivilgesellschaftlich organisieren, in: Blätter der Wohlfahrtspflege,
140. Jg., Heft 9, S. 262-266 (1993 b)

Wendt, Wolf Rainer (Hrsg.) 1994: Sozial und wissenschaftlich arbeiten. Status und Position der Sozialarbeitswissenschaft, Freiburg i.b.

Wendt, Wolf Rainer 1995: Berufliche Identität und die Verständigung über sie, in: Wendt, Wolf Rainer (Hrsg.), Soziale Arbeit im Wandel ihres Selbstverständnisses: Beruf und Identität, Freiburg i.B., S. 11-29 (1995 a)

Wendt, Wolf Rainer 1995: Professionelle Sozialarbeit und freiwilliges Bürgerengagement sind kein Widerspruch, in: Blätter der Wohlfahrtspflege, 142. Jg., Heft 9, S. 197-200 (1995 b)

Wendt, Wolf Rainer u.a. 1996: Zivilgesellschaft und soziales Handeln. Bürgerschaftliches Engagement in eigenen und gemeinschaftlichen Belangen, Freiburg i.b. (1996 a)

Wendt, Wolf Rainer 1996: Bürgerschaft und zivile Gesellschaft. Ihr Herkommen und ihre Perspektiven, in: Wendt u.a. 1996 a, S. 13-77 (1996 b)

Wensierski, Hans-Jürgen von/Jakob, Gisela 1997: Rekonstruktive Sozialpädagogik. Sozialwissenschaftliche Hermeneutik, Fallverstehen und sozialpädagogisches Handeln – eine Einführung, in: Jakob, Gisela/von Wensierski, Hans-Jürgen (Hrsg.), Rekonstruktive Sozialpädagogik, Konzepte und Methoden sozialpädagogischen Verstehens in Forschung und Praxis, Weinheim u. München, S. 7-22

Wessels, Christiane 1994: Das soziale Ehrenamt im Modernisierungsprozess. Chancen und Risiken des Einsatzes beruflich qualifizierter Frauen, Pfaffenweiler

Wessels, Christiane 1997: Freiwilliges soziales Engagement und professionelle soziale Dienstleistungen: zwischen Konkurrenz und Kooperation, in: Nachrichtendienst des Deutschen Vereins für öffentliche und private Fürsorge, 77. Jg., Heft 7, S. 223-226

Wetterer, Angelika (Hrsg.) 1995: Die soziale Konstruktion von Geschlecht in Professionalisierungsprozessen, Frankfurt/M. u. New York

Wetterer, Angelika 1995: Die soziale Konstruktion von Geschlecht in Professionalisierungsprozessen. Einleitung, in: Wetterer (Hrsg.), S. 11-28 (1995 a)

Wetterer, Angelika 1995: Dekonstruktion und Alltagshandeln. Die (möglichen) Grenzen der Vergeschlechtlichung von Berufsarbeit, in: Wetterer (Hrsg.), S. 223-246 (1995 b)

Witt, Dieter/Blümle, Ernst-Bernd/Schauer, Reinbert/Anheier, Helmut K. u.a. (Hrsg.) 1999: Ehrenamt und Modernisierungsdruck in Nonprofit-Organisationen, Wiesbaden

Wittwer, Wolfgang 1995: Opfert Organisationslernen das Subjekt?, in: Arnold, Rolf/Weber, Hajo (Hrsg.), Weiterbildung und Organisation. Zwischen Organisationslernen und lernenden Organisationen, Berlin 1995, S. 74-83

Wohlfahrt, Norbert 1999: Zwischen Ökonomisierung und verbandlicher Erneuerung: Die freie Wohlfahrtspflege auf dem Weg in einen veränderten Wohlfahrtsmix, in: Theorie und Praxis der Sozialen Arbeit, 50. Jg., Heft 1, S. 3-8

Wohlfahrt, Norbert 2001: Bürgerschaftliches Engagement und Freie Wohlfahrtspflege – ein Widerspruch?, in: Theorie und Praxis der Sozialen Arbeit, 52. Jg., Heft 9, S. 323-328 (2001 a)

Wohlfahrt, Norbert 2001: Der aktivierende Sozialstaat: Konzept und Konsequenzen einer veränderten Sozialpolitik, in: Nachrichtendienst des Deutschen Vereins für öffentliche und private Fürsorge, 81. Jg., Heft 3, S. 82-86 (2001 b)

Woitschell, Heiner 2002: Verbesserung der Steuergesetzgebung im Bereich des Ehrenamts, der Gemeinnützigkeit und des Spendenrechts, in: Kersting u.a. (Hrsg.), S. 181-192

Wollmann, Helmut 2002: Die Entwicklung der politischen Partizipationsmöglichkeiten auf kommunaler Ebene, in: Enquete-Kommission »Zukunft des Bürgerschaftlichen Engagements« Deutscher Bundestag (Hrsg.), S. 101-119

Wunderlich, Christa 1996: Kooperation und Profilierung im kommunalen Umfeld, in: Braun/Lege (Red. Bearb.), S. 179-183

Zeller, Susanne 1990: Alice Salomon, die Gründerin der sozialen Frauenschule, in: Brehmer, Ilse (Hrsg.), Mütterlichkeit als Profession?, Pfaffenweiler, S. 223-227

Zeman, Peter (Hrsg.) 2000: Selbsthilfe und Engagement im nachberuflichen Leben. Weichenstellungen, Strukturen, Bildungskonzepte, Regensburg

Zierau, Johanna 2000: Genderperspektive – Freiwilligenarbeit, ehrenamtliche Tätigkeit und bürgerschaftliches Engagement bei Männern und Frauen, in: Rosenbladt, S. 136-145

Zimmer, Annette/Nährlich, Stefan (Hrsg.) 2000: Engagierte Bürgerschaft. Traditionen und Perspektiven, Opladen (2000 a)

Zimmer, Annette/Nährlich, Stefan 2000: Zur Standortbestimmung bürgerschaftlichen Engagements, in: Zimmer/Nährlich (Hrsg.), S. 9-22 (2000 b)

Zimmer, Annette/Priller, Eckhard 1997: Zukunft des Dritten Sektors in Deutschland, in: Anheier u.a. (Hrsg.), S. 249-283

Zimmermann, Gertrud 2000: Strukturelle Anlaufpunkte – das Beispiel Seniorenbüro und seniorenpolitische Perspektiven, in: Zeman (Hrsg.), S. 63-69

Zinner, Georg 1999: Freiwilliges Engagement und die Anforderungen an eine fachlich-rationale Unterstützungsstruktur, in: Kistler u.a. (Hrsg.), S. 367-369